19,90 €

VOLKER SCHUBERT

DIE INSZENIERUNG DER HARMONIE

Erziehung und Gesellschaft in Japan

WISSENSCHAFTLICHE BUCHGESELLSCHAFT
DARMSTADT

Einbandgestaltung: Neil McBeath, Stuttgart.

Einbandbild: Brigitte Vollmer-Schubert

Die Deutsche Bibliothek – CIP-Einheitsaufnahme

Schubert, Volker:
Die Inszenierung der Harmonie: Erziehung und Gesellschaft in Japan / Volker Schubert. –
Darmstadt: Wiss. Buchges., 1992
(WB-Edition)
ISBN 3-534-11991-6

Bestellnummer 11991-6

Gedruckt auf säurefreiem und alterungsbeständigem Werkdruckpapier
Gesamtherstellung: Wissenschaftliche Buchgesellschaft, Darmstadt
Printed in Germany
Schrift: Linotype Times, 9.5/11

ISBN 3-534-11991-6

INHALT

I. EINLEITUNG: SOZIALISATION IM KULTURVERGLEICH

1. Eine Bildungsreise

Der Frosch im Brunnen ahnt nichts
von der Weite des Meeres.
Japanisches Sprichwort

„Muß man nach Japan gehen, um die Europäer zu studieren?“, läßt ROUSSEAU (1976, S. 900) seinen Erzieher rhetorisch fragen, bevor er ihn mit seinem Schützling Emile ausschickt, „um einige der großen und viel mehr der kleinen Staaten Europas zu durchreisen“ (ebd., S. 937). Die Antwort könnte heute anders aussehen als zu einer Zeit, in der „Japan“ auch für den gebildeten Europäer kaum mehr sein konnte als eine Abbreviatur für eine weitgehend unbekannte und unzugängliche Fremde (oder wie bei SWIFT der Abschluß einer ›Reise nach Laputa, Balnibarbi, Luggnagg, Glubbdubdrib und Japan‹). Die (gegenwärtig noch) einzige hochindustrialisierte Gesellschaft außerhalb des europäisch-nordatlantischen Kulturraums ist keine Terra incognita mehr; sie ist im Prinzip genauso bekannt oder unbekannt wie jede andere moderne Gesellschaft. „Reisende in diesem Lande sind keine Entdecker und Erfinder mehr, sondern Informierte oder Nichtinformierte“ (NEGT 1988, S. 33). Dennoch taucht Japan bei uns erst ganz allmählich aus jenem eigentümlichen Zwielicht auf, in dem sich der blendende Glanz der ‘High-tech’-Produkte mit dem irritierenden Dunkel mischt, das die meisten Meldungen über seltsame und unverständliche Sitten, Gebräuche und Wertorientierungen verbreiten. Zwar gehören zumindest für den kosmopolitischen Feinschmecker *tofu* und *sushi* schon zum naturalisierten Wortschatz, und selbst in Kleinstädten werden *karaoke*-Wettbewerbe durchgeführt oder ‘Futons’ verkauft (allerdings ohne die für den Schlafkomfort entscheidenden *tatami*-Böden). Aber die meisten Nachrichten, die aus dem Alltag auf diesem fernen Archipel zu uns dringen – über die langen Arbeitszeiten oder den extremen Bildungswettlauf etwa –, dürften, auch wenn sie für sich genommen gar nicht ganz falsch sind, in ihrer einseitigen Hervorhebung mancher auffälliger Phänomene eher geeignet sein, ratloses Kopfschütteln zu provozieren als ein auch nur ansatzweises Verständnis zu vermitteln.

Die vorliegende Arbeit möchte zunächst einmal dazu beitragen, das Dunkel ein wenig aufzuhellen. Fragen der Sozialisation und Erziehung in Japan sind in deutschsprachigen Publikationen bislang kaum zum Thema geworden. Zwar gehen manche der inzwischen recht zahlreichen 'Japan-Bücher' am Rande auf den einen oder den anderen Aspekt ein; die spezielleren Untersuchungen zum Thema konzentrieren sich aber meist auf Fragen der institutionellen Verfassung des Bildungssystems und die sich daraus ergebenden Probleme. Dabei kann die Beschäftigung mit Erziehung und Gesellschaft in Japan nicht nur Informationen über diese wichtige asiatische Industriegesellschaft liefern, sondern uns zugleich auch dazu anregen, eigene Begriffe und Praktiken neu zu reflektieren. Es gehört zu den gängigen Topoi der Reiseliteratur, daß die Konfrontation mit dem 'Fremden' uns helfen kann, auch das 'Eigene' besser zu verstehen. „Für mich", so kann man bei ROUSSEAU (und vielen anderen, versteht sich) lesen, „ist es unwiderlegbar, daß jeder, der nur ein Volk kennt, nicht die Menschen kennt, sondern nur die Leute, mit denen er gelebt hat" (ebd., S. 900). Müßte man heute nicht hinzufügen, daß wer „nur" einen Kontinent oder nur einen Kulturraum „kennt", nichts über „den" Menschen, „die" Sozialisation sagen kann, daß wer nur *eine* Moderne kennt, sich nicht anmaßen darf, über moderne Gesellschaften zu sprechen?

Der Anspruch droht damit freilich ins Maßlose auszuufern. Etwas bescheidener läßt sich immerhin festhalten, daß die Beschreibung und Analyse der in Japan vorherrschenden Erziehungspraktiken und Sozialisationsmodi in Elternhaus, Kindergarten und Schule und der Art ihrer Integration in den gesellschaftlichen Zusammenhang dazu anregen kann, unser Bild von Sozialisationsprozessen in 'modernen Industriegesellschaften', ihren Notwendigkeiten und Möglichkeiten in einigen Punkten wesentlich zu differenzieren. Die japanische Gesellschaft hat, wie sich zeigen wird, auf dem Hintergrund ihrer historisch-gesellschaftlichen Entwicklung und ihrer kulturellen Traditionen andere, keineswegs weniger 'moderne' Lösungen für durchaus vergleichbare Probleme gefunden. Die Darstellung und Untersuchung dieser Lösungen kann vielleicht helfen, unser Bewußtsein dafür zu schärfen, daß es selbst in modernen Gesellschaften ein Spektrum unterschiedlicher Möglichkeiten gibt, mit Problemen der Erziehung und Sozialisation umzugehen. Die Untersuchung mag zugleich auch Chancen zu einer Modifikation und Neuformulierung der eigenen Begrifflichkeit in einer multiperspektivischen Sicht bieten. Möglicherweise kann sie sogar dazu beitragen, das 'Fremde' im 'Eigenen' sichtbarer zu machen. Die Erfahrung des Fremden mag uns auch mit dem Fremden in uns, in unserer eigenen Gesellschaft konfrontieren, mit einem Fundus verdrängter oder – was vielleicht nur ein anderer Ausdruck dafür ist – nicht angeeigneter Möglichkeiten, mit 'abweichenden', aber unter Umständen durchaus vergleichbaren Phänomenen, für die in unserer gegenwärtigen kulturellen Tradition vielleicht keine akzeptable Sprache (mehr) zur Verfügung steht.

Es versteht sich, daß damit nicht einer geistigen Vereinnahmung des Fremden (oder des auf den ersten Blick fremd Anmutenden) das Wort geredet werden soll. Es reicht aber andererseits auch nicht hin, dieses (vermeintlich) Fremde einmal mehr als abstraktes Gegenbild des 'Eigenen' zu präsentieren, das entweder „sentimentale Neigungen zur Überidentifizierung“ herausfordert oder „äußerlicher Anlaß der wiederholten Selbstbestätigung der eigenen kulturellen Identität“ bleibt (NEGT 1988, S. 33). „Nur scheinbar ist der Weg totaler Relativierung der einfachste und toleranteste – in Wirklichkeit ist er eine Flucht in die Unverbindlichkeit: Japan wird als das ‚ganz andere‘ in seiner Fremdheit belassen, die als bequemer Deus ex machina immer dann hervorgezogen werden kann, wenn die Ratlosigkeit überhandnimmt und wenn gar dic eigene kulturelle Identität dadurch in Frage gestellt zu werden droht“ (HIJIYA-KIRSCHNEREIT 1988, S. 21). Die fremde Kultur kann weder als das *ganz andere* noch als *bloße Wiederholung* verstanden werden. Es kommt vielmehr darauf an, Methoden und Darstellungsmittel zu finden, die es erlauben, jenseits einer abstrakten Gegenüberstellung und im Bewußtsein eines letztendlich gemeinsamen Problemhorizonts Gemeinsamkeiten *und* Unterschiede zur Sprache zu bringen und dabei – im Idealfall – die unterschiedlichen Perspektiven in einen Interaktionsprozeß zu verwickeln, in dem Fremdes und Eigenes sich wechselseitig relativieren und bestimmen (vgl. auch SCHÄFFTER 1991).

Die Schwierigkeiten eines solchen Unternehmens sind natürlich nicht zu übersehen. Man kann die eigene Position, den eigenen gesellschaftlich-historischen und kulturellen Kontext als Europäer, als Deutscher, nicht überspringen, nicht verleugnen. Man kann allenfalls versuchen, ihn zu reflektieren und in Frage stellen zu lassen. Aber auch die reflektierte Auseinandersetzung mit der fremden Kultur kommt nicht umhin, die eigene kulturgebundene Terminologie und Begrifflichkeit zu benutzen, und sei es zur Erläuterung einer fremden. Der Diskurs über das Fremde ist notwendigerweise Teil des eigenen, wenn man so will, ethnozentrischen Diskurses, der sich der fremden Kultur gegenüberstellt, um sie überhaupt beschreiben und zugänglich machen zu können. „Uns bleibt nur die Möglichkeit, unsere Verwurzelung in unserer eigenen Kultur klar zu erkennen und ein Gespür zu entwickeln für unsere Abhängigkeit von den eigenen gesellschaftlichen Normen im Denken, Empfinden und Handeln. Paradox ausgedrückt, heißt dies: Erst wenn wir bewußte Eurozentriker sind, vermögen wir das Fremde unvoreingenommen, d. h. unverstellt durch unsere unbewußten Vorurteile, wahrzunehmen. So gesehen wäre Eurozentrismus geradezu Bedingung der Erkenntnis" (Hijiya-Kirschnereit 1988, S. 210). Um so wichtiger wird es freilich, die Erfahrung von Fremde beständig konkret zu reflektieren und unsere Erkenntnismittel bei der Beschreibung und Analyse immer wieder kritisch zu prüfen.

Die Bildungsreise hat keinen Eingang in die Ausbildungsordnungen der Pädagogen gefunden. Auch die theoretische Erkundung fremder Bildungs- und Erziehungsverhältnisse blieb eher am Rande des akademischen Interesses. Die vergleichende Erziehungswissenschaft hat sich – zumindest im deutschen Sprachraum – fast ausschließlich auf die Untersuchung von Bildungs*institutionen* konzentriert und etwa Fragen der vergleichenden Sozialisationsforschung den Nachbardisziplinen wie Soziologie, Psychologie oder Ethnologie überlassen, wo es bei uns auch nur sehr vereinzelte Bemühungen in dieser Richtung gibt (vgl. Liegle 1987). Es ist daher unerläßlich, sich zumindest kurz den methodischen Problemen zu stellen, mit denen sich jede kulturvergleichende Untersuchung unweigerlich konfrontiert sieht. Denn (so wiederum Rousseau): „Um sich zu unterrichten, genügt es nicht, die Länder zu durchstreifen, man muß sich auf das Reisen verstehen. Um beobachten zu können, braucht man Augen, die man auf das lenkt, was man erkennen will" (1976, S. 900), und Begriffe, mit denen das Beobachtete beschrieben und verständlich gemacht werden kann. Die folgenden Bemerkungen dazu können freilich lediglich einige Voraussetzungen skizzieren und einen allgemeinen begrifflichen Rahmen abstecken, der erst in der konkreten Analyse inhaltlich ausgefüllt und differenziert werden kann.

2. *Fremde Moderne*

Kein Kirchturm zeigte die Mitte der Stadt.
Hermann KINDER, KINA, KINA 1988, S. 110.

Schon ein oberflächlicher Blick in die verschiedenartigsten Publikationen, die sich mit Japan auseinandersetzen, kann uns mit einem Grundmuster dieser Auseinandersetzung bekannt machen: der Gegenüberstellung von Tradition und Moderne. Kaum ein Autor versäumt es, auf das irritierende oder faszinierende Nebeneinander von avanciertester Technologie und scheinbar archaischen Sitten und Gebräuchen hinzuweisen und mit Verwunderung zu konstatieren, wie sehr doch das oberflächlich so moderne Japan von der Tradition geprägt und in ihr verwurzelt ist.

Was hier irritiert, ist freilich nicht die Tradition, sondern die *fremde* Tradition. Der Beobachter, der sich nicht genug über die japanischen Familien wundern kann, die – der Mann im steifen, meist schlecht sitzenden Anzug, die Frau und die Kinder im farbenfrohen *kimono* – zum shintoistischen Schrein pilgern, wird kaum registrieren, wenn er in einer europäischen Metropole im vollklimatisierten Hotel durch Kirchenglocken aus dem Schlaf gerissen wird. Es kann nicht schaden, sich im Gegenzug dazu deutlich zu machen, daß Europa auf zeitgenössische japanische Beobachter oft nicht minder exotisch und von schwer verständlichen Traditionen geprägt wirkt wie Japan auf einen europäischen Reisenden:

> Auf dem Wege von Frankfurt nach Heidelberg sind wir von der Autobahn weg auf die Bundesstraße gefahren. In den an der Straße gelegenen Orten stehen die alten massiven Häuser, so wie sie schon vor hundert oder zweihundert Jahren dort gestanden haben. Überall war es still und regungslos. Nicht einmal Schatten eines Menschen. Wir haben in einem gewöhnlichen Gasthaus zu Mittag gegessen. Ich meinte, wenn man hier fotografiert, müßte man unbedingt eine Kamera mit Datumsangabe benutzen, denn in dem Gasthaus war nichts, aber auch gar nichts zu sehen, was andeutete, daß wir in der Gegenwart leben. Die Leute, die hier sitzen, tragen eine Kleidung, die sich seit der Zeit ihrer Großeltern kaum geändert hat. Sie essen und trinken in einem Haus, an dem die Zeit spurlos vorübergegangen zu sein scheint. Sie sitzen an den gleichen Tischen, verzehren die gleichen Speisen gleichsam wie anno dazumal. (...) So eine Szene konnte man nicht nur in kleinen Orten, sondern auch in den großen Städten wie in München beobachten. Übrigens, in meinem Viertel in Tokyo wurden während meiner einmonatigen Abwesenheit drei Läden abgerissen. Ein Laden war schon in neuer Gestalt eröffnet worden (TANAKA 1988, S. 57f.).

Einmal sah ich in Amsterdam, wie man am Fenster im fünften Stock eines Hauses einen Rollkran anbrachte, ein großes Möbelstück mit dem Seil heraufzog und so in die Wohnung brachte. Bekanntlich kann Holland noch immer das „glorreiche 17. Jahrhundert" nicht vergessen und die Straßen sind gesäumt von den alten Häusern mit ihren unbequemen engen Wendeltreppen. In diese Gebäude kann man keinen Aufzug einbauen. Die Möbel kann man nur wie einst mit dem Kran hereinbringen. Für mich als Japaner nimmt sich das sehr unbequem und fast ulkig unrationell aus. Aber natürlich ist mir bekannt, daß es dem Kulturgefühl der Europäer entspricht, alte Möbel und Gebäude zu lieben, und ich schätze das auch. Die deutsche Stadt Nürnberg wurde im Krieg völlig zerstört, ist jedoch (...) völlig neu in ihrer mittelalterlichen Gestalt wieder aufgebaut worden. Als ich hörte, daß das Mauerwerk der Gebäude chemisch behandelt worden ist, um die Stimmung der alten Zeiten getreu widerzuspiegeln, war ich über das ungeheure Gefühl der Europäer für die Erhaltung des Hergebrachten erstaunt. Die Japaner denken nicht daran, so weit zu gehen, um ihr altes Kulturerbe zu erhalten" (Nishio 1984, S. 12f.).

Die abstrakte Gegenüberstellung von Tradition und Moderne, die die westliche Japan-Literatur seit der erzwungenen Öffnung des Landes in der Mitte des letzten Jahrhunderts durchzieht (vgl. Hardach-Pinke 1990) und heute ganz den älteren Gegensatz von Orient und Okzident verdrängt zu haben scheint, setzt Moderne offensichtlich mit westlicher Moderne gleich, wobei alles, was nicht in dieses Schema paßt, als 'traditionell' ausgegrenzt wird. Übersehen wird dabei meistens nicht nur, daß sich mehr oder weniger alle modernen Gesellschaften (gerade auch die europäischen) aus traditionellen und modernen Elementen zusammensetzen (von 'Ungleichzeitigkeiten' ganz zu schweigen), sondern auch, daß diese traditionellen Elemente im allgemeinen in einem spezifisch modernen Kontext stehen.

Daß der fremde Blick auf die verwunschenen südhessischen (oder nordbadischen) Gemeinden so offensichtlich an der Oberfläche verharrt, kann uns Warnung und Mahnung sein, nicht allzu eilfertig den einfachen Fortbestand von Traditionen zu postulieren, wo die Moderne sich vielleicht nur punktuell verbirgt oder sich lediglich (wie es im Fall der in vielen japanischen Augen so merkwürdigen europäischen Traditionspflege ganz deutlich ist) mit Elementen der jeweiligen Tradition dekoriert. Ganz ähnlich wie bei uns ist auch in Japan die 'Tradition' das Produkt einer komplexen (und widersprüchlichen) historischen Entwicklung, in deren Verlauf sich ein kulturelles (oder nationales) Bewußtsein herausbildete – man könnte fast sagen: systematisch von den damals herrschenden Eliten herausgebildet wurde –, das sich um Entgegensetzungen wie Ost und West und 'modern' und 'traditionell' konstituierte. Das bis dahin selbstverständliche, beinahe 'unbewußte' kulturelle Erbe verschiedener sozialer Schichten wurde dabei allmählich zu einer einheitlichen japanischen Tradition umgeschmolzen, wobei die traditionellen kulturellen Elemente einerseits ihre Selbstverständlichkeit und ihre unmittelbare Vitalität verloren, andererseits aber zugleich auch als eigene identitätsstiftende nationale Tradition sichtbarer und bewußter (gemacht) wurden (vgl. ROHLEN 1978, S. 141). Pointiert bemerkt MÖHWALD, daß die traditionellen Elemente „in einen von westlichen Vorstellungen geprägten Rahmen gefügt und als Mittel zum Aufbau einer modernen zentralisierten Industriegesellschaft benutzt" wurden. „Es wurden hier somit *neue ‚Traditionen'* geschaffen, in die man alte Vorstellungen einbezog" (zit. nach MÜLLER 1989, S. 258). Bis heute weisen Beschwörungen der japanischen Tradition – wie sie sich etwa in der *nihonjinron*-Literatur, in den „Theorien über die Japaner" finden – auf ein ganz modernes Problem hin: das der 'nationalen Identität', des japanischen Selbstverständnisses im Kontext einer weitgehend 'westlich' dominierten Weltgesellschaft, die – jedenfalls aus japanischer Sicht – oft nur wenig Verständnis für japanische Besonderheiten zeigt.

Tradition ist eine moderne Kategorie. Bedeutung gewinnt sie erst in der Differenz zu einer Moderne, die sich – distanzierend oder im verklärenden Rückblick – von ihr abhebt oder sie zu integrieren oder wiederzubeleben versucht. Sie gehört zur Moderne, nicht nur als ihr Schatten, sondern oft auch als ein Element, das eine neue spezifische Funktion und Bedeutung gewinnt: als Mittel der kulturellen Selbstverständigung, der Interpretation der modernen Lebensverhältnisse oder auch ihrer ideologischen Stabilisierung. Was uns heute – gerade aus einer exotisierenden Perspektive – als 'traditionell' erscheinen will, ist nirgends die als solche präsente 'Tradition', sondern „verändert, gesetzt, gemacht" (MÜLLER 1989, S. 269). Es ist – nicht nur in Japan – Produkt einer Geschichte, in der ein Teil der Elemente der eigenen Überlieferung selektiv aufgenommen, umgeformt und in moderne Institutionen und Organisationen überführt wurde, ein anderer jedoch verschüttet wurde oder brachliegt (vgl. LENZ 1987, S. 57).

Natürlich bedeutet das nicht, daß die japanische Gesellschaft damit immer auch 'gleich modern' ist. So muß, wie Claudia WEBER (1986, S. 124) zu Recht hervorhebt, „der vorherrschende Eindruck von der sozialen Rückständigkeit Japans keineswegs falsch" sein; nur lassen sich unterschiedliche soziale Rückständigkeiten, Ungleichzeitigkeiten auch in anderen zweifellos modernen Gesellschaften feststellen. Und es ist vielleicht nur *für uns* ein besonders *auffälliges*

„Hauptcharakteristikum der japanischen sozialen Realität, mehrdeutig zu sein in bezug auf die Frage, ob diese oder jene Phänomene (...) als Überbleibsel der Vergangenheit oder als Vorboten der Zukunft interpretiert werden müssen“ (ebd.). Vor allem (aber sicher nicht nur) angesichts der andauernden ökonomischen Potenz dieser eigenständigen nichtwestlichen Industriegesellschaft scheint die Frage berechtigt, ob die Moderne nicht schon dabei ist, uns zu enteilen, und längst zu neuen Ufern aufgebrochen ist (Müller 1989, S. 268). Jedenfalls gibt es für sie „keine geheiligten Heimatsitze mehr, und als *allgemeine* Moderne hört sie auf zu existieren. (...) Die Auseinandersetzungen finden statt zwischen schwer zu vereinbarenden, gegensätzlichen, widersprüchlichen Elementen (...), und das Resultat ist nicht ‚die Moderne‘ (...), sondern sind je spezifische ‚Modernen‘. In Japan, in Korea usw. ist etwas – durch Europäisches, Amerikanisches usw. vermitteltes – Neues entstanden, das (...) modern und doch nicht westlich ist. Und warum sollte nicht in Europa, durch fremdes Modernes vermittelt, etwas Neues entstehen, das nicht nur europäisch-modern und nicht nur fremd-modern ist“ (ebd., S. 269).

3. Kultur und Gesellschaft

Wie lassen sich nun aber die Unterschiede zwischen zweifellos modernen, aber dennoch recht verschiedenen Gesellschaften begrifflich fassen? Die meisten vergleichenden Untersuchungen versuchen sie als ‘kulturell’ zu beschreiben. Der Kulturbegriff, der dabei Verwendung findet, knüpft eher vage an verschiedene Aspekte dieses vieldeutigen Terminus an. Sicher stehen dabei weniger jene vor allem in der klassischen philosophischen Tradition geprägten „idealen“ Bestimmungen im Mittelpunkt, denen zufolge „Kultur ein Zustand oder Prozeß menschlicher Perfektion ist, gemessen an bestimmten absoluten oder universellen Werten“ (Williams 1977, S. 45; vgl. auch Perpeet 1971); auch nicht Definitionen, die einen „Korpus geistiger und imaginativer Werke“ (Williams ebd.) hervorheben und Kultur in einem engen Sinne oft auf einen letztendlich sozial segregativen Bildungs- und Wertbegriff reduzieren (vgl. Thurn 1979). Die meisten Ansätze scheinen implizit von einer – wie Williams sie nennt – „ ‚gesellschaftlichen‘ Bestimmung der Kultur“ auszugehen, „in der diese als Beschreibung einer bestimmten Lebensweise erscheint, deren Werte sich nicht nur in Kunst und Erziehung ausdrücken, sondern auch in Institutionen und im ganz gewöhnlichen Verhalten. Demnach hätte eine Analyse von Kultur eine Klärung der Bedeutungen und Werte zu besorgen, die von einer bestimmten Lebensweise, einer bestimmten Kultur implizit oder explizit verkörpert werden", und dabei auch Elemente zu untersuchen, die sonst „überhaupt nicht als ‚Kultur' erscheinen: die Organisierung der Produktion, die Struktur der Familie, den Aufbau bestimmter, die gesellschaftlichen Beziehungen regierender oder sie widerspiegelnder Einrichtungen, die charakteristischen Kommunikationsformen zwischen den Mitgliedern einer Gesellschaft" (WILLIAMS 1977, S. 45f.). Der Terminus wird dann meist in einem deskriptiv-analytischen Sinn gebraucht und hat „nicht die wertenden Obertöne, die im populären Sprachgebrauch mit ihm verbunden sind. Er meint die gesamte Lebensform einer Gesellschaft, nicht nur jene Teile, die als höherstehend oder wünschenswerter gelten" (LINTON 1974, S. 31).

Vor allem in kulturanthropologischen Ansätzen, die die US-amerikanische Japan-Forschung dominieren und auch in Japan selbst wichtig geworden sind (vgl. etwa SCHAD 1991), zeigen sich allerdings auch die mit einem solchen Verständnis verbundenen Gefahren. Oft bleibt schon unklar, was 'Kultur' in diesem weiten Sinne eigentlich von 'Gesellschaft' unterscheidet. Die Kulturanthropologie untersucht an der fremden Gesellschaft das, was in der eigenen Gesellschaft vor allem Gegenstand der Soziologie wäre. Diese zunächst nur terminologische Unschärfe scheint mit ein Grund dafür zu sein, daß die jeweilige Kultur oft zu einem mehr oder minder monolithischen Ganzen stilisiert wird, in dem alle gesellschaftlichen und sozialen Tatbestände unterschiedslos als Ausdrücke *einer* kulturellen Konfiguration behandelt werden. Zumal beim Vergleich von (geographisch und kulturell) entfernten Regionen scheint es nahezuliegen, die jeweilige Kultur zu hypostasieren und etwa *den* japanischen Kulturraum abstrakt *dem* abendländischen oder nordatlantischen gegenüberzustellen. Die Analyse wird dabei natürlich jeweils fremde Einflüsse konzedieren – im japanischen Fall etwa den chinesischen (manchmal sogar den koreanischen) in älterer, und den 'westlichen' in neuerer Zeit –, letztendlich geht sie aber von einer einheitlichen Kultur aus, die über Jahrhunderte, wenn nicht Jahrtausende, im wesentlichen gleichgeblieben ist. So erscheint es dann ohne weiteres möglich, shintoistische Gedanken mit christlichen zu vergleichen und daraus japanische oder westliche Grundüberzeugungen, ja Weltanschauungen zu konstruieren. Das Ergebnis ist nicht nur unhistorisch, sondern – oft sicher entgegen der Absicht der Autoren – auch ideologisch: Das 'ewige Japan' und der zeitlose abendländische Geist bestätigen sich wechselseitig (und einander womöglich noch ihren jeweiligen ethnozentrischen Dünkel gegenüber anderen, ökonomisch weniger erfolgreichen Gesellschaften).

Einmal etabliert, scheint eine Kultur gleichsam aus sich selbst heraus zu leben. Veränderungen gefährden entweder die Kultur als Ganzes, oder sie laufen nach den in ihr angelegten Gesetzmäßigkeiten ab und erscheinen nicht selten als Realisierung von ohnehin in ihr angelegten Potentialen. Zwar kann diese Sicht, sofern sie nicht allzu undifferenziert ist, den Blick für die jeweilige kulturelle Dynamik schärfen, aber sie weiß kaum Antworten auf die Frage, was eine Kultur angesichts von historisch-gesellschaftlichen Entwicklungen und Auseinandersetzungen am Leben erhält, umformt, transformiert, worauf die kulturellen Deutungsmuster jeweils bezogen sind, welche Probleme sie jeweils lösen und was die Menschen bewegt, bestimmte kulturelle Muster zu akzeptieren oder zu verwerfen. Die Menschen erscheinen hier als Geschöpfe und Gefangene einer Kultur, die als beinahe überhistorisch festgelegte kohärente Lebensform aufgefaßt und kaum mehr im Hinblick auf ihre Funktion und Bedeutung für die praktische Lebensbewältigung der Menschen und ihre Selbstverständigung in sich verändernden gesellschaftlich-historischen Konstellationen reflektiert wird (vgl. Auernheimer 1988, S. 103ff.).

Gerade die dichotomische Entgegensetzung von Tradition und Moderne beruht oft auf solchen essentialistischen Konzeptionen von Kultur. Eine im wesentlichen als unveränderlich gedachte Vorstellung von *der* japanischen Tradition steht einer ebenso monolithischen Konzeption *der* Moderne abstrakt gegenüber. Gefragt wird dann nicht, wie Traditionen angesichts neuer Umstände und Bedingungen verändert und neu formiert, sondern nur, ob und inwieweit sie *trotz* 'moderner' Entwicklungen beibehalten werden. Veränderungen können so im Grunde nur als Modernisierung im Sinne von Verwestlichung oder aber als Variationen innerhalb eines von vornherein feststehenden kulturellen Musters interpretiert werden. Sowohl Untersuchungen, die sich um den Nachweis bemühen, daß sich etwa Normen und Werthaltungen im heutigen Japan kaum „mehr" oder allenfalls graduell von denen im 'Westen' unterscheiden, als auch Versuche, das Fortwirken von Traditionen zu belegen, bleiben damit oft einem binären kulturalistischen Schema verhaftet, das die entscheidende Frage nach der konkreten Umgestaltung der Tradition (oder der Moderne) ausklammert.

Auch die Auseinandersetzungen zwischen eher kulturrelativistisch und eher universalistisch orientierten Auffassungen (vgl. Schöftha-

LER 1983) erhalten erst durch die essentialistische Fassung des Kulturbegriffs ihre spezifischen Konturen und ihre theoretische Dringlichkeit. Indem die Gesellschaftlichkeit der Individuen auf ihre Kulturgebundenheit reduziert wird, geht mit dem fehlenden Bezug auf die konkreten materiellen Lebensverhältnisse eine zentrale Dimension der Analyse verloren, die als Korrektiv allzu unvermittelter kulturalistischer Deutungen wirken könnte. Bezieht man jedoch diese historisch-gesellschaftliche Dimension mit ein (wie gesagt als Korrektiv, nicht als Maßstab!), lassen sich in der konkreten Analyse durchaus verschiedene Ebenen oder auch Teilbereiche innerhalb einer Gesellschaft oder Kultur unterscheiden, die auch angesichts globaler Zwänge und Notwendigkeiten in unterschiedlichem Maße Raum für kulturspezifische Lösungen grundlegender Probleme bieten. Relativistischen Auffassungen wäre demnach, ganz grob gesagt, insofern zuzustimmen, als es sehr unterschiedliche kulturelle Möglichkeiten gibt, mit den Anforderungen und Problemen umzugehen, die sich heute über kurz oder lang – hier hätten die Annahmen eines evolutionären Universalismus ihre Berechtigung – mit der Entwicklung aller Gesellschaften ergeben. Zu kurz griffe aber sowohl die universalistische These, daß sich damit (soweit sich das überhaupt absehen läßt) auch die Kulturmuster früher oder später einander angleichen werden, als auch die kulturalistische Behauptung, daß die verschiedenen Kulturmuster einander letztendlich wechselseitig ausschließen.

Für die vorliegende Untersuchung möchte ich daher vorschlagen, von allgemeinen gesellschaftlichen Notwendigkeiten, Anforderungen und Problemen auszugehen, mit denen sich mehr oder weniger alle modernen Gesellschaften konfrontiert sehen. Diese allgemeineren Anforderungen, die auch in ihren existentiellen Dimensionen zum größten Teil gesellschaftlich formbestimmt sein dürften, werden auf je spezifische Weise kulturell angeeignet und institutionalisiert. Sie stellen sich den einzelnen Individuen und Gruppen nicht unmittelbar; sie werden vielmehr mit Hilfe einer bestimmten kulturellen Semantik vermittels eines bestimmten Repertoires von Kommunikations- und Repräsentationsmitteln kulturspezifisch artikuliert und – entsprechend sich bietenden kulturellen Mustern – in bestimmten institutionellen Arrangements gesellschaftlich vergegenständlicht. Ich gehe also davon aus, daß es verschiedene Möglichkeiten gibt, die strukturellen Anforderungen, die für moderne Gesellschaften typisch sind, gesellschaftlich oder kulturell zu strukturieren und zu organisieren. Für die einzelnen Individuen und Gruppen, die in einer Gesellschaft oder Kultur leben, sind diese unterschiedlichen Möglichkeiten aber nicht frei verfügbar, sondern an *bestimmte* kulturelle Organisationsformen und Strukturierungsweisen des gesellschaftlichen Lebens gebunden, die die allgemeineren Anforderungsstrukturen in bestimmte gesellschaftliche Praxisformen einfügen. Diese stecken gleichsam einen Rahmen von Notwendigkeiten und Möglichkeiten ab, in dem die einzelnen sich orientieren, in dem sie ihre Entscheidungen treffen und in dem sie handeln müssen. Es wäre also zumindest verkürzt, Kultur lediglich als ein Bündel von gesellschaftlichen Normsetzungen und Werthaltungen aufzufassen. Das kulturelle Bedeutungssystem ist in zentralen Bereichen immer auch gesellschaftlich institutionalisiert und in *spezifischen* Anforderungsstrukturen vergegenständlicht. Kulturspezifisch wäre demnach nicht so sehr ein besonderes, inhaltlich festgelegtes Norm- und Wertsystem (soweit es das in modernen Gesellschaften überhaupt gibt), sondern die je besondere politische, rechtliche, moralische, soziale Formation zur Bewältigung von allgemeineren Anforderungsstrukturen, die als solche kulturunspezifisch sind.

Nicht die kulturellen Orientierungs- und Deutungsmuster hätten mithin für unser Thema im Zentrum der Analyse zu stehen, sondern die jeweiligen Anforderungsstrukturen, die sich aus bestimmten *kulturspezifisch formierten* institutionellen Arrangements ergeben und den allgemeinen Rahmen abstecken, in dem sich das je konkrete Verhalten und Handeln entfaltet und seine innere Logik und Widersprüchlichkeit entwickelt. Die zentrale Frage lautet nicht, wie eine Kultur beschaffen ist, sondern wie individuelle Handlungsfähigkeit in kulturell vermittelten gesellschaftlichen Praxisformen sich entwickelt und aufrechterhalten wird, was den Individuen dabei im allgemeinen abverlangt wird (und was nicht) und *wie* und inwieweit sie sich dabei auf kulturelle Orientierungs- und Deutungsmuster stützen können. Es wäre also verfehlt, bestimmte Haltungen, Denk- und Verhaltensweisen mit vorgängig bekannten kulturellen Traditionen (etwa konfuzianistischen oder shintoistischen Vorstellungsmustern) 'erklären' zu wollen. Das Kulturspezifische am Verhalten kann nicht vorausgesetzt werden, sondern entwickelt sich im Verhalten und Handeln. Entsprechend wäre die jeweilige 'Kultur' für die Analyse – im Idealfall – nicht die Voraussetzung der kulturvergleichenden Untersuchung, sondern ihr Ergebnis. Nicht die Frage, wie sich die Kultur im Verhalten 'niederschlägt' oder 'ausdrückt', steht im Zentrum der Untersuchung, sondern wie sie sich vermittels bestimmter Praxisformen im Sozialisationsprozeß, in der aktiven Auseinandersetzung des Individuums mit seiner 'Welt', aufbaut und zusammenfügt.

Aber ist es angesichts einer derart komplexen Gesellschaft überhaupt möglich, von einer (relativ) einheitlichen japanischen Kultur zu sprechen, ohne damit kulturalistischen Mißverständnissen zumindest Vorschub zu leisten? – Natürlich darf nicht übersehen werden, daß es in jeder Gesellschaft immer auch *intra*kulturelle Varianten gibt, schicht- und geschlechtsspezifische Unterschiede, „Teilkulturen, verschiedene kulturelle Richtungen, Strömungen, Dialekte, Register, Stile, Epochen, Schulen und dergleichen" (HOLENSTEIN 1985, S. 147), die sich zum Teil auch aus äußeren Einflüssen ergeben. Überdies gehen in die jeweiligen kulturellen Organisationsformen und Strukturierungsweisen der gesellschaftlichen Zusammenhänge stets politische und ideologische Optionen mit ein. Dennoch kann man (zumal aus einer größeren kulturellen Distanz) durchaus von einer jeweils dominierenden Kultur sprechen, die die verschiedenen widersprüchlichen Elemente in einer Gesellschaft in einer bestimmten Weise kombiniert und sich von anderen Kulturen nicht nur durch ihre 'positiven' Setzungen unterscheidet, sondern auch durch die Art und Weise, wie sie Abweichungen definiert und sozial positioniert. Diese gesellschaftlich vorherrschende Kultur kann insofern als hegemonial gelten, aber sie darf gleichwohl nicht auf ihren ideologischen und herrschaftsstabilisierenden Aspckt reduziert werden. Indem sie institutionelle Arrangements liefert, in denen die Individuen und Gruppen leben und handeln, und gleichzeitig Handlungs- und Denkmuster bereitstellt, vermittels derer jene sich ihrer selbst, des „persönlichen Sinns" ihres Lebens und Handelns vergewissern, enthält sie immer auch Formen und Muster, in denen sich Verweigerungs- oder Widerstandshaltungen und (politische) Opposition artikulieren können. Die jeweiligen Muster dürfen dabei aber – auch wenn sie vor allem in einer synchronen Perspektive, also scheinbar statisch beschrieben werden – keineswegs als unveränderlich angesehen werden. Sie sind mit bestimmten institutionellen Arrangements verknüpft, die durch neue Notwendigkeiten und Anforderungen modifiziert oder abgelöst werden; sie sind aber zugleich auch an bestimmte soziale Ordnungen und die Bereitschaft der Menschen gebunden, sich auf sie einzulassen oder sie zumindest nicht grundlegend in Frage zu stellen.

Entsprechend wird man wohl davon ausgehen können, daß auch die einzelnen kulturellen Elemente keineswegs unvergleichlich sind. Man muß nicht gleich auf genetisch begründete sprachliche Universalien zurückgreifen, um plausibel machen zu können, daß „Strukturen, die in einer Kultur sehr stark ausgeprägt sind, (...) sich (mindestens ansatzweise) in (nahezu allen) anderen Kulturen ebenfalls finden“ lassen (Holenstein 1985, S. 133). Immerhin leben die Menschen – auch wenn das nur allmählich ins Bewußtsein dringt – in ‘einer Welt’, die ihnen nicht erst heute zumindest vergleichbare Aufgaben bei ihrer praktischen Lebensbewältigung stellt. Was Kulturen voneinander unterscheidet, wären demnach weniger die einzelnen Merkmale und Elemente (die sich ähnlich auch in anderen Kulturen finden lassen) als ihre jeweilige Kombination, ihre Wertigkeit und die jeweilige hierarchische Ordnung von Werten, in die sie eingebunden sind.

Damit deutet sich eine Perspektive kulturvergleichender Forschung an, in der es mir eher als in tendenziell kulturalistischen Ansätzen möglich erscheint, kulturelle Unterschiede zwischen modernen Gesellschaften herauszustellen, ohne sie zu verabsolutieren, aber auch ohne die Eigenständigkeit des Kulturellen zu leugnen. Kultur wird als ein Prozeß begreifbar, der mit einem übergreifenden Prozeß gesellschaftlich-historischer Entwicklungen verknüpft ist. So gewiß jede Kultur ihr eigenes Profil und ihre eigene Dynamik entwikkelt, so gewiß sind die Probleme und Anforderungen, die sie auf eine spezifische Art und Weise zu bewältigen versucht, ähnlich oder zumindest kompatibel. Der Einzigartigkeit des kulturellen Systems (soweit sie nicht selbst schon eine ideologische Konstruktion darstellt) entspricht eine Vergleichbarkeit zumindest auf der Ebene der materiellen, gesellschaftlichen und sozialen Notwendigkeiten, Anforderungen und Probleme. Das gilt zumal für moderne Gesellschaften wie die japanische oder die deutsche.

In einer solchen Perspektive lassen sich m. E. nicht nur kulturalistische Sichtweisen und abstrakte Gegenüberstellungen von relativistischen und universalistischen Positionen überwinden, sondern vielleicht auch Elemente einer „idealen“ Begriffsbestimmung von Kultur aufnehmen. Diese kann zwar nicht an „absolute Werte“ gebunden werden, da es sich bei ihnen „normalerweise um nichts anderes als eine Erweiterung von Werten aus einer bestimmten Tradition oder Gesellschaft handelt. Wenn wir aber den Prozeß nicht ‘menschliche Perfektion’ nennen, was ein allseits bekanntes Ideal voraussetzt, sondern ‘menschliche Evolution’, womit ein allgemeiner Entwicklungsprozeß der Menschen als Gattung gemeint ist“ (Williams 1977, S. 46), scheint es doch sinnvoll, „von einer allgemeinen menschlichen Kultur zu sprechen, wobei hinzuzufügen ist, daß sie nur innerhalb konkreter Gesellschaften, geformt von lokalen und temporären Einflüssen, wirksam wird“ (ebd., S. 47). „Tatsächlich scheinen ja Bedeutungen und Werte, die in bestimmten Gesellschaften und bei bestimmten Individuen entdeckt und durch gesellschaftliche Vererbung und Darstellung in bestimmten Werken am Leben erhalten worden sind, insoweit universell, als sie, einmal erlernt, in einer bestimmten Situation zur Entwicklung der Kräfte des Menschen, zur Bereicherung seines Lebens, zur Regulierung seiner Gesellschaft und zur Beherrschung seiner Umwelt grundlegend beitragen können“ (ebd., S. 46). Eine Auseinandersetzung mit kulturspezifischen Sozialisationsmustern und in ihnen vergegenständlichten unterschiedlichen Strukturierungsweisen des Verhältnisses von Individuum und Gesellschaft sollte mithin auch in diesem Sinne versuchen, „eine neue Annäherungsweise und damit eine neue Sicht auf Japan zu erproben – einen nicht mehr exotisierenden Blick, der die Zeitgenossenschaft und die uns gemeinsamen Lebensbedingungen nicht verleugnet und dennoch das Fremde als Fremdes bestehen läßt“ (HIJIYA-KIRSCHNEREIT 1988, S. 22).

4. *Individuum und Kultur*

Bis jetzt ist vor allem von gesellschaftlichen und kulturellen Prozessen die Rede gewesen; Sozialisationsforschung, auch kulturvergleichende Sozialisationsforschung, beschäftigt sich aber vor allem mit Individuen und ihrer Entwicklung. Die meisten interkulturellen Vergleichsuntersuchungen arbeiten mit Ansätzen, die man als „makroanalytisch“ (vgl. LIEGLE 1989, S. 120) bezeichnen könnte. Sie zielen auf den Aufweis „systematischer Zusammenhänge zwischen makrostrukturellen Merkmalen verschiedener Gesellschaften (bzw. Kulturen, Nationen, ‚Systeme‘) und Merkmalen von Personen (z. B. Kindern), Gruppen (z. B. Familien) und Institutionen (z. B. Schulen)“ (ebd.). Damit stellt sich die – gerade auch in pädagogischer Perspektive entscheidende – Frage, wie der Zusammenhang zwischen den gesellschaftlichen oder kulturellen Strukturen und individueller Entwicklung begriffen werden kann. Einerseits ist ein wie immer gewichteter Einfluß des jeweiligen Kontexts auf die Entwicklung von Individuen nicht zu verkennen; andererseits besteht die Gefahr, Sozialisationsprozesse auf soziokulturelle Prägungen zu reduzieren, in denen das Individuum letztendlich als passives Produkt einer spezifischen ‘Umwelt’ erscheint.

Zumindest die Richtung, in die eine Antwort auf diese Frage gehen könnte, ist mit der zunächst nur im Hinblick auf den Kulturbegriff knapp entwickelten theoretischen Perspektive bereits angedeutet. Indem ich von kulturell vermittelten und auf spezifische Weise vergegenständlichten gesellschaftlichen Anforderungsstrukturen ausgehe, wird es möglich, die jeweilige individuelle Entwicklung als aktive Auseinandersetzung mit diesen Anforderungen zu begreifen. In dieser Auseinandersetzung eignet sich das Individuum bestimmte kognitive und emotionale Muster, Motive, Bedürfnisse, Wertungen usw. an, die ihm eine Orientierung in den verschiedenen kulturspezifisch organisierten und strukturierten gesellschaftlichen Zusammenhängen ermöglicht und damit auch seine jeweilige individuelle Handlungsfähigkeit in ihnen sichert. Sowohl die Anforderungen und Aufgaben als auch die Mittel zu ihrer Bewältigung sind dabei selbstredend nicht nur kulturspezifisch, sondern stellen sich auch jedem einzelnen Individuum in – mehr oder minder – spezifischen Konstellationen. Dabei sind es immer die Individuen selbst, die in ihrer gegenständlichen (d. h. gesellschaftlichen, sachlich und sozial bestimmten) Tätigkeit, in ihrer aktiven Auseinandersetzung mit den jeweiligen gesellschaftlichen Verhältnissen (in ihrer je spezifischen familiären usw. Ausprägung) ihre psychologische Gestalt produzieren. Daß gesellschaftliche und kulturelle Verhältnisse für die Struktur der menschlichen Psyche konstitutiv werden, liegt in dieser Tätigkeit der Individuen begründet; *wie* sie konstitutiv werden, kann folglich nur in dieser Tätigkeit, ihren Strukturen und ihren Formen untersucht werden (vgl. SCHUBERT 1984, bes. S. 19ff., S. 78ff.; AUERNHEIMER 1988, S. 41ff.).

Es ist also nicht notwendig, ein abstraktes Entsprechungsverhältnis zwischen Kultur und Persönlichkeit zu konstruieren, etwa indem man das Individuum – wie dies in manchen sozialisationstheoretischen Ansätzen geschieht – auf eine Art Schnittpunkt verschiedener gesellschaftlicher Einflüsse reduziert oder indem man – wie dies in etlichen Varianten der US-amerikanischen kulturanthropologischen Forschung versucht worden ist – entweder das Verhalten und Erleben in Begriffen kultureller Bedingungen oder, umgekehrt, Kultur mit psychologischen Begriffen beschreibt (LIEGLE 1980, S. 219; vgl. auch BECKER-PFLEIDERER 1975; ECKENSBERGER 1978). Gesellschaftlich-historische und kulturelle Prozesse auf der einen und individuelle Entwicklungsprozesse auf der anderen Seite folgen je distinkten Logiken, die auf keine Weise miteinander identifiziert werden dürfen. Ihr Zusammenhang kann nicht vorausgesetzt werden, sondern entwikkelt sich in der konkreten Tätigkeit, in der das Individuum sich in einer eigenständigen, je individuellen psychischen Gestalt gleichsam selbst ‘produziert’.

Geht man in der hier skizzierten Perspektive vom Individuum aus, wird es allerdings notwendig, den allgemeinen Kulturbegriff zu differenzieren. Er gewinnt eine doppelte Bedeutung: *Zum einen* bezeichnet er eine spezifische Gliederung sozialer Praxen – jene spezifische Institutionalisierung allgemeinerer Anforderungen – und somit einen Teil dessen, was für die Individuen ihre – mehr oder minder – natürliche Umwelt darstellt, in der sie sich zurechtfinden und in der sie ihr Leben bewältigen müssen. Kultur wäre *in diesem Sinne* nicht nur „eine Art und Weise, das Erfahrene zu erleben" (Devereux 1974, S. 337), sondern zugleich überhaupt erst Anlaß, bestimmte Erfahrungen zu machen (Kultur im weiten Sinne).

Zum anderen bezeichnet Kultur aber zugleich ein kollektives Repertoire von Kommunikations- und Repräsentationsmitteln, von Symbolisierungsformen und Handlungsmustern, einen Vorrat von – mehr oder weniger – gemeinsam geteilten und weitgehend fraglos akzeptierten Vorstellungen und Routinen, die den Individuen als Mittel zur Verfügung stehen, um die kulturspezifisch artikulierten allgemeinen Anforderungen zu bewältigen, zu erfahren, zu interpretieren und sich in diesem Rahmen ihrer selbst und ihres Verhältnisses zu den gesellschaftlichen Zusammenhängen zu vergewissern (Kultur im engen Sinne). Da diese 'Mittel' sich ganz wesentlich auf die kulturspezifischen institutionellen Arrangements beziehen, sind sie insofern natürlich auch an sie gebunden. Aber sie sind durch sie nicht determiniert, und sie sind keineswegs immer eindeutig. Sie können eine Fülle von Konnotationen enthalten, im Freudschen Sinne „überdeterminiert" sein. Sie müssen in der Lage sein, Erfahrungen zu organisieren und den einzelnen in ihren Lebenstätigkeiten so etwas wie „persönlichen Sinn" zu vermitteln, und daher auch offen und flexibel, vielfältig und reichhaltig genug sein, um eine Orientierung in ganz unterschiedlichen persönlichen Situationen und bei verschiedenen individuellen Optionen zu ermöglichen.

Zumindest auf *dieser* Ebene wird man davon ausgehen können, „daß es Kultur als *die* Kultur, Kultur als großes integratives Muster, das kompakte, phänomenale wie praktische Einheit stiftet, im Kern gar nicht gibt; Kultur ist vielmehr etwas Pluralistisches: ein lockerer Verbund von Bildern, Themen, Werten und Handlungsfiguren, die in einer Gesellschaft wirksam sind: ein Verbund, der soziale Prozesse und ihre Strömungen ebenso elastisch übergreift, wie er sie in Bewegung hält, ihnen entgegentritt, sich ihnen amalgamiert" (Lipp 1979, S. 451). Den Individuen liefern die kulturellen Formen gleichsam eine kulturelle Grammatik mit bestimmten Verknüpfungsregeln, Mustern usw., die damit Normalität und Abweichung, Standard und

Besonderheit definieren; sie trennen Regel von Regelverletzung, Gelingen von Mißlingen. Was die einzelnen (Individuen oder Gruppen) konkret daraus machen, welche – um im Bild zu bleiben – mehr oder weniger wohlgeformten Sätze sie bilden, bleibt ihnen selbst überlassen und hängt nicht zuletzt von ihren jeweiligen Möglichkeiten, ihrer Virtuosität im Umgang mit solchen Formen oder auch ihrem persönlichen Mut zum Risiko ab.

Im Rahmen einer eher makroanalytischen Untersuchung läßt sich über diesen je individuellen oder gruppenspezifischen aktiven *Umgang* mit den soziokulturellen Anforderungsstrukturen (den kulturspezifisch formierten allgemeineren Anforderungen moderner Gesellschaften) und den Orientierungs- und Deutungsmustern, die den einzelnen bei ihrer Bewältigung jeweils konkret zur Verfügung stehen, naturgemäß nur wenig sagen (dazu wäre ein anderer, beispielsweise an konkreten Biographien orientierter Zugang erforderlich). Untersuchen lassen sich jedoch sowohl die Anforderungsstrukturen in ihrer kulturspezifischen Formation als auch die kognitiven und affektiven Orientierungs- und Deutungsmuster, die eine Kultur den Menschen – nicht zuletzt aufgrund ihrer Organisationsformen und Strukturierungsweisen der gesellschaftlichen Lebenswirklichkeit – bei ihrer alltäglichen Lebensbewältigung nahelegt. Diese Muster sind nicht in dem Maße verbindlich, wie dies konformitätsorientierte Annahmen in der vergleichenden Sozialisationsforschung oft unterstellen (vgl. Liegle 1980, S. 200f.), sie bilden lediglich das 'Rohmaterial', aus dem die einzelnen sich ihre konkreten Orientierungen aufbauen. Aber sie können doch eine allgemeine Richtung angeben, in die eine 'geglückte' Sozialisation sehr wahrscheinlich gehen wird.

Natürlich lassen sich diese beiden Aspekte des Kulturbegriffs allenfalls analytisch trennen. Die Unterscheidung soll jedoch deutlich machen, daß und *inwiefern* ein bestimmte Kultur nicht nur im Hinblick auf historisch-gesellschaftliche oder soziale Entwicklungen offen ist, sondern auch das Individuum und seine Entwicklung nicht determiniert. Der oder die einzelne wird eher in einen komplexen und oft auch widersprüchlichen soziokulturellen Kontext eingebunden, der bestimmte Anforderungen setzt und bestimmte Aufgaben stellt, der damit aber immer auch ein Feld unterschiedlicher Orientierungs-, Denk- und Handlungsmöglichkeiten eröffnet.

Angesichts der Komplexität der behandelten Fragen wird auch eine solche Betrachtungsweise natürlich nicht ohne (vielleicht voreilige) Verallgemeinerungen auskommen, die zwangsläufig einige Gesichtspunkte herausheben müssen und selbstverständlich nicht immer die 'ganze Wirklichkeit' in allen ihren Aspekten erfassen können. Aber immerhin ermöglicht die hier nur knapp skizzierte theoretische Perspektive, Aussagen über Individuen und ihre Entwicklung (oder zumindest ihre allgemeinen Entwicklungsbedingungen) zu machen, ohne auf psychologisierende Unterstellungen über *den* (durchschnittlichen) Japaner (oder *die* durchschnittliche Japanerin) und seine (ihre) besonderen Eigenschaften, Fähigkeiten usw. zurückgreifen zu müssen und ohne dabei die historisch-gesellschaftliche Bedingtheit und Historizität dieser Aussagen aus dem Blick zu verlieren. Nicht von *den* Japanern (oder *den* Japanerinnen) soll also die Rede sein, sondern von dem, was (grob gesagt) die japanische Gesellschaft den Individuen gegenwärtig im Hinblick auf ihre Entwicklung im allgemeinen abverlangt und was nicht, von den Zwängen, denen sie damit ausgesetzt sind, und von den Möglichkeiten, die sich ihnen damit bieten.

5. *Zum Aufbau und Anspruch der Arbeit*

Über die Erziehung schreiben,
heißt beinahe über alles auf einmal schreiben.
Jean Paul, Levana, Vorrede; zit. 1963, S. 13.

Die vorliegende Arbeit versucht, Erfahrungen und Irritationen aus einem fünfjährigen Aufenthalt in der japanischen Provinz für die erziehungswissenschaftliche Diskussion bei uns produktiv zu machen. Sie richtet sich also nicht nur an Japan-Spezialisten, sondern an ein allgemeineres (Fach-)Publikum, das vielleicht den Blick auf Fragen der Erziehung und Bildung aus einer anderen Perspektive ebenso anregend findet, wie ich ihn aufgrund meiner Erfahrungen in Japan gefunden habe.

Ich bin nicht mit einem ausgearbeiteten Forschungsprogramm oder auch nur einem klar formulierbaren Forschungsinteresse nach Japan gekommen, sondern als Lektor, der für einige Jahre deutsche Sprache und Literatur an einer japanischen Universität unterrichten sollte. Zu einer intensiveren Beschäftigung mit Fragen von Sozialisation und Bildung in Japan wurde ich, auch wenn sie für einen Erziehungswissenschaftler mit einer entsprechenden Interessenlage ohnehin naheliegt, erst allmählich angeregt: durch die üblichen alltäglichen Irritationen und Erfahrungen, die das Leben in einem fremden Land nun einmal mit sich bringt, durch meine Arbeit an der Universität (vgl. etwa Schubert 1987; 1987a; 1990; 1990a), vor allem aber durch meine beiden in Japan geborenen Töchter, die in einer japanischen Umgebung aufgewachsen sind und dort auch einige Jahre Krippen und Kindergärten besucht haben. Ich habe dann – zunächst ohne damit ein systematisches Interesse zu verfolgen – begonnen, einzelne (für mich) bemerkenswerte Erfahrungen aufzuzeichnen, verschiedene Schulen und Kindergärten zu besuchen und (teilweise) an ihnen zu hospitieren, mit Lehrern, Kindergärtnerinnen, Eltern zu sprechen und mich ausführlicher mit der vorliegenden Literatur zum Thema zu befassen. Aber es bedurfte etlicher Ermutigungen, bis daraus allmählich der Plan zu dem Versuch einer umfassenderen Darstellung und Analyse entstanden ist.

Der Aufbau der Arbeit orientiert sich an der biographischen Abfolge: frühkindliche, vorschulische und schließlich schulische Erziehung. In den einzelnen Kapiteln geht es dabei zunächst darum, anhand einer Darstellung des vorherrschenden Umgangs mit Kindern, verbreiteter Erziehungspraktiken und wichtiger institutioneller Bedingungen einige typische Erfahrungen nachzuzeichnen, die ein Kind, das in Japan aufwächst, sehr wahrscheinlich machen wird. Selbstverständlich gibt es dabei individuelle und vor allem soziale Unterschiede, die allerdings beim gegenwärtigen Stand der Forschung kaum präzise zu fassen sind. In der Regel werde ich von einer soziologisch eher vage definierten japanischen (Mittelschicht-)Familie und entsprechend sozial nur unzureichend verorteten Sozialisations- und Erziehungsmustern ausgehen müssen und mich lediglich punktuell um etwas präzisere Angaben bemühen können. Eine wenn auch schwache Legitimation für diese Vorgehensweise kann ich aus dem Tatbestand beziehen, daß sich nach Umfragen um 90 Prozent aller Japaner der Mittelschicht zugehörig fühlen. Das sagt zwar wenig (oder nichts) über ihre tatsächliche soziale Lage aus, kann aber immerhin als ein Indiz dafür gewertet werden, daß sich die meisten Japaner an einem relativ einheitlichen Muster zu orientieren *versuchen,* auch wenn offenbleiben muß, was sie jeweils genau unter 'Mittelschicht' verstehen und wie erfolgreich sie dabei im einzelnen sind.

Besonders das IV. und V. Kapitel (über den Kindergarten und die Schule) stellen die Gruppe sehr in den Vordergrund. Das scheint das verbreitete und nicht selten voreilig herangezogene Erklärungsmuster von der Gruppenorientierung in der japanischen Gesellschaft zu bestätigen. Tatsächlich trifft dieses Muster, auch wenn es nicht verabsolutiert werden darf, *einen* wichtigen Grundzug in vielen japanischen Institutionen, nicht zuletzt im Bildungsbereich (was im übrigen auch die in letzter Zeit hervorgetretenen Kritiker des 'Gruppenmodells' nicht leugnen – vgl. etwa BEFU 1980). Allerdings erklärt diese Gruppenorientierung noch nichts, sondern bedarf selbst der Erklärung. Wie kommt sie zustande? Auf welche Probleme bietet sie – sowohl im gesellschaftlichen Rahmen als auch bezogen auf die Lebenspraxis jedes einzelnen – Lösungen an? Wie sehen sie aus, und was unterscheidet sie von den bei uns vorherrschenden, in der Entgegensetzung meist als 'individualistisch' bezeichneten Lösungen?

Die Untersuchungen über den Kindergarten und die Schule versuchen unter anderem, auf solche Fragen erste Antworten zu geben. Systematischer sollen sie dann im VI. Kapitel behandelt werden, wo es darum geht, die Spezifik der in Japan vorherrschenden Form der gesellschaftlichen Integration darzustellen und zu analysieren. Diese Ausführungen sollen zugleich dazu beitragen, den gesellschaftlichen Kontext zu erläutern, in dem Erziehung und Bildung in Japan stehen und auf den bezogen die spezifischen Erziehungspraktiken in Elternhaus, Kindergarten und Schule ihre Plausibilität und ihre gesellschaftliche Relevanz gewinnen.

Auch wenn sich allmählich eine besondere Strukturierungsweise des Verhältnisses von Individuum und Gesellschaft und die mit ihr verbundenen Probleme als zentrales Thema der Untersuchungen – gleichsam als ihr Generalbaß – herauskristallisieren wird, folgen die einzelnen Studien nicht einem klar formulierten Bündel von Forschungsfragen, sondern versuchen, sich einer recht umfassenden Problematik von verschiedenen Seiten her zu nähern. Einige Kapitel (vor allem das über die Kindergärten, teilweise aber auch die Abschnitte über frühkindliche Sozialisation) stützen sich wesentlich auf eigene Beobachtungen, die ich im nachhinein in den Ergebnissen anderer, systematischer angelegter Untersuchungen bestätigt gefunden habe. Andere (vor allem das über die Schulen und die allgemeineren Bemerkungen über die Strukturierung des Verhältnisses von Individuum und Gesellschaft) basieren stärker auf Sekundäranalysen vorliegender Untersuchungen zu den jeweiligen Themenbereichen.

Wie jede moderne Gesellschaft – vielleicht noch mehr als andere – ist die japanische ständig 'im Übergang'. Entsprechend können die vorliegenden Studien meist nur 'Momentaufnahmen' liefern und nur an einzelnen Stellen auf übergreifende historische Zusammenhänge hinweisen. Dennoch habe ich, da man für die Nachkriegszeit (zumindest für die Zeit seit den 50er Jahren) – trotz rascher Wandlungsprozesse im einzelnen – doch von einer gewissen Kontinuität in den Grundstrukturen ausgehen kann, zumal wenn man sie aus einer großen kulturellen Distanz betrachtet, bei der Beschreibung und Analyse dieser Strukturen gelegentlich auch etwas ältere Untersuchungen herangezogen, soweit sie mir – was ich natürlich im einzelnen so gut wie möglich zu belegen versuche – auch für die gegenwärtigen Verhältnisse noch aussagekräftig erscheinen.

Angesichts des Standes der Forschung kann diese Arbeit natürlich nicht beanspruchen, so etwas wie eine Gesamtdarstellung zu liefern, obwohl die meisten relevanten Sozialisationsfelder nach und nach in der Argumentation auftauchen. Eher handelt es sich um Versuche, anhand eigener und fremder Beobachtungen und Analysen Problemkreise abzustecken und neue Sichtweisen auf scheinbar vertraute Grundphänomene moderner Gesellschaften zu erschließen. Die Mosaiksteinchen, die auf diese Weise zusammengefügt werden, können aber, auch wenn sie vielleicht mehr Fragen aufwerfen als sie beantworten, möglicherweise nicht nur weitere (speziellere) Untersuchungen anregen, sondern auch der Sozialisationsforschung und der pädagogischen Theoriebildung allgemein einige Impulse vermitteln.

Mein Dank gilt dem DAAD, der mir durch seine Förderung nicht nur den Aufenthalt in Japan, sondern durch ein Stipendium auch die Niederschrift des größten Teils dieser Arbeit ermöglicht hat, den Freunden, Gesprächspartnern und Gesprächspartnerinnen, den Kollegen und Kolleginnen in Japan, namentlich in Kumamoto, meinen deutschen Diskussionspartnern und Diskussionspartnerinnen, dem Verlag, ohne dessen strenge kalkulatorischen Maßgaben das Buch leicht auf den doppelten Umfang hätte ausufern können, meiner Frau und nicht zuletzt meinen beiden Töchtern, die mir auf ihre Art viele wichtige Einsichten vermittelt haben. Meine (mit viel Mühe vorbereiteten) Irrtümer habe ich dabei natürlich, getreu unserer individualistischen Tradition, selbst zu verantworten.

II. EIN PARADIES FÜR KINDER?

1. Die kleinen Götter

> Very sadly did we leave it, but we gave
> our hearts in pledge
> To the pine above the city, to the
> blossoms by the hedge,
> To the cherry and the maple and the
> plum-tree and the peach,
> And the babies – Oh, the babies! –
> romping fatly under each.
> Eastward ho! Across the water see the
> black bow drives and swings
> From the Land of Little Children, where
> the Babies are the Kings.
>
> Rudyard KIPLING 1990, S. 241

Japan ist immer wieder als Paradies für Kinder beschrieben worden. Bereits gegen Ende des 19. Jahrhunderts scheint diese Vorstellung so verbreitet gewesen zu sein, daß sie nur noch zitiert zu werden braucht, etwas skeptisch von CHAMBERLAIN (1890; Neuausg. 1990, S. 350), ironisch, aber gleichwohl zustimmend von KIPLING (1889; Neuausg. 1990). Tatsächlich heben seit dem 16. Jahrhundert europäische Japan-Reisende immer wieder den – zumindest für sie – ungewöhnlich nachsichtigen Umgang mit Kindern hervor (vgl. KOJIMA 1986, S. 124f.). In dem 1649 erschienenen ersten europäischen Versuch einer zusammenfassenden Beschreibung Japans notiert VARENIUS:

> Mit großer Sorgfalt erziehen die Eltern ihre Kinder. Dabei verfahren sie mild; nur äußerst selten wenden sie als Erziehungsmittel Prügel an. Jammern und Geschrei ertragen sie geduldig, auch wenn es die ganze Nacht über andauert, und sie bemühen sich, die Kinder mit schmeichelnden und sanften Worten zu beruhigen. Die Eltern können es nämlich nicht über sich bringen, ihre Kinder mit Schlägen oder harten Verweisen zu züchtigen, da sie der Meinung sind, kindliche Vergehen seien eine Folge der noch schwach entwickelten Vernunft, deren Vervollkommnung sich mit zunehmendem Alter von selbst einstelle. Auch wenn sie sich ihren Kindern gegenüber so sanft verhalten, so erreichen sie doch durch sorgfältige Belehrungen und häufige Ermah-

nungen, daß Jungen im Alter von sieben, acht Jahren, oder noch älter, die einen schneller, die anderen langsamer, eine solche Gemessenheit in den Bewegungen und ein so hohes Wissen im Gespräch offenbaren, daß diese mit Recht bewundernswerte Formung dem Greisenalter entsprechen könnte (Neuausg. 1974, S. 105).

„Nirgends habe ich Leute gesehen", berichtet die weitgereiste Isabella Bird 1880, „die soviel Freude an ihren Kindern haben (...). Sie tragen sie umher, führen sie an der Hand, mischen sich in ihre Spiele, versehen sie immer mit neuen Spielwerken, nehmen sie in Clubs und Gesellschaften mit sich und fühlen sich ohne sie nicht zufrieden; anderer Leute Kinder behandeln sie ebenfalls gütig und wohlwollend" (Neuausg. 1990, S. 98). Auch in den sehr viel ausführlicheren und systematischeren Aufzeichnungen, die Mitte der 30er Jahre im Rahmen eines anthropologischen Feldforschungsprojekts in einem Dorf auf Kyushu gemacht wurden (Smith/Wiswell 1982; vgl. Embree 1939), fällt vor allem die nicht enden wollende Faszination, aber auch eine gewisse Irritation über die Toleranz und Nachsicht auf, mit der die Frauen und die meisten Männer ihre Kinder behandeln. Mindestens bis zum Erreichen des Schulalters erhalten kleine Jungen und Mädchen alles, was sie an Aufmerksamkeit und Zuwendung verlangen. Die Stillzeiten sind extrem lang. Falls sich nicht vorher ein jüngeres Geschwisterchen einstellt, dauern sie bis zum vierten oder fünften Lebensjahr, aber auch später sieht man Ältere noch bisweilen an der Mutterbrust, wenn das Jüngste satt ist. Weder bei Tag noch in der Nacht werden die Kinder jemals allein gelassen; nachts schlafen die jeweils jüngsten bei der Mutter, die übrigen verteilen sich auf den Rest der Familie. Tagsüber werden sie oft von der Mutter oder einer anderen Aufsichtsperson herumgetragen, und auch wenn sie schlafen oder sich selbst beschäftigen, steht immer jemand bereit, um sie beim leisesten Wimmern aufzunehmen, zu trösten, zu beruhigen, zu wiegen und zu tragen. Überhaupt verbringen Erwachsene, besonders Mütter und Großmütter, angesichts der harten Arbeit, die sie verrichten müssen, erstaunlich viel Zeit mit den Kleinkindern, in der sie sich ihnen ganz widmen und alles mögliche mit ihnen üben. Die Geduld der Mütter und der anderen Erwachsenen mit ihren Kindern ist offenbar unerschöpflich. Vor allem die kleinen Söhne scheinen die Herren im Haus zu sein. Die Mütter lassen sich – so scheint es wenigstens in den Augen der amerikanischen Beobachterin – willig von ihnen herumkommandieren, wenn nicht terrorisieren; und sollten sie sich doch einmal unwillig zeigen, so wirkt ein kleiner emotionaler Ausbruch des Sprößlings fast immer. Selbst in Versammlungen wird der Lärm der spielenden Kinder lächelnd akzeptiert. Disziplinierungsmaßnahmen, gar körperliche Strafen sind offenbar sehr selten. Allenfalls wird den Kindern mit Geistern, übernatürlichen Mächten oder ähnlichem gedroht. Eher greifen Erwachsene auf Bestechung, etwa mit Süßigkeiten, auf gutes Zureden oder auch auf offene Lügen zurück, wenn es darum geht, Kinder zu einem bestimmten Verhalten zu bringen. Jedenfalls wird ihnen – wie die Beobachterin etwas indigniert bemerkt – nicht gelehrt, einfach zu gehorchen (vgl. Smith/Wiswell 1982, S. 202–226).

Was hier mit halb faszinierten, halb skeptischem Blick beschrieben wurde, ist keineswegs überholt. Im Gegenteil scheint es, als hätten sich – bei allen zweifellos tiefgreifenden Veränderungen – gerade *die* Muster im Umgang mit Kindern, die westlichen Beobachtern besonders aufgefallen sind, im Zuge der Modernisierung noch verstärkt. Noch immer darf man, wie Singer (1991, S. 71) kurz vor dem zweiten Weltkrieg, die Kinder „die wahren Götter des Landes nennen". „Einem japanischen Kind – besonders wenn es sich um einen Jungen und erst recht, wenn es sich um den erstgeborenen Sohn handelt – werden fast keinerlei Beschränkungen auferlegt. Das Kind kann tun, was es will. Sehr selten wird es zurechtgewiesen. Wenn eine Ermahnung erfolgt, geschieht es auf sanfte Art, ohne daß die Eltern irgendeinen Unwillen zeigen" (ebd., S. 70). Die Kinder „bilden die Mitte des Hauses und der Nation. In ihrer farbenfrohen Kleidung scheinen sie die einzigen Wesen in Japan zu sein, denen man Freiheit des Handelns und strahlende Blicke ohne Einschränkungen gönnt" (ebd., S. 71).

Mehr denn je stehen kleine Kinder heute im Mittelpunkt ihrer Welt. Sie sind praktisch niemals alleine und können mit der ständigen Nähe und der Bereitschaft der Mutter (oder heute seltener: einer anderen Vertrauensperson) rechnen, auf ihre geringfügigsten Unmutsäußerungen sofort einzugehen und alle ihre Bedürfnisse umgehend zu befriedigen. Kaum je wird man ein kleines Kind längere Zeit schreien hören. Es wird in der Regel beim leisesten Laut aufgenommen, getragen, gewiegt und getröstet.[1] Die Bereitschaft, kindlichen Wünschen – wie 'unvernünftig' sie auch immer sein mögen – nachzukommen, grenzt bisweilen fast schon an Unterwürfigkeit, und nicht wenige Kinder machen – zumindest auf die meisten westlichen Beobachter – einen ziemlich verwöhnten Eindruck. Uns ist das besonders aufgefallen, als wir mit einer uns aus Japan gut bekannten Familie bei verschiedenen Bekannten in Deutschland zu Gast waren. Die beiden Jungen (2 und 4 Jahre alt) erschienen uns in Japan immer gut erzogen, ruhig und brav. In Deutschland machten sie plötzlich einen ungezogenen und quengeligen Eindruck. Aber sie verhielten sich nicht anders als in Japan. Sie häuften hier wie dort zu Beginn eines Essens erst mal alle Delikatessen auf ihre Teller (auch wenn es sich um offensichtlich abgezählte Stücke Garnelen, Schnitzel u. ä. handelte), stocherten ein bißchen auf ihrem Teller herum und schoben ihn dann unlustig weg, wobei manchmal auch etwas über den Rand schwappte. Sie wollten immer wieder beide (meist gleichzeitig) bei ihrer Mutter auf dem Schoß sitzen, beanspruchten ihre Aufmerksamkeit (leise quengelnd) immer dann, wenn diese gerade angeregt mit jemand anderem sprach, wollten alles mögliche sofort gereicht bekommen, um es zu untersuchen usw. Die Eltern reagierten immer freundlich und prompt auf die Wünsche ihrer Kinder, aber die deutschen Bekannten fragten uns hinterher oft etwas indigniert: „Sind in Japan alle Kinder so verwöhnt?"

Vielleicht nicht alle, die meisten aber wohl schon. Nicht daß sie sich absichtlich provozierend und um Aufmerksamkeit heischend benehmen würden; das haben sie gar nicht nötig. Sie sind ganz einfach gewöhnt, daß ihnen jeder Wunsch augenblicklich erfüllt wird. Sie bekommen beim Einkaufen fast alles, was ihr Gefallen erregt hat, sie werden mit Süßigkeiten vollgestopft und getragen, wann immer sie danach verlangen (und eine zierliche Frau, in jeder Hand eine volle Einkaufstüte, mit einem womöglich dicken, mindestens vierjährigen Kind auf dem Rücken, ist tatsächlich kein seltener Anblick). In der Regel geschieht das alles ohne großes Geschrei; notfalls hilft ein kleiner Wutanfall des Sprößlings aber allemal. Kaum je wird das Kind ein klares 'Nein' hören; die Mutter wird versuchen, einen unpassenden Wunsch zu ignorieren, das Kind abzulenken oder auf später zu vertrösten. Im Zweifelsfalle wird sie es eher bitten, ja anflehen, etwas zu tun oder zu lassen, oder versuchen, es zu bestechen, statt Zwang anzuwenden. Völlig undenkbar scheint es, daß Kinder heftig gescholten oder gar angeschrieen werden – weder in der Öffentlichkeit, wo der betreffende Erwachsene sehr schnell mißbilligenden Blicken ausgesetzt wäre, noch im 'privaten' Raum, der schon aufgrund der baulichen Substanz wenig Schutz vor potentiell kritischen Ohren bietet. Schreien gilt – wie überhaupt jede heftige Gefühlsäußerung – als lächerlich und 'unreif'. Zumal gegenüber Kindern oder auch nur in Gegenwart von Kindern ist man gehalten, sich stets vorbildlich zu benehmen und kein schlechtes Beispiel zu geben – und die Erwachsenen, nicht nur die Mütter, tun das in einem für uns erstaunlichen Ausmaß. Man wird nie erleben, daß jemand sich über ein Kind beschwert, vorwurfsvoll schaut oder sich auch nur gestört wegdreht. Dabei sind kleinere Kinder an der Hand, auf dem Rücken oder auf dem Schoß überall willkommen, wo sich Frauen aufhalten. Man sieht sie nicht nur in Supermärkten oder im Bus, sondern auch bei den Schulfeiern ihrer älteren Geschwister oder in Elternversammlungen, bei geselligen Anlässen und 'Parties' (soweit Frauen daran teilnehmen), in Ausstellungen oder Konzerten und natürlich in Restaurants, auch den feineren, wo sie stets besonders aufmerksam bedient und Folgen der üblichen kleinen kindlichen Mißgeschicke immer umgehend beseitigt werden, ohne daß davon viel Aufhebens gemacht würde. Kinder gehören dazu und werden als Kinder akzeptiert und geschätzt.

Selbstverständlich wachsen in Japan nicht alle Kinder unter den gleichen Bedingungen auf, und zweifellos gibt es Unterschiede im Umgang mit Kindern (auch wenn sie dem außenstehenden Beobachter meist weniger auffallen als die Gemeinsamkeiten). Je nachdem, ob etwa die Umgebung eher städtisch oder ländlich geprägt ist, je nach Familiengröße und natürlich je nach sozialer Schicht unterscheiden sich die Kinderwelten oft beträchtlich voneinander. Die meiste Nachsicht, Zuwendung und Aufmerksamkeit scheinen dabei die Kinder in den modernen Kernfamilien der städtischen Angestellten (in Japan bezeichnet man sie mit einem dem Amerikanischen angelehnten Neologismus als *sarariiman* – salery-man) zu genießen. Nichts hindert die nur ihren mütterlichen Aufgaben verpflichteten Hausfrauen aus diesen das gegenwärtige Japan kulturell dominierenden 'neuen Mittelschichten' (zu denen man manchmal auch die bessergestellten Arbeiter in einem Dauerbeschäftigungsverhältnis zählt) daran, ganz für ihr Kind dazusein, es rund um die Uhr zu versorgen und ihm jeden Wunsch von den Augen abzulesen; keine andere substantielle Aufgabe (wie etwa die Mithilfe im Familienbetrieb) kann sie veranlassen oder zwingen, ihr Kind zumindest zeitweise der Obhut älterer Geschwister oder der Großeltern anzuvertrauen oder nicht immer sofort auf jeden Wunsch und jede Unmutsäußerung ihres Kindes zu reagieren. Frauen in bäuerlichen Familienbetrieben oder die oft mitarbeitenden Frauen in den 'alten Mittelschichten' der kleinen Geschäftsleute und Gewerbetreibenden konnten und können es sich kaum leisten, Tag und Nacht nur für ihr kleines Kind dazusein und es beständig zu umsorgen (vgl. SMITH 1962, S. 191); erst recht nicht die (wenigen) berufstätigen Mütter kleiner Kinder (vgl. FUJITA 1989). Die vielleicht naheliegende Schlußfolgerung, daß somit in genau den Schichten, die in vielen Punkten für einen radikalen Bruch mit der Tradition und eine explizit 'moderne' Lebensweise stehen, traditionelle japanische Verhaltensmuster im Umgang mit Kindern am ausgeprägtesten verwirklicht worden wären, würde dennoch zu kurz greifen. Denn auch in Japan sind die Konzentration der Erziehungsarbeit auf die Frau und die stark ausgeprägte Verknüpfung der weiblichen Geschlechtsidentität mit der Mutterrolle ein Ergebnis des Modernisierungsprozesses, in dessen Verlauf „unterschiedliche Elemente aus der Position der Schwiegertochter in den ländlichen Haushalten, der Frauen in der *samurai*-Schicht und der Intelligenz des späten 19. Jh." (LENZ 1988, S. 76) zum gegenwärtigen Bild der Hausfrau und Mutter verschmolzen sind (vgl. auch LENZ 1984, S. 253f.). Und die Mutter-Kind-Beziehung wurde erst durch den rechtlichen Statusverlust des Hauses *(ie)* nach dem zweiten Weltkrieg von ihren Verpflichtungen gegenüber dem Familienverband entlastet und konnte dadurch ihre sie heute kennzeichnende Intensität und Ausschließlichkeit gewinnen (vgl. LEBRA 1984, S. 164). Das Kind, das früher einen Teil des 'Hauses' darstellte und von Mutter, Schwiegermutter und älteren Geschwistern gemeinsam aufgezogen und gehätschelt wurde und der Autorität und Verantwortung des männlichen Familienoberhaupts unterstand, gehört erst neuerdings exklusiv zur Mutter.

Die Grundmuster des nachsichtigen und zuvorkommenden Umgangs mit Kindern stehen heute, gerade in den 'neuen Mittelschichten', in einem gesellschaftlichen Kontext, der sich – zumindest was seine äußeren Bedingungen angeht – nur wenig von dem in anderen hochindustrialisierten Gesellschaften unterscheidet. Die verhäuslichte Familienkindheit in der isolierten privaten Kleinfamilie ist heute auch in Japan der Regelfall (vgl. NEUSS-KANEKO 1990, S. 116); die Sozialisation ist nicht – wie vielleicht noch zu einem großen Teil in dem von WISWELL (SMITH/WISWELL 1982) untersuchten relativ abgeschiedenen Dorf auf Kyushu (in der Nähe von Kumamoto) – „das spontane Nebenprodukt eines durch Traditionen und Arbeitszusammenhänge gesicherten gemeinsamen Lebens von Erwachsenen und Kindern" (LIEGLE 1989, S. 119), sondern ist zu einer eigenen, zunächst vor allem der Mutter (später auch zusätzlich dem Kindergarten und der Schule) zugeordneten Aufgabe geworden; „schon die Zeugung und Geburt des Kindes hat" – in Japan vielleicht noch mehr als anderswo – „den Charakter rationaler Entscheidung und Planung angenommen" (ebd.). Zwar gibt es, da die kleinen Kinder nicht alleingelassen werden können, keine klare Trennung zwischen der Welt der Erwachsenen (d. h. der Welt der Mütter) und der Welt der Kinder (LEBRA 1976, S. 145), aber die Väter und ihre Arbeit sind genauso unsichtbar geworden wie in anderen Industriegesellschaften auch. Die Kinder stehen – in den modernen Vorstädten mehr denn je (vgl. VOGEL 1963; KIEFER 1976) – im Mittelpunkt ihrer Welt, aber diese Welt ist auch in Japan kleiner geworden.

2. *Nähe und Nachsicht*

Kinder haben einen festen Platz in der Gesellschaft und im Lebensplan jedes und jeder einzelnen; sie sind nicht nur selbstverständlicher Teil der weiblichen *und* der männlichen Normalbiographie, sie gelten auch als Erfüllung und primärer Inhalt einer Ehe (HENDRY 1986, S. 14f.). Die meisten Informantinnen, mit denen LEBRA (1984, S. 158) gesprochen hat, machten weder einen Unterschied zwischen ihrem Status als Frau und dem als Mutter noch zwischen Heirat und Elternschaft. „Anders als im Westen sind Kinder in Japan nicht eine Option unter vielen gleich attraktiven Lebensentwürfen" (ELSCHENBROICH 1990, S. 64), „Frauen, die sich keine Kinder wünschen", sind eine Seltenheit (LINHART-FISCHER 1988). Ein Kind in Japan ist erwünscht. Kinder sind zumal für eine Frau der 'Sinn des Lebens', aber auch Männer können sich eine Ehe ohne Kinder nur schwer vorstellen. Sie sind ein teures Statussymbol und Prestigeobjekt und „Zement" für die Ehe (HENDRY 1986, S. 15), auch wenn sie heute kaum mehr als Altersabsicherung angesehen werden oder als Garanten für das Weiterleben im Ahnenkult gelten (vgl. IRITANI 1979). Schwangerschaftsunterbrechungen sind nicht ideologisch geächtet; ein Hinweis etwa auf die (derzeit) für problematisch befundene finanzielle Situation reicht aus, um sie zu legitimieren.[2] Schwangerschaft ist keine Krankheit, keine Behinderung, kein Schicksalsschlag. Sieht man eine schwangere Frau, so kann man nahezu sicher sein, daß sie das Kind will. Als ideale Kinderzahl gilt (nach IRITANI) bei mehr als der Hälfte der Eltern offenbar drei, die meisten können sich aber nur zwei Kinder 'leisten' (was vor allem angesichts der hohen Ausbildungskosten eine durchaus realistische ökonomische Kalkulation darstellt). Einzelkinder werden als die für Eltern und Kind unglücklichste Lösung angesehen (ebd., S. 62f.). Eine Entbindung wird nicht von der Krankenkasse bezahlt (es handelt sich nicht um eine Krankheit), aber häufig ganz oder zum größten Teil durch einen entsprechenden Bonus vom Arbeitgeber. Zumindest in der Provinz ist es üblich, daß Frauen etwa vier Wochen vor bis mindestens vier Wochen nach der Geburt ihres Kindes in ihre Herkunftsfamilie zurückkehren (vgl. auch LEBRA

1984, S. 172). Sie werden in dieser Zeit selbst umsorgt wie kleine Kinder und haben keine anderen Verpflichtungen und keine weitere Verantwortung als die gegenüber ihrem Kind. Dieser Brauch dient nicht allein dem Wohlergehen der jungen Mutter und der Entlastung ihres Ehemanns von Aufgaben, denen er – nach den in Japan gängigen Vorstellungen – kaum gewachsen wäre. Zugleich werden die Mutter – und indirekt auch der künftige Vater – auf ihren neuen Status vorbereitet und auch das Kind bereits gefördert. Schon dem Fühlen, dem Verhalten und selbst dem Denken der Mutter während der Schwangerschaft schreibt man manchmal einen Einfluß auf die weitere Entwicklung des Kindes zu. Es gibt dafür im Japanischen einen eigenen Ausdruck: *taikyo,* „pränatales Training". Dieses zuerst in der Tokugawa-Zeit verbreitete Konzept scheint bis heute lebendig geblieben zu sein (vgl. Hara/Minagawa 1986, S. 115).[3]

Stillen ist üblich, es gab und gibt darüber keine denen im Westen vergleichbaren ideologischen Auseinandersetzungen. Es gilt nicht nur für das Kind, sondern auch für die Mutter als (körperliche) Befriedigung. Zwar haben sich die Stillzeiten deutlich verkürzt – die extremen Beispiele, wie etwa den Vierzehnjährigen an der Mutterbrust, wird man kaum mehr, wie noch Wiswell (vgl. Smith/wiswell, S. 208), aus eigener Anschauung,[4] sondern allenfalls noch in der schönen Literatur (vgl. Buruma 1985, S. 40) kennenlernen können. Dennoch sind sie nach wie vor deutlich länger als bei uns; das Minimum sind (wenn irgend möglich) sechs Monate, acht bis zwölf Monate gelten als normal, aber auch Stillzeiten bis zu zwei oder gar drei Jahren sind – wie wir aus eigenen Beobachtungen bestätigen können – keine Seltenheit (vgl. Lebra 1976, S. 139; Lebra 1984, S. 175f.). Offenbar haben die damals noch vergleichsweise erfolglosen Kampagnen staatlicher Stellen zur Verkürzung der Stillzeiten, von denen Benedict (1954, S. 260f.) berichtete, aufgrund der verbesserten Ernährungssituation und wohl auch unter dem Druck der veränderten Lebensbedingungen inzwischen doch Wirkung gezeigt. Bemerkenswerterweise appellierten diese Kampagnen vor allem an die 'Opferbereitschaft' der Mütter, die doch bitte im Interesse ihres Kindes auf die Freude des Stillens früher als bis dahin üblich verzichten sollten, und verurteilten ihre 'Unbeherrschtheit', wenn sie gleichwohl von diesem Vergnügen nicht ablassen mochten (vgl. ebd.). Heute ermuntern Erziehungsberater die Mütter explizit, das Stillen nicht nur als Nahrungsaufnahme zu betrachten, sondern auch als Gelegenheit, ihrem Kind ihre Zuneigung zu zeigen und selbst die körperliche Zuwendung des Kindes zu genießen (Lebra 1976, S. 139). Auch wenn ein Kind schon abgestillt ist, wird ihm bisweilen erlaubt, mit der mütterlichen Brust zu spielen (vgl. auch ebd.), etwa nachdem das jüngere Geschwisterchen getrunken hat.

Die Entwöhnung wird so zu einem ganz allmählichen, wenn auch nicht immer problemlosen Prozeß (was zum Teil auch die langen Stillzeiten erklärt). Noch während das Kleinkind gestillt wird, beginnt man es an (bei uns so genannte) 'feste Nahrung' zu gewöhnen. Die japanische Alltagskost – weichgekochter 'klebriger' Reis, *tofu,* Suppen bei fast allen Mahlzeiten – ist in der Regel so beschaffen, daß auch ganz kleine Kinder (etwa ab dem vierten Monat) sie wenigstens zum Teil schon problemlos zu sich nehmen können (vgl. auch Smith 1962, S. 190). Darüber hinaus gibt es heute natürlich auch in Japan ein großes Angebot an spezieller Säuglingsnahrung. Der 'Umweg' über die Flaschennahrung ist so, auch wenn er heute eine gewisse Rolle spielt, in den meisten Fällen zumindest nicht zwingend. (Traditionell gehörte Kuhmilch nicht zum japanischen Speiseplan.)

Gestillt wurde und wird in Japan nicht nach vorgegebenen festen Zeiten, sondern nach den Bedürfnissen der Säuglinge, „sogar mitten in der Nacht" (Befu 1981, S. 154). Feste Stillzeiten, mit denen man bei uns in den 50er und 60er Jahren Eltern und Kinder plagte, haben sich in Japan nie durchsetzen können. Erleichtert wird diese Praxis durch die immer wieder beschriebenen und ausführlich untersuchten Schlafarrangements (vgl. Caudill/Plath 1986). Meist schlafen Eltern und Kinder in einem Raum. Das geschieht keineswegs aus Platzmangel. Da die meisten Räume multifunktional genutzt werden können und man sich im allgemeinen nicht in schwerfälligen Betten, sondern auf den beweglichen Schlafmatten *(futon)* zur Ruhe begibt, wäre in den meisten der tatsächlich oft sehr engen Wohnungen ein anderes Arrangement ohne weiteres möglich. Wenn es im 'Schlafzimmer' doch zu eng wird, wird als erster der Vater, vielleicht von dem oder der Ältesten begleitet, in einen anderen Raum umziehen; kaum aber werden die Kinder von den Erwachsenen getrennt. Mindestens bis zum Schulalter, oft aber bis zur Pubertät und in einigen Fällen noch darüber hinaus, pflegt ein Kind bei den Eltern bzw. bei einem Elternteil oder – in einem der auch in Japan seltener werdenden Drei-Generationen-Haushalte – einem Großelternteil zu schlafen. Das Privileg, direkt neben der Mutter auf der gleichen oder auf einer eigenen kleinen Schlafmatte zu nächtigen, gebührt dabei stets dem kleinsten Kind. Das Stillen verursacht so keine größeren Störungen. Die Mutter muß nicht aufstehen, ihr Kind aufnehmen, sich zum Stillen hinsetzen, es wieder hinlegen und womöglich noch in den Schlaf wiegen. Größere und mobilere Säuglinge können sich ohne Schwierigkeiten auch schon mal selbst bedienen. Kinderbettchen oder dergleichen sind, wie Betten in unserem Sinne überhaupt, kaum verbreitet und werden allenfalls in den ersten Monaten benutzt (vgl. auch Lebra 1984, S. 176). Die Kinder sind beim Schlafen nicht an einen Ort gefesselt, sondern können jederzeit bei Mutter, Vater oder einem Geschwisterchen unterkriechen und sich ankuscheln (und zwar immer, nicht nur „ausnahmsweise“!). Kaum werden sie an dem Platz aufwachen, an dem sie eingeschlafen sind. Sie genießen fast unvermeidlich – bewußt oder unbewußt – engen Körperkontakt, woran sie sich auch als Erwachsene noch gerne erinnern (vgl. Lebra 1976, S. 141).

Die Einstellung zum Schlaf scheint sich nach unseren Beobachtungen auch sonst von der bei uns vorherrschenden zu unterscheiden. Ein Baby schläft, nachdem es gerade gestillt wurde, friedlich in seinem Bettchen. Besuch kommt, der das Baby gerne sehen möchte. Man nähert sich vorsichtig dem Bettchen, spricht leise, schaut das schlafende Baby an und ist bemüht, das Kind nicht zu stören – so jedenfalls üblicherweise bei uns. Die gleiche Szene in Japan: Die Mutter nimmt das Baby auf, und falls es davon nicht schon aufgewacht ist, kitzelt sie es vielleicht vorsichtig an der Wange, bewegt es und versucht, wenn es endlich die Augen aufmacht, noch ein Lächeln in sein Gesichtchen zu zaubern. Dann hält sie es dem Besucher hin. Der deutsche Besucher ist leicht entsetzt. „Warum wecken Sie das Kind denn nun extra auf? Das ist doch nicht nötig.“ Erstaunen der japanischen Mutter: „Aber schlafen kann es doch immer. Es freut sich doch, wenn es angeschaut wird, wenn sich jemand für es interessiert, nicht?“

Schlaf ist offenbar kein Zustand, den es zu einer bestimmten Zeit herzustellen gilt, der möglichst nicht unterbrochen und gestört werden sollte, der Ruhe bedarf. Japanische Kinder (und Erwachsene) können, so scheint es, sobald sie müde sind, in jeder Situation, in jeder beliebigen Körperhaltung und bei jedem Lärm einschlafen. Wichtiger als ‘genügend’ Schlaf und Ruhe sind Anteilnahme und Präsenz der Erwachsenen. Der westliche Brauch, kleine Kinder möglichst in einem eigenen Zimmer schlafen zu legen, wird immer wieder mit Erstaunen, wenn nicht schockiert, zur Kenntnis genommen. (Mehr als einmal wurde ich von Studentinnen ungläubig gefragt, ob ‘westliche Eltern’ – also wir – ihre kleinen Kinder tatsächlich allein schlafen lassen.) Wie kann denn da die Mutter rechtzeitig (also sofort) dasein, wenn das Kind im Schlaf unruhig wird, vielleicht sogar aufwacht, ihm durch intensiven Hautkontakt (beruhigend tätscheln oder stillen) Wärme und Geborgenheit geben? Ein von deutschen Müttern ab und zu stolz geäußerter Satz, „Mein Baby schläft jetzt schon von 7 Uhr abends bis morgens durch", würde einer Japanerin wohl kaum über die Lippen gehen. Schlafen ist kein Thema. Wichtiger sind Nähe und das Gefühl der Sicherheit und der Geborgenheit. Es wird auch kaum erwartet, daß Kinder schon früh lernen, allein einzuschlafen. Häufig legt sich die Mutter zum Kind ins Bett, bis es eingeschlafen ist. Das ist zeitraubend. Für eine beschäftigte Mutter gibt es zwei Arten, mit diesem Problem umzugehen: Entweder bleibt das Kind, sofern es nicht vorher irgendwo in ihrer Nähe einschlummert, auf, bis sie sich selbst auch schlafen legt, oder sie bindet es, sobald es müde wird und anfängt zu quengeln, auf ihren Rücken, bis es eingeschlafen ist. So hat sie die Hände frei und kann sich ungestört anderen Dingen widmen (vgl. HENDRY 1986, S. 20). Manche Kinder, so wird berichtet (vgl. LEBRA 1976, S. 141), können überhaupt nur auf dem Rücken ihrer Mutter einschlafen. Kaum jemand scheint ein Problem darin zu sehen, wenn selbst kleine Kinder vor dem Fernseher einschlummern (bei uns zweifellos ein Privileg der Erwachsenen), und es wird auch selten erwartet, daß sie regelmäßig zu einer bestimmten Zeit zu Bett gehen. Größere Kinder werden es sich auch schon mal in irgendeiner Ecke bequem machen, vielleicht auch im Wandschrank, wo die Schlafmatten für die Nacht aufbewahrt werden, oder einfach unter dem Tisch einschlafen, unbeeindruckt von den Aktivitäten der anwesenden Erwachsenen, der Geschwister oder ihrer Spielkameraden, denen sie sich dann nach einem kurzen Schlummer vielleicht wieder anschließen.

Die elterliche Nachsicht erstreckt sich also auf Bereiche, in denen bei uns selbst 'liberale' Eltern nur ausnahmsweise von ihren Grundsätzen abweichen. Auch festen Essenszeiten scheint wenig Wert beigemessen zu werden, jedenfalls werden kaum Versuche unternommen, sie konsequent oder gar rigide durchzusetzen. So, wie ein Säugling jederzeit gestillt wird, wenn ihn danach verlangt, bekommt das kleine Kind jederzeit zu essen oder zu trinken, auch unmittelbar vor oder nach den gemeinsamen Mahlzeiten, bei denen natürlich allen Sonderwünschen und Launen soweit wie möglich entsprochen wird. Bedürfnisaufschub und Kontrolle über die eigenen Bedürfnisse werden zumindest in diesem Alter noch nicht gefordert. (Entsprechend gibt es in Japan keinen halbwegs belebten Weg, an dem nicht alle 50 Meter warme und kalte Getränke in Automaten zum Kauf feilgehalten werden.)

Nicht nur beim Schlafen oder beim Getragenwerden spielt der Körperkontakt in der Beziehung von Eltern und Kindern eine große Rolle. Besonders das gemeinsame Bad wird in diesem Zusammenhang immer wieder erwähnt. Falls der Vater nicht allzu spät nach Hause kommt, ist es meistens sein Privileg, mit dem Baby oder dem kleinen Kind in die Wanne zu steigen. 'Wanne' ist dabei eine nicht ganz zutreffende Bezeichnung; es handelt sich meist um ein nicht sehr großes, aber tiefes Becken, in dem das Kleinkind, auch wenn es schon selbst sitzen oder stehen kann, stets gehalten werden muß. Da man sich säubert, bevor man ins Becken steigt – das Wasser wird in der Regel von mehreren Personen nacheinander benutzt –, dient das eigentliche Bad ganz der Entspannung und der entspannten körperlichen Kommunikation von Erwachsenem und Kind. Wie die Schlafarrangements werden oft auch die Badesitten bis in das Schulalter hinein beibehalten. Aber auch später werden bei besonderen Anlässen, etwa wenn eine Gelegenheit für eine wichtige Aussprache gesucht wird, beispielsweise Mutter und Sohn noch gemeinsam baden (vgl. auch Lebra 1984, S. 176).

Die große Bedeutung der physischen Nähe in der Eltern-Kind- und besonders in der Mutter-Kind-Beziehung wird gelegentlich mit einem amerikanisch-japanischen Neologismus als "skinship" (vgl. Lebra 1976, S. 138) zu fassen versucht. Damit ist nicht nur die physische Nähe im engeren Sinne, der Hautkontakt und die Tuchfühlung, gemeint, sondern auch die intime Vertrautheit von Mutter und Kind und ihr wechselseitiges Aufeinander-angewiesen-sein. Es handelt sich dabei weniger um einen „Affekt", eine „aktive Gefühlsbewegung" im Sinne der elterlichen „Liebe" bei uns, eher um „eine Grundstimmung, gewissermaßen eine Gewohnheit des täglichen Lebens" (Elschenbroich 1990, S. 68). Sie äußert sich etwa in der „Bereitschaft, das Tempo eines Zweijährigen zum eigenen zu machen: eine Geduld und Behutsamkeit, die man bei Müttern und Vätern immer wieder beobachten wird, auf den Treppen von Kaufhaus und U-Bahn" oder in der intimen „Vertrautheit mit den Körperfunktionen des Kindes" (ebd., S. 66), die (wie wir noch sehen werden) etwa bei der Sauberkeitserziehung eine große Rolle spielt. Sie zeigt sich beispielsweise aber auch im gemeinsamen Spiel von Mutter und Kind. „Auf den Spielplätzen sieht man ungleich häufiger als bei uns die Mütter neben ihren Kindern in der Sandkiste, mit ihnen auf der Schaukel sitzen, Mutter und Kind auf gleicher Höhe sozusagen. (Im Westen sitzt die Mutter auf der Bank, unterhält sich mit anderen Müttern oder liest Zeitung; sie hat das Kind ‚im Auge', ins Spiel der Sandkiste mischt sie sich möglichst nur zum Schlichten von Konflikten ein.)“ (Ebd.) Ein Kind, das allein spielt, löst sofort Mitleid aus. Laufställe o. ä. sind nicht verbreitet, nicht nur, weil sie – vielleicht noch mehr als heute auch bei uns – an Gefängnisse erinnern, sondern weil sie schlicht überflüssig sind. Die Kinder werden immer direkt beaufsichtigt. Wenn die Mutter etwas anderes zu tun hat, nimmt sie das Kind mit oder bindet es sich wieder auf den Rücken, um ihre Hände frei zu haben. Wenn das Kind auf dem Boden krabbelt und spielt, bleibt sie gewöhnlich bei ihm, spielt mit und kann es ggf. auf gefährliche oder wertvolle Dinge, mit denen man sorgfältig umgehen muß, hinweisen. Man geht davon aus, daß Kinder selbst schon bei ihren ersten Erkundungen beständiger Anleitung und Führung bedürfen, und erwartet nicht, daß sie sich – und sei es in einem so begrenzten Raum wie dem Laufstall – allein, unbeobachtet und ungestört mit ihren Spielsachen beschäftigen wollen (vgl. Hendry 1986, S. 22). Weit mehr als bei uns ist die Welt nicht nur der ganz kleinen Kinder in Japan eine Welt von Kindern *und* Erwachsenen (vor allem Müttern). Nähe und Nachsicht sind dabei – wie sich hier bereits andeutet – nicht nur Bedingung für das unmittelbare Wohlergehen, das Glück des Kindes, sondern auch für seine angemessene soziale Entwicklung.

3. Kinder stören nicht

Allerdings machen die kleine Götter und Göttinnen keineswegs den Eindruck, den man bei uns von verwöhnten Kindern erwartet. Im Gegenteil wirken sie meist akustisch und motorisch ruhiger, ausgeglichener und unauffälliger, weniger ‘auf dem Sprung’, aber auch umsichtiger und rücksichtsvoller als ihre hiesigen Altersgenossen. Die typische Unruhe, die sich bei uns sehr schnell einstellt (und überall erwartet wird), wo Kinder zugegen sind, findet sich in Japan weit seltener. Zwar sind die Kleinen keineswegs alle besonders ‘brav’ (oder gar so greisenhaft, wie Varenius sie zeichnet), und sie wirken auch nicht so, als täten sie sich besonderen Zwang an (wie manche ‘artigen Kinder’ bei uns); sie sind meist durchaus lebhaft und für alles, was um sie herum vorgeht, aufgeschlossen. Dennoch ‘stören’ sie weniger; die Eltern müssen nicht ständig möglicher kleinerer Katastrophen gewärtig sein und aufpassen, daß die Kinder nicht etwas achtlos herunterwerfen oder ‘mutwillig’ zerstören, sich verletzen, sich streiten oder andere Leute belästigen. Soweit sie sich überhaupt allein auf Entdeckungsreise begeben (meist ziehen sie die Mutter oder ein älteres Geschwisterchen hinter sich her), erscheinen sie dabei vergleichsweise zurückhaltend, weniger zupackend und aggressiv. Lautstarke Äußerungen sind relativ selten. Wenn Kinder unzufrieden sind, wenn sie einen Wunsch haben oder sich sonst äußern möchten, rufen oder schreien sie in der Regel nicht, sondern laufen zur betreffenden Person (meist ist es die Mutter) und sprechen dann in einem eher gedämpften Tonfall oder ziehen leise quengelnd und jammernd am Ärmel oder am Rockzipfel und versuchen, auf den Schoß oder auf den Arm genommen zu werden. Im Hinblick auf die gerade in Japan sehr wichtigen alltäglichen Umgangsformen erscheinen sie schon früh erstaunlich 'reif', und viele kleine alltägliche Verrichtungen wie An- und Ausziehen können sie nach unseren – unsystematischen – Beobachtungen eher selbständig und diszipliniert ausführen als vergleichbare Kleinkinder bei uns.

Der (scheinbare) Widerspruch zwischen dem nachsichtigen und geduldigen Umgang mit den Kindern und deren diszipliniertem und wohlerzogenem Verhalten zumal in der 'Öffentlichkeit' hat westlichen Beobachtern schon früh Rätsel aufgegeben. Eine naheliegende Lösung wäre es, den Widerspruch gleichsam biographisch aufzulösen und Nachsicht und Disziplin jeweils unterschiedlichen Lebensabschnitten zuzuordnen. Tatsächlich haben etwa BENEDICT und – deutlicher noch – SINGER in diesem Sinne zu zeigen versucht, wie in den Jahren nach Schuleintritt die „göttlichen Tyrannen immer mehr von einem Netz der Zwänge umwoben" werden (SINGER 1991, S. 71), wobei beide darauf hinweisen, daß diese Zwänge eher von den Gleichaltrigen ausgehen als von den ebenfalls langsam strenger (oder anspruchsvoller) werdenden Eltern und Lehrern (vgl. ebd., S. 74; BENEDICT 1954, S. 272f.). Diese Sicht ist, zumindest bezogen auf das heutige Japan, nicht ganz falsch, aber sie berücksichtigt doch zu wenig, daß auch schon sehr viel kleinere Kinder eine oft erstaunliche motorische Ruhe, Disziplin und Geschicklichkeit zeigen. MEHL hat das, zusammen mit den damit verbundenen Irritationen für westliche Eltern, anschaulich beschrieben:

> Unsere Tochter ist vom dritten Monat ihres Lebens an in Japan aufgewachsen. Spätestens als sie 8 Monate alt war, fiel uns auf, daß sie sich in vielem anders verhielt als ihre japanischen Altersgenossen: unruhiger und beweglicher, kontaktfreudiger und unternehmungslustiger, aber auch weniger konzentriert und kontrolliert, nicht so ausdauernd und nicht so geschickt im Umgang mit den täglichen Gegenständen des Haushalts, mit Geschirr und Besteck. Ausschließlich japanische Babies vor Augen, begannen wir uns Sorgen zu machen über ihre scheinbare Nervosität, Hektik und krankhafte Neugier. Wir bewun-

derten japanische Familien, deren Kinder im Wartesaal des Arztes sich stundenlang eng an die Mutter schmiegten, während unsere Tochter in kürzester Zeit in sämtliche Zimmer der Klinik vordrang, alles befühlen mußte, verstellen und umstürzen; wir beneideten japanische Eltern, die mit dem Kleinkind auf dem Schoß endlose Reisen unternehmen konnten, während unsere Tochter in Bus, Zug oder Flugzeug bereits nach 10 Minuten nicht mehr festzuhalten war (und die lange Fahrt meist zu einer Qual für die Eltern wurde); wir staunten über japanische Kinder, die in jeder Umgebung und in beliebiger Körperhaltung einschlafen konnten, während unsere Tochter stets wach zu bleiben versuchte, mit aller Kraft ihres Willens und bis zur körperlichen Erschöpfung. Wir glaubten, daß unser Kind irgendwie unnormal, gestört sein müsse – bis wir andere Europäer, andere Deutsche in Japan um Rat fragten, und hörten, daß deren Kinder fast ausnahmslos genauso seien und daß auch sie so deutlich von japanischen Kindern abstechen würden (Mehl 1979, S. 1f).

Empirische Untersuchungen bestätigen solche informellen Beobachtungen. Nach systematischen vergleichenden Untersuchungen der Interaktionsstile in der Mutter-Kind-Dyade, die Caudill und Weinstein in „intakten" städtischen Mittelschichtfamilien in Japan und den USA durchgeführt haben, erscheinen US-amerikanische Babys schon im Alter von drei bis vier Monaten körperlich aktiver, lauter und mehr mit der Erforschung ihres Körpers und ihrer Umgebung beschäftigt als ihre japanischen Altersgenossen (Caudill/Weinstein 1986, S. 221). Auch bei zweieinhalb- und sechsjährigen Kindern lassen sich vergleichbare Unterschiede nachweisen. Demnach sind amerikanische Mittelschichtkinder verbal und körperlich aktiver als japanische aus der gleichen Schicht, wobei der Unterschied hinsichtlich der körperlichen Aktivität bei den Zweieinhalbjährigen (noch) nicht so deutlich ausgeprägt ist wie bei den Sechsjährigen. Amerikanische Kinder äußern häufiger sowohl negative als auch positive Emotionen, verbal ebenso wie körperlich (etwa durch Umarmungen, Küsse oder Raufen), und versuchen eher aktiv auf ihre Umgebung einzuwirken als die jeweiligen japanischen Kinder der gleichen Altersgruppe. Insbesondere die Zweieinhalbjährigen zeigen sich in Japan dagegen deutlich anlehnungsbedürftiger, wollen mehr getragen, getröstet, verwöhnt und bestätigt werden – die Autoren sprechen hier in Anlehnung an Doi (vgl. Doi 1982) von *amae*-Verhalten –, während die beobachteten amerikanischen Kinder generell körperlich unabhängiger sind (Caudill/Schooler 1973, vor allem S. 331–334). Nach anderen vergleichenden Untersuchungen sind japanische Kinder vor allem in fremden, ungewohnten Situationen sehr viel zurückhaltender und gehemmter als ihre Altersgenossen aus den USA (vgl. Miyake et al. 1986, S. 249ff.).

Wie lassen sich solche Unterschiede erklären? – Gewiß spielt zunächst die allgemeine häusliche und außerhäusliche Atmosphäre eine bedeutende Rolle. Ein Kleinkind, das von vornherein im Mittelpunkt des mütterlichen Universums steht, das fast immer in unmittelbarer Nähe der Mutter ist, bei ihr schläft, von ihr getragen wird und alle seine Wünsche unmittelbar befriedigt findet, hat sehr wahrscheinlich wenig Anlaß, selbst (im Rahmen seiner Möglichkeiten) aktiv oder auch nur laut zu werden. Es kann darauf vertrauen, daß die Mutter ihm nichts vorenthält, es an allen ihren Aktivitäten teilhaben läßt. Da – zumal bei kleineren Kindern – Kinderzimmer kaum üblich sind, gehört die ganze Wohnung zu seinem Bereich und ist mit den leicht federnden *tatami*-Böden, den Sitzkissen und den niedrigen Tischen meist sehr viel kinderfreundlicher eingerichtet als westliche Wohnungen. Fast nichts von dem, was in der Wohnung geschieht, ist den Blicken der Kinder entzogen; sie müssen sich weder recken, strecken und auf Möbel klettern, um zu sehen, was die Erwachsenen tun, noch schreien, bis sie endlich auf den Küchentisch gesetzt werden und Mutter oder Vater bei ihren Verrichtungen 'helfen' können. „Das Leben von Erwachsenen und Kindern im japanischen Heim spielt sich auf gleicher Ebene ab, das Kind hat alle Dinge des Hauses direkt vor der Nase, kann alles erreichen und beobachten – beim deutschen Baby steht ein zu hoher Tisch, stehen hohe Betten, die Mutter erledigt hausfrauliche Arbeit wie etwa Bügeln in für das Kind unerreichbarer Höhe, kurz, das Kind (...) muß sich alles Interessante gleichsam erkämpfen" (Mehl 1979, S. 2). Ganz ähnlich halten sich japanische Kleinkinder auch auf der Straße vorwiegend in Augenhöhe der Erwachsenen auf, nicht im Kinderwagen oder später zwischen den Beinen der 'großen Leute', wo sie die Welt nur aus der Froschperspektive betrachten können und das mütterliche oder väterliche Ohr vergleichsweise weit entfernt ist, sondern auf dem Rücken der Mutter oder auf dem Arm des Vaters. Da Besuche (oder gar die Bewirtung von Gästen) zu Hause selten sind (von nahen Verwandten, besonders Großeltern, einmal abgesehen) und der soziale Radius der jungen Mutter, zumal in städtischen und vorstädtischen Regionen, im allgemeinen recht klein ist, hat das Kind zwar kaum Gelegenheit, einen ungezwungenen Umgang mit Fremden zu üben, aber auch wenig Anlaß, mit anderen um die Aufmerksamkeit und die Gunst der Mutter zu konkurrieren. Wenn die Mutter ausgeht, ist es für alle, denen sie begegnet – Nachbarn, Verkäuferinnen oder die Bedienung im Restaurant – selbstverständlich, daß das Kleine im Mittelpunkt des mütterlichen Interesses steht und die Befriedigung seiner Bedürfnisse unbedingten Vorrang hat. Nicht einmal der Vater kann zum ernsthaften Rivalen werden. Wenn er endlich nach Hause kommt, zieht er sich in der Regel entweder zurück oder widmet sich eine Zeitlang ganz seinem Kind. Die Welt der japanischen Kinder ist klein, aber stets – im wörtlichen und im übertragenen Sinn – überschaubar und weitgehend offen für alle ihre Wünsche und Bedürfnisse.

Kinder stören nicht. Das heißt (etwas zugespitzt) einmal: Sie müssen sich nicht aufdrängen und einmischen, da sie nirgendwo ausgegrenzt werden. Sie müssen nicht eigens auf sich aufmerksam machen, da sie ohnehin fast jede erdenkliche Aufmerksamkeit und Zuwendung genießen. Sie müssen sich nicht in den Mittelpunkt drängen, da sie im Mittelpunkt stehen. Es bedeutet aber auch: Erwachsene stören sich nicht an Kindern. Sie reagieren in aller Regel 'vorbildlich' ruhig und gelassen auf Kinder und zeigen nicht nur eine selbstverständliche, beiläufige, ganz unangestrengte Nachsicht ihnen gegenüber, sondern auch ein ausgesprochen aufmerksames, entgegenkommendes und oft geradezu höfliches Eingehen auf kindliche Wünsche, das dennoch nichts Ostentatives an sich hat. Still und widerspruchslos folgen die Mütter den Wegen ihrer Kinder und assistieren ihnen gelegentlich; zwanglos rücken hier und da andere Erwachsene beiseite. Kaum Fragen, kaum 'Diskussionen' und schon gar keine Auseinandersetzungen. Kinder stören nicht – es sind doch Kinder: eine Haltung der Erwachsenen, die den Eindruck der Ruhe und Ausgeglichenheit auf seiten der Kinder sicher noch verstärkt. Nichts ist zu spüren von der gerade in Deutschland ziemlich durchgängig verbreiteten kritisch-mißtrauischen Haltung kindlichen Wünschen und Aktionen gegenüber. Es gibt offenbar keinen Grund anzunehmen, daß das Kind einen Wunsch äußert oder etwas macht, nur um zu provozieren, um seine Grenzen zu testen oder welche Absicht man sonst immer unterstellen mag.

Japanerinnen zeigen sich bei längeren Aufenthalten in Deutschland (oder sonst im westlichen Ausland) regelmäßig über die Vielzahl der elterlichen Eingriffe und den rüden, heftigen, wenn nicht gewalttätigen Umgang mit Kindern entsetzt – auch heute noch, wie wir in etlichen Gesprächen feststellen konnten. Matsubara hat beispielsweise etwas konsterniert beschrieben, wie sie vor nun allerdings schon gut zwanzig Jahren das Verhalten gegenüber Kindern in Deutschland erlebte: Kinder dürfen nicht offen neugierig sein (jedenfalls nicht, wenn ihnen auf der Hauptgeschäftsstraße eine japanische Dame im „rosaroten Kimono" entgegenkommt). „Mütter, Tanten oder Omas (gehen) schnell weiter und zerren die Kinder mit sich fort" (MATSUBARA 1968, S. 12f.); die Kinder werden dazu angehalten, „ordentlich" zu sprechen, sich „höflich" zu verhalten; ihre spontanen Handlungen werden kritisiert: „Nicht so hastig!" (ebd., S. 20ff.), „Laß das!", „Finger weg!", „Sofort hierher!", „Wie oft hab' ich dir schon gesagt ..." usw. Im Kontrast zu japanischen Gepflogenheiten muß man beinahe den Eindruck gewinnen, daß deutsche Kinder eigentlich immer in irgendeiner Weise 'stören'; jedenfalls gibt ihr Verhalten (wenn auch heute nicht mehr nach den rigiden Erziehungsvorstellungen früherer Jahre) fast beständig Anlaß zur Kommentierung. Sie werden ermahnt, belehrt, angewiesen, gewarnt usw. Kaum jemand scheint zu bezweifeln, daß das Kind stört und stören *will.* Die Frage ist nur, wie man damit umgeht: ob man versucht, die Kinder durch Mahnungen, Gebote und Verbote, durch Erläuterungen und Erklärungen usw. in ihre Schranken zu weisen, oder ob man sich (sei es aus Überzeugung oder schließlich aus Resignation) bereitfindet, die Störung *als Störung* zuzulassen.

4. *Sozialisation des Körpers*

Daß japanische Kinder im allgemeinen vergleichsweise ruhig und ausgeglichen wirken, hat aber sicher nicht nur mit der nachsichtigen und – etwas vage gesagt – 'kinderfreundlichen' Atmosphäre zu tun, in der sie aufwachsen. Vor allem CAUDILL hat in seinen (schon erwähnten) sehr sorgfältig ausgearbeiteten vergleichenden Untersuchungen und Analysen darüber hinaus zu zeigen versucht, daß sich der Interaktionsstil in der Mutter-Kind-Beziehung – zumindest was die jeweiligen Mittelschichten angeht – schon sehr früh grundsätzlich von dem im 'Westen' vorherrschenden unterscheidet. Demnach gehen Amerikanerinnen offenbar lebhafter und stimulierender auf ihr Baby zu, sehen es mehr an, sprechen mehr mit ihm und bewegen es mehr, während japanische Mütter es eher beruhigen, einlullen, auf den Arm oder auf den Rücken nehmen, herumtragen und wiegen (CAUDILL/WEINSTEIN 1986, S. 221f.). Japanerinnen und bisweilen auch Japaner sind – wie wir aus unseren eigenen Beobachtungen als unerfahrene junge Eltern bestätigen können – oft geradezu Virtuosen bei der Beruhigung schreiender Säuglinge. Diese werden nicht nur in mannigfaltigen Arten gewiegt und eingelullt, sondern im Extremfall auch herzlich, aber so heftig geschüttelt, daß sie – sei es aus Überraschung, sei es um Luft zu schnappen – mindestens kurz innehalten und so überhaupt erst sanfteren Formen der Beschwichtigung zugänglich werden.

Bezüglich der gemeinsamen Spielaktivitäten von Mutter und Kind sind die Ergebnisse der Untersuchung weniger eindeutig. Die amerikanische Mutter scheint im Durchschnitt etwas mehr mit ihrem Baby zu spielen. Bemerkenswert ist jedoch, daß diejenigen japanischen Mütter, die häufig mit ihren Babys spielen, sie gleichzeitig auch mehr beruhigen (im amerikanischen Sample war kein derartiger Zusammenhang feststellbar). Insgesamt scheint das Verhalten der amerikanischen Mutter so eher auf Stimulation gerichtet zu sein, das der japanischen mehr auf Besänftigung, Beschwichtigung und Beruhigung (ebd., S. 222).

Auch die in Japan ausgeprägte Vorstellung, daß die Mutter ganz für das Kind dazusein habe, scheint den Interaktionsstil in diese Richtung zu beeinflussen. Zwar gibt es nach CAUDILL und WEINSTEIN keine signifikanten Unterschiede im (zeitlichen) Ausmaß an mütterlicher Zuwendung. Aber es existieren deutliche Unterschiede im Rhythmus der Säuglingspflege. Während sich die amerikanische Mutter in der Regel aktiv um das Kind kümmert, solange sie mit ihm in einem Raum ist – wobei sie den Raum gelegentlich auch verläßt und den Kontakt durch lautes Sprechen aufrechterhält –, bleibt die japanische Mutter in der Regel bei ihrem Säugling und ist darüber hinaus auch öfter passiv präsent, und zwar nicht nur beim wachen, sondern auch beim schlafenden Baby (vgl. ebd., S. 222ff.; CAUDILL 1972, S. 29). Das liegt wohl nur zum Teil an den räumlichen Bedingungen. Zwar ermöglichen die in Japan üblichen Schiebewände zwischen den Zimmern eine variable Raumaufteilung, und bei Bedarf kann beinahe die ganze Wohnung in einen großen Raum verwandelt werden, in dem Mutter und Kind stets zusammen sind, aber auch eine amerikanische Mutter könnte zumindest die Tür zum Kinderzimmer offenlassen, wenn sie denn noch bei ihrem schlafenden Baby sein wollte. Umgekehrt hatten die beobachteten jungen japanischen Familien im Durchschnitt zwar kleinere Appartements als die amerikanischen, aber mehr Räume (CAUDILL/WEINSTEIN 1986, S. 240). Die japanischen Mütter neigen offenbar dazu, sich auch noch um den schlafenden Säugling zu kümmern, ihn weiter im Arm zu halten, nachdem er beim Stillen eingeschlafen ist, oder einfach nur still bei ihm zu sitzen, während ihn die amerikanische Mutter in der Regel weglegt und den Raum verläßt, um sich anderen Aufgaben zu widmen. Anders als die amerikanische Mutter scheint die japanische, so ließe sich in Anlehnung an die Argumentation von LEBRA (1976, S. 144) ergänzen, die Säuglingspflege nicht als eine Art Arbeit zu betrachten, die möglichst schnell und effektiv bewältigt werden muß – und sei es, um anschließend mehr Zeit für eine 'zweckfreie' Beschäftigung mit dem Kind zu haben –, sondern als willkommene Gelegenheit, die Gemeinsamkeit mit ihrem Kind zu genießen. Der Rhythmus der Säuglingspflege ist bei der japanischen Mutter im ganzen gemächlicher. Sie nimmt sich Zeit, um ganz für ihr Kind dazusein, und sie kann sich diese Zeit nehmen, weil sie – wie CAUDILL (1972, S. 43) schreibt – keine weiteren Aufgaben hat, die auch nur annähernd gleich wichtig wären.

Auffällig ist, daß nach den Erhebungen von CAUDILL/WEINSTEIN japanische Babys, obwohl sie insgesamt weniger stimmlich aktiv sind, mehr unglückliche oder unzufriedene Äußerungen von sich geben, also mehr weinen – eine Beobachtung, die neuere Untersuchungen allerdings nicht mehr bestätigen können (OTAKI et al. 1986). CAUDILL macht dafür verschiedene Gründe geltend. Da das Kind gewohnt ist, auf dem Arm der Mutter einzuschlafen, wacht es öfter auf, wenn es weggelegt wird, und jammert dann, um wieder aufgenommen zu werden. Dies dürfte, zusammen mit der erwähnten Neigung, die Pflegetätigkeit auch dann fortzusetzen, wenn das Kind eingeschlafen ist und es so u. U. wieder aufzuwecken, mit ein Grund für die festgestellte größere Frequenz von Schlaf- und Wachphasen bei japanischen Babys sein. Dies Verhalten mag von der Sorge um das Kind herrühren, der Effekt scheint aber – ganz entgegen dem sonst eher auf Beruhigung zielenden Interaktionsstil – zu sein, daß das Baby, insbesondere was den Schlaf anbelangt, (wenigstens zunächst) gereizter reagiert. Schließlich scheint die japanische Mutter in ihren Reaktionen weniger zwischen unglücklichen und glücklichen Äußerungen zu differenzieren, während die amerikanische speziell auf letztere positiv eingeht und mit dem Kind zu plaudern beginnt. Sie scheint das Kind so schon früh daran zu gewöhnen, einen differenzierten Gebrauch von seiner Stimme zu machen (vgl. CAUDILL 1972).

Es liegt nahe, hier weitere Folgerungen anzuschließen, zumal die Beobachtungen mit anderen, weniger systematischen übereinstimmen. Da amerikanische Kleinkinder öfter für kürzere Zeit sich selbst überlassen bleiben – so etwa BEFU (1971, S. 153) –, gewöhnen sie sich früher daran, mit Problemen ihrer emotionalen Sicherheit allein umzugehen, während sich ihre Altersgenossen in Japan fast immer auf die physische Präsenz und die Unterstützung ihrer Mütter verlassen können und kaum ermutigt werden, sich physisch und psychisch von der Mutter zu trennen und selbst Mittel zu finden, mit ihrer Umgebung und sich selbst zurechtzukommen. Die japanischen Kinder scheinen daher emotional abhängiger und im allgemeinen weniger bereit und in der Lage zu sein, selbst mit inneren Spannungen und

Frustrationen zurechtzukommen (vgl. auch VOGEL/VOGEL 1961, S. 163), aber sie haben offenbar auch weniger Probleme mit ihrer Abhängigkeit.

CAUDILL stellt bei der Interpretation seiner Untersuchungsergebnisse vor allem die jeweilige Haltung der Mutter gegenüber ihrem Kind heraus: In den USA sähe sie ihr Baby als ein potentiell besonderes und autonomes Wesen an, das lernen sollte, selbst zu handeln und zu denken. Für sie ist das Baby von Geburt an eine eigene Persönlichkeit mit eigenen Wünschen und Bedürfnissen, die sie erkennen muß, um sich um sie zu kümmern. Sie versucht ihm deshalb zu helfen, diese Wünsche und Bedürfnisse auszudrücken, so daß es lernt zu 'sagen', was es will, damit sie entsprechend darauf eingehen kann. Den physischen Kontakt hebt sie nicht besonders hervor, sondern ermutigt das Kind, sich selbst zu äußern und selbst mit seiner Umgebung zurechtzukommen. Nicht nur ihr Kind, auch sich selbst sieht sie als besondere Person mit eigenen Wünschen und Bedürfnissen; sie möchte sich daher Zeit vorbehalten für sich selbst, für ihre eigenen Interessen, für soziale Kontakte und für ihren Ehemann. Auch daher ist ihr Rhythmus bei der Säuglingspflege schneller als der der japanischen Mutter, und wenn sie sich um das Kind kümmert, ist ihr Engagement lebhafter und intensiver. In Japan sähe die Mutter dagegen das Baby eher als eine Verlängerung ihrer selbst; die Grenzen zwischen Mutter und Kind scheinen psychologisch zu verschwimmen. Die Mutter hat das Gefühl, daß sie am besten weiß, was für ihr Kind gut ist; es gibt daher keinen besonderen Grund, daß es lernt mitzuteilen, was es möchte. Demgemäß wird in Japan mehr Nachdruck auf die wechselseitige Abhängigkeit von Mutter und Kind gelegt als auf ihre Unabhängigkeit, und zwar bis ins Erwachsenenalter hinein. Entsprechend sei der japanischen Mutter der körperliche Kontakt wichtiger als die stimmliche Kommunikation, und es besteht für sie kein Anlaß, sich bei der Säuglingspflege zu beeilen, da ohnehin die Erwartung besteht, daß sie sich ganz und ausschließlich dem Kind widmet (vgl. CAUDILL 1972, S. 43).

Auch wenn die einzelnen Befunde durch neuere Studien (vgl. MIYAKE et. al. 1986, S. 245; OTAKI et al. 1986) nicht mehr in allen Punkten bestätigt werden,[5] können sie doch einige wichtige Hinweise auf kulturspezifische Stile in der Mutter-Kind-Dyade geben, durch die das kleine Kind schon sehr früh an bestimmte Interaktionsformen und entsprechende Bedürfnisdispositionen und Haltungen gegenüber den eigenen emotionalen und motorischen Regungen gewöhnt wird. Offenbar werden der kindliche Körper, seine affektive Gestimmtheit, die elementare Ordnung der Impulse bereits in einem Alter geformt, in dem Sprache (im gewöhnlichen Sinn) und die explizite Aneignung von sozialen Gegenstandsbedeutungen noch kaum eine Rolle spielen.[6] In der Haltung sowohl gegenüber sich selbst als auch gegenüber der äußeren Welt (zwei Aspekte, die in den sehr frühen Stadien der kindlichen Entwicklung noch nicht deutlich voneinander geschieden sind) scheinen sich so schon früh bestimmte kulturelle Ordnungen und Orientierungen gleichsam zu verkörpern. Die Richtung der weiteren Entwicklung ist damit natürlich nicht determiniert. Relevant und kulturell signifikant werden die frühen Erfahrungen wohl vor allem deshalb, weil sie – wie CAUDILL (1972, S. 43) selbst schreibt – im wesentlichen in einer Linie mit den Verhaltenserwartungen und Verhaltensanforderungen stehen, denen sich die Kinder (und die Erwachsenen) auch später gegenübergestellt sehen und die im weiteren Verlauf der Sozialisation immer wieder bestätigt werden. Die Unterschiede dürfen auch nicht überbewertet werden. Da es sich bei den Daten um Durchschnittswerte handelt (die überdies nur in Mittelschichtfamilien aus städtischen Regionen erhoben wurden), ist es wahrscheinlich, daß einzelne japanische Mütter sich eher wie amerikanische verhalten und umgekehrt. Das 'durchschnittliche' Verhalten liefert lediglich Hinweise auf den 'kulturspezifischen Standard', der allerdings jeweils Abweichungen genauso konstituiert wie die gesellschaftliche 'Normalität'.

Die plausible Interpretation, die CAUDILL in enger Anlehnung an die psychoanalytische Kulturtheorie DOIS vorschlägt, berücksichtigt freilich nur den psychokulturellen Kontext. Das Verhalten der Mutter erscheint im wesentlichen psychologisch begründet und durch kulturelle Normen und Wertsetzungen abgesichert. Der soziokulturelle Bedingungsrahmen bleibt weitgehend ausgeklammert. Wir werden jedoch noch sehen (vor allem in Kap. III), daß auch der soziale Kontext der Mutter bestimmte Lösungen ihrer Probleme im Umgang mit ihren Kindern zumindest nahelegt und andere beinahe ausschließt. Sicherlich lassen sich die beschriebenen Verhaltensweisen kaum erzwingen. Aber sie müssen deshalb nicht schon immer und ausschließlich das Ergebnis tief verwurzelter innerer Einstellungen oder psychischer Dispositionen sein. Sie folgen auch der inneren Logik bestimmter kulturspezifischer Aufgabenstellungen. Wenn etwa in Japan die Überzeugung vorherrscht (nach LEBRA 1974, S. 142), daß ein Kind, besonders ein Vorschulkind, möglichst frei von Frustrationen und Spannungen aufwachsen sollte, liegt es einfach nahe, daß die Mutter sich bemüht, ihr Kind ruhigzuhalten und es sowenig inneren Spannungen wie möglich auszusetzen. Sie orientiert sich damit nicht nur an gesellschaftlichen Regeln und Konventionen. Da sie für das Glück und das Unglück ihres Kindes allein verantwortlich ist, und letzteres sich eben auch in Geschrei und aufgeregtem Getue äußert, mag sie vielleicht schon, um mögliche Mißbilligung vom Ehemann, von den Großeltern oder den Nachbarn zu vermeiden, ihr Kind zu beruhigen und besänftigen suchen (CHEN/MIYAKE 1986, S. 139). Aber sie hätte auch kaum andere sozial akzeptable Möglichkeiten, ihr Kind im Sinne der gesellschaftlichen Anforderungen zu beeinflussen. Ihre Aufgabe als Mutter ist, wie sich zeigen wird, im gesellschaftlichen und familiären Arrangement auf eine Weise vergegenständlicht, die kaum Alternativen zu einem 'harmonischen', auf Besänftigung und Beschwichtigung gerichteten Umgang mit ihrem Kind bereithält – jedenfalls keine, die ihrem erzieherischen Auftrag nicht zumindest partiell widersprechen würden.

5. *Erziehung als Training*

Natürlich reichen Nachsicht, Ablenkung und Beschwichtigung, die atmosphärisch indirekte und die direkte Vorbildwirkung noch nicht aus, wenn es darum geht, Kinder zu bestimmten eigenen Aktivitäten anzuhalten, zumal dann nicht, wenn großer Wert auf die korrekte Ausführung dieser Aktivitäten gelegt wird. Wie also lernen Kinder, korrekt zu grüßen, anständig zu sitzen und ordentlich zu essen oder die Schuhe selbst an- und auszuziehen – alles Dinge, die in Japan als außerordentlich wichtig gelten (vgl. LANHAM 1956; LEBRA 1976, S. 145ff.) und schon sehr früh geübt werden?

Eine erste Einführung in bedeutsame gesellschaftliche Rituale erfährt das ganz kleine Kind schon unmittelbar körperlich dadurch, daß es auf dem Rücken der Mutter an deren Bewegungen teilhat und ebenfalls seine Haltung verändert, wenn sie die bei der Begrüßung, beim Abschied, beim Dank usw. obligatorischen Verbeugungen ausführt. Zusätzlich werden Kinder immer aufs neue ermuntert, die Mutter (oder andere Erwachsene) zu imitieren, und auch selbst meist mit einer besonders demonstrativen, tiefen Verbeugung begrüßt und verabschiedet. Wenn sie nicht reagieren, wird allerdings nicht insistiert. Die Erwachsenen wenden sich einfach anderen Dingen zu; verbeugt sich ein Kind jedoch seinerseits, lächelt man erfreut, anerkennend und wiederholt die Verbeugung und die Grußworte – was (auf uns) im ganzen immer sehr ungezwungen, fast wie ein Spiel wirkt.

Die Neigung kleiner Kinder, alles was sie sehen nachzuahmen, scheint so ganz bewußt als Erziehungsmittel eingesetzt zu werden. In Gegenwart kleiner Kinder gilt es allgemein als besonders wichtig (und diese Regel scheint sehr konsequent befolgt zu werden), sich vorbildlich zu verhalten: höflich zu sprechen, Rücksicht zu zeigen, Auseinandersetzungen zu vermeiden (auch mit den Kindern selbst) und sich der jeweiligen Situation angemessen zu benehmen. Auch Erziehungsratgeber halten die Eltern dazu an, ihren Kindern von Anfang an ein gutes Beispiel zu geben (vgl. HENDRY 1986, S. 99f). Das richtige Benehmen gegenüber Kindern sei wegen seiner Vorbildwirkung noch sehr viel wichtiger als das gegenüber Erwachsenen. Man müsse daher vor Kindern mit noch viel mehr Sorgfalt auf das eigene Verhalten und die eigene Disziplin achten und habe Kindern gegenüber genau das Verhalten zu zeigen, das man von ihnen erwartet. Der Appell an die Verantwortlichkeit gegenüber der nachwachsenden Generation scheint in einem gewissen Ausmaß auch ein Mittel zu sein, gutes Benehmen in der Öffentlichkeit zu gewährleisten (vgl. auch ebd.). Ähnlich wie bei uns zu Schulbeginn an den Fußgängerampeln werden die Erwachsenen, aber auch ältere Kinder und Jugendliche immer wieder als potentielle Vorbilder angesprochen. Da Kinder nur von ganz wenigen Bereichen des öffentlichen Lebens ausgeschlossen sind, wirken diese Appelle sehr umfassend. Direkte Konfrontationen, offene Auseinandersetzungen, unkontrolliertes, unhöfliches, selbst mißmutiges oder mürrisches Verhalten werden nicht zuletzt als Skandal gegenüber den möglicherweise anwesenden Kindern betrachtet, die solches Verhalten nachahmen und 'lernen' könnten. Sogar das Fernsehen, das aus dem Alltag auch ganz kleiner Kinder kaum mehr wegzudenken ist, animiert die Kinder immer wieder zu kleinen spielerischen Übungen des 'richtigen' Verhaltens und führt unermüdlich Charaktere vor, die ausführlich und sehr deutlich richtig handeln. Schon hier geht es vor allem um den Erwerb von Gewohnheiten, weniger um – womöglich gar noch begründete, verbal vermittelte – Regeln. Nicht Einsichten, sondern Gewohnheiten scheinen das Handeln zu bestimmen.

Noch deutlicher wird dies beim systematischen Training von kleinen alltäglichen Ritualen und Gesten, das ebenfalls sehr früh beginnt, meist bevor das Kind überhaupt sprechen kann. Bewegungen werden buchstäblich immer wieder vorgeführt, bis sie automatisch geworden sind. Dies gilt für Rituale des Grüßens und den Gebrauch des Löffels oder der Stäbchen beim Essen ebenso wie für den Spracherwerb (vgl. HENDRY 1986, S. 103). Der kleine Körper steht dabei wieder deutlich im Mittelpunkt. Sobald das Kind einigermaßen sicher auf seinen zwei Beinen steht, beginnt die Mutter, sich aktiv – mit viel Ausdauer und großer Geduld – um die korrekte Ausführung der geforderten Gesten und Rituale zu bemühen. Typischerweise wird sie die richtige Art der Verbeugung oder die korrekte Sitzhaltung bei formellen Anlässen dem Kind demonstrieren, indem sie seinen Körper mit den Händen in die richtige Position bringt und immer wieder mit geduldiger Hartnäckigkeit korrigiert, wenn es von der vorgeschriebenen Sitzhaltung abweicht, oder indem sie ihn in der korrekten Weise bewegt (etwa wie bei uns bisweilen im Sportunterricht oder in der Tanzstunde) und diese Übung bei jeder sich bietenden Gelegenheit wiederholt. Ähnlich werden auch die Hände des Kindes geführt, um den angemessenen Gebrauch des Löffels oder der Eßstäbchen einzuüben. Später werden im Kindergarten und selbst noch in der Schule zahlreiche Rituale auf diese Weise einstudiert. Dies hat wenig mit 'Drill' in unserem Verständnis zu tun, sondern geschieht im allgemeinen auf eine zwanglose, spielerische und beiläufige Art und Weise, ohne ein lautes Wort oder eine barsche Anweisung, ohne Nervosität oder Hektik, aber – und das vor allem scheint den Erfolg dieser Methode zu gewährleisten – immer und immer wieder.

Als ein Beispiel für diese Art der Erziehung des Körpers kann schon das Toilettentraining angesehen werden. Es beginnt sehr früh; in einzelnen Fällen schon nach wenigen Wochen (Hendry 1986, S. 23), vor wenigen Jahrzehnten noch mit etwa sechs Monaten (Norbeck/Norbeck 1956, S. 657; Vogel 1963, S. 247), heute aber – nach unseren eigenen Erfahrungen – wohl eher im Alter von etwa einem Jahr (vgl. auch Hendry 1986, S. 23). Gleichwohl kann es kaum als besonders streng bezeichnet werden.[7] Es stellt vielmehr so etwas wie ein kleines, spielerisch, aber mit großer Regelmäßigkeit und Ausdauer zelebriertes Ritual dar. Die Mutter versucht dabei den richtigen Zeitpunkt der kindlichen Notdurft zu antizipieren – und mit einiger Mühe und bei konstanter Aufmerksamkeit wird sich zweifellos ein gewisser Rhythmus feststellen lassen – und hält es dann regelmäßig über die Toilette oder setzt es heute auch aufs Töpfchen, freilich ohne davon mehr Aufhebens zu machen als unbedingt nötig. Es gibt weder Strafen noch Ermahnungen, auch nicht den Zwang, endlos lang sitzen zu bleiben, sondern nur das mit großer Konsequenz regelmäßig wiederholte Ritual. Begleitet wird es durch onomatopoetische Laute wie *shishi* und *unun,* die das Kind leicht wiederholen und dann auch nutzen kann, um seine Bedürfnisse selbst zu artikulieren. Wenn es ihm nicht gelingt, seine Ausscheidungen zu kontrollieren, wird dies schlicht zur Kenntnis genommen und die Windel oder die Hose eben gewechselt. Ist sein Bemühen – der 'gute Wille' wird fraglos unterstellt – von Erfolg gekrönt, folgt ein knappes, aber kaum überschwengliches Lob. Oft werden – jedenfalls nach unserer Beobachtung – mit Beginn des systematischen Toilettentrainings die bis dahin auch in Japan gebräuchlichen Höschenwindeln aus Kunststoff durch 'trainings-pants' (Frotteehöschen, mit mehreren Lagen Stoff im Schritt) oder Stoffwindeln ersetzt, die durch sehr praktische Wollhöschen mit Klettverschluß gehalten werden. Sie halten die Nässe zwar weitgehend von der äußeren Kleidung fern, ermöglichen dem Kind aber, seine Ausscheidungen oder zumindest deren Wirkung auf die Windel selbst zu bemerken, und sollen in ihm den Wunsch wecken, die unangenehme Nässe zwischen den Beinen zu vermeiden. Daß damit für die Erziehenden mehr Arbeit verbunden ist, spielt keine Rolle, selbst in der Kinderkrippe werden ausdrücklich 'trainings-pants' verlangt, obwohl die Erzieherinnen dadurch die Kinder wesentlich öfter umziehen bzw. die Kinder (die das zu diesem Zeitpunkt bemerkenswerterweise meist schon mehr oder weniger gut selbst können) dazu anhalten müssen, sich umzuziehen. (Zusätzlich werden die Kinder regelmäßig nach jeder Mahlzeit und vor und nach dem Schlafen auf's Töpfchen gesetzt.) Die Erwartung, daß ein Kind mit spätestens zwei Jahren keine Windeln mehr braucht, ist so durchgängig, daß es Höschenwindeln für Kinder „über 12 kg" kaum (von sehr wenigen Spezialgeschäften abgesehen) zu kaufen gibt und Nachbarn oder Bekannte sich, wenn sie zufällig sehen, daß ein Kind noch Windeln trägt, verwundert erkundigen: „Wie alt ist es denn, ich dachte, es wäre schon zwei?" Tatsächlich scheinen die meisten Kinder – wie auch schon NORBECK/NORBECK (1956, S. 658) feststellen – im Alter von zwei Jahren 'trocken' zu sein.

Neben dem Beispiel, das die Erwachsenen geben sollen, wird die ritualisierte Wiederholung auch von Erziehungsratgebern als wichtige Erziehungsmethode hervorgehoben (vgl. HENDRY 1986, S. 102). Die Mutter sollte dafür Sorge tragen, daß bei alltäglichen Verrichtungen die immer gleichen Verhaltensmuster systematisch repetiert, ja ritualisiert werden, und offensichtlich tut sie das auch – wie wir immer wieder beobachten konnten – mit großer Konsequenz und Ausdauer. Das gilt für das Toilettentraining ebenso wie für das Schuhe-Ausziehen beim Betreten und das Schuhe-Anziehen beim Verlassen der Wohnung oder das Waschen, Baden und Zähneputzen. Die Mutter sagt ihrem Kind keineswegs einfach: „Ziehe die Schuhe aus" und hilft ihm gegebenenfalls dabei, sondern sie beugt sich über das Kind, flüstert so etwas wie „Wir wollen jetzt schön die Schuhe ausziehen", läßt ihm Zeit und führt bei Bedarf (oder auch auf Wunsch des Kindes) meist seine Handbewegungen, immer darauf bedacht, daß das Kind genau wie sie selbst wenig Platz beansprucht und die erforderlichen Bewegungen so knapp und bestimmt wie möglich ausführt. Dabei achtet sie sehr sorgfältig auf in japanischen Augen sehr wichtige Details wie die, daß die Schuhe niemals die Schwelle berühren und richtig, d. h. exakt nebeneinander, die Schuhspitzen nach außen gerichtet, aufgestellt werden.

Auch bei der Vermittlung solcher Rituale spielt das Fernsehen eine wesentliche Rolle. Alle möglichen praktischen Fertigkeiten werden in ritualisierter Form immer wieder in den täglichen Kindersendungen vorgeführt; kleine Kinder zeigen, wie sie sich anziehen, ausziehen, wie sie ihre Hosen hinlegen, damit sie sie leichter anziehen können usw. Ebenso werden gymnastische Übungen so veranstaltet, daß die zuschauenden Kinder (allein oder unter Anleitung ihrer Mütter) 'automatisch' mitmachen; Lieder werden gelernt, aber auch Redewendungen und Grußformeln. Recht typisch für dieses Kleinkinderprogramm war etwa eine regelmäßig vorgeführte längere Szene, in der ein Kind nichts anderes tat als sich gründlich einzuseifen, wobei im Hintergrund stets die gleiche Melodie zu hören war. Erst nachdem das Lied verklungen war, begann das Abspülen. Gelegentlich wurde die Szene auch variiert, und man konnte anschließend noch erleben, wie ein kleines Mädchen – wieder rhythmisch einer Melodie folgend – den Rücken ihres Vaters gründlich abschrubbte. Sobald wir auf diese Szenen, die offenbar auch im Kindergarten regelmäßig vorgeführt wurden, aufmerksam geworden waren, war es leicht, unsere beiden Kinder durch Summen eben der Melodie spielerisch zu einer gründlichen Körperreinigung zu bewegen.

Das Zähneputzen, das für HENDRY, die ihre Beobachtungen Anfang der 80er Jahre gemacht hat, noch überraschend spät kommt und erst von Fünfjährigen erwartet wird (HENDRY 1986, S. 80), scheint mittlerweile zum festen Bestandteil frühkindlichen Trainings gemacht worden zu sein. Wieder führt das Kinderfernsehen regelmäßig die gleiche Szene vor, in der sich zunächst ein kleines Kind selbst ausführlich die Zähne reinigt, um sich dann rücklings auf den Schoß der nach japanischer Art auf dem Boden knieenden Mutter zu legen und den Mund aufzusperren, worauf diese nun ihrerseits noch einmal die Zähne des Kindes gründlich putzt. Die Haltung, die der im Zahnarztsessel nachempfunden zu sein scheint (und die keineswegs so mühsam ist, wie dies die umständliche verbale Umschreibung suggerieren mag), ermöglicht tatsächlich perfekte Zahnpflege, und zwar in angenehmem Körperkontakt von Mutter und Kind. Selbstverständlich werden die Mütter bei der zahnärztlichen Reihenuntersuchung zum gleichen Ritual angehalten.

Selbst verbale Gesten und sprachliche Fertigkeiten werden auf diese Weise verkörperlicht. Zu den ersten Wörtern, die japanische Kinder beherrschen, gehört *hai* („jawohl") – das Wort, das ein Neuankömmling ohne die geringste Ahnung von der Sprache laut GALTUNG/NISHIMURA (1984, S. 191) als ersten Laut aus dem japanischen Sprachfluß heraushören und wiedererkennen könnte, weil es wie das 'I' im Englischen allgegenwärtig sei. Es wird sehr früh als möglichst klar und deutlich artikulierte Antwort erwartet, wenn das Kind bei seinem Vornamen gerufen wird, und wird entsprechend systematisch geübt – spätestens vor dem Eintritt in den Kindergarten, wo dieser Appell zur alltäglichen Praxis gehört. HENDRY (1986, S. 73) berichtet von einer Informantin, die stolz darauf war, daß bereits ihr fünf Monate alter Sohn auf diese Weise 'antworten' konnte, und schreibt selbst von einem Baby, das diese Fähigkeit mit neun Monaten zum ersten Mal zeigte. Übrigens ist der erste Lebensabschnitt auch der einzige, in dem der eigene Vorname eine nennenswerte soziale Rolle spielt. Schon wenig später wird in der Familie die Übernahme von an der Ordnung der Geschwisterreihe orientierten 'Rollen' wie 'älterer' oder 'jüngerer' Bruder bzw. 'ältere' oder 'jüngere' Schwester erwartet; im Leben von älteren Kindern, von Jugendlichen oder Erwachsenen hat der Vorname auch in informellen, 'privaten' Zusammenhängen kaum mehr eine Bedeutung.

Ebenso werden die zahlreichen anderen rituellen Wendungen, die das Alltagsleben selbst innerhalb der Familie prägen: Begrüßungs- und Abschiedsformeln, der Satz des Weggehens von zu Haus und der Satz des Wiederkommens nach Haus *(„tadaima")*, die Worte des Dankes und der Entschuldigung, der stereotype Dank vor und der Satz der Würdigung nach dem Essen *(„itadakimasu"* bzw. *„gochisosama deshita")* durch beständige Wiederholung systematisch trainiert, meist verbunden mit den entsprechenden körperlichen Gesten. Ein Beispiel, das für uns selbst schon zum Alltag gehörte, ist die Begrüßungszeremonie, die im Kindergarten und bereits in der Kinderkrippe – mindestens vom zweiten Lebensjahr an – jeden Morgen bei jedem ankommenden Kind regelmäßig wiederholt wurde (genau genommen handelt es sich um die erste Begrüßungszeremonie; es gibt noch eine zweite, bei der dann alle Kinder gemeinsam die Erzieherin und sich gegenseitig begrüßen). Sobald das kleine Kind, meist an der

Hand der Mutter, erscheint, stellt sich die Betreuerin auf und beginnt mit einem rhythmisch gesprochenen *„aisatsu shimasho"* (etwa: „Wir wollen uns jetzt begrüßen"), wobei die Mutter und später auch das Kind mitsprechen. Gleichzeitig, manchmal auch schon vorher stellt sich die Mutter ostentativ in Positur und hält das Kind an, es ihr gleichzutun. Falls es nicht sofort reagiert, warten alle geduldig, bis es die Aufgabe begriffen hat und mitmacht. Es folgen, meist von Mutter und Kind gemeinsam ausgeführt, die Verbeugung, bei der die Mutter gegebenenfalls ein wenig korrigiert, und der Satz der Begrüßung wird wieder rhythmisch skandiert und – zumal bei kleinen Kindern – von Mutter und Kind gemeinsam gesprochen: *„Sensei, ohaiyo gozaimasu"* („Guten Morgen, Frau Lehrerin"). Die Betreuerin beantwortet den Gruß mit der Frage: *„Genki desu ka?"* (ungefähr: „Geht's gut?", mit dem Unterton: „Frisch und munter, nicht wahr?"), worauf das Kind mit dem erlösten *„hai"* antwortet und – endlich! – in den Raum zu seinen Spielkameraden läuft. Betreuerin und Mutter lächeln zufrieden, grüßen knapp und gehen ihrer Wege. Wenn das Kind trotz aller Bemühungen kein Interesse zeigt oder – wie wir sagen würden – 'trotzt', wird man kein lautes Wort, keinen Tadel und keine Zurechtweisung hören. Die Erwachsenen führen das Ritual ihrerseits gewissenhaft aus, mit fragendem oder ermunterndem Seitenblick auf das Kind; und schließlich wird sich die Mutter – falls das Kind schon etwas älter ist und falls es nicht doch noch mitmacht – bei der Erzieherin für dessen Betragen entschuldigen, etwa mit dem Gestus: „Das ist noch schwierig, nicht wahr?" *(„muzukashii desu ne").*

Sogar noch der Spracherwerb wird auf diese Weise systematisch gelenkt. Wörter, ja sogar Sätze werden immer wieder vorgesprochen. Man wartet nicht ab, bis das Kind von sich aus versucht, sich am Kommunikationsgeschehen zu beteiligen, und überläßt das Sprachlernen auch nicht zufälliger Nachahmung (so bereits Benedict 1954, S. 259). Die Wörter der Babysprache etwa werden, sobald ein entsprechendes Objekt in Sicht oder Reichweite kommt, immer und immer wieder wiederholt, bis das Baby mitlallt. Das ist auch in anderen Gesellschaften nicht unüblich, wird aber – soweit ich sehe, und Hendry (1986, S. 103) bestätigt meinen Eindruck – wohl selten in dieser Konsequenz und mit so viel Ausdauer praktiziert wie in Japan. Auch längere Sätze werden auf diese Weise geübt. Man fordert das Kind nicht (oder nur selten) auf, sich zu äußern oder dieses oder jenes zu sagen, sondern spricht selbst den Satz, den man hören will und der meistens besonders gut zu einer bestimmten Situation paßt, und wiederholt ihn so oft, bis sich das Kind schließlich seinerseits beteiligt.

Der japanische Begriff, der normalerweise in Diskussionen speziell über frühkindliche Erziehungsprobleme auftaucht, *shitsuke,* ist für die Analyse dieses körperlichen Trainings von Haltungen, von elementaren Handlungsabläufen, von nonverbalen und von verbalen Gesten recht aufschlußreich. Wörterbücher übersetzen ihn meist als 'Disziplin', 'Zucht' oder auch 'Erziehung zur Disziplin' (bei Tieren: 'Abrichtung'). Die Assoziationen, die solche Begriffe zumindest heute wecken, wollen aber nicht recht zu dem oft sehr liebevollen gemeinsamen Bemühen von Mutter und Kind um die richtige körperliche Haltung, die korrekte Ausführung von Gesten oder komplexeren Bewegungsabläufen passen, auch wenn der Effekt tatsächlich ein diszipliniertes Verhalten ist. Hendry (1986, S. 11) erläutert den Begriff daher anhand einer – wie sie schreibt – weitverbreiteten Definition aus einem kleinen japanischen volkskundlichen Lexikon. *Shitsuke* bezeichnet demnach den Prozeß der Verkörperung der guten Sitten und der für das Leben erforderlichen Fertigkeiten. Eine ähnliche Definition findet sie bei Hara/Wagatsuma, bei denen durch *shitsuke* sowohl Lebensmuster und die Art und Weise der alltäglichen Lebensführung als auch Sitten und korrekte Verhaltensweisen in den kindlichen Leib gleichsam eingeschrieben werden (vgl. Hendry 1986, S. 11), wobei auch Gesichtspunkte der ästhetischen Veredelung des Körpers und der Körperbewegungen mitschwingen (vgl. Elschenbroich 1990, S. 67). In unserer Terminologie könnte man vielleicht von einem – auf die kindlichen Möglichkeiten und Bedürfnisse abgestimmten, nicht sehr strengen, aber um so konsequenteren – Training sprechen, bei dem die 'Disziplinierung' als gemeinsame Aufgabe von Mutter und Kind aufgefaßt wird. Von Erziehung im heute bei uns gebräuchlichen Sinne unterscheidet sich dieses Training dadurch, daß ganz auf die – auch nachträgliche – Angabe von Gründen verzichtet wird, von Drill im landläufigen Verständnis zumindest äußerlich nicht nur durch den liebevolleren Stil und den gemächlicheren Rhythmus, sondern auch durch das Fehlen jedes 'autoritären' Gestus (und damit verbundenen Erwartungen wie den von bedingungslosem Gehorsam) und den völligen Verzicht auf direkte Disziplinierungsmittel und Disziplinarmaßnahmen. Dieses Training ist kein 'Kampf', bei dem die Mutter dem Kind ihren Willen oder ihre Auffassung aufzwingt, sondern stellt sich als gemeinsame kooperative Bemühung um die richtigen Verhaltensweisen und die richtige Haltung dar, bei der die Mutter dem Kind hilft, sich so zu verhalten, wie 'man' es von ihm erwartet.

6. Umgang mit Gefahren

Japanische Mütter halten sich (zumindest in der Öffentlichkeit) im allgemeinen sehr zurück, was direkte Eingriffe in das Verhalten ihrer Kinder betrifft. Sie ermahnen und belehren sie vergleichsweise wenig, sie kommentieren ihr spontanes Verhalten kaum und versuchen es – außer bei bestimmten Ritualen – auch nur selten, unmittelbar zu korrigieren; sie kritisieren ihre Kinder nicht, schreien sie nicht an – jedenfalls nicht in der Öffentlichkeit – und messen ihnen auch kaum je besondere Strafen für ein bestimmtes Vergehen zu. Das Verhalten gegenüber Kindern (allerdings auch gegenüber Erwachsenen) ist von großer Ruhe und Geduld getragen. Kaum eine Mutter würde ihr Kind 'herumzerren', und Kommandos wie „Los, mach schon!", „Beeile dich mal!" wird man wohl schwerlich hören. Es existiert offenbar so etwas wie eine hochentwickelte Ökonomie der Interventionen. Trotzdem gibt es natürlich Situationen, in denen ein unmittelbares Eingreifen als unvermeidlich erscheint. Nach meinem Eindruck ist dies vor allem bei Aggressionen gegenüber anderen und natürlich bei Gefahren der Fall.

Die Welt des japanischen Kleinkindes scheint nun allerdings voll von Gefahren zu sein. Das Wort, mit denen man solche Gefahren zu signalisieren pflegt, *abunai* (gefährlich), gehört wahrscheinlich zu den Ausdrücken, die man am meisten zu hören bekommt, wenn kleine Kinder in der Nähe sind. *Abunai* ist nicht nur die verkehrsreiche Straße oder das scharfe Messer auf dem Tisch, sondern nahezu alles, was außerhalb der Wohnung und der Mutter und Kind vertrauten Welt stattfindet.[8] Gewöhnlich wird das Kleinkind die Warnung zum ersten Mal hören, wenn es versucht, zum Wohnungseingang oder auf die Veranda zu krabbeln, und sie wird immer häufiger, sobald es in der Lage ist, sich auf der Straße von der Mutter weg zu bewegen. Mehr als einmal haben wir erlebt, daß unseren kleinen Töchtern, die in einem belebten, aber nach unserem Verständnis völlig ungefährlichen Park zehn Schritte von uns entfernt auf dem Weg spielten, von Passanten ein freundlich-besorgtes *abunai* zugerufen wurde, woraufhin sie dann auch meist sofort bei uns Schutz suchten und zu einem freieren Spiel erst wieder ermuntert werden mußten – meist ohne großen Erfolg, denn der nächste wohlmeinende Spaziergänger ließ nicht lange auf sich warten.

Das *abunai* scheint eine ähnliche Funktion zu haben wie das „Paß auf!" oder „Sei vorsichtig!" bei uns (Hendry 1986, S. 113), aber es ist natürlich ein Unterschied, ob solche Ermahnungen positiv oder negativ formuliert werden. Vor allem fällt auf, daß die stereotypen Warnungen meist nicht genauer erläutert werden; es bleibt bei der zwar (jedenfalls für unser Empfinden) recht 'unengagiert', nicht laut oder heftig, aber doch recht apodiktisch vorgebrachten sachlichen Feststellung einer nicht näher spezifizierten Gefahr. Eine differenzierte Aussage (etwa: „Wenn du so schnell rennst, kannst du stolpern"; „Kletter' da nicht hoch, du kannst runterfallen!"; „Paß auf, ein Auto!" usw.) läßt ja immerhin noch eine konkrete Einschätzung der Gefahr und vielleicht sogar verschiedene Optionen zu (z. B. zwischen schnellem Laufen und der möglichen Gefahr zu stolpern oder zwischen dem Wunsch zu klettern und dem Risiko herunterzufallen). Die einzig mögliche Reaktion auf ein *abunai,* das sich auch die Kinder untereinander häufig zurufen, ist ein unmittelbares Innehalten, zumal die Kinder in ähnlichen Situationen bisher überwiegend die Erfahrung machen konnten, daß, wenn sie sich nicht selbst gleich Einhalt gebieten, jemand herbeieilen wird, um sie vor der ihnen unbekannt bleibenden Gefahr zu bewahren. Ein Kind, das nicht sofort auf eine Warnung reagiert, wird fast immer augenblicklich in oder auf den Arm genommen und normalerweise von seinem Wunsch abgelenkt, und zwar so schnell und überraschend, daß es in der Regel gar nicht zu Auseinandersetzungen kommt. Auch hier werden Konflikte also möglichst vermieden.

Eine Folge davon scheint zu sein, daß die Kinder kaum lernen, Gefahren selbst realistisch einzuschätzen, ja nicht einmal, sich in einer fremden Umgebung schnell selbständig zu orientieren. Sich allein, 'frei' im Raum bewegende Kinder sieht man in Japan nur selten. Sie halten sich fast immer in der Nähe von Älteren auf, in Gruppen von mehreren Kindern und meist nur auf ihnen gut bekanntem Terrain. Dagegen kann man erleben, daß ein Kind sofort reagiert, wenn eine Vertrauensperson etwas fordert (beispielsweise indem es auf eine Aufforderung des Lehrers hin ohne Zögern zum ersten Mal von einem Drei-Meter-Sprungbrett ins Wasser springt).

Die unspezifizierte Warnung vor einer namenlosen Gefahr, die japanischen Müttern leichter als jeder andere Ausdruck von den Lippen zu gehen scheint, dient aber zugleich wohl auch der Aufrechterhaltung der engen Mutter-Kind-Beziehung. Indem beinahe die gesamte Außenwelt – die Welt, die mehr als drei Schritte von der Mutter entfernt beginnt – als gefährlich präsentiert wird, inszeniert sich die Mutter selbst (und wird von anderen in Szene gesetzt) als der einzig sichere Platz, als Ort der Zuflucht und exklusiver Quell der Geborgenheit. Wenn das Kind sich vor etwas fürchtet oder sich erschreckt, wird die Mutter es – nach Beobachtungen, die VOGEL und VOGEL (1961, S. 163) bestätigen – trösten und beschützen, aber sie wird weder bestreiten, daß etwas gefährlich oder schrecklich ist, noch wird sie die Gefahren erklären und ihr Kind zu einem vorsichtigen, aber selbständigen, von unbegründeten Ängsten freien Umgang mit ihnen anhalten. Gestärkt wird so natürlich eher die Mutter-Kind-Beziehung als das Selbstvertrauen des Kindes als eigenständige Person.

Neugier und kindlicher Forschungsdrang werden damit allerdings nicht generell entmutigt; das Explorationsverhalten wird vielmehr unmittelbar 'sozialisiert', in eine gemeinsame Aktion eingebunden. Während ältere Kinder, wenn überhaupt, stets gemeinsam auf Entdeckungsreise gehen, werden kleinere Kinder ihre Mutter bei der Hand nehmen, und sie wird bereitwillig (fast) überallhin folgen, wo es etwas Interessantes zu entdecken und zu untersuchen gibt. Die Spielplätze und Parks in Japan sind voll von Kindern, die ihre Mütter hinter sich her ziehen.

7. *Erstickte Aggression*

Auch im Umgang mit Aggressionen wird eine scharfe Grenze zwischen der intimen Mutter-Kind-Beziehung und der 'Außenwelt' gezogen. In der Interaktion mit seiner Mutter braucht sich das kleine Kind kaum je Zwang aufzuerlegen. Es kann nicht nur erwarten, daß alle seine Wünsche so prompt wie möglich erfüllt werden, sondern es darf – zumindest in der Öffentlichkeit – auch seine Wut hemmungslos an seiner Mutter auslassen, ohne Sanktionen oder auch nur Widerstand befürchten zu müssen. Recht typisch erscheint in diesem Zusammenhang die bisweilen zu beobachtende Reaktion von (Klein-) Kindern, falls die Muter doch einmal interveniert. Während deutsche Kinder einen Hinweis wie „nein, nicht, laß ..." oft einfach ignorieren und ungerührt oder sogar geradezu 'motiviert' fortfahren, reagieren japanische Kinder auf ein *dame* („das geht nicht") fast immer, und zwar nicht selten, indem sie aggressiv auf ihre Mutter einschlagen und dabei weinen: „Du sollst nicht ‚das geht nicht' sagen!" Das zeigt, wie wichtig den Kindern die mütterliche Stellungnahme ist, mag aber auch als Hinweis darauf gewertet werden, daß die Interaktionen von Mutter und Kind zu Hause manchmal weniger 'harmonisch' ablaufen als in der Öffentlichkeit.[9] Üblicherweise lächelt eine Mutter dann, entschuldigt sich bei den anderen Anwesenden für das Verhalten ihres Kindes und jammert lächelnd: „Au, du tust mir weh ...!" Wenn das Kind – was, wie gesagt, sehr selten ist – doch einmal um die ungeteilte Aufmerksamkeit seiner Mutter kämpfen muß, kann es sich sehr leicht zu einem kleinen Tyrannen (oder einer kleinen Tyrannin[10]) entwickeln, ohne daß die Mutter dem ernsthaft etwas entgegenzusetzen wüßte. LEBRA (1984, S. 177), die junge Mütter interviewt hat, berichtet von einer ganzen Reihe solcher Konkurrenzkämpfe, in deren Verlauf einige der Kinder sogar versuchten, das Tonbandgerät der Interviewerin zu demolieren. Alle Anstrengungen der Mütter, ihre Kinder zu kontrollieren, waren umsonst. Meist blieb ihnen nichts anderes übrig, als sich zu entschuldigen und (gegenüber der ausländischen Beobachterin) resigniert ihr Versagen als Erzieherinnen einzugestehen.

Die Nachsicht der Mütter endet jedoch, sobald sich die Aggression gegen andere, vor allem gegen Jüngere richtet. Zwar neigt man dazu, ein solches Verhalten bei kleineren Kindern noch eher als Spiel zu betrachten und ihm keine größere Bedeutung zuzumessen (so auch VOGEL 1963, S. 247), aber sobald das Kind zwei oder drei Jahre alt ist, wird in solchen Fällen – jedenfalls nach unserem Eindruck – meist sofort interveniert, und zwar oft durch einen leichten Klaps auf Hand oder Kopf. Ein solcher (wohl kaum schmerzhafter) Klaps, der bisweilen auch dazu dient, ein unaufmerksames Kind zum Zuhören zu bewegen (noch Studenten und Studentinnen pflegen sich bei einer falschen Antwort oder bei Unaufmerksamkeit selbst spielerisch mit einen Klaps auf die Wange zu 'bestrafen') und sich manchmal auch bei anderem besonderem Fehlverhalten beobachten läßt (vgl. auch HENDRY 1986, S. 109), gilt vor allem immer dann als angebracht und gerechtfertigt, wenn ein Kind schreit, weil ein anderes es schlägt, kneift, boxt oder gar zu verletzen droht. In einer solchen Situation greift ein Erwachsener immer ein, indem er den Angreifer unterbricht, ihn mahnt aufzuhören oder ihm eben durch einen Klaps Einhalt gebietet. Der Eingriff ist knapp, aber bestimmt. Im allgemeinen wird nicht nach Ursachen, Rechtfertigung oder 'dem Schuldigen' gefragt. Zurechtgewiesen wird das gerade tätliche Kind, wobei eine Mutter sich in der Regel nur jeweils an ihr Kind hält. Der Streit wird nicht geschlichtet, sondern beendet. Sowohl die Art des Eingreifens als auch die Tatsache, daß in einem solchen Fall überhaupt immer gleich interveniert wird, unterscheidet sich, soweit ich sehe, von der bei uns gängigen Praxis, wo man wohl eher dazu neigt, die Kinder gerade in solchen Fällen erst einmal gewähren zu lassen und sich, soweit wie möglich, nicht sofort in das Handeln oder die Händel der Kinder einzumischen. „So was sollen die Kinder unter sich ausmachen; sie müssen schließlich lernen, sich zu verteidigen, sich durchzusetzen und ihre Angelegenheiten selbst zu regeln."

In Japan kann sich das Kind auch in solchen Fällen auf die Sorge der Erwachsenen verlassen. Es wird nicht den Aggressionen anderer ausgesetzt (ist gerade kein Erwachsener in der Nähe, übernimmt das jeweils älteste Kind dessen Aufgabe und wird von den Kindern in der Regel auch in dieser Funktion akzeptiert). Aber es wird – vielleicht entgegen dem ersten Augenschein – auch nicht von ihm verlangt, daß es selbst mit seinen aggressiven Impulsen zurechtkommt. Da ein Erwachsener (oder ein älteres Kind) stets sofort zur Stelle ist, wenn es zu einer Auseinandersetzung zu kommen droht, wird das Kind in gewissem Sinn auch vor seiner eigenen Aggressivität und deren möglichen Folgen geschützt. Der Klaps ist im Grunde genommen keine Strafe, sondern eher ein körperlich artikulierter Hinweis. Es handelt sich nicht um einen physischen Übergriff, sondern eher um eine Art Erinnerungshilfe, eine Mahnung, den unbotmäßigen Körper zur Raison zu bringen (vielleicht vergleichbar mit dem Schubs, den sich einander nahestehende Erwachsene bei uns unter dem Tisch geben, wenn einer von ihnen 'aus der Rolle zu fallen' droht). Er wird, wenn man das so sagen kann, betont 'sachlich' verabreicht, nicht aus einem Affekt, einer nicht mehr rechtzeitig zu unterdrückenden Aggression heraus. Der Mutter ist (im allgemeinen wenigstens) nicht 'die Hand ausgerutscht'; eher geht es ihr darum, ihr Kind (und sich selbst) vor einer unangenehmen Situation zu bewahren.

Anschließend wird sie sich dann auch bei dem angegriffenen Kind entschuldigen. Vom Angreifer selbst wird dies in der Regel nicht erwartet; er entschuldigt sich in den meisten Fällen auch nicht, so wenig wie etwa das angegriffene Kind getröstet wird. Die Angelegenheit ist durch den direkten und kurzen Eingriff beendet und wird nicht weiter thematisiert, auch wenn der Klaps selbst manchmal von einem knappen Hinweis begleitet wird. Es gibt keinen Schuldigen und kein Opfer; es gibt weder Sieger noch Verlierer. Im Mittelpunkt des Interesses steht die Vermeidung von Auseinandersetzungen – und tatsächlich sieht man streitende Kinder vergleichsweise selten. Die prompte, oft körperliche Intervention dient, so scheint es, dazu, Aggressionen schon im Keim zu ersticken, sie von vornherein 'unmöglich' zu machen, zu tabuisieren. Sie grenzt das Feld, auf dem sich Konflikte zwischen den Kindern entwickeln könnten, soweit wie möglich ein, um statt dessen den Raum zu erweitern, in dem sich die mütterliche Fürsorge und das gemeinsame Bemühen von Mutter und Kind um die richtigen Verhaltensweisen entfalten können.

8. Einverständnis-Training

Daß die unmittelbare physische Intimität von Mutter und Kind, die angeleitete Nachahmung und das systematische körperliche Training so wichtige Rollen spielen, bedeutet allerdings nicht, daß die Kinder nicht auch verbal angeleitet würden. Sobald das Kind als alt genug dafür angesehen wird, meist etwa im Alter von drei Jahren (früher allerdings kaum), gibt die Mutter über die knappen Hinweise hinaus verstärkt auch verbale Instruktionen und versucht, so etwas wie Verständnis für das richtige Verhalten zu wecken. Einige Autoren heben den beständigen und geduldigen Versuch der Mutter, dem Kind Erklärungen zu geben und es zu einem bestimmten Verhalten zu überreden, sogar als besonders charakteristisches Merkmal der Kindererziehung in Japan hervor (vgl. etwa Befu 1981, S. 156; Conroy et al. 1980). Das japanische Verb *wakaraseru* (verstehen lassen, zum Verständnis bringen) beschreibe eines der wichtigsten Erziehungsprinzipien (Lanham 1966, S. 324; Mathias-Pauer 1986, S. 230). Das Kind soll nicht einfach gehorchen, sondern der Mutter aus eigenem Antrieb und aus eigener Einsicht bereitwillig folgen, ja es sollte möglichst gar nicht mehr eigens zum angemessenen Handeln und Verhalten aufgefordert werden müssen, sondern selbst wissen, was zu tun ist. Ein 'gutes Kind' *(ii ko)* ist *sunao,* was gewöhnlich mit „gehorsam“, aber auch mit „unkompliziert“ übersetzt wird. Die beiden Ausdrücke, die man im Deutschen wohl nicht unbedingt in einem Bedeutungsfeld ansiedeln würde, deuten schon an, daß es sich hier um ein recht komplexes, nicht ohne weiteres nachvollziehbares Konzept handelt. Es konnotiert mit Adjektiven wie natürlich, naiv, einfach, freimütig, vertrauensvoll, nachgiebig, aufgeschlossen, offen, gefügig, 'aufrecht' und aufrichtig (vgl. Hendry 1986, S. 87; Lebra 1976, S. 149) und bezeichnet insgesamt mehr die Offenheit für die nicht explizierten Erwartungen anderer als die bloße Bereitschaft, einzelnen, ohnehin vergleichsweise seltenen direkten Anweisungen Folge zu leisten. Der Gegenbegriff ist nicht 'ungehorsam', sondern 'verschroben' *(hinekureta)* (De Vos 1973, S. 47). De Vos (ebd.f.) erläutert den Ausdruck mit Hilfe des *amae*-Konzepts. Wer *sunao* ist, bringt damit seine Bereitschaft und Fähigkeit zum Ausdruck, sich ganz auf andere zu verlassen, passiv geliebt und umsorgt zu werden. Umgekehrt wird das Kind *sunao* werden, wenn es genügend mütterliche Zuwendung erfährt und sich seinerseits ganz auf die Mutter verlassen kann. Es hält dann ein grundlegendes Vertrauen in Autoritäten aufrecht und findet es 'natürlich', den Erwartungen anderer zu folgen, wobei es selbst auch ein entsprechendes Entgegenkommen erwartet. Nur ein verschrobener Charakter würde einer legitimen Autorität mißtrauen, ihr widersprechen oder gegen sie opponieren. *Sunao* bedeutet, wie eine Mutter erklärte, gehorsam, wenn ich mein Kind als schlecht ansehe, und autonom, wenn es gut ist (vgl. White/LeVine 1986, S. 58).

Es versteht sich, daß eine solche nachgiebige, zuvorkommende und gefügige Haltung nicht in erster Linie verbal vermittelt werden kann. Das Kind erfährt sie unmittelbar im beschriebenen Verhalten der Mutter anderen und vor allem ihm selbst gegenüber. Ihre Nachsicht, ihre Zuvorkommenheit, ihr bedingungsloses Eingehen auf seine Wünsche liefert das Muster, an dem das Kind sich bei der Gestaltung seiner Beziehung zur Mutter und zu anderen orientieren soll. Das scheinbar bloß nachgiebige Verwöhnen erweist sich so als ein durchaus bewußt eingesetztes Mittel bei der Formung des kindlichen Verhaltens, auch wenn den beteiligten Müttern die instrumentalistischen Konnotationen des Begriffs 'Erziehungsmittel' fernliegen dürften. Die verbalen Instruktionen sind demgegenüber sekundär, sie ergänzen das Spiel der Identifikationen und greifen ein, wo das Ritual versagt. Sie beziehen sich nicht – auch nicht implizit – auf eine eigene, abgesetzte Zielsetzung (etwa im Sinne einer Förderung der Fähigkeit, sich verbal mit Situationen oder Problemen auseinanderzusetzen), sondern stellen eine Art Notlösung dar. Wo es dem Kind nicht gelingt, von sich aus spontan richtig zu reagieren, braucht es zusätzliche Informationen und Hinweise oder auch Warnungen. Daß sie als so bedeutsam erscheinen, mag einen Hauptgrund darin haben, daß andere Interventionsformen vergleichsweise selten sind.

Gewiß setzen auch japanische Mütter – bei aller Ökonomie der Interventionen – dem Verhalten ihrer Kinder Grenzen und geben, wo es notwendig erscheint, auch sehr bestimmt Anweisungen. Conroy et al. (1980) haben z. B. in ihrer vergleichenden Untersuchung der (durch Interviews ermittelten) Reaktionen japanischer und US-amerikanischer Mütter auf hypothetische Konfliktsituationen herausgefunden, daß in beiden Ländern ein imperatives Vorgehen dominiert. Aber eine solche Untersuchung kann natürlich nichts darüber aussagen, wie oft eine solche Konfliktsituation tatsächlich auftritt. Nach meinem Eindruck (und dem Eindruck vieler anderer Beobachter) wird eine japanische Mutter eher als eine 'westliche' Konfliktsituation wenn irgend möglich zu vermeiden trachten und das Kind ablenken oder beschwichtigen, bevor es beispielsweise (wie in den hypothetischen Konfliktsituationen angenommen) die Wände bemalt oder im Supermarkt beginnt, die anderen Kunden und die Mutter selbst massiv beim Einkaufen zu behindern.

Dennoch bestätigt auch diese Untersuchung informelle Beobachtungen über das unterschiedliche Vorgehen der Mütter. Während die US-amerikanische Mutter dazu neigt, auf ihrer persönlichen Autorität zu insistieren, ohne weitere Begründungen zu geben (immerhin in der Hälfte aller Fälle[11]), gibt die japanische Mutter ausführliche Erläuterungen, wobei sie oft auf eigene und die möglichen Gefühle anderer hinweist und besonders die Konsequenzen des unangemessenen Verhalten für andere hervorhebt. Je nach Situation versucht letztere, das Kind eher zu überzeugen, und gibt (in den meisten Fällen) eher nach.[12]

Wie sehen die verbalen Instruktionen konkret aus? – Conroy et al. geben selbst ein Beispiel, um ihre Ergebnisse zu illustrieren. Während die amerikanische Mutter das Kind (das die Wände bemalt hat) umständlich tadelt, ihm droht und deutlich ihre eigene Autorität ins Spiel bringt – „Du solltest das eigentlich besser wissen. Du hast doch gelernt, Stifte nirgendwo zu benutzen außer auf Papier. Wenn du Stifte nicht ordentlich benutzen kannst, werden wir sie wegstellen. Sobald du glaubst, daß du sie richtig gebrauchen kannst, sage es mir, und ich hole sie wieder ...“ –, sagt die japanische einfach: „Du hast sehr schön gemalt. Du könntest noch besser malen, wenn du Papier nehmen würdest“ (Conroy et al. 1980, S. 169). Diese Reaktion ist nicht nur geschickter, weil sie statt eines nachträglichen Tadels (oder über einen milden Tadel hinweg) eine Aufgabe formuliert und somit dem Kind, ohne es womöglich zu verletzen, Möglichkeiten eines zukünftig richtigen Verhaltens aufzeigt; sie vermeidet auch die im anderen Fall fast unausweichlichen Folgeauseinandersetzungen („Ich will aber meine Stifte wiederhaben ...“ – „Hast du jetzt etwa meinen Kugelschreiber weggenommen?“ usw.). Die sogenannten Appelle an das Gefühl sind vielfach kleine Aufgabenstellungen. Das Kind wird angehalten, sich und sein Verhalten aus der Sicht der anderen zu betrachten. Immer wieder kann man Sätze hören wie: „Wie meinst du, daß ich mich fühle, wenn du so laut bist?“, „Wie meinst du, daß sich der Ladenbesitzer fühlt, wenn du die Sachen aus dem Regal räumst, die er da so schön aufgestellt hat“, ja sogar: „Wie meinst du fühlt sich dein Spielzeug, wenn du es kaputtmachst“, „... deine Suppe, wenn du sie nicht ißt?“ usw. oder – ein Beispiel, das Rohlen (1989, S. 20) anführt – „Der Tisch sagt ‚uch‘, wenn man ihn schlägt.“ Derartige Hinweise sind, jedenfalls nach meinem Eindruck, weitaus häufiger als direkte Aufforderungen („Du sollst keine Sachen aus dem Regal räumen!“, „Du sollst deinen Reis essen!“, „... deine Spielsachen nicht kaputtmachen!“, „... nicht auf den Tisch hämmern!“ usw.), bei denen die Mutter einen klaren Standpunkt bezieht, mit dem das Kind sich auseinandersetzen könnte. Das immer wieder fast beschwörend vorgebrachte *„wakaru ne“* (verstanden, nicht wahr?) erlaubt gar nichts anderes als ein einverständiges Kopfnicken. Ein Zweifel, eine Nachfrage oder gar ein Gegenargument käme schon einer Aufkündigung der guten Beziehung gleich. Die Mutter scheut sich auch nicht, diese Beziehung selbst ins Spiel zu bringen, weniger durch die Androhung von Liebesentzug als dadurch, daß sie sich selbst als Opfer des kindlichen Fehlverhaltens präsentiert: „Wenn du damit nicht aufhörst, bin ich es, deine Mutter, die darunter am meisten zu leiden hat. Versetz' dich doch mal in meine Lage!“ (vgl. LEBRA 1976, S. 153). Aber sie wird sich kaum je auf eine direkte Auseinandersetzung mit dem Kind einlassen. Das Kind soll lernen, sich in Personen, Dinge und vor allem Situationen hineinzuversetzen, nicht, sich mit den Forderungen seiner Mutter auseinanderzusetzen.

Kindlichem Trotz bieten solche Aufgaben wenig Angriffsflächen; allenfalls kann das Kind sie ignorieren und die Mutter damit zwingen, es anderweitig zu beschwichtigen oder abzulenken (etwa mit Süßigkeiten). Die Mutter wird diesem Zwang in der Regel nachgeben und sich ggf. bei anderen umständlich für das schlechte Betragen ihres Kindes entschuldigen. Das Kind, wird sie ihnen und damit indirekt auch ihm selbst signalisieren, ist *noch* nicht soweit; das richtige Verständnis ist *noch* (zu) schwierig, aber es wird sich ohne Zweifel einstellen, wenn das Kind erst größer ist. Und sie wird die nächste sich bietende Gelegenheit nutzen, um es erneut mit ihren Erläuterungen zu konfrontieren. Das Kind lernt so allmählich, das ‘richtige Verständnis’ als Entwicklungsaufgabe zu begreifen, an dem sich sein Abstand zum Erwachsenen, zu den größeren Geschwistern oder den Spielkameraden mißt, und wird vielleicht versuchen, sich beim nächsten Mal kooperativer zu zeigen.

Auch die Erklärungen, die sich auf Konsequenzen des Handelns beziehen, orientieren sich meist an Beziehungsstrukturen und beschreiben – wie CHEN/MIYAKE (1986, S. 140) hervorheben – eher die Situationen, die das Problem umgeben, als das Problem selbst. Eine japanische Mutter würde wahrscheinlich eher sagen: „Wenn du so laut bist, störst du die anderen Leute“ oder auch: „Wenn du so schreist, werden die Nachbarn über dich lachen, weil du dich wie ein Baby benimmst“ als: „Wenn du so schreist, bist du bald ganz heiser“. Am deutlichsten wird das bei den Ermahnungen, die meist unter dem Stichwort 'Sanktionen' behandelt werden, aber ebensogut als 'Erklärungen' begriffen werden können. Sie appellieren an die Furcht, sich vor anderen – Erwachsenen oder Gleichaltrigen – lächerlich oder 'unmöglich' zu machen und als 'unnormal', 'fremd' *(okashii),* anders als andere zu gelten und in letzter Konsequenz ausgegrenzt zu werden. Wenn du dieses oder jenes tust oder nicht tust, werden die anderen über dich oder über uns lachen und spotten – das sind Mahnungen, die natürlich auch anderswo nicht unbekannt sind, in Japan aber schon deshalb mehr Gewicht erhalten, weil es verhältnismäßig wenig andere Sanktionen gibt.

Entscheidend bei diesen wie auch bei anderen verbreiteten Verhaltens- und Verbalisierungsmustern innerhalb der Mutter-Kind-Beziehung ist aber, daß Mutter und Kind prinzipiell auf der gleichen Seite stehen. Hat das Kind dies erst einmal 'verstanden' –, und die Mutter tut alles dafür, dieses Verständnis zu fördern – muß es ihm geradezu als unsinnig vorkommen, die Mutter in weitere Auseinandersetzungen über ihre Erklärungen und Hinweise zu verwickeln. Sie will nichts durchsetzen, sie tritt nicht als Autorität auf, die etwas erzwingen möchte; sie informiert das Kind lediglich. Es käme der Mutter – jedenfalls nach der Vermutung von VOGEL (1963, S. 244f.) – gewöhnlich auch gar nicht in den Sinn, ihre Verhaltensweisen als 'Erziehungstechniken' zu begreifen, die das Kind dazu bringen sollen zu gehorchen; ihr Verhalten dient dem Aufbau und der Aufrechterhaltung einer guten einverständigen Beziehung, die das Kind genauso glücklich macht wie sie selbst. Sie ist eine Verbündete, die die negativen Sanktionen anderer zu vermeiden hilft und das Kind in seinem Bemühen unterstützt, sich angemessen zu verhalten.

Das Verständnis, um das es hier geht, ist offenbar vor allem Verständnis für die Situation und die an sie gebundenen Erwartungen und Gefühle der anderen. Es zielt weniger auf die Auseinandersetzung mit der Situation und ihrer Interpretation durch die Mutter als auf die Schulung der Fähigkeit, sich mit der jeweiligen Situation und den an ihr beteiligten Personen einverstanden zu zeigen. Nicht die Strukturierung der Situationen im Hinblick auf fremde und eigene Erwartungen und Interessen steht im Mittelpunkt dieses Einverständnis-Trainings, sondern die rechtzeitige Antizipation und die beinahe bedingungslose Übernahme der Erwartungen anderer. Dieses Verständnis bewährt sich nicht im Raisonnement, nicht im selbständigen Umgang mit argumentativen Versatzstücken (durch das die gewitzten Kleinen bei uns Eltern und Großeltern entzücken können), auch nicht in intelligenten Nachfragen, sondern unmittelbar im richttigen Verhalten und Handeln.[13] Verstanden hat das Kind, wenn es der Mutter (und später auch anderen) aus eigenem Antrieb und kraft eigener Antizipation dessen, was erwartet werden wird, bereitwillig zu folgen in der Lage ist, wenn es selbst mehr ‘fühlt’ als weiß, was zu tun ist. Die Erklärungen zielen darauf, explizitere Auseinandersetzungen überflüssig zu machen.

III. MUTTER UND KIND, INDIVIDUUM UND GESELLSCHAFT

1. Die harmonisch-sachliche Kooperation von Mutter und Kind

Die Nachsicht, das scheinbare *laisser faire* und das Verwöhnen haben also in dem Kontext, in dem sie stehen, ihren explizierbaren Sinn, ihre bestimmbare Funktion und Bedeutung. Sie sind Teile von (kaum bewußt gestalteten) pädagogischen Arrangements, von Anordnungen bestimmter Handlungs- und Denkmuster, die in gesellschaftlich dominierenden Vorstellungen und Anschauungen, aber auch in spezifischen Formen sozialer Praxis (etwa in der Familie) vergegenständlicht sind. In diesen Arrangements, die die Aufgaben und Anforderungen, die der Umgang mit Kindern mit sich bringt, kulturell gliedern und ein Feld möglicher Optionen von einem Raum (tendenziell) abweichenden Verhaltens abgrenzen, gewinnen die einzelnen Handlungsmuster und die mit ihnen korrespondierenden Anschauungen und Vorstellungen erst ihre Relevanz und ihre Plausibilität. In und vermittels dieser Arrangements gliedert sich der Vergesellschaftungsprozeß in eine Reihe von spezifischen und spezifisch strukturierten Anforderungen und Aufgaben, bei deren Bewältigung sich die besondere gesellschaftliche und kulturelle Logik des Handelns und Denkens entfaltet.

In den folgenden Abschnitten möchte ich versuchen, die enge Mutter-Kind-Beziehung als ein solches, in einem spezifischen sozialen Kontext vergegenständlichtes Arrangement von verschiedenen Seiten zu analysieren und dabei die bisher zusammengetragenen Beobachtungen (zumindest ansatzweise) zu systematieren. Als Ausgangspunkt soll dabei ein Beispiel dienen, das KORNADT ausgehend von Ergebnissen seiner kulturvergleichenden Untersuchungen zur Entwicklung des Aggressionsmotivs konstruiert hat, um „typische Reaktionsweisen deutscher und japanischer Mütter in einem Konflikt mit dem Kind stark vereinfacht“ (KORNADT/HUSAREK 1989, S. 87) zu verdeutlichen. Die Daten, auf die er sich dabei bezieht, wurden (ähnlich wie bei CONROY et al.) vermittels eines (durch Fragebögen über Erziehungseinstellungen und -methoden ergänzten) semiprojektiven „Scenario-Verfahrens“ gewonnen, bei dem „in bildlichen Darstellungen und Erklärungen potentiell konflikthafte Situationen vorgegeben und die Mütter nach ihrer spontanen Reaktion auf diese Situation, nach ihrer Deutung und ihrer emotionalen Reaktion sowie dem vermutlichen weiteren Verlauf der Interaktion gefragt" werden (KORNADT/TROMMSDORFF 1990, S. 363; vgl. auch KORNADT 1988, S. 357). Eine dieser Situationen wird so beschrieben: „Sie erwarten einen wichtigen Anruf von ihrer Freundin. Kaum haben Sie den Hörer abgenommen, beginnt Ihr Kind herumzumaulen. Kind: ‚Du sollst aber jetzt mit mir spielen.'" ('*' markiert jeweils signifikante Unterschiede):

Die meisten deutschen Mütter (76 %) erleben die eigenen Bedürfnisse und die des Kindes als unvereinbar*. Für sie ist es eine Situation, in der es nur Sieger oder Verlierer, bestenfalls einen (meist faulen) Kompromiß geben kann. Die Mehrzahl der deutschen Mütter (80 %) ist der Meinung, daß es dem Kind eigentlich gar nicht ums Spielen geht; es kann lediglich nicht vertragen, „einmal nicht im Mittelpunkt zu stehen"*.

Zwar können viele Mütter ihr Kind eigentlich gut verstehen. Aber sie selbst fühlen sich im Konflikt*: Einerseits tut ihnen das Kind leid, und sie haben ein schlechtes Gewissen; andererseits fühlen sie sich durch das Kind gestört und beeinträchtigt. Es überwiegt jedoch meist Ärger und ein Gefühl der Frustriertheit und der Enttäuschung* über das Kind. Das Kind soll akzeptieren, daß auch andere Menschen ein Recht auf ihre Interessen haben, wie sie das selbst auch dem Kind (wenn auch zu anderen Zeiten) zugestehen – eine Erziehungsabsicht, die von den meisten deutschen Müttern in diesem Zusammenhang ausgedrückt wird*. Trotzdem weisen aber die deutschen Mütter das kindliche Bedürfnis zurück*, oder sie schimpfen mit dem Kind in selbstwertverletzender Weise*. Ein nicht unbeträchtlicher Teil gerät sogar in einen ärgerlich-aggressiven und eskalierenden Konflikt mit dem Kind*. Daß auch das Kind ärgerlich wird, wird von den deutschen Müttern dabei erwartet und hingenommen*: Nur eine Mutter der deutschen Stichprobe zeigte sich bereit, freiwillig nachzugeben, um negative Gefühle beim Kind zu vermeiden.

(...) Nur eine einzige japanische Mutter erlebt diese Situation als eine, in der mütterliche und kindliche Bedürfnisse unvereinbar aufeinandertreffen und in der entweder ein Machtkampf unvermeidlich oder ein Kompromiß auszuhandeln ist*. Auch die Interpretation des kindlichen Verhaltens ist deutlich positiver: Die (für Deutschland typische) Möglichkeit, das Kind könnte sich mit seinem Wunsch bewußt gegen die mütterliche Abwendung auflehnen, halten nur wenige japanische Mütter für denkbar. Ganz überwiegend (66 %) sind sie der Meinung, daß das Kind Zuwendung „wie sonst auch immer" sucht und dies kein besonders bemerkenswertes Verhalten ist. Entsprechend ist die japanische Mutter in dieser Situation auch seltener affektiv berührt von dem kindlichen Verhalten. Aber auch wenn sich die japanische Mutter ärgert, schimpft sie nie mit dem Kind in selbstwertverletzender Weise (0 %), auch eskalierende Konflikte kommen nicht vor*.

Statt dessen hat die japanische Mutter effektive Mittel, einen Konflikt schnell zu beenden oder zu vermeiden: Sie unterbindet entweder den Protest und Widerstand sofort, ohne zu zögern, ohne große Aufregung und Belastung des Kindes*. Oder aber – und das viel häufiger – sie findet einen Weg, sich mit dem Kind echt zu einigen* oder sie gibt, um das Kind nicht zu überfordern und die Harmonie nicht zu stören, ohne Vorwurf schrittweise nach* (KORNADT/HUSAREK 1989, S. 87f.).

Das beschriebene Verhalten der deutschen Mutter erweist sich deutlich von der impliziten Auffassung geleitet, daß ihre Interaktion mit dem Kind wesentlich eine Auseinandersetzung darstellt.[14] Mutter und Kind werden als eigenständige Personen gesehen, deren unterschiedliche Bedürfnisse und Optionen sich immer nur punktuell und in einem mühsamen Prozeß des Aushandelns und des Ausgleichs in Übereinstimmung bringen lassen. Dem Kind wird von vornherein eine mehr oder minder eindeutige Absicht unterstellt, die es zumindest potentiell in einen Gegensatz zu den (als unaufschiebbar präsentierten) Bedürfnissen der Mutter bringt. Dabei gilt es als durchaus legitim, ja erforderlich, daß diese Ansprüche und Bedürfnisse durchgesetzt werden, unter Umständen sogar gegeneinander und auf Kosten des anderen (hier freilich vor allem des Kindes). Zumindest implizit liegt dem wohl die Vorstellung zugrunde, daß das Kind seine Grenzen kennenlernen, lernen soll, auf andere Rücksicht zu nehmen und seine Ansprüche auch einmal zeitweise zurückzustellen. Daß Auseinandersetzungen dabei gelegentlich eskalieren und das Kind veranlaßt wird, auf eigenen Interessen zu insistieren und sie gegen andere durchzusetzen, ist daher nicht unbedingt – wie KORNADT (1988, S. 362) meint – „eine Sonderform der (erfolglosen) Handhabung von Konflikten“, sondern gehört (in gewissen Grenzen wenigstens) zu einem Arrangement, in dem die Interaktion von Mutter und Kind – ähnlich wie andere Interaktionen auch – als Prozeß eines wechselseitigen Aushandelns von verschiedenen Sichtweisen, unterschiedlichen Bedürfnissen und Ansprüchen, von jeweiligen Rechten und Pflichten verstanden wird.

Natürlich ist das kleine Kind dabei nicht schon von vornherein ein gleich artikulations- und durchsetzungsfähiger Partner; soweit es sich noch nicht selbst äußern oder durchsetzen kann, werden die Eltern aufgrund ihrer Sorge und ihrer Verantwortung seine Bedürfnisse empatisch zu antizipieren und gleichsam mitzuvertreten haben. Die elterliche Nachsicht gerade gegenüber kleinen Kindern bezieht sich auf deren noch nicht hinreichend entwickelte Fähigkeiten, die eigenen Ansprüche und Bedürfnisse angemessen zum Ausdruck zu bringen oder überhaupt zu erkennen. Die Eltern müssen deshalb stellvertretend zwischen den Interessen des Kindes und ihren eigenen abwägen, wobei natürlich immer die Gefahr besteht, daß sie, ohne es zu wollen, ihre überlegene Position ausnützen. Das ändert aber nichts an dem Grundmodell der Beziehung, das zumindest idealiter von einem 'pädagogischen Verhältnis' zwischen potentiell 'gleichen' Partnern mit verschiedenen Interessen und Bedürfnissen ausgeht, von denen einer nur vorübergehend eine größere Verantwortung zu übernehmen hat.

Dieses Modell gilt keineswegs nur für neuere 'konfliktorientierte' Erziehungsauffassungen, sondern in etwas anderer Form auch für ältere, meist als 'autoritär' bezeichnete Erziehungsmethoden. Auch hier geht es um die Auseinandersetzung von verschiedenen, voneinander unabhängigen, mit mehr oder minder starkem 'Eigenwillen' begabten Individuen. Während die 'demokratischere' Variante diesen (unterstellten) 'Eigenwillen' soweit wie möglich zu berücksichtigen versucht, möchte die andere den Prozeß des Aushandelns von Rechten, Ansprüchen und Verpflichtungen durch Verbote und Forderungen wie nach (absolutem) Gehorsam gewissermaßen stillstellen und (dem Selbstverständnis nach durchaus im Interesse der Kinder) ein für allemal zugunsten der (kompetenteren und für das Verhalten des Kindes und seine Entwicklung verantwortlichen) Erwachsenen entscheiden. Beide Varianten unterstellen auf seiten des Kindes aber ganz ähnlich die Existenz von wie immer gearteten starken eigenen Impulsen, die unterdrückt oder gefördert, auf jeden Fall aber berücksichtigt werden müssen. Und in beiden Varianten wird Erziehung zu einem konfliktträchtigen Prozeß, der in der 'autoritären' Variante selbst oft erst den (offenen oder versteckten) Widerstand provoziert, der unterbunden werden soll, und der meist auf seine Weise ganz ähnlich wie die neuere 'demokratischere' Variante des offenen, dem Anspruch nach gleichberechtigten Aushandelns die Entwicklung eines eigenen Willens fördert (auch wenn dieser sich dann in anderer Form äußert).

In den Untersuchungen Kornadts werden dementsprechend Aussagen, die von der Eigenständigkeit des Kindes, von eigenen Absichten und einem eigenen Willen des Kindes ausgehen, von deutschen Müttern weit häufiger bestätigt als von japanischen. „Das Kind nutzt die Situation aus; es will ausprobieren, wie weit es gehen kann", es „hat meine Aufforderung absichtlich überhört", es widersetzt sich nur, „um mich aus der Ruhe zu bringen" (Kornadt 1988, S. 360). Solche das Kind „belastenden" Deutungen, wie Kornadt sie nennt, mögen zwar geeignet sein, bei der Mutter Ärger auszulösen, „auf den sie dann evtl. mit Aggression (‚Strafe‘) reagiert“ (ebd.), und dem Kind sogar „das negative Selbstbild eines böswilligen Kindes (...) vermitteln, das die Mutter ärgern will“, obwohl es „vielleicht selbst nicht weiß, wie es sich hätte anders verhalten können“ (ebd.). Sie zeigen aber zugleich, daß die Mütter eher bereit sind, sich mit Äußerungen ihrer Kinder als (vielleicht nur unterstellten) autonomen Willensbekundungen auseinanderzusetzen. „Aggression“ und „aggressive Selbstbehauptung“ werden eher positiv gesehen (vgl. ebd., S. 365). Statt wie die meisten japanischen Mütter zu versuchen, „eigene Bedürfnisse und die des Kindes miteinander in Einklang“ zu bringen oder „ganz (...) auf die Realisierung eigener Ziele“ zu verzichten, neigen deutsche Mütter dazu, „eigene und kindliche Wünsche als unvereinbar zu erleben und (im Einzelfall mehr oder minder erfolgreich) eigene Ziele gegen das Kind durchzusetzen“ (ebd., S. 363). Kleine Machtkämpfe und Auseinandersetzungen, bei denen ein Wort das andere gibt, sind bei ihnen – nach ihren eigenen Aussagen – an der Tagesordnung (vgl. ebd., S. 362).

Das Verhältnis japanischer Mütter zu ihren Kindern wirkt demgegenüber weitaus entspannter und großzügiger. Dennoch folgt es einem definierbaren Muster. Nicht die Auseinandersetzung steht hier im Mittelpunkt des pädagogischen Arrangements, sondern die Sicherung und Entfaltung einer grundlegenden Übereinstimmung von Mutter und Kind. Sie ist kein Selbstzweck. Ihr Modus und ihr Ziel sind die Kooperation. Das Ideal, an dem sich dieses erzieherische Handeln mehr oder weniger bewußt orientiert, mag eine Art ‘Verschmelzung’ sein, ein möglichst wortloses Einverständnis im Handeln, Denken und Fühlen, eben jenes ‘Einssein’, von dem beispielsweise Caudill spricht. Aber diese imaginäre Einheit von Mutter und Kind ist nicht gegenstandslos. Es handelt sich um eine Art harmonisch-kooperativer Beziehung, die sich die Entwicklung des Kindes, seine Einführung in die Regeln und Rituale des sozialen Zusammenlebens, als gemeinsame Aufgabe stellt. Mutter und Kind bilden gewissermaßen ein Team, das sich gemeinsam darum bemüht, daß das Kind sich alle notwendigen Fertigkeiten und Fähigkeiten aneignet.

Die enge Mutter-Kind-Beziehung ist das zentrale Mittel und Medium, um das Kind zur Kooperation zu bewegen und es im Sinne der gesellschaftlichen Anforderungen und Erwartungen zu beeinflussen. Soweit der Umgang mit dem Kind nicht überhaupt auf nichts anderes zielt als auf den Aufbau und die Bestätigung dieser engen Beziehung (wie vor allem in der frühen Kindheit), werden die Aufgaben so angeordnet, daß Mutter und Kind prinzipiell auf der gleichen Seite stehen. Das gilt – wie wir gesehen haben – für die verschiedenen Formen des Trainings ebenso wie für den Umgang mit Aggressionen und Gefahren. Nicht die Mutter fordert dieses oder jenes von ihrem Kind; sie gibt lediglich die Hinweise, die das Kind braucht, um sich angemessen verhalten zu können. Sie stellt nicht selbst Forderungen, sondern hilft dem Kind, den immer wieder aufgerufenen, zitierten Forderungen anderer nachzukommen. Daher schwächen ihre Bemühungen, das Kind zu disziplinieren, auch nicht die enge Mutter-Kind-Beziehung. Sie inszeniert sich nicht als ein Gegenüber des Kindes, als eine, wenn auch besonders nahestehende 'andere', die selbst die Forderungen der Gesellschaft oder 'der anderen' verkörpert und sie gegenüber dem Kind vertritt und durchsetzt, sondern als seine Verbündete. Es ist keine Frage, daß Mutter und Kind grundsätzlich das gleiche wollen und 'an einem Strang ziehen'. Nach den Erhebungen von Kornadt legen japanische Mütter sogar mehr Wert als deutsche darauf, daß das Kind andere durch sein Verhalten nicht stört (vgl. Kornadt 1988, S. 361). Aber anders als deutsche Mütter nehmen sie sich selbst weitgehend aus, wenn sie von ihrem Kind Rücksichtnahme und Zurückhaltung fordern. Das Ziel gilt exklusiv nur für 'andere'. Nicht „Du mußt lernen, was ich und alle anderen schon können", sondern „*Wir* müssen uns richtig verhalten", ist der Grundgestus dieser Art von Erziehung.

In dieser harmonisch-kooperativen Beziehung ist kindliches Fehlverhalten für die Mutter – nach ihren eigenen Aussagen – kein Grund, sich in kleinliche Auseinandersetzungen verwickeln zu lassen. Nicht böser Wille, Trotz oder sonst eine Absicht sind die Ursachen für ein der Situation nicht angemessenes Verhalten; es ist vielmehr das Ergebnis noch nicht genügend entwickelten 'Verständnisses'. Das Kind *will* nicht stören oder gar provozieren, es ist weder rücksichtslos, noch nutzt es die Situation aus oder will ausprobieren, wie weit es gehen kann. Es hat einfach noch nicht verstanden, daß es stört; es weiß noch nicht, wie man sich in dieser oder jener Situation richtig verhält (vgl. Kornadt 1988, S. 359ff.). Das Fehlverhalten ist daher auch kein Anlaß für Ärger (zumindest für explizit geäußerten Ärger) oder direkte Kritik am Verhalten des Kindes oder gar am Kind selbst („Warum mußt du *immer* rumschreien, wenn ich telefoniere?"), sondern für vermehrte Anstrengungen bei der Herstellung von Übereinstimmung.

Insofern erscheint das Verhalten japanischer Mütter ihren Kindern gegenüber sachlicher, weniger in den Anspruch verwickelt, sich selbst, als 'Partner' oder als überlegene Autorität, in der Interaktion mit dem Kind zur Geltung zu bringen. Wohl schon deshalb wirkt es im allgemeinen entspannter und gelassener als häufig bei uns. Nichts von dem bei uns manchmal zwanghaft (und letztendlich ziemlich hilflos) wirkenden Bemühen ist zu spüren, die eigene Position zu wahren, das Kind in seine Schranken zu weisen, es wissen zu lassen, daß es „nicht immer alles machen kann, was es will". Nach Beobachtungen von LANHAM ist die japanische Mutter eher als die amerikanische in der Lage, sich aus der unmittelbaren Beziehung zu ihrem Kind (aus der Beziehung, in der ein Wort das andere gibt) zurückzuziehen; sie nimmt dessen Verhalten, seinen Widerstand und Trotz nicht 'persönlich', sondern bemüht sich sehr bewußt um eine distanziertere, gleichsam 'objektive' Haltung gegenüber den kindlichen Verhaltensweisen (LANHAM 1966, S. 324). Mit anderen Worten: Das Verhalten des Kindes wird ihm nicht immer und unmittelbar als sein 'eigenes' zugerechnet. Es ist nicht der Ausdruck einer zielgerichteten Weigerung, eines persönlichen Angriffs oder auch eines besonderen, auf die Mutter gerichteten Bemühens, auf das sie dann entsprechend persönlich reagiert: angegriffen, in Frage gestellt oder bestätigt („Das war aber lieb von dir!"). Gewiß wird auch die japanische Mutter ihr Kind ruhig und geduldig auf Fehler und Konsequenzen seines Handelns aufmerksam zu machen versuchen oder sogar – vielleicht in einem etwas jammernden Ton – darauf hinweisen, wie sehr sie unter seinem Fehlverhalten leidet. Aber sie scheint das kindliche Verhalten gleichwohl als Verhalten von jemandem zu akzeptieren, der es eben noch nicht besser weiß, und es nicht – wie man es bei uns oft beobachten kann – als Angriff auf die eigene Person verstehen. Ihr erzieherisches Handeln gründet weniger auf ihre Integrität oder Autorität als eigenständige Person, die es ihr ermöglicht und sie zwingt, in der Auseinandersetzung ihre Position gegenüber dem Kind zu wahren, als auf einer möglichst engen und harmonischen Beziehung mit ihm, in der eine Atmosphäre unausgesprochener Übereinstimmung gewährleisten soll, daß das Kind sich unmittelbar an der Mutter orientiert und ihr beinahe automatisch folgt.

Das muß nicht unbedingt bedeuten, daß die Mutter sich mit ihrem Kind tatsächlich immer 'eins' fühlt, sondern heißt zunächst nur, daß ihr Verantwortungsbereich anders definiert ist als im allgemeinen bei uns. Sie ist nicht nur dafür zuständig, daß ihr Kind ausreichend versorgt und nach und nach, entsprechend ihrem je eigenen Stil, auch 'erzogen' wird; aufgrund ihrer sehr umfassenden Verantwortung ist und fühlt sie sich überdies ganz unmittelbar für alle seine Regungen,

Mißfallensbekundungen und Verhaltensweisen verantwortlich. Schon deshalb wird sie (sofern sie ihre Aufgaben nicht vernachlässigt) alles Erdenkliche tun, um das Aufkommen von Spannungen bei ihrem Kind zu vermeiden. Nichts scheint die japanische Mutter so zu beunruhigen wie eine offene Auseinandersetzung mit ihrem Kind, in der sie ihr wichtigstes Mittel, das Kind zu kontrollieren und in ihrem Sinne zu beeinflussen, aufs Spiel gesetzt sieht: die enge und einverständige Mutter-Kind-Beziehung. Daß kindliches Fehlverhalten so wenig Anlaß zu einer (persönlichen) Auseinandersetzung oder gar einem kleinen Machtkampf bietet, scheint somit zumindest *auch* in dem strukturellen Zwang begründet zu sein, die gute und harmonische Beziehung beinahe um jeden Preis aufrechtzuerhalten. Das wichtigste Prinzip japanischer Mütter scheint zu sein: „Niemals gegen das Kind!" (Vogel 1963, S. 246). Auch wenn sie sich über ihr Kind ärgern, werden sie es – nach Kornadt (1988, S. 366) – dennoch kaum zu einer eskalierenden Auseinandersetzung kommen lassen.

Explizite Sanktionen scheinen sich damit fast von selbst zu verbieten, zumindest innerhalb der Mutter-Kind-Beziehung. Gewöhnlich werden sie daher – wie wir bereits gesehen haben – als mögliche Eingriffe von 'außen' präsentiert. Sie werden weniger angedroht („Wenn ich das deinem Vater erzähle ..."), über sie wird informiert („Wenn das dein Vater gesehen *hätte* ..."). Nur wenn sich die Mutter ihrer engen Beziehung zum Kind ganz sicher ist, kann sie sie gelegentlich auch – gleichsam manipulativ – benutzen, um ihr unbotmäßiges Kind zurechtzuweisen. Immer wieder ist darauf hingewiesen worden, daß japanische Kinder bei ernsthaften Vergehen traditionell nicht ein-, sondern ausgesperrt werden (vgl. etwa Calenberg 1988, S. 187f.). Normalerweise reichen aber subtilere Mittel aus, die dem außenstehenden Beobachter kaum auffallen, für das Kind aber gleichwohl sehr gravierend sein können. Azuma führt das an einem Beispiel anschaulich vor: Ein Kind weigert sich hartnäckig, Gemüse zu essen, woraufhin die Mutter nach einigen vergeblichen Versuchen, das Kind umzustimmen, scheinbar nachgibt, indem sie äußert: „Na gut, du brauchst das Gemüse nicht zu essen!" Diese unscheinbare, in unseren Augen ganz harmlose Bemerkung ist allerdings tatsächlich als „Strafe" gemeint und wird vom Kind offenbar auch so verstanden, denn – wie eine andere Mutter dem Beobachter bestätigt – „sie wirkt immer". Azuma versucht, die Botschaft zu übersetzen: Bis jetzt, so suggeriert die Mutter demnach, haben wir alles gemeinsam gemacht. Jetzt willst du deinen eigenen Weg gehen. Ich zerschneide das Band zwischen uns. Von nun an kümmere ich mich nicht mehr um das, was du machst. Du bist kein Teil mehr von mir (vgl. AZUMA 1986, S. 4). Selbst wenn diese Interpretation etwas überzogen sein sollte, zeigt sie doch deutlich, daß auch die (scheinbar) nachsichtige Haltung den Kindern auf ihre Art durchaus Zwang antun kann.

Für die Mutter, die sich in ihren Aktivitäten und im Rhythmus ihrer Tätigkeiten ganz auf die Bedürfnisse und Impulse des Kindes einstellen muß, bedeutet diese harmonisch-kooperative Beziehung – jedenfalls nach unseren Maßstäben – *einerseits* eine beinahe totale Verpflichtung. Es gibt kaum Aufgaben, jedenfalls keine, die die Mutter realisiert, bei denen das Kind sich selbst überlassen bliebe. Nicht nur das Lernen, auch das Spiel scheint im wesentlichen eine Angelegenheit von Kind *und* Mutter zu sein. Daß sich Kinder – wenigstens ab einem gewissen Alter – auch allein beschäftigen könnten, wird kaum erwartet. Wo keine Geschwister verfügbar sind – sie halten sich in der Regel im Kindergarten oder in der Schule auf –, ist die Mutter die 'natürliche' Spielpartnerin. Natürlich gibt es auch das Spiel mit den Nachbarskindern auf dem Spielplatz, aber die Mutter (oder am Sonntag manchmal der Vater) bleibt dabei meist in unmittelbarer Nähe. Auch viele Spielsachen, vor allem die in hohen Auflagen verbreiteten Kinderzeitschriften mit Vorlesegeschichten, Bastelbögen und zahlreichen lernvorbereitenden Spielen für alle Altersstufen (auf dem Umschlag deutlich markiert: 1–3, 2–4, 3–6 Jahre) sind – ebenso wie die Fernsehprogramme für Vorschulkinder – explizit auf die gemeinsame Aktivität hin konzipiert.

Die 'Hingabe' der Mutter (die im japanischen Kontext beinahe so selbstverständlich erscheint wie bei uns die Vorstellung, daß die Mutter zwischendurch auch mal Zeit für anderes oder sich selbst braucht) ist Bedingung dafür, daß sich keine Unstimmigkeiten oder gar Interessengegensätze in das wortlose Einverständnis von Kind und Mutter drängen. Sie muß stets bei der Hand sein, um die Regungen des Kindes rechtzeitig zu erkennen, um seinen Wünschen und Bedürfnissen entgegenzukommen oder Spannungen abzubauen und das Kind zu beschwichtigen und abzulenken.

Diese 'totale Verpflichtung' kann aber *andererseits* auch eine zumindest psychische Entlastung bedeuten. Die japanische Mutter kann sich ganz auf ihre eine Aufgabe konzentrieren; sie muß sie nicht im Hinblick auf andere, gleich wichtige Aufgaben legitimieren. Weit weniger als eine deutsche Mutter scheint sie zwischen *verschiedenen* Aufgaben und Ansprüchen hin und her gerissen. Sie ist vor allem und in erster Linie Mutter; ihre Verpflichtung gibt ihr jederzeit das Recht, andere Ansprüche zurück- und in ihre Grenzen zu weisen. Dabei kann ihr das Kind natürlich auch als Vorwand dienen, zumal ja niemand sonst so gut wie sie beurteilen kann, was es gerade braucht.

Der in der experimentellen Situation gezeichnete Konflikt ist daher wohl im deutschen und im japanischen Kontext nicht gleich gewichtig. Für das bei uns vorherrschende Erziehungsverständnis kann er geradezu als typisch gelten. Die Reaktion des Kindes zeigt, ob und inwieweit es gelernt hat und bereit ist, von seinen augenblicklichen Bedürfnissen abzusehen und auf die Mutter und ihre Bedürfnisse Rücksicht zu nehmen. Der Anspruch der japanischen Mutter, ganz für das Kind das zu sein, verträgt sich dagegen kaum mit einer besonderen Betonung ihrer eigenen individuellen Ansprüche und Bedürfnisse. Die Freundin am anderen Ende der Leitung würde sehr wahrscheinlich gar nicht verstehen und es womöglich als 'herzlos' empfinden, wenn sie angesichts des lautstarken Protests ihres Kindes das Gespräch nicht unterbräche, während eine deutsche Mutter wohl gerade dies eigens zu legitimieren hätte: „Warum läßt du dich von dem Kleinen so tyrannisieren? Du brauchst doch auch einmal Zeit für dich selbst", d.h. in diesem Fall für die Freundin. Sollte der Anruf tatsächlich derart wichtig sein, daß auch der japanischen Mutter die zeitweilige Unterdrückung der kindlichen Bedürfnisse legitim erschiene, oder sollte sie – etwa in einer experimentellen Situation – dazu gezwungen werden, Zwang auszuüben, würde ihr Kind darauf wahrscheinlich sehr viel schneller reagieren als etwa ein deutsches – einfach, weil solche Eingriffe von seiten der Mutter vergleichsweise selten sind (vgl. auch Rohlen 1989, S. 20).

Japanische und deutsche Mütter befinden sich mithin im Grunde genommen in ganz unterschiedlichen Situationen, die ihnen verschiedene Aufgaben stellen und ihnen die Mobilisierung unterschiedlicher Problemlösungsstrategien abverlangen. Für die deutsche Mutter scheinen Situationen wie die geschilderte im allgemeinen weit ambivalenter und mit mehr inneren Spannungen verbunden zu sein als für die japanische, für die es im allgemeinen feststeht, daß sie zuerst und vor allem für das Wohlbefinden ihres Kindes zu sorgen hat. Die deutsche (oder 'westliche') Mutter ist dagegen in der Auseinandersetzung gerade mit dem kleinen Kind vielfach gehalten, gleichzeitig die Bedürfnisse des Kindes und ihre eigenen zu vertreten. Sie muß, solange das Kind dazu noch nicht selbst in der Lage ist, sozusagen mit sich selbst aushandeln, wie weit das Kind gehen darf und an welcher Stelle sie ihre eigenen Rechte und Interessen zur Geltung bringen muß (daher das „schlechte Gewissen", von dem Kornadt spricht). Stellt sie ihre eigenen, nicht auf das Kind bezogenen Optionen zu sehr in den Vordergrund, droht sie es zu vernachlässigen, nicht genug zu lieben usw. Orientiert sie sich zu sehr an den Wünschen des Kindes, ist sie in Gefahr, es zu 'verwöhnen', und bezahlt dafür – nach den landläufigen Vorstellungen – einen hohen Preis: Das Kind wird maßlos in seinen Forderungen, lernt seine Grenzen nicht kennen und wird womöglich irgendwann zum unbezähmbaren kleinen Haustyrannen. Dem in Japan weithin unterstellten mütterlichen Bedürfnis, das Kind einfach zu hätscheln, zu peppeln und gewähren zu lassen, darf sie jedenfalls nicht nachgeben, während es für die japanische Mutter im allgemeinen keine Frage zu sein scheint, ob und inwieweit sie für ihr Kind dazusein hat.

Entgegensetzungen wie die von Freiheit und Zwang, von Nachsicht und Strenge oder von Verwöhnen und Konsequenz sind mithin offenbar zu grob, um die Unterschiede im Verhalten japanischer und deutscher (oder 'westlicher') Mütter begrifflich zu fassen. Sie scheinen insgesamt eher für das moderne westliche Erziehungsdenken charakteristisch zu sein, wie es sich – grob gesagt – seit dem ausgehenden 18. Jahrhundert in immer neuen Entwicklungsschüben herausgebildet und allmählich durchgesetzt hat. In Japan haben sie, soweit sie überhaupt als Gegensätze gesehen werden, jedenfalls keine zentrale Bedeutung erlangt. Erziehung wird nicht – wie im Feld solcher Dichotomien – als Auseinandersetzung von distinkten, zumindest potentiell unabhängigen Individuen konzipiert, bei der es darauf ankommt, Kompromisse oder einen Ausgleich zwischen den (stellvertretend wahrgenommenen) Interessen des (kleinen) Individuums und den durch die Erwachsenen repräsentierten gesellschaftlichen Anforderungen zu finden, zwischen den Rechten, Pflichten und Bedürfnissen der einen und der anderen Seite abzuwägen und beim Kind sukzessive Verständnis für diesen Balanceakt zu wecken. Es gibt keinen Gegensatz zwischen Entgegenkommen und dem Stellen von Forderungen, zwischen Selbstverwirklichung und gesellschaftlicher Integration.

Nicht die Auseinandersetzung, sondern die Herstellung und die Entfaltung einer grundlegenden Übereinstimmung von Mutter und Kind steht in Japan im Zentrum des erzieherischen Handelns. Nur diese grundlegende Übereinstimmung kann gewährleisten, daß das Kind sich an der Mutter orientiert. Die Nachsicht der Mutter ist somit die Voraussetzung dafür, daß die 'Erziehung' des Kindes gelingt. Nicht das Ideal des Aushandelns der jeweiligen Rechte und Pflichten prägt die Interaktion von Mutter und Kind, sondern das des – auf längere Sicht wechselseitigen – möglichst bedingungslosen Akzeptierens aller Wünsche und Bedürfnisse. Nur die beständige Sorge der Mutter für das stete Wohlbefinden des Kindes kann die Entwicklung jener kooperativen Grundhaltung sichern, die ein Kind als formbar, gutwillig, offen für Forderungen und Ansprüche, 'gehorsam', eben *sunao* auszeichnet. Die Kinder sollen die Nachsicht, Zurückhaltung und Zuvorkommenheit erfahren, die sie dann auch selbst im Umgang mit anderen walten lassen. Das Feld des pädagogischen Handelns und Denkens konstituiert sich nicht im Widerstreit von Fremdanleitung und Selbstbestimmung, von Autonomie und Heteronomie. Die Aufgabe der Erziehung liegt nicht darin, das richtige Gleichgewicht „zwischen der Skylla des Gewährenlassens und der Charybdis des Versagens" (Freud, G. W., Bd. 15, S. 160) zu finden. Das Gewährenlassen scheint vielmehr das entscheidende Medium der gesellschaftlichen Integration zu sein.

2. *Kinderbilder*

Damit stellt sich natürlich die Frage, wie sich diese herausragende Bedeutung der engen Mutter-Kind-Beziehung erklären läßt. Die offenbar nächstliegende Antwort, die in der einen oder anderen Form immer wieder auftaucht, bezieht sich auf kulturspezifische gesellschaftliche bzw. mütterliche Vorstellungen vom Kind, von seiner 'Natur' oder seinem 'Wesen'. Immer wieder findet sich beispielsweise der Hinweis auf die traditionell in einigen Teilen Japans verbreitete Vorstellung von der 'göttlichen Natur' des Kindes. Die Kleinen sind demnach bis zum Alter von 6 oder 7 Jahren 'Götter zu Besuch', die man hätscheln und bei Laune halten muß, auf keinen Fall aber schlecht behandeln darf, damit sie sich nicht wieder verabschieden (vgl. etwa Azuma 1986, S. 9). Dieses Bild akzentuiert in besonders prägnanter (und ansprechender) Weise den sozialen Wert des Kindes, der auch in anderen, zweifellos nicht nur in Japan verbreiteten Vorstellungen Ausdruck findet, etwa in dem Gedanken, daß Kinder eine besondere Gunst der Götter darstellen, ein 'Geschenk', einen Schatz, den man hüten und pflegen muß (vgl. Hendry 1986, S. 16).

Ausgehend von solchen Vorstellungen hat etwa Yamamura (1986, S. 34ff.) versucht, im Kontrast zu 'westlichen' Sichtweisen das Besondere des japanischen Kinderbildes herauszuarbeiten. Für Japaner seien Kinder demnach im allgemeinen von Natur aus 'gut', während im Westen Gedanken wie die von der Erbsünde und einer 'schlechten' oder zumindest amoralischen, 'gottlosen' kindlichen Natur vorherrschten. Gewiß ließen sich für diese These Belege beibringen.

Aber YAMAMURA räumt ein, daß es auch im Westen andere Vorstellungen gibt, sieht dann aber den grundlegenden Unterschied darin, daß in Japan sogar die moralische Überlegenheit des Kindes gegenüber dem Erwachsenen behauptet würde. Inwieweit das zutrifft, läßt sich hier kaum überprüfen. Es gibt aber auch in Japan ganz andere Auffassungen. YAMAMURA weist selbst darauf hin, daß es in der japanischen Tradition Denker gibt – er nennt KAIBARA Ekken (1630–1714) –, die die menschliche Natur als im wesentlichen 'schlecht' ansehen; und eine in den 70er Jahren entstandene vergleichende kulturpsychologische Untersuchung behauptet sogar, daß die Japaner mit weitem Abstand zu den in anderen Ländern vorherrschenden Auffassungen der Meinung seien, der Mensch sei ursprünglich schlecht (vgl. REINHOLD 1981, S. 75). Umgekehrt ist der christlichen Vorstellungswelt des 'Westens', auf die sich YAMAMURA vor allem bezieht, der Gedanke der moralischen Überlegenheit des Kindes keineswegs fremd (man denke etwa an Matth. 19, 14: „Lasset die Kindlein zu mir kommen und wehret ihnen nicht, denn ihrer ist das Reich Gottes"),[15] von romantischen und reformpädagogischen Kindheitskonzepten einmal ganz abgesehen. Offensichtlich ist die einfache Gegenüberstellung verschiedener Auffassungen, die ihrerseits nur in einem komplexen sozialhistorischen und geistesgeschichtlichen Kontext verstanden werden können, schon für sich genommen recht problematisch; als Erklärung für den unterschiedlichen Umgang mit Kindern dürfte sie kaum hinreichen. Entscheidend scheinen weniger die einzelnen, hier wie dort sehr heterogenen inhaltlichen Vorstellungen zu sein als die Arrangements, innerhalb derer sie sich artikulieren und auf ganz unterschiedliche Weise praktische Relevanz gewinnen.

Auch KORNADT beruft sich auf YAMAMURA, wenn er die Nachsicht und die positiven Deutungen kindlichen Fehlverhaltens unter anderem darauf zurückführt, daß die japanischen Mütter die kindliche Entwicklung im Sinne „hoher Reifungsabhängigkeit" (KORNADT/HUSAREK 1989, S. 89; vgl. auch KORNADT/TROMMSDORFF 1990) sehen. Gegen diese Interpretation sprechen jedoch schon die großen Mühen, die die Mutter von Geburt an (ja zum Teil noch davor) bei der sorgfältigen und systematischen Formung des kindlichen Verhaltens walten läßt.

Sie wartet meist nicht – wie man es bei einer reifungstheoretischen Deutung der kindlichen Entwicklung eigentlich erwarten müßte – einfach ab, bis das Kind von sich aus beginnt, eine bestimmte Verhaltensweise zu imitieren oder von sich aus bestimmte Äußerungen zu machen versucht, sondern leitet es oft schon zuvor systematisch an.

Ganz ähnlich werden auch die kindlichen Interessen – gerade im gemeinsamen Spiel von Mutter und Kind – schon früh in bestimmte Richtungen zu lenken versucht. Erziehung ist nicht Unterstützung bei der Selbstentfaltung von ursprünglich im Kind angelegten Potentialen, sondern Training. KORNADT unterlegt hier dem in Japan beobachteten Erziehungsverhalten kulturspezifische, vor allem in der Reformpädagogik artikulierte 'westliche' Vorstellungen. Nicht die Deutung, daß die kindliche „Entwicklung in erster Linie von Reifungsprozessen abhängt und von ihr wenig beeinflußt werden kann", veranlaßt die japanische Mutter zu der für sie charakteristischen geduldigen Nachsicht, sondern vor allem die andere Aufgabenstellung, die übergreifende, auf 'Harmonie' gerichtete Zielsetzung und die umfassendere Definition ihres Verantwortungsbereichs. Wenn dem kleinen Kind in Japan weniger bestimmte Absichten unterstellt werden, so bedeutet das nicht, daß man annimmt, es könne sein Handeln nicht bereits steuern (KORNADT 1988, S. 354). Nur wenn diese Steuerung mißlingt, wird das anders gedeutet: eben nicht als Absicht, sondern als Resultat mangelnden Verständnisses. Nicht Reifung und 'natürliches' Wachstum kindlicher Fähigkeiten sind die maßgeblichen Gesichtspunkte bei der Interpretation kindlicher Entwicklung, sondern Lernen, Üben und 'Verstehen'. Was KORNADT als Gegenbild zur japanischen Auffassung präsentieren möchte, ist nicht nur „für gegenwärtige westliche Kulturen typisch", sondern ebenso, wenn nicht sogar noch mehr, für das heutige Japan: daß nämlich „die Entwicklungsfortschritte des Kindes im wesentlichen" der Verantwortung der Mutter „unterliegen, also davon abhängen, wie sie selbst die Erziehung, ihre Anforderungen und Anregungen gestaltet und durchsetzt" (KORNADT 1988, S. 355).

Plausibler erscheint dann schon die Auffassung, das Kind gleiche einem weißen, unbeschriebenen Blatt Papier (vgl. BARTHELMES 1977, S. 183), einer 'tabula rasa', auf der sich alle möglichen Einflüsse einprägen können. Seine Entwicklung wäre demnach ganz von der Art des gesellschaftlichen bzw. elterlichen Einflusses abhängig. Das Kind selbst ist rein, unschuldig, *masshiro* (schneeweiß) (vgl. HENDRY 1986, S. 16). Dieses Bild, das oft nicht deutlich genug vom Konzept der 'guten' Natur des Kindes unterschieden wird, unterstellt zwar keine 'schlechten' Veranlagungen, keinen ('bösen') Willen, der gebrochen werden muß, aber auch keine besondere moralische Qualifikation. – Allerdings werden den Kindern in den ersten Monaten und Jahren – und wohl auch noch später – durchaus individuelle Eigenschaften, ein angeborenes Temperament, besondere körperliche Fähigkeiten usw. zugesprochen (vgl. LOCK 1988, S. 387) und im Verhalten ihnen gegenüber berücksichtigt. Nur werden sie meist nicht besonders betont und etwa zum Anknüpfungspunkt für eine besondere individuelle Förderung gemacht (vgl. auch WHITE/LEVINE 1986).

Aber ist nicht vielleicht schon die *Frage* nach der 'inneren Natur' des Kindes selbst an bestimmte, gesellschaftlich dominierende Vorstellungen vom Verhältnis des (kleinen) Individuums zur Gesellschaft gebunden und insofern möglicherweise kulturspezifisch? Es scheint zumindest fraglich, ob diese Frage in Japan überhaupt die Rolle spielt, die sie im 'westlichen' pädagogischen Denken seit Mitte des 18. Jahrhunderts einnimmt. Zumal in ihrer Zuspitzung auf das Problem der moralischen Ausstattung des kleinen Menschen wird sie ja überhaupt erst praktisch bedeutsam, wenn das Kind in erster Linie als separates, unabhängiges Individuum wahrgenommen und seine (unterstellte) moralische Qualifikation von daher zu einem praktischen Problem des angemessenen Umgangs mit dem Kind und seinen 'natürlichen' Impulsen und Bedürfnissen wird.

Genau das scheint aber nach einem anderen (bereits erwähnten) verbreiteten Erklärungsansatz in Japan nicht der Fall zu sein. Die Mutter sehe sich und ihr Kind demnach wesentlich als 'Einheit'; sie tendiere dazu, die psychologischen Grenzen zwischen sich und ihrem Kind verschwimmen zu lassen (CAUDILL 1972; vgl. oben II. 2.). DOI sieht in dieser spezifischen Ausprägung der Mutter-Kind-Beziehung den „Prototyp" der *amae*-Psychologie, die er – von seiten des Säuglings – als Versuch beschreibt, „die Tatsache des Getrenntseins von der Mutter psychisch zu verleugnen" (DOI 1982, S. 89), die man aber ebensogut – von seiten der Mutter – als von dem Bemühen gekennzeichnet sehen kann, jene enge Mutter-Kind-Beziehung zu schaffen und aufrechtzuerhalten, die für ihre Art, mit dem Kind umzugehen und es zur Kooperation zu bewegen, von entscheidender Bedeutung ist. Jedenfalls wirkt nach DOI die *amae*-Psychologie „dahin, das Gefühl des Einsseins von Mutter und Kind zu fördern. In diesem Sinne könnte man die *amae*-Mentalität als den Versuch definieren, die Tatsache der Getrenntheit, die ein solch unablösbarer Bestandteil menschlicher Existenz ist, zu verleugnen und den Schmerz des Getrenntseins zu mildern" (ebd., S. 90).[16]

Auch wenn man den kulturalistischen Implikationen dieser Deutung nicht folgen will[17] und statt dessen mehr die Art der Anordnung der Erziehungsaufgaben und -verantwortlichkeiten akzentuiert, die bestimmte Verhaltensweisen nahelegen, wenn nicht erzwingen, weist sie doch auf einen wichtigen Gesichtspunkt hin: das im allgemeinen offenbar anders gefaßte Verhältnis von Individuum und Gesellschaft, das sich gerade in der Mutter-Kind-Beziehung deutlich zeigt. Bei uns ist schon der Umgang mit dem kleinen Kind, ob im Modus des Aushandelns, im Modus des Unterdrückens oder – wie wohl in den meisten Fällen – in Mischformen, wesentlich nach dem Muster eines (potentiellen) Gegensatzes von (kleinem) Individuum einerseits und Gesellschaft und ihren Repräsentanten (nach dem herkömmlichen Familienbild wäre das der Vater etwas mehr, die Mutter etwas weniger) andererseits organisiert. Die 'innere Natur' des Kindes, ob nun als 'gut' oder 'böse' unterstellt, erscheint der Gesellschaft entgegengesetzt. In Japan verbürgt dagegen schon die grundlegende Übereinstimmung mit der Mutter, daß sich zwischen den Motiven und Bedürfnissen des Kindes und den gesellschaftlichen Notwendigkeiten und Anforderungen keine nennenswerte Kluft auftut. Selbstverwirklichung und gesellschaftliche Integration sind keine Gegensätze. Die Sozialisation und die Erziehung, deren Bedeutung niemand in Abrede stellen würde, ist nicht die eines ungesellschaftlichen oder gar gesellschaftsfeindlichen Wesens, das gebändigt werden oder dessen Interesse gegen die Gesellschaft durchgesetzt werden müßte; der Wille des Kindes zur Zusammenarbeit, zum Lernen wird vielmehr ebenso selbstverständlich vorausgesetzt wie die Bereitschaft der Gesellschaft – vor allem verkörpert durch die Mutter –, alles Erdenkliche zum Wohlergehen des Kindes beizutragen.

Auch in Japan gibt es damit keine Harmonie zwischen dem Kind und 'der' Gesellschaft und ihren Forderungen, wie KORNADT und TROMMSDORFF offenbar annehmen, wenn sie schreiben, daß das Kind in der Mutter-Kind-Beziehung eine „absolut sichere emotionale Basis" gewinne, „von der aus es die Überzeugung aufbauen kann, in einer grundsätzlich freundlichen, hilfsbereiten und kooperativen (sozialen) Welt zu leben" (1990, S. 370). Die Zurückhaltung, ja Ängstlichkeit gegenüber der 'Außenwelt', die die Mutter dem Kind vermittelt, zeigt das deutlich. Aber es gibt auch keinen letztendlich unüberbrückbaren Gegensatz. Die Mutter wird nicht müde, das Kind immer und immer wieder mit den Anforderungen von 'außen' zu konfrontieren, und sie zögert auch nicht, mit möglichen Sanktionen anderer zu drohen. Aber sie steht dabei stets auf der Seite des Kindes, und sie läßt auch keine Zweifel daran, daß auch die 'anderen' dann später auf seiner Seite stehen werden, wenn es sich nur genügend darum bemüht. Verwöhnen und Disziplinierung, Nachgiebigkeit und das beharrliche Stellen von Forderungen sind in der Beziehung von Mutter und Kind keine Gegensätze und werden auch fürderhin keine Gegensätze sein – vorausgesetzt, das Kind zeigt sich nur kooperationswillig. Die Nachsicht und das Wohlwollen sind das Komplement zur kindlichen Offenheit und seiner Bereitwilligkeit, sich den Forderungen zu fügen, die an es herangetragen werden. Sie gehören zu jeder guten, 'harmonischen' Beziehung, bei der von beiden Seiten unausgesprochenes Entgegenkommen erwartet werden kann, bei der Einverständnis nicht ausgehandelt werden muß, sondern sich von selbst versteht.

Die Gegensätze, die sich hier auftun, konstituieren sich nicht entlang der Opposition von Individuum und Gesellschaft, sondern grenzen jeweils ein 'Innen' von einem 'Äußeren' ab, also die Mutter-Kind-Beziehung von 'den anderen', den Raum der Familie von dem der 'Welt draußen' oder später den Bereich der eigenen Gruppe von dem anderer Gruppen, den der eigenen Schule von dem anderer Schulen und dem des übrigen gesellschaftlichen Lebens überhaupt usw. Sukzessive wird so eine klar gegliederte Ordnung von Lebenskreisen entstehen, von denen jeder seinem eigenen detaillierten Code folgt und von denen jeder seine eigenen Verpflichtungen und Gratifikationen kennt.

Wenn überhaupt eine – abstrakte – Vorstellung vom 'Wesen' oder der 'Natur' des Kindes im praktischen Erziehungshandeln eine Rolle spielt, so ist es die von seiner Gesellschaftlichkeit (genauer: die Haltung zum Tatbestand seiner Gesellschaftlichkeit). Mag sie ihm nun 'von Natur aus' zukommen oder nicht – mir scheinen der schrullige kleine Gott oder die launische kleine Göttin eher ungesellschaftliche Wesen zu sein, aber diese Entgegensetzung paßt wohl kaum zu den in Japan vorherrschenden Denkweisen –, kein Zweifel kann daran bestehen, daß erst der Vergesellschaftungsprozeß aus ihm ein sozial akzeptables Wesen macht. Sein Lernwille, seine Kooperationsbereitschaft werden fraglos unterstellt. Auch wenn es manchmal mehr und manchmal weniger davon zeigt, ist das kein Anlaß, grundsätzlich daran zu zweifeln, daß es alles das lernen will, was es lernen soll, gleichgültig ob es sich dabei um Laufen, Sprechen oder um die richtige Ausführung des Grußrituals handelt. Lernen ist der natürliche Modus kindlicher, ja jeder menschlichen Entwicklung überhaupt, und es gibt keinen Grund anzunehmen, daß jemand etwas nicht lernen will. Man muß das Pensum nur oft genug wiederholen und immer wieder aufs neue eine Gelegenheit zum Lernen bieten.

Gleichwohl ist der Gedanke an die Kindheit nicht frei von manchmal etwas sentimentalen Reminiszenzen; auch in Japan denkt man – wie könnte es angesichts der kleinen Götter anders sein? – den Sozialisationsprozeß als partiellen Verlust. Aber diese Verlusterfahrung scheint sich – wenn man das so grob verallgemeinert sagen kann – weniger auf eine unterstellte ursprüngliche Integrität des kleinen Individuums zu beziehen als auf die harmonische und intime Kooperationsbeziehung, in der das, was später zur Pflicht wird, das Lernen und die Zusammenarbeit etwa, selbstverständliche Bestandteile einer gemeinsamen Praxis sind: auf die verlorene Einheit mit der Mutter, die – laut Doi – in von der *amae*-Struktur geprägten Beziehungen immer wieder und letztendlich vergeblich zu rekonstruieren versucht wird. Die Kindheit lebt fort als träumerische Vision eines goldenen Zeitalters, eines augenscheinlich utopischen paradiesischen Zustands ursprünglicher Harmonie, der aber – wie Singer (vgl. 1991, S. 71) schreibt – in einer unwiderruflich verlorenen Vergangenheit wirklich existiert hat; ein Zustand im Zentrum des Universums, frei von Zwängen und Einschränkungen, der (durch die konstante Nähe, Sorge und Verfügbarkeit der Mutter) nichts anderes als unmittelbare Bedürfnisbefriedigung kennt (vgl. auch Storry 1981, S. 14). Das Himmelreich braucht keinen Ort in der Zukunft; es lebt in der Vergangenheit (Benedict 1954, S. 286).

3. Das familiäre Arrangement

Wie sehr der Umgang mit Kindern an bestimmte gesellschaftliche Verhältnisse gebunden ist, die überhaupt erst ein den dominierenden Vorstellungen entsprechendes Verhalten erlauben, zeigt sich besonders im Vergleich der familiären Arrangements. Bloßen Gegenüberstellungen kulturspezifischer Denk- und Vorstellungsmuster haftet demgegenüber nicht selten etwas Willkürliches an, zumal immer die Gefahr besteht, relative Unterschiede als absolute mißzuverstehen. Der Gedanke etwa, daß das Kind unbedingte Zuwendung, 'Liebe' und 'Pflege' rund um die Uhr braucht, ist auch bei uns keineswegs unbekannt, aber die Idee der Unterordnung der Frau unter die kindlichen Bedürfnisse, wie sie sich etwa bei Fröbel findet (der sich sicher nicht zufällig in Japan besonderer Wertschätzung erfreut; vgl. etwa Shoji 1979; Hendry 1986, S. 12), erweist sich unter den bei uns vorherrschenden Bedingungen doch sehr bald als „idealistisch-pädagogische Fiktion" (Simmel 1980, S. 96). Auch wenn die Mutter eines kleinen Kindes nicht berufstätig ist, ist sie doch zumindest noch in gleichem Maße 'Hausfrau' und 'Ehefrau', von ihren eigenen Interessen, ihren Verpflichtungen für sich selbst einmal ganz abgesehen. Schon mit den Arbeitsbereichen 'Mutter' und 'Hausfrau' sind ganz unterschiedliche, oft geradezu gegensätzliche praktische Anforderungen verbunden. Zu den Aufgaben der materiellen treten die der psychischen Reproduktion vor allem des Ehemanns (als dessen 'Frau' und 'Geliebte') und die Verpflichtungen, die aus der primären Zuständigkeit der Frau für das 'Beziehungsmanagement' in der Familie und die Sicherung und Aufrechterhaltung der 'Familienidentität' resultieren (vgl. Vollmer-Schubert 1991). Die meisten deutschsprachigen Erziehungsratgeber enthalten mindestens ein Kapitel über die neue Familiensituation mit der Grundaussage: Auch der Vater darf jetzt nicht zu kurz kommen, die Mutter darf sich nicht völlig von dem Neugeborenen absorbieren lassen, das Kind ist in die Beziehung der Eltern zu integrieren. Ein Kind – geplant, gewünscht oder unerwartet – wird grundsätzlich als ein zusätzlicher Faktor aufgefaßt, der die Interaktion der Eltern leicht stören kann: weil dic Eltern nun plötzlich weniger Zeit für sich und ihre (gemeinsamen) Interessen haben, das Kind einen neuen Zeitrhythmus, eine neue Tagesplanung, vielfältige Umstellungen erfordert oder weil es – in einer noch jungen Verbindung – den Eltern kaum Zeit läßt, im Umgang miteinander eine eigene Interaktionsstruktur auf- und auszubauen. Wie auch immer, die Mutter-Kind-Dyade steht in Konkurrenz zu der als mindestens ebenso wichtig angesehenen Partnerbeziehung.

Speziell diese Schwierigkeit entfällt in Japan in der Regel völlig. Wie immer die Ehe zustande gekommen sein mag – durch 'Vermittlung', aufgrund der gegenseitigen Zuneigung der Partner oder, wie es heute üblich zu sein scheint, durch eine in der einen oder anderen Richtung akzentuierte Integration beider Muster: sobald sich ein Kind ankündigt, steht es auf jeden Fall im Mittelpunkt. Kinder sind Ziel und Inhalt der ehelichen Verbindung; Liebe und Zärtlichkeit zwischen den Ehepartnern, sofern sie dann überhaupt noch eine größere Rolle spielen, sind der Beziehung der Mutter zum Kind eindeutig nachgeordnet. Auch die Verpflichtungen der Frau als Hausfrau scheinen gegenüber denen als Mutter im allgemeinen zurückstehen zu müssen. In den ersten Lebensjahren des Kindes gilt es in vielen Familien sogar als legitim, daß die Frau ihre Hausfrauenpflichten und die Versorgung des Mannes wenn nicht geradezu vernachlässigt, so doch deutlich hintanstellt. Es gibt für die junge japanische Mutter keine Verpflichtungen, die wichtiger wären als die gegenüber ihrem Kind; auch nicht – das versteht sich schon beinahe von selbst – ihre Berufstätigkeit. Obgleich die Quote der verheirateten erwerbstätigen Frauen insgesamt höher ist als etwa in der (alten) Bundesrepublik (1985 lag sie in Japan bei 50,2 Prozent gegenüber etwa 40 Prozent bei uns; Weber 1990, S. 101), sind erwerbstätige Mütter *kleiner* Kinder relativ selten. Die Erwerbsbeteiligung japanischer Frauen orientiert sich sehr stark an dem auch bei uns zeitweise propagierten sogenannten Dreiphasenmodell. Bezogen auf das Alter der erwerbstätigen Frauen zeigt die Statistik eine außerordentlich stark ausgeprägte 'M'-Kurve „mit dem ersten ‚Gipfel' zwischen 20–25 Jahren und einem zweiten ‚Gipfeltableau' zwischen 40–49 Jahren" (ebd.). Das heißt ein großer Teil der Frauen steht nach dem Schul- bzw. Universitätsabschluß eine Zeitlang im Beruf, gibt diese Tätigkeit nach der Heirat oder der Geburt des ersten Kindes (nicht immer ganz freiwillig) wieder auf, um sie dann später, nachdem die Kinder aus dem Haus oder wenigstens in der Schule sind, wiederaufzunehmen – jetzt freilich unter meist sehr ungünstigen Bedingungen (vgl. dazu u. a. auch Herold 1980, 1980a; Ernst 1980; Lenz 1984). – Nicht ein Ausgleich verschiedener Ansprüche, eine Balance oft gegensätzlicher Orientierungen wird mithin von der jungen Mutter vor allem gefordert, sondern die möglichst perfekte Ausgestaltung einer klar definierten und hierarchisierten Rollenverpflichtung, bei der das Kind oder die Kinder an oberster Stelle stehen.

Die Kinder sind es auch, die die Arbeit der Frau der des Mannes gleichwertig, ja überlegen machen, geht es doch um die „Formung neuen Lebens" (Vogel 1963, S. 228), das, wie eine Mutter selbstbewußt äußert, allemal wichtiger ist als das Unterzeichnen (oder Stempeln) von Papieren im Büro (vgl. Vogel 1979, S. 16). Die dabei geforderte, beinahe bedingungslose Hingabe an das Kind, an sein Wohlergehen und seine Entwicklung mag in unserem Kontext als Indiz für eine *besondere* Unterdrückung der Frau und ihrer persönlichen Bedürfnisse erscheinen; in Japan bezeichnet sie indes nur die spezifisch weibliche Variante eines allgemeinen Musters, das auch vom Mann eine ebenso uneingeschränkte Hingabe an seine Aufgaben im Berufsleben fordert (was natürlich umgekehrt auch kein Indiz für die Gleichberechtigung der Frau ist). Das Idealbild der „professionellen" Mutter und Hausfrau ist das häusliche Gegenstück zu dem des ganz seiner Arbeit und seiner Firma verpflichteten *sarariiman* (vgl. Vogel 1979). Ähnlich wie dieser steht auch sie in einer Art Dauerbeschäftigungsverhältnis – „inklusive drei Mahlzeiten und Mittagsschlaf", wie japanische Männer gerne hinzufügen –, das nicht nur eine Reihe von Aufgaben und Rechten mit sich bringt, sondern idealiter die 'ganze Person', ihre Arbeitskraft wie ihre Emotionalität verpflichtet. Daß diese Verpflichtung nicht wie die ihres Mannes 'entlohnt' wird, macht hier offenbar keinen bedeutenden Unterschied: Einerseits 'versorgen' auch die großen Firmen ihre Stammbelegschaften eher als sie zu 'bezahlen'; andererseits stellt die Ehe, auch wenn sie nach Umfragen heute überwiegend auf 'Liebesheiraten' gründen soll, doch in erster Linie eine „Zweckgemeinschaft" (REINHOLD 1981, S. 73) oder eine „Wirtschaftsverbindung" (AUSLITZ-BLESCH 1989, S. 153) dar. Im Zentrum dieser ganz pragmatisch gefaßten Ehe steht die Versorgung: zunächst der Ehefrau durch den Mann, der sie mit den notwendigen finanziellen Mitteln ausstattet, die es ihr dann ermöglichen, sich ihrerseits ganz der Versorgung der Kinder und des Ehemannes zu widmen. Betont wird weniger die Gemeinsamkeit der Partner als ihre wechselseitige Abhängigkeit voneinander, die ihnen aber (bezogen auf den Partner) gleichwohl eine sehr weitgehende Autonomie in ihrem jeweiligen Bereich ermöglicht. „Ideal vieler japanischer Eheleute ist es, den Partner ‚wie Luft' zu empfinden. Man soll nicht bewußt an ihn denken, aber notwendig auf ihn angewiesen sein" (IWAO 1986, S. 118).

Grundlage für dieses familiäre Arrangement und die eindeutige Hierarchisierung der Aufgaben der Frau in der Familie ist eine strikte Trennung von Frauen- und Männerwelten, die weit über die in den meisten Kleinfamilien 'moderner' Industriegesellschaften praktizierte geschlechtsspezifische Arbeitsteilung hinausgeht. Zumal in den das heutige Japan ideologisch dominierenden sogenannten 'neuen' Mittelschichtfamilien städtischer Angestellter und Arbeiter (in den 'alten' Mittelschichten der kleinen Gewerbetreibenden und Geschäftsleute oder auch in der Landwirtschaft sieht das etwas anders aus) ist der Mann nicht nur primär für die Erwerbstätigkeit zuständig, sondern *ausschließlich,* so wie der Frau die Sorge für die Kinder, für Haus und Familie nicht vorwiegend obliegt, sondern praktisch *allein.*

Die Funktion des Mannes in der Familie erschöpft sich in vielen Fällen, wie auch in Japan immer wieder kritisch kommentiert wird, auf die des Geldverdieners. Er ist zu Hause ein mehr oder weniger gern gesehener Gast, dem kaum je die Übernahme substantiellerer Verantwortlichkeiten zugemutet wird. Die heutige Angestelltenfamilie erscheint daher schon beinahe als „unvollständige Familie", die nurmehr aus Mutter und Kind oder Kindern besteht (NEUSS-KANEKO 1990, S. 115; vgl. auch WAGATSUMA 1977). Ein zentraler Grund dafür sind sicher die oft langen Fahrt- und Arbeitszeiten, der unkalkulierbare Dienstschluß sowie die weiteren Verpflichtungen gegenüber dem Betrieb oder den Kollegen, die in vielen Fällen eine wirkliche Partizipation am Familienleben unmöglich machen (vgl. LINHART

1976; Deutschmann 1987; Möhwald 1991). Nach einer Umfrage essen beispielsweise „nur 29 Prozent der in Tokyo und Umgebung wohnenden Männer täglich mit ihren Familien zusammen" zu Abend; „22,5 Prozent essen drei- bis viermal pro Woche zu Hause und 24,4 Prozent ein- bis zweimal. Die krassesten Verhältnisse bestehen offenbar für die Regierungsbeamten, von denen 74 Prozent nicht einmal in der Woche zu Hause essen" (Neuss-Kaneko 1990, S. 124). Wer pünktlich nach Hause kommt, kann keine wichtige Position innehaben, heißt es manchmal (eine Auffassung, die möglicherweise auch das Umfrageergebnis beeinflußt), und nicht nur die Ehefrau, sondern auch die Nachbarn reagieren irritiert, wenn der Mann regelmäßig 'früh' von seinem Arbeitsplatz zurückkehrt.

Aber es ist nicht die zeitliche Belastung allein, die den Ehemann auf Distanz zu seiner Familie hält. Da das reguläre Arbeitsverhältnis die ganze Person umfaßt, erwarten die Firmen von ihren Beschäftigten im allgemeinen ungeteilte Loyalität (die sich konkret nicht unbedingt auf den Betrieb insgesamt beziehen muß, wohl aber auf die je eigene Arbeitsgruppe) und beanspruchen sie nicht nur physisch, sondern auch psychisch und emotional in einem vergleichsweise hohen Maß. Eine klare Grenze zwischen Arbeitszeit und privater Zeit wird kaum gezogen; selbst die Reproduktion der Arbeitskraft und der menschlichen Beziehungen am Arbeitsplatz wird noch zu einem beträchtlichen Teil als Aufgabe des Betriebs begriffen. Die Firma bildet „eine nahezu geschlossene soziale Sphäre, die die Zeit ihrer Mitglieder auch außerhalb der Arbeit in Anspruch nimmt und sie gegen andere soziale Zusammenhänge weitgehend abschirmt" (Deutschmann 1987, S. 210; vgl. auch S. 122 und S. 140). Das gilt, so scheint es, selbst für die eigene Familie.

Die Ehefrau ist damit zu Hause praktisch auf sich allein gestellt. Sie hat die „Macht über" – und die Verantwortung für – „Küche, Kasse, Kinder" (Linhart 1980). Bezogen auf ihren Ehemann hat sie vor allem die Aufgabe, ihn zu umsorgen und zu bemuttern, ihn von Belastungen und Sorgen fernzuhalten und alles zu erledigen, was ihn von seinen beruflichen Verpflichtungen ablenken könnte. Das emotionale Zentrum der heutigen japanischen Familie, ihre Basiskoalition, ist indes meist nicht die Beziehung von Mann und Frau, sondern die von Mutter und Kind (Vogel 1963; De Vos 1973; Lebra 1976, 1984). Dieser Basiskoalition sind nicht nur das Familienleben und die Außenkontakte der Frau untergeordnet; auch die Partnerbeziehung oder genauer die Beziehung des Mannes zu seiner Frau scheint sich oft am Muster der Mutter-Kind-Beziehung zu orientieren (vgl. LEBRA 1976, S. 61 f.; MAE 1981, S. 20; IGUCHI 1983, S. 59). Jedenfalls ist es für viele Frauen heute üblich geworden, ihren Mann als weiteres – manchmal besonders verwöhntes – Kind im Hause zu betrachten (vgl. LEBRA 1984, S. 133; LOCK 1988, S. 46; AUSLITZ-BLESCH 1989, S. 151 f.). Auch die Art, wie sie mit ihm umgeht, ähnelt den Verhaltensweisen gegenüber dem Kind: nachsichtig, verständnisvoll, offenen Konfrontationen ausweichend, aber konsequent und ausdauernd, wenn es darum geht, ihn in ihrem Sinne zu beeinflussen (vgl. VOGEL 1979, S. 30). Faktisch ist die Ehefrau damit zu einer in ihrem Bereich weitgehend autonomen „Geschäftsführerin im Familienbereich" geworden (AUSLITZ-BLESCH 1989, S. 148). Sie erledigt nicht nur die Hausarbeit, sondern verwaltet in der Regel auch die Finanzen der Familie (nach einer Umfrage in mehr als 80 Prozent aller Fälle; vgl. NEUSS-KANEKO 1990, S. 125), sie hält Kontakt zur Verwandtschaft, ist oft zuständig für Geldanlagen und Versicherungen und fast immer für die (sehr früh einsetzende) Karriere- und Lebensplanung der Kinder; kurz: So gut wie alle Familienangelegenheiten obliegen der Frau. Der (freilich auch oft etwas mystifizierte) „Familientyrann der Vorkriegszeit hat sich zu einem Geldgeber ohne bedeutende Entscheidungsmacht degradieren lassen, der von seiner Frau das Taschengeld zugewiesen bekommt" (AUSLITZ-BLESCH 1989, S. 154).

Dieses „Küchenmatriarchat" (LENZ 1987, S. 61) ist freilich recht begrenzt. „Nur 27,1 Prozent der Frauen fühlen sich in Japan in der Ehe gleichgestellt, 66,8 Prozent behaupten, der Mann sei ihnen gegenüber privilegiert" (NEUSS-KANEKO 1990, S. 125). Die Frau bleibt nicht nur vom männlichen Wohlwollen und seiner Bereitschaft abhängig, etwa seine Einkommensverhältnisse auch wirklich offenzulegen (und nicht etwa zusätzliche Einkommen oder Sonderzahlungen einfach zurückzuhalten); auch in den wenigen Stunden der Anwesenheit des Gatten ist sie vor allem als ‘Dienstbotin’ gefragt, die stets für die Wünsche des Mannes verfügbar sein sollte (jedenfalls solange das Kind keine besondere Aufmerksamkeit verlangt). Die Unselbständigkeit und Hilflosigkeit japanischer Männer, die sich keinen Tee kochen können, weil sie sich in der Küche nicht zurechtfinden, die nicht in der Lage sind, sich selbst umzuziehen, weil sie nicht wissen, wo die Wäsche liegt, und die keine Ahnung haben, wie man die Kühlschranktür bedient, weil sie immer nach der Frau rufen, wenn sie ein Bier oder etwas zu essen möchten, sind immer wieder Zielscheibe weiblichen Spotts. Dahinter scheint allerdings weniger der Wunsch nach Veränderung der Verhaltensweisen der Männer zu stehen als die Selbstbestätigung der Frauen, die sich mittels solcher Anekdoten auch der Unentbehrlichkeit ihrer Arbeit vergewissern. Der Mann, der sich in der Küche zu schaffen macht, wird nicht weniger mit Spott bedacht; er gleicht der lästigen Küchenschabe *(gokiburi teishu)* und erscheint schon beinahe als Bedrohung der weiblichen Autonomie. Jedenfalls wünschen Japanerinnen sich oft mehr Hilfe und (emotionale) Unterstützung durch ihre Ehemänner, aber kaum je eine ständige Gemeinsamkeit mit ihnen (AUSLITZ-BLESCH 1989, S. 157). Den Sonntag, an dem der Mann auf dem *tatami* liegend vor dem Fernseher döst – als „Sperrmüll", wie manche Frauen sarkastisch bemerken –, empfinden sie meist als besondere Belastung.[18] „Am besten der Mann ist gesund und außer Haus" *(otto ga genki de rusa ga ii)*; „das Nebeneinander in streng geregelten Bahnen" (LINHART 1980, S. 95) wird so am wenigsten gestört.

Aber selbst wenn eine Frau oder ein Mann oder beide nicht dieser Meinung sein sollten, gibt es kaum Gelegenheiten für gemeinsame Aktivitäten der Partner. Die meisten Hobbys und Vergnügungen finden in nach Geschlechtern getrennten Gruppen statt oder werden jedenfalls nicht gemeinsam von den Eheleuten ausgeübt. Auch wenn die Partner heute meist vor oder zu Anfang der Ehe ein gewisses Maß an Gemeinsamkeit pflegen, fallen solche Ansätze – spätestens mit dem ersten Kind – sehr schnell der rigiden Aufteilung der Gesellschaft in Frauen- und Männerwelten zum Opfer (vgl. etwa VOGEL 1979). Babysitter sind praktisch unbekannt; und auch Mutter oder Schwiegermutter werden sich kaum bereitfinden, das Kind zu hüten, nur weil die Eltern zusammen ausgehen wollen. Eine Gemeinsamkeit der Partner 'auf Kosten der Kinder' wirkt beinahe frivol (BEFU 1986, S. 19). Sowohl innerhalb als auch außerhalb der Familie gibt es nur wenige gemeinsame Aufgaben und Verpflichtungen der Partner. Kontakte mit Kollegen, die die Familien einschließen, sind selten. Gesellschaftliche Verpflichtungen, die beide Ehepartner gemeinsam betreffen, existieren (außer wenn Ausländer bewirtet werden, die merkwürdigerweise ihre Frauen mitbringen) praktisch nicht. Selbst bei Krankheit wird die Ehefrau eher auf die Mithilfe weiblicher Verwandter (oder Freundinnen) zurückgreifen als auf die ihres Mannes. Und gegen Ende der Schwangerschaft wird sie in manchen Fällen in ihr Elternhaus, zu ihrer Mutter, zurückkehren und dort bis einige Wochen nach der Entbindung bleiben. Freilich stellt sich dann die Frage, wer in dieser Zeit für den verwaisten Ehemann sorgt.

Auch der Mann scheint sich zu Hause im allgemeinen mehr auf die Kinder als auf seine Frau zu orientieren. Sofern er zu Hause überhaupt aktiv ist, beschäftigt er sich (nach LEBRA 1984, S. 179) am liebsten mit seinen Kindern. Für sie ist er häufig ein durchaus angenehmer Besucher, der gerne mit ihnen spielt und vorzugsweise als liebevoller Kamerad und Spielgefährte auftritt. Hat der *sarariiman* einmal seine Uniform, den typischen taubenblauen Anzug, abgelegt, sind damit meist auch seine Steifheit und höfliche Beflissenheit dahin. Im Kreise seiner Familie räkelt sich ein eher schlaffer, etwas mundfauler großer Junge, der gutwillig mit 'den jüngeren Geschwistern', seinen Kindern, spielt, mit ihnen zum Spiel- oder Sportplatz geht, sich dann von seiner Frau das Essen vorsetzen und das Badewasser einlaufen läßt, durchaus bereitwillig mal mit zum Einkaufen fährt, notwendige Reparaturen durchführt oder sich mit seinen Hobbys beschäftigt. Er darf 'rummaulen', hat aber eigentlich nichts zu melden, seine Position in der Familie ist kaum anders als die der Kinder selbst. Die Frau managt alles, Mann und Kinder können sich zu Hause einfach 'gehenlassen', werden versorgt, können entspannen, schlafen oder eben zusammen spielen. Daß Väter ihre Kinder allein beaufsichtigen, scheint recht selten zu sein. Dafür kennen sie sich zu wenig im Haus aus und fühlen sich angesichts möglicher praktischer Anforderungen zu hilflos. Im Umgang mit Kindern gelten sie als noch nachsichtiger als die Mütter. Das heißt, sie beschäftigen sich zwar mit den Kindern; die Erziehungs- und – zumindest bei kleineren Kindern – die Disziplierungsaufgaben bleiben aber ganz der Mutter überlassen.

Selbstverständlich sieht das familiäre Arrangement nicht in allen Familien gleich aus. Auch wenn sich die meisten Japaner als Angehörige der Mittelschicht sehen möchten, gibt es schichtspezifische Differenzen, Unterschiede zwischen Angestellten- und Arbeiterfamilien und den Familien kleiner Selbständiger, bei denen die Frau im Betrieb hilft (vgl. etwa Vogel 1963), Unterschiede zwischen städtischen und ländlichen Regionen, Unterschiede zwischen Familien, in denen die Frau berufstätig ist (vgl. Fujita 1989), und solchen, in denen sie sich ganz ihren Aufgaben als Mutter und Hausfrau widmet, usw.; und natürlich gibt es unterschiedliche Formen, mit den jeweiligen strukturellen Gegebenheiten umzugehen. Daß das Verhältnis der Ehepartner im allgemeinen durch eine vergleichsweise große Distanz gekennzeichnet ist, bedeutet natürlich nicht, daß es 'schlecht' ist. Es kann, wie anderswo auch, Probleme geben – die bei uns üblichen Eheprobleme, die oft an sehr hohe Erwartungen an den Partner geknüpft sind, scheinen allerdings seltener zu sein –, das Verhältnis kann durch Gleichgültigkeit geprägt sein, es kann aber auch sehr innig sein oder im Laufe der Jahre sehr innig werden (was übrigens unabhängig davon ist, ob die Ehe aufgrund einer Vermittlung oder durch 'Liebe' zustande gekommen ist). Wortloses Miteinander oder Nebeneinander kann Konflikte kaschieren, kann aber ebenso auf wirklichem Einverständnis gegründet sein. Selbst der berüchtigte *male chauvinism* japanischer Männer, die – nach in Japan verbreiteten Karikaturen – nur noch drei Worte für ihre Frauen übrig haben sollen, nämlich *meshi! furo! neru!* (Essen! Baden! Schlafen!), und ihre Frauen vorzugsweise mit *Oi* (He!) anreden (vgl. CHERRY 1987), mag manchmal noch – wie SALAMON (1986) zu zeigen versucht hat – eine freilich reichlich vertrackte Form der Liebeserklärung darstellen.

Wie immer die Eheverhältnisse im einzelnen aussehen mögen; entscheidend ist hier, daß die 'typische' – und in einem geringeren Grad auch die 'untypische' – japanische Familie in einer Weise in übergreifende gesellschaftliche Zusammenhänge eingebunden ist, die es den Beteiligten nahelegt, bei der Organisation ihres alltäglichen Lebens auf die gesellschaftlich dominierenden Muster zurückzugreifen, und zwar relativ unabhängig von ihren jeweiligen Optionen. Die 'Hingabe', mit der sich viele japanische Mütter ihrem Kind widmen, und die Bedeutung, die sie der Bildung und Aufrechterhaltung einer möglichst engen Mutter-Kind-Beziehung zumessen, mag in den meisten Fällen ihren persönlichen Überzeugungen entsprechen. Es darf aber nicht übersehen werden, daß diese Orientierung in gewisser Weise zugleich auch erzwungen ist, nicht nur durch die 'Erwartungen' anderer. Gerade die junge Mutter ist oft extrem isoliert und erscheint manchmal geradezu auf die Beziehung zu ihrem Kind zurückgeworfen. Zwar sagt man japanischen Hausfrauen nach, daß sie über viel Freizeit verfügen, die sie auch für Hobbys und soziale Kontakte nützen (vgl. LINHART 1990, S. 90f.);[19] dies gilt aber kaum für junge Mütter. Zumal wenn die junge Familie vielleicht erst vor kurzem eines der kleinen 'Apartments' in den Wohnsilos der Vorstädte bezogen hat, ist es für die junge Mutter schon schwierig, überhaupt Kontakt und Anschluß in der Nachbarschaft zu finden. In einer in solchen Schlafstädten durchgeführten Untersuchung gaben mehr als die Hälfte der interviewten Frauen mit Kindern unter 3 Jahren an, keine guten Freundinnen oder überhaupt Kontakte in der Nachbarschaft zu haben (KIEFER 1976, S. 289). Auch wenn es Beziehungen zu den Nachbarinnen gibt, sind sie häufig recht formalisiert und beschränken sich auf den rituellen Austausch kleiner Geschenke zu bestimmten Anlässen. Rat und emotionale Unterstützung finden junge Ehefrauen – außer in den Medien – oft nur bei Verwandten und ehemaligen Klassenkameradinnen, die aber meist nicht in der Nähe wohnen und nur telefonisch oder bei (zeitaufwendigen und oft teuren) gelegentlichen

Besuchen konsultiert werden können. Neue Freundschaften entwickeln sich erst nach und nach, meist aufgrund von Kontakten, die die Erziehung und Bildung der Kinder mit sich bringen. Der jungen Mutter scheint oft schon von daher gar nichts anderes übrigzubleiben, als sich ganz auf ihr Kind zu konzentrieren. Es ist in einer Weise in den Mittelpunkt ihrer Welt gestellt, die oft weder zusätzliche Optionen noch größere Spielräume bei der Gestaltung ihres Lebens mit ihm zuläßt.

4. Sorge und Angst

Die Grundhaltung japanischer Mütter ihren Kindern gegenüber scheint die Sorge zu sein. Sie gilt zunächst – wie anderswo wohl meist auch – dem körperlichen und psychischen Wohlergehen des Kindes. Was sie indes von den bei uns vorherrschenden Mustern mütterlicher oder elterlicher Besorgnis unterscheidet, ist ihr Ausmaß und damit auch der Umfang der mit ihr verbundenen Verpflichtungen. Kinder sind ein 'Schatz', den man hüten, hegen, pflegen, 'polieren' und vor allem Schaden bewahren muß. Sie scheinen – physisch wie psychisch – außerordentlich verletzbar zu sein. Schmerz, Frustration, Bedürfnisaufschub, aber auch Langeweile und Einsamkeit sind ihnen nicht zuzumuten. Sie bedürfen eines andauernden Schutzes und einer fortwährenden physischen und emotionalen Unterstützung.

Allein diese sehr umfassende Definition des mütterlichen Verantwortungsbereichs *kann* (muß allerdings nicht) extreme Belastungen mit sich bringen. Mutterschaft wird in Japan immer wieder mit Leid assoziiert – so sehr, daß Mütter, die es sich im Rahmen ihrer Möglichkeiten wohlergehen lassen, schon beinahe verdächtig erscheinen (Lebra 1984, S. 35f.). Das mag zum Teil ein kulturelles Stereotyp sein, wie es etwa in den Medien verbreitet wird (vgl. Buruma 1985). Die Ernsthaftigkeit jeden Bemühens mißt sich nach den vorherrschenden Deutungsmustern nicht zuletzt am Maß der Entbehrungen und der Aufopferung, die man dafür in Kauf nimmt. Mutterschaft ist da keine Ausnahme.[20] Zum Teil entsprechen diese Assoziationen aber wohl auch tatsächlichen Erfahrungen. „Immer wenn mein Sohn schrie", so eine Mutter, die bei Lebra (1984, S. 177) zu Wort kommt, „pflegte ich ihn auf den Arm oder auf den Rücken zu nehmen. Mein Sohn weigerte sich, allein auf dem *tatami*-Boden zu bleiben. Er fühlte sich nie sicher, außer wenn er mit mir in Hautkontakt war. Immer war er entweder auf meinem Arm oder auf meinem Rücken. Wie unerträglich ist es, ein Kind großzuziehen, sagte ich mir."

Die Sorge bezieht sich aber ebenso auf die kindliche Entwicklung und namentlich auf die frühzeitige Aneignung grundlegender gesellschaftlicher Interaktions- und Handlungsformen. In den Kindern (und zwar in *allen* Kindern) ist ein ungeheures Potential an Fähigkeiten angelegt, das allerdings systematisch gefördert werden muß. Alles ist möglich, aber von allein kommt nichts. Wenn es so etwas wie ein Vertrauen auf die 'natürliche' Entwicklungsfähigkeit des Kindes gibt, so suspendiert dies jedenfalls nicht von der permanenten Verpflichtung, für eben diese Entwicklung zu sorgen und sie nach Kräften zu unterstützen, zu fördern und bewußt voranzutreiben. Die Rituale des Alltagslebens, die korrekte Ausführung alltäglicher Verrichtungen, die richtige Haltung bei Tisch, elementare verbale Formeln und selbst noch die Kindersprache – alles wird in einem für uns ganz ungewöhnlichen Ausmaß zwar meist zwanglos und spielerisch, aber gleichwohl systematisch trainiert. Dahinter steht weniger mütterlicher Ehrgeiz als die Sorge, daß ihr Kind nicht mithalten kann oder irgendwann nicht mehr mithalten können wird, wenn es nicht rechtzeitig möglichst viel lernt und immer wieder übt. Das mag in unseren Augen manchmal übertrieben erscheinen, aber tatsächlich scheinen nicht nur die Etikette, sondern auch das stark ritualisierte Interaktionsverhalten insgesamt solche ausgiebigen Übungen notwendig zu machen. Es ist meist nicht damit getan, den Kindern die wichtigsten Regeln einzuschärfen; die recht rigiden Standards angemessenen gesellschaftlichen Verhaltens brauchen ein andauerndes Training und müssen von früh auf inkorporiert werden. Es gibt keinen anderen Zugang zu ihnen, wie man am ungeschlachten Benehmen selbst der gutwilligsten und anpassungsbereitesten (westlichen) Ausländer deutlich erkennen kann.

Hinzu kommt, daß es bei aller wohlwollenden Nachsicht, die man kleinen Kindern in der Öffentlichkeit entgegenbringt, doch so etwas wie einen impliziten kulturellen Plan der kindlichen Fähigkeitsentwicklung zu geben scheint (vgl. auch Hess et al. 1980). Ab einem bestimmten Alter erwartet man einfach, daß ein Kind bestimmte Dinge beherrscht. Abweichungen von diesem Plan werden nicht kritisiert, man schimpft nicht („In deinem Alter solltest du eigentlich wissen ...") oder wendet sich demonstrativ kopfschüttelnd ab; man begegnet ihnen eher mit Sorge oder Mitleid und – falls man die Mutter näher kennt – besorgtem Nachfragen, etwa so wie man bei uns auf Dreijährige reagieren würde, die noch nicht laufen, oder auf Fünfjährige, die noch nicht sprechen können. Daß dieser Plan kaum eindeutig fixiert ist, sondern aus oft vagen Andeutungen, verschiedenartigen Ratschlägen, Erfahrungen mit anderen Kindern und ihren ebenso besorgten Müttern und Hinweisen in den Medien (in denen nicht selten die Mütter für sämtliche Mißstände im Erziehungswesen verantwortlich gemacht werden) zusammengesetzt werden muß, erleichtert der Mutter ihre Aufgabe auch nicht gerade (selbst wenn die Ratschläge – nach HENDRY 1986, S. 3 – vergleichsweise einheitlich zu sein scheinen und 'Expertenstreits', jedenfalls in den Medien, seltener sind als etwa bei uns). Vor allem junge Mütter sind oft unsicher und fühlen sich ihren Erziehungsaufgaben nicht gewachsen (vgl. VOGEL 1963, S. 228; LINHART-FISCHER 1988, S. 169). Ganz genau wissen sie nur, daß sie allein für die Entwicklung ihrer Kinder und deren Wohlergehen verantwortlich sind und ihnen sowohl (anhaltende) kindliche Unmutsäußerungen als auch kindliches Fehlverhalten als Zeichen mangelnder mütterlicher Zuwendung angelastet werden kann. Sie werden sich daher eher zuviel als zuwenig um ihre Kinder sorgen und eher zuviel als zuwenig für sie tun.

Wenn Mütter ihre Kinder immer wieder vor (vermeintlichen) Gefahren warnen oder unermüdlich an ihr 'Verständnis' für bestimmte Situationen appellieren und die Verlegenheiten zu verdeutlichen suchen, in die die Kinder sich selbst und die Mutter durch unangemessenes Verhalten bringen könnten, so scheinen sie damit nicht zuletzt auch eigene Ängste weiterzugeben. Der Hinweis auf die Gefahr, sich lächerlich zu machen, der immer wieder als 'Disziplinierungsmittel' japanischer Mütter angeführt wird, dürfte zu einem guten Teil auch ihre eigenen Befürchtungen widerspiegeln. Über sie, nicht über das bemitleidenswerte Opfer ihrer ungenügenden erzieherischen Bemühungen würde im Zweifelsfall getuschelt. Tatsächlich scheint bei vielen japanischen Müttern ein beträchtlicher Teil des Umgangs mit ihrem Kind von dem wahrscheinlich kaum bewußten Bemühen geleitet zu sein, ihre eigenen Sorgen und Bedenklichkeiten in bezug auf das jeweils richtige Verhalten, ihre skrupulöse Vorsicht im Umgang mit anderen an das Kind weiterzugeben. Auch einige expliziter formulierte Regeln weisen in diese Richtung. Deren wichtigste scheint zu sein: anderen keine Unannehmlichkeiten bereiten. Sie wird japanischen Kindern immer wieder eingeschärft. „Du kannst tun, was du willst", so zitiert LEBRA (1984, S. 186) die Mahnung einer Mutter, „nur darfst du niemandem Ärger machen. Tue niemals Dinge, die anderen nicht gefallen könnten!" Das ist ganz wörtlich zu verstehen: Zu Hause, solange niemand sonst in der Nähe ist, kann das Kind tun, was es will. Draußen sollte es sich dagegen äußerster Rücksichtnahme und Zurückhaltung befleißigen, um niemandem, vor allem auch nicht sich selbst oder der Mutter, Ungelegenheiten zu bereiten. Auch die Entwicklung von Selbständigkeit, die immer wieder als wichtiges Erziehungsziel japanischer Mütter genannt wird, bezieht sich auf dieses Prinzip. Es geht darum, etwa im Kindergarten oder in der Schule möglichst nicht auf fremde Hilfe angewiesen zu sein, niemandem zur Last zu fallen, nicht um ein (tendenziell) eigenständiges Handeln und Urteilen, das von den Erwartungen und Wünschen anderer (relativ) unabhängig ist. Charakteristisch für viele japanische Kinder scheint das Verhalten des *uchi benke* zu sein, der seine häusliche Umgebung tyrannisiert, sich aber außerhalb seines vertrauten Bereichs extrem schüchtern und gehemmt zeigt (vgl. VOGEL/VOGEL 1961, S. 164; PEAK 1989, S. 97). Die Kehrseite des bedingungslosen Einverständnisses ist nicht selten das Unvermögen, sich in Situationen richtig zu verhalten, die unbekannt und in denen die Erwartungen der anderen unklar sind.

Selbst in der Interaktion mit dem Ehemann und Vater ihrer Kinder zeigen japanische Mütter nicht selten noch jene ängstliche Sorge und Vorsicht, die sie dann auch an ihre Kinder weitergeben. Vor allem VOGEL (1963, S. 241 ff.) hat eindringlich geschildert, wie Kinder auch gegenüber dem äußerst nachsichtigen Vater, der in den wenigen Stunden seiner Anwesenheit vorzugsweise als liebevoller Spielkamerad auftritt und sie sogar „heimlich“ mit Geschenken versorgt, eine gewisse Reserve wahren und nicht immer in der Lage zu sein scheinen, mit ihm frei und ungezwungen über ihre Angelegenheiten zu sprechen. Offenbar wird (oder wurde) auch der Respekt vor der väterlichen Autorität vor allem von der Mutter gelernt. Von seiten des Vaters genügt dann schon eine gelegentliche unwirsche Bemerkung, ein kleiner, nicht unterdrückter Ärger oder selbst eine klare und eindeutige Aussage, die dann als ‘Machtwort’ verstanden wird, auch wenn sie gar nicht so gemeint war, um die Warnungen der Mutter in den Augen der Kinder zu bestätigen. Einzelne Väter mögen sich – wie VOGEL (ebd., S. 243) etwas betroffen anmerkt – noch so sehr bemühen, sie haben dennoch Schwierigkeiten, „die Mauer des Schweigens“ zu durchbrechen. Sie stehen außerhalb der engen Mutter-Kind-Beziehung und bleiben letztendlich Repräsentanten der äußeren Welt. – Wo nicht explizite Aussagen, Erläuterungen und Auseinandersetzungen den Stil der Kommunikation bestimmen, sondern erwartet wird, daß die Auffassungen des anderen stets antizipiert werden, wo Kritik nicht geäußert wird, sondern gleichsam erraten werden muß, entwikkelt sich leicht ein geradezu idealer Nährboden für diffuse Ängste und gegenstandslose Besorgnisse. Sorge und Angst drohen alle anderen Gesichtspunkte im Interaktionsverhalten zu überschwemmen. Schutz vor der Verstrickung in endlose Spiralen reziproker Antizipationen und Projektionen bieten nur die Rolle und die mit ihr verbundenen, eindeutig fixierten Verpflichtungen.

In der exklusiven und innigen Beziehung zu ihrem Kind kann die Mutter zweifellos Bestätigung und emotionale Befriedigung, ja psychischen Halt finden. Die intensive Sorge für sein Wohlergehen und seine Entwicklung in einem dem Ideal wortlosen Einverständnisses verpflichteten Arrangement kann aber zugleich eine Vielzahl diffuser Sorgen und Ängste hervortreiben, die um so gravierender werden, je weniger die Erwartungen sich artikulieren und je undurchsichtiger sie erscheinen. Die starke Rollenverpflichtung der Mutter bietet ihr zwar eine eindeutige Orientierung und Hierarchisierung in bezug auf ihre vordringliche Aufgabe; da die Aufgabe selbst aber oft nicht genügend spezifiert erscheint, können sich aus ihr, gerade weil die Rollenverpflichtung so stark ist, auch extreme Unsicherheiten entwickeln. Die kind- oder „filiozentrierte Identität" (Lebra 1984) der Mutter erlaubt ihr, sich bei Bedarf problemlos allen anderen Ansprüchen zu entziehen, kettet sie aber, gerade wenn sie unerfahren und weitgehend isoliert ist, auf eine Weise an ihr Kind, die bei auftretenden Problemen leicht zu panischen Reaktionen führen kann. Schon die Sorge um die Gesundheit des Kindes nimmt bisweilen fast hysterische Züge an. Nach einer Untersuchung von 1980, auf die Kojima (1986, S. 129) hinweist, war beinahe die Hälfte der Mütter ganz normal entwickelter und gesunder Säuglinge selbst unmittelbar nach der vom Gesundheitsamt durchgeführten Drei-Monats-Untersuchung von bösen Ahnungen und Befürchtungen im Hinblick auf die Gesundheit ihres Kindes geplagt. – Daß die bei uns durchaus gängige Auffassung, eine gelegentliche heftige Auseinandersetzung könne einer wirklich guten Beziehung nichts anhaben, unter japanischen Müttern kaum verbreitet zu sein scheint, reflektiert wohl nicht nur die in den meisten Bereichen der japanischen Gesellschaft verbreitete Konvention, offene Konfrontation zu vermeiden, sondern mag auch als ein Indiz für das Ausmaß ihrer Sorge um die gute und harmonische kooperative Beziehung zu ihrem Kind, ja für ihre Angst um sie gewertet werden. Eben weil offene Auseinandersetzungen in der Interaktion mit dem Kind – wie auch in vielen anderen Interaktionen – kaum je legitim sind, ist die Mutter darauf angewiesen, beinahe um jeden Preis Einvernehmen herzustellen. Sie ist geradezu gezwungen, das Kind nachsichtig zu behandeln, ihm soweit wie irgend möglich entgegenzukommen und niemals explizit gegen seine Intentionen zu handeln, da sie auf die Bindung und den Kooperationswillen angewiesen ist, wenn sie ihrer Pflicht als Mutter nachkommen und ihr Kind in ihrem Sinne beeinflussen will. Es gibt kein anderes gesellschaftlich akzeptiertes Mittel als die sachlich-harmonische Kooperation, um das Kind entsprechend den sozialen Erwartungen und den gesellschaftlichen Anforderungen zu formen. Dieser Zwang muß nicht in jedem Fall und wahrscheinlich nicht einmal in der Mehrzahl der Fälle als solcher empfunden werden; er steht aber unübersehbar im Hintergrund und wird sich im Zweifelsfall auch auf die eine oder andere Art geltend machen. Letztendlich dürfte hierin mit ein Grund dafür liegen, daß in dieser doch sehr komplexen Gesellschaft, auch angesichts der relativ feststehenden kulturellen Muster und der in dieser Hinsicht günstigen familiären Arrangements, die große Mehrheit der Mütter – mehr oder minder perfekt – einem Verhaltensschema zu folgen scheint.

Die Sorge um das Kind und seine Entwicklung, die zugleich immer auch Sorge um die eigene Reputation als Mutter und Frau ist, die Angst vor dem letztendlich womöglich doch unkontrollierbaren Gebaren des Kindes und die Furcht vor der kaum je klar geäußerten, aber gerade darum unkalkulierbaren möglichen Kritik durch Nachbarn, Verwandte oder den Ehemann, verbinden sich zu einem – gerade auch für die Mutter selbst – schwer durchschaubaren Amalgam diffuser Besorgnisse und Ängste. Manchmal will es scheinen, als sei die intime harmonisch-sachliche Mutter-Kind-Beziehung umgeben von einer feindlichen Welt, die nur auf den ersten Fehltritt zu warten scheint, um in ein gewaltiges Hohngelächter auszubrechen, das Mutter und Kind, die ganze Familie und mit ihr alle Sicherheiten in einen Abgrund gesellschaftlicher Ächtung stürzt.

IV. ERZIEHUNG ZUR GRUPPE IM KINDERGARTEN

1. Institutionalisierte Vorschulerziehung in Japan

Die extreme Verpflichtung der Mutter hat ihren zeitlich und biographisch eng umgrenzten Rahmen. Zwar hört die Verantwortung der Mutter für ihr Kind – wie die Mutterliebe in der populären japanischen Kultur (vgl. Buruma 1985) – niemals auf, aber die zeitliche Belastung wird spätestens mit dem Schuleintritt, in den meisten Fällen aber schon vorher, deutlich kleiner. Aufgrund der zahlreichen Verpflichtungen, die der Kindergartenbesuch – ebenso wie die Schule – auch für die Mutter noch mit sich bringt, ist die (Wieder-)Aufnahme einer Berufstätigkeit zwar nach wie vor schwierig, aber die Mutter ist nun zumindest nicht mehr rund um die Uhr allein für ihr Kind zuständig. Der Kindergarten mag Anlaß für neue Befürchtungen und Ängste sein und die Mutter zu vermehrten Anstrengungen bei der Förderung ihres Kindes veranlassen, sei es, weil sie das Gefühl hat, daß ihr Kind hinter der Entwicklung der anderen zurückbleibt, sei es, weil sie fürchtet, daß es anders irgendwann nicht mehr mithalten können wird. Aber er liefert zugleich auch klarere Orientierungen. Die Mutter weiß jetzt eher als vorher, 'woran sie ist', worauf es ankommt, was ihr Kind können sollte und was vielleicht noch nicht so wichtig ist. Vor allem ist sie beim Umgang mit ihrem Kind nicht mehr so isoliert und auf sich selbst gestellt wie häufig in den ersten Jahren. Sie hat an den anderen Kindern und an den Hinweisen der Kindergärtnerinnen ein Maß, an dem sie den Realitätsgehalt ihrer Befürchtungen überprüfen kann. Manche Mütter scheinen ihre Verantwortung für die Entwicklung des Kindes geradezu erleichtert an den Kindergarten abzugeben und sich dankbar an seinen großzügig gewährten Vorgaben zu orientieren – nicht weil sie sich anderen Aufgaben widmen möchten, sondern weil sie ihm von vornherein eine überlegene Kompetenz zuschreiben.

Ähnlich wie in anderen hochindustrialisierten Gesellschaften ist auch in Japan die Zahl der Kinder in Vorschuleinrichtungen in den letzten Jahrzehnten sprunghaft angestiegen. Während 1955 nach offiziellen Angaben 20,1 Prozent aller Grundschüler vorher einen Kindergarten *(yochien)* besucht hatten, waren das 1965 schon 41,3 Prozent und sind dies seit 1975 konstant zwischen 63 und 64 Prozent (vgl. Ministry of Education 1988, S. 24). Nimmt man die Zahl der Kinder in Kindertagesstätten *(hoikuen)* hinzu – sie hat sich von 1975 bis 1985 mehr als verdoppelt (vgl. Tochio 1986, S. 4), 1984 besuchten 32 Prozent der Vier- und Fünfjährigen und immerhin 10 Prozent der Ein- und Zweijährigen solche Einrichtungen (vgl. Leestma et al. 1987, S. 79) –, kann man davon ausgehen, daß heute mehr als 90 Prozent aller Grundschüler mindestens ein Jahr lang, die große Mehrheit aber länger, eine Vorschuleinrichtung besucht haben (vgl. auch Boocock 1989, S. 44; Leestma et al. 1987, S. 22).

Diese Entwicklung stellt wohl vor allem eine Reaktion auf die kleiner gewordene Welt des Kindes dar. Zwar spielen auch noch andere Gesichtspunkte eine Rolle, etwa (beim Ausbau der Kindertagesstätten) die Notwendigkeit, Unterbringungsmöglichkeiten für Kinder berufstätiger Mütter zu schaffen, oder der (oft uneingestandene) Wunsch mancher Eltern, ihre Kinder besser auf die Schule vorzubereiten. Im Zentrum des Interesses am Kindergarten steht aber deutlich das, was wir als 'soziales Lernen' bezeichnen würden. Immer wieder wird beklagt, daß die Kinder 'verlernt' haben zu spielen, daß sie nicht wissen, wie man mit anderen Kindern umgeht und daß sie in den isolierten Kernfamilien keine Gelegenheit mehr haben, Tugenden wie Rücksichtnahme, Hilfsbereitschaft und Kooperativität zu üben (vgl. etwa Kitani 1986; Okamoto 1983). Ihre Welt ist räumlich und sozial eng begrenzt; sie leben, wie anderswo auch, mit tendenziell immer weniger Erwachsenen und Geschwistern zusammen und können in ihrem Nahbereich kaum Erfahrungen mit komplexeren interpersonellen Beziehungen machen. Die verhäuslichte Familienkindheit, ja die verhäuslichte Kindheit *allein* mit der Mutter als wichtigster Interaktions- *und* Spielpartnerin, ist in vielen städtischen Regionen fast schon der Regelfall geworden. Selbst in ländlichen Gebieten (vgl. A. Fujita 1989) scheinen Kinder immer weniger draußen zu spielen, seltener Kontakte (gar unbeaufsichtigte Kontakte) mit immer weniger Nachbarskindern und damit auch kaum Gelegenheit zu haben, selbständig in einer Gruppe mit anderen Kindern zu spielen, von und mit ihnen zu lernen und spontan Erfahrungen der Gemeinsamkeit mit anderen zu machen. Vor allem dieser zuletzt genannte Aspekt – die fehlende Gruppenerfahrung – scheint in Japan mit besonderer Sorge beobachtet zu werden. Nur im Schoß der Kleinfamilie aufzuwachsen, so fassen Tobin et al. (1989, S. 58) die einschlägigen Argumente von Erzieherinnen und Eltern zusammen, birgt das Risiko in sich, nicht „wahrhaft japanisch" zu werden, zu selbstzentriert und in interpersonellen Beziehungen eher dyadisch, am einzelnen anderen, orientiert als an der Gruppe.

Vor allem hier versuchen die Kindergärten bewußt gegenzusteuern. Man mag argwöhnen, daß sie selbst eher einen Teil des Problems als dessen Lösung darstellen; andererseits ist aber bei vielen Einrichtungen ein deutliches Bemühen festzustellen, den Kindern nicht nur Gelegenheit zum freien Spiel miteinander zu geben, sondern dieses Spiel auch sowenig wie möglich zu überwachen. Die Kindergärten und Kindertagesstätten verstehen sich gleichsam als institutionalisierter 'Ersatz' für die verlorengegangenen nachbarschaftlichen Kindergruppen, die jene für essentiell angesehenen Gruppenerfahrungen auch noch in einer kleiner gewordenen und in mancher Hinsicht 'individualisierten' Welt ermöglichen sollen. Insofern leisten diese zweifellos ganz modernen Vorschulinstitutionen einen wichtigen Beitrag zur Bildung und Aufrechterhaltung eines gruppenorientierten – wie Tobin et al. (1989, S. 220) schreiben – „traditionellen japanischen Selbstgefühls" – so sehr, daß es schon fraglich erscheint, ob jenes angeblich „traditionelle japanische Selbst" in den informellen (oft sicher auch idealisierten) Kindergruppen früherer Zeit jemals so systematisch gefördert werden konnte wie heute in den Kindergärten. Erst die Moderne, so scheint es, hat die Weitergabe und 'Pflege' der Tradition derart perfektionieren können.

Allerdings erscheint die institutionalisierte Vorschulerziehung in Japan recht vielfältig, zumal im Vergleich zum sonst strikt vereinheitlichten Bildungswesen. Es gibt nicht nur regionale Unterschiede – etwa zwischen Stadt und Land oder auch verschiedenen Stadtvierteln – und eine (im Vergleich zu den Mittel- und vor allem Oberschulen freilich weniger deutlich ausgeprägte) informelle Prestigehierarchie unter den Institutionen; es gibt auch ganz unterschiedliche Kindergärten mit verschiedenen weltanschaulichen oder pädagogischen Orientierungen, beispielsweise buddhistische und christliche Einrichtungen oder Waldorf- und Montessori-Kindergärten. Es gibt Einrichtungen mit besonderen Programmangeboten, etwa Musikkindergärten oder Kindergärten, in denen Englischunterricht angeboten wird, und es gibt explizit leistungs- und schulorientierte Institutionen. Besonders bekannt sind hier die *esukareta* (escalator)-*yochien*, die berühmten 'sehr guten' Universitäten angeschlossen sind. Von ihnen heißt es, sie böten über die ebenfalls universitätseigenen Schulen einen direkten Zugang zu den entsprechenden Hochschulen und damit auch die allerbesten Karrierechancen. Diese Einrichtungen sind es vor allem, die aufgrund der vielen Anmeldungen die – im Zusammenhang mit dem japanischen Bildungswettlauf immer wieder genannten – Aufnahmeprüfungen für Dreijährige (in der Regel in Form von Interviews mit den Kindern und deren Müttern) durchführen. Am anderen Ende der Prestigeskala finden sich die berüchtigten privaten 'Baby-Hotels' in den Großstädten, die Tag und Nacht geöffnet haben und die Kleinkinder vielfach auch kurzfristig und ohne feste Anmeldung aufnehmen. Viele dieser staatlich nicht lizenzierten, nach kommerziellen Gesichtspunkten geführten Einrichtungen genügen nicht den amtlichen Mindestanforderungen für die Unterbringung von Kindergruppen und nutzen offensichtlich nur die besondere Notlage mancher berufstätiger Mütter aus (vgl. Boocock 1989, S. 50f.; Child Welfare 1983, S. 12f.; 1990, S. 16).

Sowohl die extrem leistungsorientierten Einrichtungen als auch die reinen Aufbewahrungsanstalten stellen freilich Ausnahmen dar. Im allgemeinen scheinen die Kindergärten und Kindertagesstätten, die staatlichen und kommunalen ebenso wie die privaten, die von Schulkörperschaften, religiösen Trägern oder Privatpersonen geführt werden (vgl. dazu Luhmer 1984, Sp. 99), gut ausgestattet zu sein, und sie sorgen zumindest für eine hinreichende pädagogische und pflegerische Betreuung. Dies gilt selbst für die staatlich nicht anerkannten Einrichtungen.[21] Zwar stellen sie meist (nicht sehr angesehene) Ausweichlösungen für Eltern dar, die für ihre (oft kleinen) Kinder (unter drei Jahren) keinen anderen Platz gefunden haben; sie müssen deshalb aber nicht unbedingt 'schlechter' sein als die staatlich lizenzierten. Auch sie werden, wenn auch nur sporadisch, staatlich kontrolliert und können unter bestimmten Umständen sogar – ebenso wie die anerkannten – staatliche Unterstützungen erhalten (vgl. Boocock 1989, S. 49).

Die wichtigste Unterscheidung ist die zwischen *yochien* und *hoikuen*. Sie markiert zugleich einen feinen, oft unausgesprochenen, aber dennoch deutlichen Prestigeunterschied. Die *yochien*, die in der Regel eine höhere Reputation genießen, entsprechen in etwa unseren herkömmlichen Kindergärten. Sie nehmen normalerweise Kinder vom vollendeten dritten Lebensjahr bis zum Beginn der Grundschule auf und sind sechs Tage in der Woche für meist jeweils etwa vier Stunden vormittags geöffnet. Wie dieses institutionelle Arrangement schon zeigt, kommen sie nur für Kinder von Müttern in Frage, die nicht arbeiten oder zumindest noch auf anderweitige Kinderbetreuungsmöglichkeiten (etwa eine Großmutter) zurückgreifen können. Es handelt sich um Institutionen, die vor allem auf die Möglichkeiten und die Bedürfnisse der 'neuen' städtischen Mittelschichten zugeschnitten und insofern auch geeignet sind, die „Mittelschicht-identität“ der Mütter zu bestätigen (vgl. Tobin et al. 1989, S. 47). Ihre Bedeutung für die Erziehung der Kinder wird dadurch unterstrichen, daß sie dem Kultusministerium *(mombusho)* und den nachgeordneten Schulbehörden unterstehen. Historisch knüpfen die *yochien* an Bemühungen aus der *Meiji*-Zeit an, die Vorschulerziehung der Kinder der höheren Stände nach westlichem Vorbild zu verbessern. Der erste staatliche Kindergarten wurde 1876 unter dem Einfluß Fröbelscher Gedanken und unter Beteiligung einer in Berlin geborenen und in Fröbelscher Kindergartentheorie und -methode ausgebildeten Erzieherin in Tokyo eingerichtet (vgl. Shoji 1979, S. 284f.; Wilhelm 1981, S. 720f.).

Die *hoikuen* (auch *hoikusho*), die in etwa mit unseren Kindertagesstätten vergleichbar sind, gehen dagegen auf Wohlfahrtseinrichtungen zurück, die zu Beginn des Jahrhunderts zur Unterstützung arbeitender Mütter entstanden sind. Sie unterstehen bis heute dem Gesundheits- oder Wohlfahrtsministerium *(koseisho)*, und bis heute müssen die Mütter, die ihre Kinder in einen staatlich anerkannten *hoikuen* schicken wollen, ihre ‘Bedürftigkeit’ nachweisen. Die verfügbaren Plätze werden dann von der zuständigen kommunalen Behörde zentral nach sozialen Kriterien verteilt (vgl. Boocock 1989, S. 45f.). Anders als die Kindergärten, die feste Beiträge von den Eltern erheben (1989 umgerechnet etwa 1800.– DM jährlich), sind die Sätze in den Tagesstätten nach Einkommen der Eltern gestaffelt. Die *hoikuen* haben mindestens acht (samstags vier oder fünf) Stunden täglich geöffnet und nehmen auch Kleinkinder auf (in manchen Fällen bereits im Alter von sieben Wochen). Sie wären insofern – in unserer Terminologie – kombinierte Kinderkrippen und Kindertagesstätten. Für die Kleinkinder (bis zum vollendeten dritten Lebensjahr) gibt es besondere Programme, die – anders als die Kindergarten- und Kindertagesstättenerziehung sonst – vor allem darauf zielen, die Familie bzw. die Mutter zu ersetzen. Deutlichstes Indiz dafür sind die kleinen Gruppen und die günstigen Relationen von Betreuerinnen und Kindern. Nach den Vorschriften des Ministeriums (vgl. Tobin et al. 1989a, S. 59) muß auf vier Säuglinge und auf acht Kleinkinder *mindestens* eine Pflegekraft kommen (bei den Drei- bis Sechsjährigen dann auf 30 Kinder eine Erzieherin). Gewöhnlich kümmern sich aber mehr Erwachsene um die Kleinen; nach unseren eigenen Erfahrungen (die Tobin et al. 1989, S. 12, bestätigen) sind Gruppen von vielleicht acht oder zehn Säuglingen und Kleinkindern mit drei oder vier Betreuerinnen nicht untypisch.

Die meisten Kinder im *hoikuen* sind allerdings – ebenso wie in den *yochien* – zwischen drei und sechs Jahren alt und werden in ganz ähnlicher Weise nach nahezu identischen Richtlinien betreut. Das Programm in einem *hoikuen* wird etwas mehr gestreckt, und die Freispielzeiten sind natürlich länger; es gibt mehr Mahlzeiten und die Möglichkeit für einen Mittagsschlaf. Sonst scheinen die Unterschiede zwischen Kindergärten und Kindertagesstätten aber nicht sehr groß zu sein.[22] Nach den Beobachtungen von TOBIN et al. (1989, S. 44) ist die Ausstattung von *yochien* manchmal besser und etwas „schicker“ als in *hoikuen*, was vielleicht auch damit zusammenhängt, daß die Mehrzahl der Kindergärten privat und die meisten Kindertagesstätten staatlich sind (nach BOOCOCK 1989, S. 47, jeweils etwa 60 Prozent).

Die allgemeinen Ziele der Erziehung im *yochien* sind im Schulgesetz festgelegt. Demnach geht es 1. um die Vermittlung von „Lebensgewohnheiten als Vorbedingung für eine gesunde, gefahrenfreie und glückliche Lebensweise“ und „die harmonische Entfaltung der körperlichen Kräfte“; 2. darum, „das Leben in der Gemeinschaft zu üben“ und die „Bereitschaft zu freudiger Teilnahme am Gemeinschaftsleben“, zu Kooperation und Unabhängigkeit zu fördern; 3. „den Keim zu legen für ein rechtes Verständnis“ und eine richtige Haltung in bezug „auf die Gegebenheiten der sozialen Umgebung“; 4. um eine „Anleitung zum korrekten Sprachgebrauch und Weckung des Interesses für Erzählungen und Bilderbücher“ und schließlich 5. darum, „durch Musik, Spiel und Zeichnen das Interesse an schöpferischem Ausdruck zu fördern“ (LUHMER 1972, S. 110; vgl. auch KOBAYASHI 1976, S. 127). Die Zielsetzungen für die *hoikuen* sind ähnlich, nennen jedoch noch einige weitere Gesichtspunkte, die vor allem für die Betreuung der Kleinkinder wichtig sind (vgl. HENDRY 1986, S. 121). Das Kultusministerium faßt die Ziele in den folgenden Schwerpunktsetzungen zusammen: Gesundheit, Gemeinschaft, Sprache, Musik und Rhythmik, Malen. Das Wohlfahrtsministerium nennt für die entsprechende Altersgruppe: Gesundheit, Gemeinschaft, Sprache, Natur, Gestaltung (LUHMER 1984, Sp. 101). – Wie sieht die institutionalisierte Vorschulerziehung nun konkret aus?

2. *Nachsicht und Ritual*

Auf den ersten Blick unterscheidet sich das Leben in japanischen Kindergärten und Kindertagesstätten[23] nur wenig von dem in vergleichbaren Einrichtungen bei uns. Die Kinder spielen, singen, tanzen, malen, basteln, hören Geschichten, bekommen Bilderbücher vorgelesen und treiben sehr viel Sport – meist in einer lockeren und ungezwungenen Atmosphäre. Die Gruppenräume sind zwar recht klein, aber zweckmäßig eingerichtet und – wie die meisten Räume in Japan – multifunktional nutzbar; sie dienen als Orte für die gemeinsamen Spielaktivitäten ebenso wie als Eßzimmer und Schlafräume. Daneben gibt es meist noch eine große Turnhalle, einen kleinen Garten und ein vergleichsweise großes und mit Spielgeräten aller Art großzügig ausgestattetes Kindergartengelände, auf dem die Kinder in den Freispielzeiten herumtoben. Etwas ungewohnt sind vielleicht die relativ großen Gruppen und die in Japan offenbar unvermeidlichen Fernsehgeräte, die sich in allen Gruppenräumen finden und auch regelmäßig genutzt werden.

Ganz ähnlich wie zu Hause genießen die Kinder auch im Kindergarten ein großes Maß an Nachsicht. Obgleich es in den großen Gruppen meist recht lebhaft und laut zugeht, lassen die Erzieherinnen die Kinder im allgemeinen gewähren und mischen sich nur selten disziplinierend in ihre Aktivitäten ein. Unruhe und Unordnung, ausgelassenes und überschwengliches, ja selbst ungebärdiges und rauhes Benehmen werden in einem – zumal für die sonst meist durch recht strikte Verhaltensstandards geprägte japanische Gesellschaft – erstaunlichen Ausmaß toleriert; so sehr, daß das Verhalten der Kinder auf manche Beobachter schon einen beinahe chaotischen Eindruck macht (vgl. Fujita/Sano 1988, S. 88; Rohlen 1989, S. 21; Tobin et al. 1989, S. 142). Das scheint mir zwar – wenigstens an unseren heutigen Vorstellungen gemessen – etwas übertrieben, aber tatsächlich ist die Zurückhaltung der Erzieherinnen auffällig. Die Kinder werden selbst bei Aktivitäten, die ein gewisses Maß an Ruhe und Konzentration erfordern, kaum je ermahnt oder zur Ordnung gerufen und schon gar nicht direkt kritisiert. Sorgfältig versuchen die Erzieherinnen, jeden Anschein unmittelbarer Kontrolle zu vermeiden. Vieles von dem, was in den meisten amerikanischen Kindergärten (und wohl auch zumindest in den 'traditionelleren' bei uns) als 'Störung' und 'Problem' gelten würde, bleibt weitgehend unbeachtet, wird toleriert oder ignoriert (Fujita/Sano 1988; Peak 1989, S. 105ff.).

Besonders auffällig wirkt das freie und unbeschwerte Verhalten der Kinder freilich erst im Kontrast zu den zwar nur punktuellen, aber sehr eindrucksvollen Ritualen, die den Tag gliedern. Der Morgen beginnt mit der ritualisierten Begrüßung jedes neu ankommenden Kindes durch die zuständige Kindergärtnerin. Sobald alle Kinder versammelt sind und der Kindergartentag 'offiziell' eröffnet wird, begrüßen sich alle Kinder gegenseitig und gemeinsam ihre Erzieherinnen *(mina-san ohaiyo gozaimazu)*. Eingeleitet wird dieses Ritual oft damit, daß die Erzieherin so lange eine bestimmte Melodie spielt – jeden Morgen die gleiche –, bis alle Kinder sich in der vorschriftsmäßigen Art und Weise aufgestellt oder hingesetzt haben. Sobald die Kinder mit dieser Sitte vertraut sind, werden sie natürlich selbst darauf achten, daß das möglichst schnell geht und sich auch gegenseitig in diesem Sinne zu beeinflussen suchen. Erst danach beginnt die eigentliche Begrüßungszeremonie. Anschließend werden die Kinder meist der Reihe nach aufgerufen und bekunden ihre Anwesenheit mit einem lauten und deutlichen *„hai"*. Oft folgt dann noch ein Begrüßungslied oder auch die Kindergartenhymne. Ganz ähnlich werden Beginn und Abschluß der Mahlzeiten jeweils durch eigene, oft verhältnismäßig lange Rituale markiert. Und natürlich wird der Abschluß des Kindergartentages durch eine ausführliche Zeremonie gemeinsam gewürdigt.

Ganz ähnlich werden auch zwischendurch die verschiedenen Aktivitäten immer wieder durch kleine, manchmal ganz unscheinbare Rituale voneinander abgegrenzt, so daß der Tag weiter in kleine Abschnitte untergliedert wird. Zu Beginn der Vorlesestunde wird die Erzieherin zum Beispiel eine bestimmte, immer gleiche Phrase sprechen und erwarten, daß die Kinder sich nicht nur im Halbkreis um sie herum versammeln, sondern auch applaudieren und 'sich freuen'. Auf ganz ähnliche Weise wird dann auch das Ende dieses Programmpunktes markiert. Typisch für die meisten dieser Rituale ist, daß sie körperliche und stimmliche Aktivitäten verbinden und rhythmisch synchronisiert von der ganzen Gruppe oder einem Teil der Gruppe gemeinsam ausgeführt werden. Dabei ist die ganze Aufmerksamkeit jedes einzelnen Kindes gefordert. Sie unterscheiden sich mithin nicht nur durch ihre Ausführlichkeit von den eilig gemurmelten Tischgebeten oder den „Guten Appetit!"-Wünschen bei uns, die dem einzelnen Kind mehr Raum für andere, vielleicht 'heimliche' und störende Aktivitäten lassen.

Auch im gemeinsamen Spiel fällt der große Anteil ritualisierter Abläufe auf. Es gibt – wie anderswo auch – zahlreiche Lieder, Tänze und Bewegungsspiele, bei denen es darauf ankommt, sich rhythmisch synchronisiert in Gruppen zu bewegen. Es gibt aber auch so etwas wie gemeinsame, zumindest ritualisiert wirkende Reaktionen der Gruppe auf bestimmte Ereignisse. So werden Fragen manchmal unisono von allen Kindern beantwortet, offenbar mit einem vorformulierten Antwortsatz. Wenn im Bilderbuch eine Schnecke, ein Regenwurm oder ein Elefant auftaucht, pflegen die Kinder – von den Erzieherinnen zweifellos dazu ermutigt – das Schnecken–, Regenwurm- oder Elefantenlied anzustimmen. Das wird so sehr zur Gewohnheit, daß die Kinder auch außerhalb des Kindergartens nicht sagen „Guck mal, eine Schnecke“, sondern spontan anfangen, das entsprechende Lied zu singen. Solche Rituale sind weniger wichtig als die, die den Tagesablauf strukturieren, aber sie tragen doch entscheidend zur Synchronisierung des Gruppenhandelns, ja selbst der Empfindungen und Gefühle der Gruppe bei.

Auffällig ist, daß die meisten Rituale nicht direkt von den Erzieherinnen initiiert werden. Häufig bedienen sie sich eines Hilfsmittels wie etwa eines Harmoniums, einer Orgel oder des in allen Gruppenräumen und auf dem Hof installierten Lautsprechers, über den zum Beispiel eine bestimmte Melodie übertragen wird, um anzuzeigen, daß die Freispielphase beendet und es Zeit zum Aufräumen ist. Oft genügt ein kleiner Hinweis der Erzieherin an zufällig in der Nähe befindliche Kinder, um eine bestimmte gemeinsame Aktivität einzuleiten. Die Kinder werden auch dazu angehalten, selbst zu überprüfen, ob sich alle Kinder versammelt haben. Fehlt jemand, sind es meistens Kinder, kaum je die Erzieherinnen, die sich auf die Suche machen (vgl. Lewis 1984, S. 78). Eine wichtige Rolle spielen dabei die Kinder oder die Kleingruppen von Kindern, die – in einem festgelegten Rhythmus rotierend – bestimmte Verantwortlichkeiten in der Gruppe übernehmen und auf einen Wink oder einen Hinweis der Erzieherin hin die anderen Kinder darauf aufmerksam machen, daß es Zeit zum Aufräumen, Essen usw. ist. Sie stellen dann oft auch bestimmte ritualisierte Fragen, die der Rest der Gruppe durch ebenso feststehende Formeln beantwortet. Nachdem sie beispielsweise die Milch geholt und verteilt haben, stellen sie sich vor den anderen Kindern auf und fragen – gemeinsam im Chor – so etwas wie: „Sind alle Vorbereitungen getroffen?“, worauf die Gruppe ebenso simultan mit „Ja, wir sind alle bereit“ oder ähnlichem antwortet. „Dann laßt uns jetzt das Frühstückslied singen.“ Es folgen noch das Lied und die Sätze des Dankes, die vor jeder Mahlzeit gesprochen werden, bevor es endlich ans Essen geht (vgl. auch Hendry 1986, S. 136).

Wenn ein Kind nicht mitmacht oder unkonzentriert ist, bekommt es meist von anderen Kindern einen Hinweis oder wird von ihnen oder den gerade für die Organisation zuständigen Kindern ermahnt. Die Erzieherin hält sich meist im Hintergrund und greift nur in gravierenden Fällen ein, wobei sie sich meist weniger an das störende

Kind als an die Gruppe wendet, etwa mit der Frage: „Findet ihr, daß Yoshimi-kun sich richtig verhält?“ Nachdem die Gruppe wie aus einer Kehle mit einem lauten „Nein“ geantwortet hat, fügt sie vielleicht noch hinzu: „Jetzt zeigen wir ihm, wie man es richtig macht“, woraufhin die Gruppe mit ihrer Aktivität fortfährt oder das Ritual wiederholt. Das störende Kind findet weiter keine Beachtung. Falls das Spiel doch einmal allzu ungebärdig zu werden und über die Stränge zu schlagen droht, kann die Kindergärtnerin die Rituale auch nutzen, um die Kontrolle über die Gruppe zurückzugewinnen (vgl. Sano 1989, S. 130f.). Sie spielt beispielsweise einfach ein Lied, das den Übergang zu einer anderen Aktivität anzeigt, und setzt somit gleichsam eine neue affektive Orientierung, ohne dabei ihre zurückhaltende und nachsichtige Grundhaltung aufgeben und sich als Autorität besonders exponieren zu müssen. An die Stelle einer direkten Kontrolle tritt die Strukturierung der Gruppenaktivitäten vermittels ihrer Einbindung in einen Rhythmus wechselnder Tätigkeitsformen.

Viele dieser Rituale mögen auf uns wie ‘Drill’ wirken, aber es gibt weder einen auf unbedingten Gehorsam bestehenden und auf seiner persönlichen Autorität pochenden ‘Feldwebel’ noch überhaupt einen für die Beteiligten deutlich wahrnehmbaren und identifizierbaren Zwang. Die Rituale erscheinen vielmehr über weite Strecken hin selbstorganisiert und ergeben sich zwanglos, wie selbstverständlich, aus dem täglichen Rhythmus des Kindergartenalltags. Sie werden von Anfang an, in kleine Schritte aufgelöst, Stück für Stück sorgfältig und geduldig einstudiert, bis sie – wie Peak (1989a, S. 131) schreibt – „zur fast instinktiven Gewohnheit geworden sind. Wenn diese Gewohnheiten erst einmal eingeschliffen sind, braucht es keine disziplinarischen Eingriffe des Erziehers mehr, und die Gruppe funktioniert, weil sie es nicht anders gewohnt ist. Dann kann die Kontrolle dieser habitualisierten Disziplin durchaus den Kindern selbst überlassen werden.“

Die für unser Verständnis ungewöhnlich starken punktuellen Ritualisierungen einzelner Handlungsabfolgen, die natürlich von Kindergarten zu Kindergarten etwas anders aussehen, im ganzen aber bemerkenswert ähnlich zu sein scheinen, beeinträchtigen keineswegs die Spielfreude und den Enthusiasmus der Kinder. Beinahe scheint das Gegenteil der Fall zu sein. Da die Kinder genau wissen, wann und auf welche Signale hin von ihnen Aufmerksamkeit und kontrolliertes Verhalten erwartet werden, können sie sich die übrige Zeit – wenn auch in einem jeweils vorgegebenen Rahmen wie etwa dem Gruppenraum oder dem Kindergartengelände – um so unbeschwerter bewegen. Indem die Kinder sich allmählich daran gewöhnen, ihrem ausgelassenen Spiel bei Bedarf jederzeit Einhalt zu gebieten, erwerben sie zwar nach und nach ein erstaunliches Maß an Selbstdisziplin, gleichzeitig entlasten die klar gegliederten Handlungsabfolgen und der eindeutig strukturierte Tagesablauf die Kinder aber auch; sie können sich ganz auf ihre jeweiligen Tätigkeiten konzentrieren, ohne nebenbei darauf zu achten, was vielleicht sonst noch geschieht und was sie möglicherweise verpassen könnten.

Der Kindergarten erscheint wie in zwei Welten eingeteilt. Lernen müssen die Kinder vor allem, die Übergänge zu meistern, während die Kunst der Erzieherinnen darin besteht, die Übergänge so zu organisieren und vorzubereiten, daß sie von der Gruppe mühelos bewältigt werden können, und sie so zu setzen und zu markieren, daß der Eindruck eines Zwangs, der von der Person der Erzieherin ausgeht, möglichst vermieden wird. Die Ordnung wird nicht erzwungen, nicht von einer übergeordneten persönlichen Autorität gegen den Willen der Beteiligten durchgesetzt; sie nimmt vielmehr – wie auch ROHLEN (1989, S. 21) hervorhebt – durch die stets wiederkehrenden alltäglichen Handlungen, durch Rituale und Routinen, die nach und nach immer mehr Platz greifen, ohne das Leben im Kindergarten je ganz und vollständig zu bestimmen, beinahe unmerklich Gestalt an.

3. Gruppe und Gruppendruck

Mit dieser Ordnung wird zugleich auch das Gruppenleben eingeführt. Die Einführung in das Leben in und mit der (institutionalisierten) Gruppe *(shudan seikatsu)* stellt das erklärte Ziel der Kindergartenerziehung dar. Nicht die kognitive Entwicklung und weniger das Spiel oder die größere Unabhängigkeit des Kindes stehen bei Eltern wie Erzieherinnen im Zentrum des Interesses an der institutionalisierten vorschulischen Erziehung, sondern vor allem das Gruppenleben (vgl. ROHLEN 1989, S. 20; PEAK 1989, S. 122; TOBIN et al. 1989, S. 192[24]). Die Ordnung ist in diesem Zusammenhang kein Selbstzweck, aber auch kein bloßer Rahmen, der die Bedingungen für die eigentlich wichtigen Tätigkeiten – das Lernen oder das Spiel – sichert und aufrechterhält. Sie verkörpert vielmehr selbst das Gruppenleben, und mit ihrer Aneignung eignen sich die einzelnen zugleich auch dessen wesentliche Prinzipien an.

Damit deutet sich schon an, daß 'Gruppe' im japanischen Kontext offenbar anders gefaßt wird als in unseren Kindergärten. Sie besteht nicht aus einer Reihe von kleinen Individuen, die sich – oft im wahrsten Sinn des Wortes – zusammenraufen müssen, sondern existiert als vorgegebene, in der ritualisierten Ordnung vergegenständlichte Struktur, in die die Kinder sich vermittels der Aneignung der Rituale und Routinen einpassen. Bei uns wird hauptsächlich gelernt, eine oder mehrere Gruppe(n) zu *bilden*; das Gruppenleben, in das eher implizit als explizit eingeführt wird, ist mehr informell. Oft bilden die Kinder auch von sich aus, unabhängig von institutionell vorgegebenen Einteilungen, „Banden", in denen sich einzelne Freundinnen und Freunde immer wieder neu gruppieren, miteinander konkurrieren oder Auseinandersetzungen suchen. Von den einzelnen wird als Beitrag zu diesem Prozeß entweder erwartet, daß sie ihre Ideen, Interessen und besonderen Fähigkeiten im Prozeß der Gruppenbildung artikulieren und sich einfügen, indem sie ihre Bedürfnisse mit denen der Gruppenmehrheit abstimmen und indem sie sich behaupten und für ihre Interessen kämpfen, oder – in der traditionelleren Variante – daß sie sich der Gruppe, das heißt de facto dem Gruppenleiter, unterordnen und die Ordnung der Gruppe in ihrer Person verkörpern. Wie jemand diese Aufgabe löst, entscheidet über seine Position in der Gruppe. Es gibt den Anführer, den Gruppenclown, den Mitläufer, den Sündenbock usw. Jeder Gruppenwechsel wird zu einem Problem für das Individuum und für die Gruppe, da die 'Hackordnung' neu ausgehandelt werden muß und erst dann – wenn überhaupt – ein tragfähiger Konsens erzielt werden kann.

In japanischen Kindergärten sind die Gruppen viel selbstverständlicher, sie sind einfach da. Ihre Struktur ist in der ritualisierten Ordnung weitgehend festgelegt, das gemeinsame, möglichst gleiche oder auf gemeinsame Ziele gerichtete Tun ist für sie konstitutiv. Auf individuelle Merkmale (Stärke, Schnelligkeit, Einfallsreichtum usf.) wird kein besonderer Wert gelegt, und auch die je individuelle 'Leistung' im Hinblick auf die Aneignung der ritualisierten Ordnung und die Gruppenkonformität wird zwar von den Erzieherinnen bemerkt und etwa bei der Zusammenstellung der Kleingruppen – in jeder dieser Kleingruppen sollten 'verständige' und 'weniger verständige' Kinder vertreten sein (vgl. Lewis 1984, S. 74) – auch berücksichtigt, aber kaum besonders herausgestellt. Wenn einzelne Kinder ermuntert, ermutigt oder gelobt werden (was allemal häufiger ist als Ermahnungen oder Tadel), wird meist weniger die Differenz zu anderen als die Übereinstimmung oder das Bemühen um Übereinstimmung mit ihnen gewürdigt („Er ist viel kleiner als die anderen. Aber wie er sich anstrengt, um genauso schnell zu laufen!" – vgl. TOBIN et al. 1989, S. 26). Im Mittelpunkt steht die Einheit der Gruppe. Die stets gemeinsam ausgeführten Rituale zeigen das ebenso wie die (in den meisten Kindergärten geforderten) einheitlichen Kittelchen und die verschiedenfarbenen Käppchen und Namensschilder, durch die sich die einzelnen Kindergartengruppen voneinander unterscheiden (vgl. auch SHIGAKI 1983, S. 18). Bei jeder Gelegenheit wird die Gruppe als *mina-san* („jeder" oder „alle", verbunden mit dem Höflichkeitssuffix, das im Alltag auch bei der persönlichen Anrede einzelner – Tanaka-*san* – Verwendung findet) angesprochen, worauf die Gruppe in der Regel gemeinsam zu antworten pflegt. „Alle" sind für den reibungslosen Ablauf des Gruppenlebens verantwortlich, und „alle" sind aufgerufen, sich gegenseitig zu helfen, zu unterstützen und gegebenenfalls auch zu ermahnen und zu korrigieren. „Alle" werden angehalten, ihr eigenes Verhalten – und damit auch das Verhalten jedes einzelnen – 'selbstkritisch' zu überprüfen, und „alle" werden gefragt, ob sie mit ihrem Betragen zufrieden sind (vgl. auch ROHLEN 1989, S. 21). Funktionen und Verantwortlichkeiten rotieren nach vorgegebenen Regeln, nicht nach individuellem Einsatz: im Prinzip kann jede und jeder alles. Alle Kinder haben wechselweise 'Ordnungsdienst', 'Reinigungsdienst', sind abwechselnd für die Blumen, die Tiere usw. zuständig. Für Kämpfe um die individuelle Aufmerksamkeit der Erzieherin („Darf ich heute den Hasen füttern?") besteht wenig Anlaß; soweit sie dennoch vorkommen, wird kaum auf sie eingegangen und auf keinen Fall werden sie besonders gefördert. Explizite individuelle Differenzierungen innerhalb der Gruppe werden soweit wie möglich vermieden. Alle Gruppenmitglieder sind unterschiedslos und immer *tomodachi* ('Freunde'). Es bedarf von seiten des Kindes keiner besonderen Anstrengungen, 'Freund' zu werden und 'Freunde' zu gewinnen. 'Freund' ist nicht jemand, den man wählt oder von dem man gewählt wird, sondern schlicht jedes Mitglied der Gruppe (vgl. auch HENDRY 1986, S. 166).

Die Einführung in das Gruppenleben ist mithin kein Prozeß, für den – wie bei uns – das wechselseitige Aushandeln von Bedürfnissen, Interessen und Motiven der Gruppenmitglieder wesentlich wäre und bei dem die einzelnen gleichzeitig lernen, sich einzufügen und sich durchzusetzen (eine Widersprüchlichkeit in der Zielsetzung, die wohl nur wenig reflektiert wird und in der Realität meist auf Kosten der Kleineren oder Schwächeren geht). Aber sie besteht auch nicht – wie in älteren Konzepten der Gemeinschaftserziehung bei uns – in der bedingungslosen Unterordnung der Individuen und ihrer Bedürfnisse unter die Imperative eines autoritär strukturierten Gruppenhandelns. Vielmehr geht es um die behutsame Einführung in eine egalitäre Ordnung, die zwar extern vorgegebenen Regeln folgt, die Gruppe als Ganzes aber gleichwohl befähigen soll, ihr kooperatives Handeln selbst zu organisieren und dafür selbst Verantwortung zu übernehmen. Nicht die kleinen Individuen, die sich 'einbringen' oder unterordnen sollen, und nicht die Autorität der Erzieherinnen und ihre Aufrechterhaltung stehen im Brennpunkt des pädagogischen Arrangements, sondern die Gruppe, die von sich aus einen reibungslosen 'Fluß der Aktivitäten' gewährleisten soll, in dem die einzelnen 'mitschwimmen', wenn nicht 'untertauchen' können.

Die Erzieherinnen agieren entsprechend weniger im Zentrum des Geschehens als „hinter der Bühne“ (Sano 1989, S. 127). Ihr Grundgestus ist eher darauf gerichtet, den Kindern bei der Einhaltung der Regeln beizustehen, als sie selbst direkt zu reglementieren. Das wird soweit wie möglich der Gruppe überlassen. Die Erzieherinnen sind dann diejenigen, die den einzelnen Kindern helfen, mögliche Sanktionen durch die Gruppe zu vermeiden. Wie die Mütter stehen sie prinzipiell auf seiten der Kinder und unterstützen sie bei ihrer gemeinsamen Aufgabe, den reibungslosen Fluß der Aktivitäten aufrechtzuerhalten und 'glücklich' zusammen zu spielen. Ihre Anstrengungen sind daher primär darauf gerichtet, die Gruppe dazu zu bringen, sich als Subjekt der Gruppenprozesse zu imaginieren und jeden einzelnen dazu zu veranlassen, in erster Linie als Teil der Gruppe zu agieren. Auftretende Konflikte werden so umzuarrangieren versucht, daß sie in dieses Schema passen. Deshalb interveniert die Kindergärtnerin sowenig wie möglich selbst, sondern versucht, die Gruppe zu einer Stellungnahme zu veranlassen, freilich zu einer, die mit den vorgegebenen Regeln des Zusammenlebens in der Gruppe möglichst übereinstimmt. Deshalb versucht sie, selbst sowenig Anweisungen wie möglich zu geben, sondern diese Aufgabe zu delegieren, sei es an einzelne Gruppenmitglieder oder vor allem an einzelne Kleingruppen, sei es an einen anonymen Apparat (wie den Lautsprecher). Der Druck, der auf diese Weise erzeugt wird, ist Gruppendruck; er bezieht sich nicht auf die übergeordnete Autorität der Erzieherinnen. Für Petzen und gegenseitiges Anschwärzen gibt es wenig Raum. Die Erzieherinnen interessieren sich demonstrativ *nicht* für individuelles Fehlverhalten. Im Zentrum des pädagogischen Arrangements steht die Gruppe, der sich die Erzieherin – so signalisiert sie wenigstens – ebenso unterzuordnen hat wie jedes einzelne Kind.

4. Selbständigkeit in der Gruppe

Auch die Förderung von Selbständigkeit und Unabhängigkeit, die die meisten japanischen Erzieherinnen und Eltern (laut TOBIN et al. 1989, S. 192; vgl. Anm. 24) zu den zentralen Aufgaben des Kindergartens zählen, sind wichtige Elemente der Erziehung zur Gruppe. Dabei geht es nicht, jedenfalls nicht in erster Linie, um die Förderung einer 'abstrakten' Selbständigkeit, einer Unabhängigkeit und Selbständigkeit im Denken und Handeln, sondern konkret um Selbständigkeit *in der Gruppe:* zunächst um die selbständige Ausführung kleiner alltäglicher Verrichtungen wie Aus- und Anziehen (vor allem der Schuhe), Händewaschen, Essen, Zähneputzen, Zur-Toilette-Gehen usw., dann aber auch um die Bereitschaft und Fähigkeit, als Gruppenmitglied innerhalb des Gruppenzusammenhangs (kleine) Aufgaben selbständig wahrzunehmen und auszuführen und in diesem Rahmen auch für das eigene Handeln und Verhalten und das anderer Verantwortung zu übernehmen. Zur Selbständigkeit in diesem Sinne gehören nicht zuletzt auch *Selbstkontrolle* und *Ausdauer.* Die Kinder sollen fähig und bereit sein, sich anhaltend um bestimmte Aufgaben zu bemühen, immer und immer wieder zu üben, ohne gleich auf fremde Hilfe zurückzugreifen, und sie sollen lernen, ihr Verhalten im Gruppenkontext selbst zu strukturieren und dessen Auswirkungen auf die anderen, die Gruppe, im Blick zu behalten.

Konkret geht es dabei zunächst um die Unabhängigkeit von der Erzieherin, die sich nicht mehr – wie die Mutter – um alle Angelegenheiten und Bedürfnisse jedes einzelnen Kindes kümmern kann und *soll.* Diese Unabhängigkeit von der Erzieherin ist gleichzeitig die Voraussetzung dafür, daß sich das Kind der Gruppe zuwendet und die gemeinsame Gruppenpraxis (nicht die Erzieherin) als entscheidende Instanz für die Regulierung seines Verhaltens anzusehen lernt, in ihr Orientierung, aber auch Bestätigung und Anerkennung sucht.

Vordergründig ist damit ein ganz praktisches Problem angesprochen, das sich vor allem zu Beginn eines Kindergartenjahres, wenn die neuen Kinder aufgenommen werden, geltend macht: Wie soll *eine* Erzieherin mit einer Gruppe von 20 oder 30 Kindern zurechtkommen, wenn alle Kinder sich, wie sie es von zu Hause gewohnt sind, mit allen ihren Wünschen (nach Aufmerksamkeit, nach kleinen Hilfestellungen usw.) direkt an ihre neue 'Bezugsperson' wenden? – Glücklicherweise stellt sich dieses Problem kaum in dieser Schärfe. Die meisten Mütter bemühen sich, ihr Kind auf die neue Situation vorzubereiten, indem sie spätestens zum Eintritt in den Kindergarten alle möglichen für wichtig gehaltenen praktischen Verrichtungen systematisch mit ihrem Kind üben und ihm einschärfen, daß es im Kindergarten ohne die Hilfe der Mutter auskommen muß, wie „große Kinder", wie „Kindergartenkinder". Es soll ja niemandem zur Last fallen. Außerdem versuchen sie, ihm die praktischen Aufgaben (jedenfalls solange es noch Schwierigkeiten damit hat) durch die Bereitstellung entsprechender Kleidungsstücke und Schuhe zu erleichtern: schlichte, durch Gummizug gehaltene Hosen statt Jeans oder gar Latzhosen, die mühevoll auf- und zugeknöpft werden müssen, und einfache Slipper statt Sandalen oder Schnürschuhen. Die Kinderkleidung in Japan ist im allgemeinen, zumindest an Werktagen, zwar farbenfroh, aber betont zweckmäßig.

Trotzdem sind die Übergangsprobleme – wie könnte es angesichts der verhätschelten kleinen Göttinnen und Götter anders sein? – natürlich beträchtlich (vgl. PEAK 1989). Es gibt Tränen, kleine Wutanfälle, Verweigerung, Trennungsängste usw.; es gibt aber immer auch eine große Anzahl von extrem zurückhaltenden, sehr schüchternen und ängstlichen Kindern. Die Erzieherinnen gehen mit diesen Problemen im allgemeinen sehr verständnisvoll und nachsichtig um und gewähren den Kindern – gerade zu Anfang – im Rahmen ihrer Möglichkeiten geduldig zahlreiche Hilfestellungen. Aber sie versuchen nicht, die Probleme herunterzuspielen, etwa indem sie sich als 'Ersatzmutter' oder 'Kindergarten*tanten*' präsentieren. Der Kindergarten wird als eigener, von der häuslichen Welt deutlich unterschiedener Raum vorgestellt, ein Raum mit seinen eigenen Regeln und Gesetzen, die allmählich, in einem mühsamen und mitunter auch schmerzlichen Prozeß gelernt und 'verstanden' werden müssen.

Nach und nach erscheint immer mehr Zurückhaltung gegenüber den Wünschen der Kleinen angebracht, zumal dann, wenn ein Kind auch nach einer längeren Eingewöhnungszeit noch immer das gleiche Ausmaß an Hilfe und Zuwendung erwartet, das es von der nachsichtigen Mutter zu Hause gewohnt ist. Meist stellt die Erzieherin sich dann zunächst taub oder reagiert betont langsam. Manchmal weist sie auch auf andere Kinder hin, die sich geschickter anstellen, oder fügt nach einer Weile hinzu: „Mach das weiter selbst!", „Du mußt dich vielleicht noch etwas mehr anstrengen!" *(Mo sukoshi gambaru ho ga ii to omoimasu).* Wenn sie sieht, daß das Kind sich bemüht, wird sie gelegentlich konkrete Hinweise geben und das Kind ermutigen, ohne jedoch selbst einzugreifen. Aktive Unterstützung wird allenfalls gewährt, wenn das Kind ausdauernd versucht hat, selbst mit der Aufgabe zurechtzukommen, oder wenn es sehr lange auf die

Hilfe gewartet hat. Bisweilen entwickeln sich aus solchen Situationen hartnäckig durchgestandene kleine Kämpfe, in denen die Erzieherin lächelnd, mit unendlicher Geduld, aber unerbittlich darauf besteht, daß das Kind, wenn auch unter zeitweiligem Protestgeschrei, Tränen und verstockter Verzweiflung, letztendlich doch die Erfahrung macht, daß es die Aufgabe bewältigen kann, wenn es sich nur ausdauernd genug darum bemüht (vgl. PEAK 1989, S. 111ff.).

Auch in solchen Situationen versuchen die Erzieherinnen, das Kind und seine Gefühle möglichst nicht zu verletzen. In der Regel schimpfen sie nicht, werden nicht heftig und zeigen auch körperlich keine Zeichen von Ungeduld. Es geht für sie nicht darum, Recht zu behalten oder ihren Willen durchzusetzen; sie bemühen sich lediglich, auch dem hartnäckig auf seine Hilflosigkeit pochenden Kind zu demonstrieren, daß es – genau wie alle anderen Kinder – in der Lage ist, selbst für seine alltäglichen Obliegenheiten Sorge zu tragen. Das betreffende Kind wird nicht als „faul" oder „rebellisch" angesehen; es hat einfach *noch* nicht verstanden, daß man im Kindergarten ohne fremde Hilfe auskommen muß. Die Wünsche der Kinder sind nicht grundsätzlich falsch; sie sind nur in der Institution nicht angebracht.

Auch wenn die Erzieherinnen also mit den verhätschelten kleinen Göttern und Göttinnen durchaus nicht zufrieden sein können, haben sie keinen Grund, sich über die Mütter zu beklagen, die ihre Kinder so sehr verwöhnt haben. Im Gegenteil scheinen die meisten Erzieherinnen, ähnlich wie andere japanische Pädagogen auch, das hohe Maß an Nachsicht, Aufmerksamkeit und Zuwendung, das Kinder zu Hause genießen, als notwendig und wichtig für die kindliche Entwicklung zu betrachten. Probleme einzelner Kinder, hartnäckiges Stören beispielsweise, werden oft damit zu erklären versucht, daß sie zu Hause *zuwenig* Aufmerksamkeit und Zuwendung bekommen und nicht nachsichtig genug behandelt werden. Sie haben nicht lernen können, wie man mit dem eigenen Wunsch nach Zuwendung umgeht, wie man sich um sie bemüht und wie man auf sie eingeht (TOBIN et al. 1989, S. 27; vgl. auch PEAK 1989, S. 109f.). Gerade weil sie zu Hause ihre Anlehnungsbedürfnisse nicht hinreichend befriedigt finden, haben sie Schwierigkeiten, die unpersönlichere Atmosphäre im Kindergarten zu akzeptieren und zu „verstehen", daß man sich hier anders als zu Hause verhält.

Familie und Kindergarten werden als deutlich getrennte Welten gesehen. Sowenig die Erzieherinnen davon ausgehen, daß das Kind beim Eintritt in den Kindergarten bereits über entwickelte soziale Kompetenzen und ein Verständnis sozialen Verhaltens verfügt, sowenig erwarten die Mütter, daß ihr Kind sich zu Hause entsprechend dem im Kindergarten erlernten sozialen Standard verhält (vgl. PEAK 1989, S. 94). Die mütterliche Sorge und Nachsicht hat und behält ihren Ort in der Familie. Das Gruppenleben kann nur in der Gruppe gelernt werden, nirgendwo sonst. Nur hier kann das Kind erfahren, 'verstehen', was es heißt, 'glücklich' mit anderen zu spielen, zu lernen und zusammenzuleben.

Aufschlußreich ist in diesem Zusammenhang das Verhältnis zu den (unter ausländischen Beobachtern berüchtigten) großen Gruppen. Auch japanische Erzieherinnen wünschen sich (nach Gesprächen, die TOBIN et al. im Anschluß an Videovorführungen von Szenen aus amerikanischen Kindergärten durchgeführt haben) kleinere Gruppen und erklären die großen Gruppen zunächst meist mit den eingeschränkten finanziellen Mitteln. Aber allmählich mischen sich doch Zweifel in ihre Überlegungen: Für *uns* wäre die Arbeit in kleinen Gruppen sicherlich leichter und angenehmer. Aber was ist mit den Kindern? Brauchen sie nicht die größere Gruppe? Sind die kleinen Gruppen nicht „traurig“ und „einsam“? Besteht nicht die Gefahr, daß die Beziehung zur Erzieherin wichtiger wird als die zu anderen Kindern? Werden die Kinder nicht *zu abhängig* von der Erzieherin? Ein klinischer Psychologe, der ebenfalls bei TOBIN et al. (1989, S. 62f.) zu Wort kommt, meint sogar, daß viele Kinder in kleinen Gruppen (oder später in kleinen Klassen in der Schule) mehr Schwierigkeiten haben als in großen. Wenn ein Kind beispielsweise emotionale Schwierigkeiten habe, sei das für eine empfindsame und kompetente Erzieherin (oder Lehrerin) sicherlich kein Problem. Aber bei einer mittelmäßigen pädagogischen Fachkraft sei es für das Kind in einer großen Gruppe einfacher, Sicherheit und Geborgenheit in der Gruppe zu finden. In kleinen Gruppen, so seine bemerkenswert pragmatische Argumentation, werde die Persönlichkeit der Erzieherin und ihre Beziehung zu jedem einzelnen Kind wichtiger, und das könne für manche Kinder mit manchen Erzieherinnen zu besonderen Problemen führen.

Offenbar herrscht die Auffassung vor, daß die Kinder die Erfahrung einer großen Gruppe brauchen, um Gelegenheit zu haben, sich auf viele andere verschiedene Kinder zu beziehen, und zu lernen, mit vielen verschiedenartigen Situationen in der Gruppe umzugehen. Es gibt – nach den Aussagen der Erzieherinnen – einen klaren Unterschied zwischen der Art, wie Mütter oder Tanten mit Kindern umgehen, und der Art, wie Kindergärtnerinnen (und später Lehrer) mit ihnen interagieren. Der Unterschied besteht nicht im Grad der Distanz und der 'Förmlichkeit'. Die Erzieherinnen agieren ungezwungen, 'offen' und herzlich, aber sie sollten sich – auch wenn das, wie sie selbst beklagen, nicht immer gelingt – vor allem auf die Gruppe als Ganzes beziehen, nicht auf jedes einzelne Kind. Der Verlust an Intensität in den Beziehungen der Erzieherin zu den einzelnen Kindern ist offenbar ein intendierter Effekt der großen Gruppen. Und das „Chaos", das diese naturgemäß mit sich bringen, wird bewußt in Kauf genommen, ja es bezeichnet eine wichtige Übergangserfahrung: vom behüteten Zuhause zum „Tumult" der wirklichen Welt (Tobin et al. 1989a; vgl. auch 1989, S. 36ff.) oder zumindest von der Abhängigkeit in der Mutter-Kind-Beziehung zur selbständigen Partizipation am Gruppenleben.

5. *Ausgrenzung von Konflikten*

Die Zurückhaltung japanischer Kindergärtnerinnen hat also nichts mit Konfliktscheu zu tun, sondern ist die logische Folge ihres Bemühens, die Selbständigkeit der Kinder im Gruppenzusammenhang und ihre Orientierung an der Gruppe zu fördern. Tatsächlich wird sie häufig mit dem Argument begründet, die Kinder sollten lernen, ihre Angelegenheiten selbst untereinander zu regeln (vgl. etwa Sano 1989). Aber diese Auffassung entspricht nur scheinbar den auch bei uns verbreiteten Konzepten der 'Gruppenerziehung' oder des 'sozialen Lernens', welche ja ebenfalls darauf hinwirken möchten, daß die Kinder in die Lage versetzt werden, selbständig, ohne unmittelbare Anleitung, im Spiel oder bei anderen gemeinsamen Aktivitäten zu kooperieren. Der Unterschied wird vielleicht am deutlichsten, wenn man den Umgang mit Störungen und Konflikten noch etwas näher betrachtet.

Obwohl Nicht-Partizipation an den Gruppenaktivitäten als ernsthafte Störung gilt – in der Fachliteratur für Kindergärtnerinnen gehört sie zu den am meisten diskutierten Verhaltensproblemen (vgl. Peak 1989, S. 116) –, wird sie keineswegs immer mit einer direkten Intervention beantwortet. Solange ein Kind nur 'passiv' stört, wird sein Verhalten soweit wie möglich ignoriert. Ein Kind legt sich zum Beispiel quer in den Weg, während die anderen Kinder zusammen einen Tanz einüben. Was geschieht? Man versucht vielleicht zunächst, das Kind durch entsprechende Gesten – seltener verbal, das würde den Tanz der anderen stören und dem Ereignis unangemessen viel Aufmerksamkeit zukommen lassen – zum weiteren Mitmachen zu ermuntern. Wenn es darauf nicht oder ablehnend reagiert, läßt man es gewähren, problematisiert das zweifellos unerwünschte Verhalten nicht. Niemand greift belehrend ein oder versucht, nach den Ursachen zu forschen. Selbstverständlich, nahezu 'automatisch' formen die Kinder den Kreis etwas um und bewegen sich so, daß das auf dem Boden liegende Kind nicht stört. Man könnte – mit Brecht – von einer „unerbittlichen Nachgiebigkeit" der Gruppe gegenüber dem renitenten Gruppenmitglied sprechen. Weder die Erzieherin noch die Gruppe selbst bieten dem Trotz die geringste Angriffsfläche. Die potentielle Rebellion geht ins Leere, prallt an der Gruppe wie an einer Gummiwand ab. Das störrische Kind bleibt liegen, bis es ihm zu langweilig wird (was entsprechend schnell der Fall ist), setzt sich dann – vielleicht immer noch 'trotzig' – in eine Ecke und beschäftigt sich eine Zeitlang allein oder schaut zu. Irgendwann macht es wieder mit. Solange es sich nicht selbst an die Erzieherinnen oder die anderen Kinder wendet, wird es in Ruhe gelassen, die anderen stören es nicht und lassen sich nicht von ihm stören, stören sich nicht an ihm. Signalisiert wird freilich oft – nonverbal oder indirekt im Gespräch mit anderen Kindern – eine Art Unverständnis über das Verhalten, verbunden mit einem gewissen Mitleid („eigenartig, das Kind kann noch nicht richtig mitmachen").

Auch aktivere Störungen werden häufig kaum beachtet. Jungen, die beispielsweise während einer gemeinsamen *origami*-Lektion zunächst lieber Papierflieger bauen und ausprobieren und schließlich nur noch lautstark herumalbern, werden allenfalls – eher interessiert als dringlich oder gar drohend – gefragt, warum sie nicht mitmachen. Ihre Erklärung oder auch ihr Schweigen werden bereitwillig und kommentarlos akzeptiert, obgleich sie die anderen Kinder, die konzentriert den genauen Anweisungen für eine sehr komplizierte Faltaufgabe mit etwa zwanzig Arbeitsschritten zu folgen versuchen, zweifellos beträchtlich irritieren (vgl. Tobin et al. 1989, S. 17 und S. 42f.).

Selbst Auseinandersetzungen zwischen den Kindern werden soweit wie möglich ignoriert und bewußt übersehen, zumindest wenn es dabei nicht zu körperlichen Übergriffen kommt.[25] Ein Beispiel: Keta-kun nimmt Eri-chan den Roller weg. Eri-chan läuft zuerst hinterher, fängt dann aber, da Keta-kun mit seinem Roller natürlich schneller ist, erst zu rufen und dann empört zu schreien an: „Das ist nicht richtig! Das darf der nicht!" Eine Erzieherin, die in der Nähe steht, hat alles beobachtet, reagiert aber zunächst nicht. Erst als Erichan schließlich zu weinen beginnt und sich hilfesuchend an sie wendet, geht sie auch ihrerseits auf sie zu, nimmt sie auf den Arm, wischt ihr die Tränen ab und tröstet sie: „Ja, das war nicht richtig! Du mußt nicht weinen." Dann wendet sie sich, Eri-chan noch immer auf dem Arm, ab, erzählt ihr irgendetwas, hebt beiläufig einen Ball auf, wirft ihn hoch und versucht, ihn wieder einzufangen. Sie wiederholt das einige Male, setzt Eri-chan ab und spielt mit ihr Ball. Schließlich wirft sie den Ball fort und bemerkt beiläufig „Hol' dir vielleicht einen anderen Roller oder ein Fahrrädchen!", wendet sich einem anderen Kind zu und sagt, eigentlich zu beiden: „Die Schaufel hier liegt im Weg, die sollte besser weggeräumt werden." Dann beginnt sie selbst, die überall herumliegenden Bälle einzusammeln. Der Roller, um den es ursprünglich ging, liegt längst unbenutzt da; Keta-kun ist nirgendwo zu sehen. Eri-chan nimmt die Schaufel, bringt sie zum Geräteschuppen und holt sich bei dieser Gelegenheit ein Fahrrädchen.

Natürlich ist es nicht immer möglich, Konflikte auf diese Weise, sozusagen mit aktiver Passivität und fast demonstrativem Desinteresse für den Konflikt (nicht für die Kinder), zu umgehen. Es gibt Situationen – etwa die Begrüßungs- und Tischrituale –, in denen Nicht-Partizipation als gravierendere Störung gilt und die Kindergärtnerinnen sich veranlaßt sehen, aktiver einzugreifen, und es gibt massivere Störungen, lautstarken 'Trotz' oder Aggressionen gegenüber anderen zum Beispiel, die nicht ohne weiteres ignoriert werden können. Aber auch hier läßt es die Erzieherin kaum je zu einer direkten Auseinandersetzung kommen. Reagiert das trotzige oder aggressive Kind nicht auf die geduldig vorgebrachten Aufforderungen und Hinweise und bleibt es allem guten Zureden unzugänglich, wird es wieder, wenn irgend möglich, ignoriert und – subtil oder ganz massiv – ausgegrenzt: Sein Verhalten wird, meist im Gespräch mit den anderen Kindern, beiläufig als 'fremd' oder 'seltsam' *(okashii)* bezeichnet; das Kind wird darauf hingewiesen, daß nur es allein, niemand sonst, sich so merkwürdig gebärdet (vgl. auch HENDRY 1986, S. 144). Schließlich wird mit einem Unterton des Bedauerns angedeutet, daß es jetzt wohl in eine andere Gruppe – „zu den Babys" – müsse, da es leider noch nicht gelernt habe, sich seinem Alter entsprechend zu verhalten. Die anderen Kinder lachen jetzt vielleicht (davor hatte die Mutter schon immer gewarnt) oder ignorieren es schlicht. Nur in äußersten Notfällen wird es dann auch tatsächlich vor die Zimmertür gebracht.

Wie schon der Mutter geht es auch den Kindergärtnerinnen vor allem darum, 'Verständnis' bei den Kindern zu wecken. Aber dieses Verständnis bezieht sich nicht auf allgemeine, vom Gruppenkontext losgelöste übergreifende Prinzipien wie Gerechtigkeit, 'gut' und 'böse' oder ähnliches. Die Erzieherin spielt sich nicht als Richterin (oder Schiedsrichterin) auf, die Motive und Gründe abwägt und gegeneinander aufrechnet, um anschließend ein Urteil zu fällen, wenn es beispielsweise darum geht, streitende Kinder zu beschwichtigen. Eher wird sie alle beteiligten Kinder dazu anhalten, sich gegenseitig zu entschuldigen, oder sie – wie im Beispiel – schlicht abzulenken versuchen. Das ist nicht allein Ausdruck der ganz realistischen Einsicht, daß zum Streiten immer (mindestens) zwei gehören, sondern entspricht auch ihrem Bemühen, Konflikten soweit wie möglich aus dem Wege zu gehen. Wenn sie sich schon nicht vermeiden lassen, so wird zumindest darauf geachtet, daß sie nicht Platz greifen, daß sie nicht durch die explizite Auseinandersetzung, den Austausch von Argumenten etwa oder die direkte Konfrontation von Erzieherin und einem der streitenden Kinder sozusagen mit Leben erfüllt werden.

Das Verständnis bezieht sich, wenn überhaupt, weniger auf den anderen, das andere Kind, auf seine Motive, Bedürfnisse usw. als auf die übergeordneten Regeln des Zusammenlebens in der Gruppe, das eben von allen Beteiligten allgemein, unabhängig vom konkreten Konflikt Nachsicht, Rücksichtnahme und Zurückhaltung verlangt. Der oder die andere wird weniger als Individuum, sondern vor allem als Teilhaber angesprochen und wahrgenommen, in seinem Verhältnis zur Gruppe und ihren gemeinsamen Aktivitäten. Als solche Teilhaber am Gruppenleben müssen die Kinder lernen, daß ihre eigenen Wünsche und Ziele gegenüber denen der Gruppe sekundär sind (vgl. Peak 1989, S. 94). Bei der Bewältigung dieser durchaus nicht leichten Aufgabe können und sollen sie einander helfen und unterstützen. Selbstkontrolle ist der wesentliche Modus der Selbständigkeit in der Gruppe, und sie vor allem wird in der Gruppe sozusagen 'natürlich' entwickelt. Man geht offenbar davon aus, daß Kinder am besten lernen, ihr Verhalten zu kontrollieren, wenn der Impuls dazu spontan aus der Interaktion mit den anderen Gruppenmitgliedern kommt, nicht von 'außen' oder von 'oben' (vgl. auch Tobin et al. 1989, S. 28). Im Zentrum der Aufmerksamkeit der Erzieherinnen steht daher das Gruppenarrangement, das solche 'spontanen' Impulse gewährleistet, nicht das Verhalten der einzelnen Gruppenmitglieder. Individuelle Vorlieben und Wünsche, je eigene Bedürfnisse und selbst Eigensinn auf seiten der Kinder werden zwar keineswegs geleugnet. Bei kleineren Kindern, vor allem in Kinderkrippen, werden sie sogar ausdrücklich anerkannt, etwa wenn sie *noch* Auswahlessen bekommen oder überhaupt intensiver, in wesentlich kleineren Gruppen individuell betreut werden. Aber im 'wirklichen' Gruppenleben haben solche individuellen Optionen keinen legitimen Platz. Sie werden nicht integriert – wie dies in Gruppenprozessen bei uns dem Anspruch nach zumindest versucht wird –, sondern ausgegrenzt. Ihr Ort ist die Mutter-Kind-Beziehung, die Familie; in der Gruppe sollten sie soweit wie möglich zurückgedrängt werden und das Verhalten sowenig wie möglich beeinflussen.

Ausgegrenzt wird durch diese Art des Umgangs mit Konflikten weniger das störende Kind als der Konflikt selbst. Er hat im harmonischen Zusammenleben der Gruppe keinen Raum, und er bekommt keine Gelegenheit, sich diesen Raum zu schaffen. Wie die mütterliche Nachsicht dient auch die Nachsicht der Kindergärtnerinnen der Ausgrenzung von Konflikten. Bekanntlich ist schwer zu streiten, wenn es niemanden gibt, mit dem man streiten könnte – außer mit sich selbst. Zwar zeigen sich die Kindergärtnerinnen oft sehr mitfühlend und verständnisvoll gegenüber individuellem Fehlverhalten („Das ist *noch* schwierig, nicht wahr?“, „Du hast *noch* nicht gewußt, wie *wir* das richtigmachen, nicht wahr?“). Aber dieses unerbittlich vorauseilende Verständnis, das von der Erwartung getragen wird, daß das Kind sich schon entsprechend den gesellschaftlichen Anforderungen entwickeln wird, wenn man ihm genügend Zeit läßt und ihm immer wieder verdeutlicht, was verlangt wird, besetzt von vornherein den Raum, den das Kind möglicherweise durch die Explikation seines Verhaltens gewinnen könnte. Und es bildet Fehlverhalten in einem gleichsam biographischen Entwicklungsschema ab, aus dem es kein Entkommen gibt. Das falsche Verhalten ist nicht schlecht (auch wenn die Bedeutungen von ‘seltsam’ und ‘schlecht’ manchmal etwas zu verschwimmen scheinen), jedenfalls nicht moralisch verwerflich, aber es hat in der Gruppe keinen Platz. Es ist auch nichts, was man dem Kind als Person anrechnen könnte, ein charakterlicher Defekt oder dergleichen, sondern ein Verständnisproblem: Das Kind hat noch nicht ‘verstanden’, daß man dies in der Gruppe tut und jenes läßt. Diese Erziehung psychologisiert sowenig wie sie moralisiert. Ihr zentrales Anliegen ist nicht, das Kind als Person zu verändern (sozusagen ein für allemal), sondern es das richtige Verhalten in der Gruppe (und nirgendwo sonst) zu lehren.

Für die Kinder kann das sehr entlastend sein. Man läßt sie, solange es eben geht, gewähren, begegnet ihnen mit Verständnis und Wohlwollen und verdeutlicht ihnen immer wieder mit großer Geduld und Ausdauer, worauf es beim gemeinsamen Gruppenleben ankommt. Niemand schimpft mit ihnen, niemand bestraft sie, niemand insistiert oder versucht, in sie zu dringen und sie zu Erklärungen und Begründungen ihres Verhaltens zu zwingen, die sie vielleicht gar nicht zu geben in der Lage sind. Niemand unterstellt bei falschem Verhalten vorsätzliches Handeln oder bösen Willen (vgl. auch LEWIS 1989, S. 147). Fehlverhalten wird als Ausdruck sozialer 'Unreife' („noch nicht") gedeutet, nicht persönlich angerechnet. Das Kind erhält so einen größeren Raum, sich zu entwickeln; sein Verhalten wird nicht von vornherein und stets als 'seines' identifiziert und – sobald es öfter vorkommt – seiner Identität einverleibt, was dann leicht zu entsprechenden Festlegungen und (unbewußten) Erwartungshaltungen führt. Die Kinder stehen kaum in Gefahr, eine negative Identität (als 'Rüpel', als 'aggressiv' usw.) zu entwickeln. Aber sie haben auch wenig Chancen, sich positiv von der Gruppe abzugrenzen, und kaum Möglichkeiten, wie immer begründeten Dissens zu artikulieren. Es gibt keine klar definierte Autorität, gegen die sie opponieren oder der sie sich zu entziehen versuchen könnten; es gibt keinen Ort, an dem der Gruppenkonsens sinnvoll in Frage gestellt werden könnte. Etwas überspitzt formuliert kann man sich richtig, 'angepaßt' verhalten oder 'tun, was man will', aber das ist dann 'nicht normal' und wird konsequent in irgendeiner Weise ausgeschlossen. Solange sich jemand *bemüht,* den Anforderungen zu genügen, scheint die Toleranz grenzenlos, im anderen Fall sind das Desinteresse und die Ignoranz grenzenlos. Eine Auseinandersetzung jedenfalls findet nicht statt. Was immer die Kinder tun mögen: Es handelt sich um eine mehr oder minder nachvollziehbare 'Laune' oder den Ausdruck mangelnden Verständnisses. Ihm begegnet man etwa so, wie auch bei uns ein geduldiger Lehrer einem Grundschüler begegnen würde, der bestreiten wollte, daß zwei und zwei vier ist.

6. Die Feier der Gruppenidentität

Das japanische 'Kinderjahr' ist durch eine ganze Anzahl von Festen gegliedert: das Winterende (2. 2.), das Puppenfest *(hinamatsuri),* manchmal auch als Mädchentag bezeichnet (3. 3.), den Jungentag, heute im Zeichen der Gleichberechtigung der Geschlechter auch Kindertag (5. 5.), das Sternenfest *(tanabata)* im Sommer (7. 7.), das Sportfest (10. 10.) und heute meist auch das Weihnachtsfest. Für mindestens zwei dieser Festtage wird eine Aufführung für die Eltern vorbereitet (die übrigen Feste begeht man in kleinerem Kreis im Kindergarten oder in der Kindergartengruppe). Vorgeführt werden, je nach Alter der jeweiligen Gruppe, beispielsweise gemeinsam gesungene Lieder, die von der Kindergärtnerin am Klavier oder an der Orgel und von den Kindern mit einfachen Schlaginstrumenten begleitet werden. Die ganz Kleinen in der Kinderkrippe, die manchmal auf die Bühne getragen werden müssen, weil sie noch nicht selbst laufen können, begnügen sich noch mit rhythmischem Klatschen und kleinen rhythmischen Bewegungen, aber alle sind dabei und machen mit (notfalls an der Hand oder auf dem Schoß ihrer Mutter oder ihrer Kindergärtnerin). Oft werden auch Tänze vorgeführt (von einer Art 'Ringelrosen' bei den Kleinen bis hin zu Tänzen mit komplizierten Schrittfolgen). Die Größeren spielen auch selbst Musikstücke auf einfachen Tasteninstrumenten und mit Hilfe von Triangeln, Becken und Trommeln oder führen kleine Theaterstücke auf. Meist 'verkleiden' sich die Kinder dabei; die Gruppe der Kleinen trägt zum Beispiel einheitliche spitze Papphüte, bei den Theaterstücken gibt es Masken oder einfache Kostüme. Anschließend zeigen dann oft auch noch umgekehrt die Mütter den Kindern, was sie nachmittags, bevor sie ihre Kinder abholen, selbst im Kindergarten eingeübt haben. Es handelt sich also immer um Gemeinschaftsfeste, zu denen von den Babys bis zu den Erwachsenen alle etwas beitragen, bei denen aber stets die Gruppe im Mittelpunkt steht.

Selbst bei der Vorbereitung einer Aufführung wird die Herausbildung von Leistungsunterschieden und spezifischen Kompetenzen nicht besonders gefördert. Manchmal spielen zunächst alle Kinder alle Rollen oder Instrumente, und erst danach wird festgelegt, wer bei der Aufführung was spielt (wobei dann *stillschweigend* sicher auch der momentane Einsatz und das jeweilige Können berücksichtigt werden). Oft gibt es weder Solisten noch Hauptrollen. Bei der Aufführung von ›Der Wolf und die sieben Geißlein‹ überleben vier Geißlein, nachdem sie zusammen mit den sechs anderen von fünf Müttern unisono ermahnt worden sind, ja nicht 'den' bösen Wolf hereinzulassen, der von drei Spielern (zwei Jungen und einem Mädchen) verkörpert wird – übrigens ohne daß dies in irgendeiner Weise, etwa durch die Abänderung des Titels, naturalistisch legitimiert würde. Das ist mehr als nur ein Trick, der gewährleisten soll, daß alle Kinder bei der Aufführung zum Zuge kommen; es gibt ja außerdem noch sprechende Büsche, den bzw. die Bäcker und manchmal einen Chor im Hintergrund. Es erleichtert den in diesem Fall immerhin erst vierjährigen Kindern auch ihre Aufgabe, denn bei einem gemeinsamen Spiel der Rollen und beim oft auch gemeinsamen Sprechen fällt es weniger ins Gewicht, wenn ein Kind seinen Text vergessen hat oder sonst nicht weiter weiß. Zugleich hält dieses Arrangement, das ein wenig an BRECHTS Lehrstückexperimente erinnert, die Kinder aber auch zu gemeinsamer Leistung und gemeinsamer Verantwortung an und verhindert, daß ein Kind sich positiv oder – wenn es mit seiner Aufgabe nicht zurechtkommt – negativ exponiert.

Auch das Sportfest *(undokai),* das gleichzeitig an allen Kindergärten, Schulen und Universitäten durchgeführt wird, kennt keine einzelnen Sieger oder Verlierer. Wieder wird sehr viel vorgeführt: Marschieren in Formation, Bewegungsspiele, Tänze. Die meisten Wettkämpfe sind Wettkämpfe zwischen Gruppen, wie etwa Staffellauf, Sackhüpfen oder Tauziehen (vgl. auch HENDRY 1986, S. 142). Wieder sind alle beteiligt, auch die Eltern und die ganz Kleinen, die noch nicht richtig laufen können und deshalb beim Staffellauf eine Art Lauflernwagen vor sich her schieben. Aber es gibt auch Wettbewerbe, bei denen es scheinbar mehr auf Einzelleistungen ankommt, beispielsweise im Seilhüpfen. Gewonnen hat, wer am längsten fehlerlos durchhält. Aber dennoch treten nicht die einzelnen Kinder einer Gruppe, sondern zwei oder mehrere Gruppen gegeneinander an. Gezählt und bewertet wird, wie viele Mitglieder einer Gruppe jeweils zu denen gehören, die die Aufgabe am besten bewältigen. Die Kinder konkurrieren nicht als einzelne, sondern als Repräsentanten ihrer Gruppe. Damit wird nicht nur individuelle Konkurrenz (weitgehend) vermieden, die einzelnen haben auch weniger individuelle Optionen. Bei Wettkämpfen, bei denen es nur einen Sieger gibt, bleibt es letztlich jedem einzelnen überlassen, für sich zu entscheiden, ob und in welchem Ausmaß er (oder sie) sich engagieren möchte. Bei Gruppen- oder Mannschaftswettbewerben kommt es darauf an, daß möglichst viele, am besten alle, möglichst 'gut' sind – entsprechend stärker ist der Gruppendruck und entsprechend weniger Möglichkeiten gibt es, sich den Anforderungen zu entziehen. Trotzdem ist es am Ende schließlich doch nicht so wichtig, wer zu den Gewinnern und wer zu den Verlierern gehört. Allen wird für ihr Engagement gedankt, alle werden gelobt, und jeder erhält am Schluß das gleiche Geschenk. Die Kinder scheinen glücklich und beschwingt mit dem Gefühl nach Hause zu gehen: „*Wir* haben gemeinsam eine schwierige Aufgabe gemeistert, *wir* waren gut!“

Gewiß sind die Eltern auf ihr Kind stolz, und es ist keineswegs ausgeschlossen, daß sie seine Leistung ganz besonders hervorheben. Dafür sprechen etwa die vielen auf das je eigene Kind gerichteten Fotoapparate und Videokameras. Aber institutionell werden die Einzelleistungen in keiner Weise hervorgehoben. Im Mittelpunkt steht die Leistung der Gruppe und die der Institution insgesamt. Sie ist es, die nicht nur in den unvermeidlichen Reden der Kindergartenleiterin, des Vertreters der Stadt usw. betont wird, sondern auch im ganzen Arrangement der Veranstaltung. Wenn es etwas Besonderes gibt, worauf die einzelnen Eltern oder Kinder stolz sein können, so ist es das 'Glück', eben dieser Institution und dieser Gruppe anzugehören.

Im allgemeinen scheint der Kindergarten ein Hort der Geborgenheit und der Freude zu sein. Es gibt keine Rangkämpfe, keine Auseinandersetzungen – sie werden aufgefangen, ohne daß es Gewinner und Verlierer gäbe. Die Kinder bekommen eine Fülle von Anregungen und lernen spielerisch. Wenn sie nach Hause kommen, sind sie meist fröhlich *(tanoshii)* und zufrieden. Es gibt keine Außenseiter, alle fühlen sich als Freunde, ohne sich um Freundschaften bemühen zu müssen. Jedes Kind wird in und mit Hilfe der Gruppe individuell gefördert. Das Zusammengehörigkeitsgefühl wird dadurch nicht beeinträchtigt, sondern eher noch gefördert. Die allermeisten Kinder scheinen (jedenfalls nach der ersten Eingewöhnungszeit) gern in den Kindergarten zu gehen und bleiben auch nach Ende noch gerne dort, um zusammen zu spielen.

Einige Wochen vor einer Aufführung oder vor dem Sportfest ändert sich die gesamte Situation und Stimmung. Die Kinder reagieren gestreßt und nervös, wirken innerlich angespannt, scheinen zum Teil überfordert und stehen deutlich sichtbar unter Druck. Sie gehen nicht mehr so gern in den Kindergarten wie sonst, weinen oft, manche werden krank (nie ist die Krankheitsrate so hoch wie kurz vor einer Vorführung), einige zeigen verstärkt Aggressionen, spielen nicht mehr so entspannt zusammen, scheinen vereinzelt und irgendwie mit ihren Problemen alleingelassen. Weder die Konkurrenz zu den anderen Kindern noch ein direkt von den Erzieherinnen ausgehender Zwang scheinen ihr Hauptproblem zu sein, sondern der massive Gruppendruck, der auf die *gemeinsame* möglichst gute Leistung zielt. Selbst die sonst meist sehr geduldigen Erzieherinnen wirken bisweilen angespannt, hektisch oder nervös. Auf die Probleme der Kinder reagieren sie meist ebenso hilflos wie die Eltern. Der Druck wird nicht unmittelbar von ihnen erzeugt und kann von ihnen offenbar nicht abgebaut werden (und soll vielleicht auch nicht abgebaut werden). Er ist da – die einzige Möglichkeit, ihm zu entgehen, wäre, zu Hause zu bleiben, aber auch dies ist (abgesehen von den praktischen Schwierigkeiten, wenn beide Eltern arbeiten) keine Lösung. Das Kind würde sich nur selbst ausgrenzen, und die Sorge, nicht gut genug zu sein und den Anforderungen der Gruppe vielleicht nicht zu genügen, würde sich eher noch vergrößern.

Nach der Veranstaltung ändert sich die Stimmung wieder schlagartig. Der ganze Spuk ist wie weggeblasen. Niemand kritisiert und bewertet, und niemand wird kritisiert oder bewertet. Es gibt kein besonderes Lob und keine Vorwürfe („Bei der Generalprobe hat das doch so gut geklappt ...“). Das glücklich entspannte, von dem Bewußtsein der gemeinsamen Leistung getragene Zusammengehörigkeitsgefühl scheint alles, was gewesen sein mag, zuzudecken. Diese Stimmung hält an den folgenden Tagen im Kindergarten an (wo die Feier von den Kindern manchmal noch tagelang zwanglos nachgespielt wird): Wir sind gut; wir haben eine gemeinsame Aufgabe gut gemeistert. Die Gruppe hat sich selbst bestätigt.

7. Harmonie und Differenz

Erziehung zur Gruppe – im japanischen Verständnis – erweist sich also als sehr komplexe und diffizile pädagogische Aufgabe, die nicht nur systematischer pädagogischer Anstrengungen bedarf, sondern auch der gezielten Ausgrenzung möglicher individueller Orientierungen und aller Gelegenheiten, in denen sie – wie etwa im Konflikt – lebendig werden könnten. Von seiten der Erzieherinnen erfordert sie ein großes Maß an Geduld und Ausdauer und vor allem auch die Beherrschung eines umfangreichen Repertoires von – mehr oder minder bewußten – Erziehungstechniken und Methoden, die erst die harmonische Entwicklung der Gruppenprozesse in der gewünschten Weise gewährleisten können.

Die entspannte nachsichtige Haltung gegenüber den Kindern ist eine solche ‘Methode’, denn zweifellos wäre es widersinnig, Harmonie durch Konfrontation herstellen, sie befehlen oder erzwingen zu wollen. Die Nachsicht und die Geduld der Erzieherinnen müssen daher nicht unbedingt einer größeren Sicherheit zugeschrieben werden, die eine – wie es scheint – im Hinblick auf ihre grundlegenden Orientierungen ‘homogenere’ Gesellschaft vielleicht bieten mag. Sie folgen zunächst einmal nur der inneren Logik eines Erziehungsprozesses, der ‘Harmonie’, die Vermeidung offener Konfrontationen zum obersten Prinzip erhoben hat. Daß die Homogenität der gesellschaftlichen Grundorientierungen in Japan stärker *betont* wird, während bei uns – ich übertreibe ein wenig – manchmal schon geringfügige Meinungs- und Geschmacksunterschiede oder oft genug erzwungene Abweichungen von der gesellschaftlichen Normalbiographie (die es in Japan natürlich auch gibt) als Indizien für eine Pluralisierung der Lebensformen herhalten müssen, stellt keineswegs eine zwingende

Voraussetzung für die Aufrechterhaltung der geschilderten Formen einer harmonisierenden Gruppenerziehung dar.

Es darf auch nicht übersehen werden, daß die Fokussierung des Kindergartenlebens auf die Gruppen den Erzieherinnen auch ihre Aufgaben erleichtert. Zwar sind sie, schon aufgrund der Gruppengrößen, oft sehr gefordert. Aber sie stehen weniger vor dem Anspruch, sich direkt mit den Kindern auseinanderzusetzen, sie können sich im Hintergrund halten und scheinen auch 'persönlich' weniger involviert. Angriffe und Probleme beziehen sich nicht auf sie als (Autoritäts-)Personen; sie müssen nicht sich oder *ihre* Position durchsetzen, sondern lediglich über sachliche Gegebenheiten informieren. Das institutionelle Arrangement fordert nicht nur größere Gelassenheit, sondern ermöglicht sie auch und trägt damit nicht unwesentlich zu der vorherrschenden entspannten Atmosphäre bei.

Aber Harmonie stellt sich nicht durch Nachsicht allein ein. Die behutsam und geduldig, aber sehr genau und konsequent eingeführten Rituale und Routinen dienen der Konstituierung und Aufrechterhaltung einer habitualisierten Ordnung, die nicht nur relativ unabhängig vom 'guten Willen' der einzelnen Kinder, von ihren Motiven, Stimmungen und Launen und ihren jeweiligen Optionen funktioniert, sondern auch auf Eingriffe oder Kontrollen einer übergeordneten Autorität weitgehend verzichten kann. Obgleich diese Rituale auf 'westliche' Beobachter außergewöhnlich rigid, wenn nicht 'autoritär' wirken, tragen sie – einmal institutionalisiert – in der Praxis tatsächlich wesentlich dazu bei, die Notwendigkeit äußerer Eingriffe von seiten der Erzieherinnen auf ein Minimum zu reduzieren. Auftretende Konflikte werden nicht als Autoritätskonflikte, sondern als Probleme innerhalb der Gruppe – genauer: als (Verständnis-)Problem eines oder mehrerer Kinder in bezug auf die Gruppe – inszeniert, so wie die Rituale und Routinen insgesamt als Angelegenheit der Gruppe behandelt werden, in denen sie sich als 'Subjekt' ihres Handelns imaginieren kann.

Ermöglicht wird diese Harmonie weniger durch die Integration der Individuen, die sich als Ganze in die Gruppe einfügen und mit ihr auseinandersetzen sollen, als durch die Ausgrenzung all dessen, was jeweils in den wechselnden Konstellationen des Gruppenlebens keinen Platz hat. Für die einzelnen Gruppenmitglieder ist es deshalb wichtig, den Umgang mit Übergängen, Differenzen zu lernen und zu üben. Daher stehen nicht die Individuen und ihre (vermeintlichen) Eigenschaften und Auffassungen im Mittelpunkt der pädagogischen Bemühungen, sondern ihre Bereitschaft und Fähigkeit, solche Übergänge selbsttätig zu realisieren und damit den reibungslosen Fluß der Aktivitäten zu gewährleisten.

Der Wechsel zwischen Anspannung und Entspannung, zwischen hoher Anforderung und gegenstandsloser, an keine Leistung gebundener vorbehaltloser Akzeptanz, der sich bei den Aufführungen und Festen im Kindergarten nur besonders kraß zeigt, scheint überhaupt charakteristisch für die pädagogisch organisierte Erfahrungswelt des Kindes zu sein. Die explizite Erziehung zur Gruppe knüpft an die Formen der Inkorporation von Ordnung und gutem Benehmen vermittels Training an, die dem kleinen Kind schon von zu Hause vertraut sind. Wenn die Mutter sorgfältig die Begrüßungs- und Abschiedszeremonien oder die Rituale beim Verlassen oder Betreten der Wohnung mit ihrem Kind trainiert, bleibt es dabei zwar im Mittelpunkt des mütterlichen Universums, aber es lernt, daß dieses Universum Grenzen hat, die oft ganz buchstäblich als Grenzen zwischen verschiedenen Räumen markiert werden, in denen jeweils andere Verhaltensweisen zugelassen und opportun sind. Die Schwelle am Eingang der Wohnung oder des Hauses ist eine – und vielleicht die wichtigste – dieser Grenzen.

Im Kindergarten werden diesen Grenzen zunächst nur weitere hinzugefügt. Seine Praxis knüpft an Erfahrungen an, die das Kind vielleicht schon auf dem Spielplatz gemacht hat oder machen sollte und strukturiert sie nach seinem Zeitplan, dem Zeitplan der Gruppe, der an die Stelle des mütterlichen bzw. des von Mutter und Kind tritt. Auf diese Weise wird der kindlichen Erfahrungswelt nach und nach ein weiterer Lebenskreis hinzugefügt, der wieder seine eigenen Regeln und Gesetze kennt. Die Welt, in die das Kind allmählich hineinwächst, gliedert sich in eine Reihe von getrennten Bereichen und unterschiedlich gezogenen Kreisen, die jeweils ein 'Innen' von einem komplementären 'Außen' abgrenzen (Doi 1982, S. 52). Diese Kreise sind nicht alle konzentrisch angeordnet, aber ein 'Äußeres', das von einem 'Inneren' getrennt ist, kann wiederum das 'Innere' gegenüber einem anderen 'Äußeren' bilden. Das scheint beim Kindergarten der Fall zu sein. Er ist einerseits deutlich von der engen Mutter-Kind-Beziehung zu Hause abgegrenzt und fordert explizit andere Verhaltensweisen als die, die gegenüber der Mutter üblich sind *und bleiben*. Er bietet aber andererseits eine *andere* vertraute Nahwelt, eine Nahwelt, die dem Kind mehr Zurückhaltung, Rücksichtnahme und – wenigstens punktuell (vor allem in den ritualisierten Übergängen) – Disziplin abverlangt als die nachsichtige Mutter, aber auch andere Gratifikationen und positive Erfahrungen vermitteln kann. Diese Nahwelt der Gruppe, die sich wiederum von einem 'Außen' (zunächst den 'anonymen Mächten' und den anderen Gruppen im Kindergarten, dann den anderen Kindern, der Welt der Erwachsenen usw.) abgrenzt, tritt gleichsam zwischen den von der mütterlichen Fürsorge und Nachsicht geprägten Kreis der unmittelbaren Bedürfnisbefriedigung und den Kreis der fremden, potentiell feindlichen Außenwelt. Das Kind, das sich anfangs im Kindergarten so extrem zurückhaltend und schüchtern verhält, wie das Fremden gegenüber angemessen wäre, hat das ebensowenig verstanden wie das Kind, das von den Kindergärtnerinnen genausoviel Nachsicht, Zuwendung und Unterstützung erwartet wie von der Mutter. Das 'Fehlverhalten' ist durchaus verständlich und legitim. Wie sollte das Kind es bei seinem bisherigen Erfahrungshorizont auch besser wissen? Es ist die Aufgabe des Kindergartens, die Kinder ganz behutsam mit dieser neuen Welt und ihren besonderen Anforderungen vertraut zu machen.

Gleichzeitig kennt aber auch das Leben im Kindergarten selbst jene ritualisierten Übergänge, die den Wechsel von einer Tätigkeit zur anderen, von einer Stimmungslage zur anderen, ja von verschiedenen Verhaltensstandards markieren. So wie die Schwelle am Eingang der Wohnung (wo die Schuhe an- oder ausgezogen werden) den Übergang von der entspannten, intimen Interaktion von Mutter und Kind zu dem als gemeinsames Bemühen um einen 'guten Eindruck' inszenierten zurückhaltenden und rücksichtsvollen Verhalten in der nachbarschaftlichen 'Öffentlichkeit' bezeichnet, stehen die ritualisierten Übergänge im Kindergarten für die Schwellen zwischen den verschiedenen Tätigkeitsformen in der Gruppe und den damit verbundenen Regeln und Stimmungen: vom übermütigen, kaum überwachten Herumtoben auf dem Hof zur strikt ritualisierten Begrüßungszeremonie, vom ausgelassenen Singspiel im Gruppenraum zur konzentrierten, Schritt für Schritt angeleiteten *origami*-Lektion. Der Zeit des strikt reglementierten Rituals und der gemeinsamen Anspannung und Anstrengung folgt stets eine 'Zeit der Götter', in der die Nachsicht und Toleranz der Erzieherinnen und die Geborgenheit und Sicherheit in der Gruppe im Vordergrund stehen. Beide Erlebnisbereiche bestehen nebeneinander: im Wechsel zwischen häuslicher Nachsicht und der 'draußen' erforderlichen Zurückhaltung und Rücksichtnahme, im Wechsel zwischen Institution und Elternhaus, aber auch im institutionalisierten Wechsel innerhalb der Institution selbst.

Indem das Kind vor allem lernt, diese Übergänge, die oft als scharfe Diskontinuitäten markiert sind, zu meistern, stellt sich die

Einführung in die Welt der Institutionen (und längerfristig auch in die Welt der Erwachsenen) wesentlich als Einführung von Differenzen dar. Es geht weniger um die initiale Vermittlung konsistenter Regeln, die an allen sozialen Orten, in allen Lebenskreisen gelten und – mehr oder minder – auch für alle Altersstufen relevant sind, sondern ausschließlich um die Vermittlung der Regeln des Zusammenlebens im Kindergarten. Diese Regeln mögen auch für andere Lebenskreise und Lebensabschnitte – etwa später für die Schule – grundlegend sein (das Kind lernt gleichsam, was es auch künftig in Gruppen zu erwarten hat), aber sie werden dort zu Anfang wieder ebenso ausführlich geübt, wie sie in den ersten Wochen und Monaten im Kindergarten geübt worden sind. Sowenig man im Kindergarten erwartet, daß die Anfänger bereits über einige grundlegende soziale Fähigkeiten zumindest ansatzweise verfügen, die sich dann bewähren und weiterentwickelt werden können, setzt man bei den Schulanfängern voraus, daß sie bereits über 'abstrakte' Fähigkeiten in bezug auf das Zusammenleben in der Gruppe verfügen. Es reicht aus, wenn der Neuling eine generelle Offenheit für die neue Situation und die neuen Aufgaben mitbringt. Wenn für den Kindergarten – jedenfalls nach dem Selbstverständnis der meisten Erzieherinnen – nichts wichtiger ist als das glückliche Zusammenspiel der Kinder, dann ist das kein pädagogischer Euphemismus. Denn die vielleicht wichtigste soziale Kompetenz, die im Kindergarten vermittelt werden soll und – soweit ich sehe – weitgehend wohl auch vermittelt wird, ist die freudige Bereitschaft, sich vorbehaltlos auf die gemeinsamen Aktivitäten einzulassen und damit jene Offenheit, jene Nachgiebigkeit und jenes Vertrauen zu zeigen, die ein Kind als *sunao* auszeichnet. Wie könnte sich diese Offenheit besser bewähren als in der Bereitschaft, sich vertrauensvoll dem Fluß der Aktivitäten zu überlassen, sich ohne zu zögern auf immer neue Situationen einzustellen und aufgeschlossen an ihnen zu partizipieren?

'Erziehung' ist somit, wenn überhaupt, weit weniger eine 'psychologische' Angelegenheit als bei uns. Es geht weniger darum, dem Kind abstrakte, von Ort und Zeit unabhängige Kompetenzen zu vermitteln und seine Motivationen, Bedürfnisse, Impulse zu verändern – sie sind *durchweg* legitim – als sie an ihren Ort zu verweisen. Sie müssen nicht unterdrückt, umgeformt oder gefördert werden, das Kind muß vielmehr *lernen, verstehen,* wo sie am Platze sind und wo nicht. Nicht die *Integration* der verschiedenen Erfahrungen scheint im Zentrum der pädagogischen Bemühungen zu stehen, sondern die *Segregation* der verschiedenen Lebensbereiche voneinander, die Förderung des Bewußtseins der unterschiedlichen Aufgaben und Haltungen, die sie dem einzelnen abverlangen, aber auch der verschiedenen Gratifikationen, die sie gewähren. 'Erziehung' ist so wesentlich die Organisation von Differenzerfahrungen.

V. EINIGE ASPEKTE DER SCHULISCHEN SOZIALISATION

1. Massenbildung und Selektion

Das japanische Schulwesen gilt als eines der entwickeltsten Massenbildungssysteme der Welt. Nach offiziellen Angaben besuchen gegenwärtig mehr als 90 Prozent aller japanischen Schüler[26] über die obligatorische sechsjährige 'Grundschule' *(shogakko)* und die dreijährige 'Mittelschule' *(chugakko)* hinaus eine dreijährige 'Oberschule' *(kotogakko),* so daß ein Schulabschluß nach der Sekundarstufe II faktisch die Regel ist; und mehr als 35 Prozent eines Jahrgangs studieren an einer Hochschule oder (etwa ein Fünftel davon) an einer (zweijährigen) 'Kurzuniversität' (*tanki daigaku*; abgekürzt: *tandai*) (vgl. Ministry of Education 1988).

Nicht nur formal, auch inhaltlich scheint das Niveau der schulischen Ausbildung vergleichsweise hoch zu sein. Zumindest in den naturwissenschaftlichen Fächern und in der Mathematik stehen japanische Schüler in OECD-Vergleichsuntersuchungen regelmäßig an der Spitze (vgl. STEVENSON et al. 1986). Das muß – von der Problematik solcher vergleichenden Untersuchungen einmal ganz abgesehen – nicht unbedingt ein Indiz für besseren Unterricht sein. Der Vorsprung, den japanische Schüler etwa in Mathematik gegenüber ihren amerikanischen Altersgenossen zeigen, erklärt sich wenigstens teilweise bereits aus den unterschiedlichen Curricula. Ein Vergleich der Lehrpläne und der Lehrbücher in Japan und in den USA hat gezeigt, daß Mathematik in japanischen Schulen eine deutlich größere Rolle spielt und die gleichen Lerngegenstände durchweg früher behandelt werden als in amerikanischen (ebd., S. 206). Hinzu kommt, daß die Unterrichtszeit generell länger ist als in den USA oder bei uns[27] und – aus Gründen, auf die noch zurückzukommen sein wird – auch intensiver genutzt wird. STEVENSON et al. (1986, S. 206) gehen daher davon aus, daß Erstkläßlern in Japan fast doppelt soviel Mathematik (bzw. Rechnen) gelehrt wird wie in den USA. Die Differenz ist später weniger dramatisch, bleibt aber immer noch signifikant. Auch in den meisten anderen Fächern erhalten japanische Schüler durchweg mehr Unterricht als etwa amerikanische. ROHLEN (1983, S. 321) schätzt summarisch, daß japanische Oberschulabsolventen im Durchschnitt etwa über den Wissensstand eines amerikanischen College-Absolventen verfügen.

Anders als in den USA stehen in der Berichterstattung bei uns – ganz ähnlich wie in Japan selbst – allerdings nicht so sehr die (wie auch immer bewerteten) Leistungen des japanischen Schulsystems im Vordergrund als seine Probleme. Vor allem die japanische 'Examenshölle' und ihre Begleiterscheinungen haben sowohl in der interessierten Öffentlichkeit als auch bei der wissenschaftlichen Beschäftigung mit dem japanischen Bildungssystem[28] traurige Berühmtheit erlangt und fehlen kaum je, wenn von den 'Schattenseiten' des 'japanischen Wunders' die Rede ist.

Der äußere Anlaß für den extremen Bildungswettlauf sind die Eintrittsprüfungen, die den Hochschulzugang regeln. Dabei geht es primär nicht darum, überhaupt einen Studienplatz oder – wie bei unserem Numerus clausus – einen Studienplatz in einem bestimmten Fach zu bekommen, sondern vor allem um einen Platz an einer möglichst angesehenen und 'guten' Universität. Vom Rang der besuchten Hochschule ist praktisch die gesamte spätere Laufbahn abhängig. Den Absolventen einer der angesehensten, zumeist staatlichen Universitäten in den Zentren Tokyo und Kyoto ist – unabhängig vom ohnehin kaum gemessenen Studienerfolg und weitgehend unabhängig vom Studienfach – eine Führungsposition in der staatlichen Verwaltung oder in der Wirtschaft so gut wie sicher, während sich ein Studienabgänger von einer der zahlreichen kleineren, zumeist privaten Universitäten in der Provinz mit bescheideneren Positionen zufriedengeben muß. Da auch die Arbeitsplatzvermittlung fast ausschließlich in der Hand der Hochschulen liegt – die Studenten werden bisweilen schon ein Jahr vor Studienabschluß auf Vermittlung der Hochschule von den Firmen rekrutiert – und viele Betriebe überhaupt nur Absolventen bestimmter Hochschulen einstellen, entscheidet die Hochschulaufnahmeprüfung faktisch über die gesamte berufliche Zukunft.

Prestigehierarchien unter Universitäten gibt es freilich auch anderswo, und in vielen anderen Ländern (in den USA, in Großbritannien oder Frankreich) finden sich 'Elite-Institutionen', deren Absolventen einen beträchtlichen Teil der gesellschaftlichen Führungspositionen faktisch unter sich verteilen. Dennoch hat der Bildungswettlauf wohl nirgends, zumindest in keinem anderen 'westlichen' Industriestaat (in ostasiatischen 'Schwellenländern' sind vergleichbare Entwicklungen im Gange) derart dramatische Formen angenommen. Der Medienrummel, der alljährlich um die universitären Eingangsprüfungen veranstaltet wird, ist dafür ein vielleicht äußerliches, aber doch symptomatisches Indiz. Berichtet wird nicht nur über die Ränge der verschiedenen Universitäten, die sich u. a. nach Alter und Größe der Hochschule und ihrer (staatlichen, kommunalen oder privaten) Trägerschaft, vor allem aber nach der Bewerberrate und dem Verbleib ihrer Absolventen bestimmen, sondern auch über den genauen Verlauf der Aufnahmeprüfungen (Termine, vermuteter Schwierigkeitsgrad usw.). Geprüft wird im wesentlichen leicht operationalisierbares Faktenwissen aus den wichtigsten Schulfächern; 'bessere' Universitäten verlangen darüber hinaus häufig noch speziellere Kenntnisse, die im normalen schulischen Curriculum nicht vorgesehen sind. Der Rang der Hochschule ist so wesentlich, daß viele angehende Studenten, selbst wenn sie die Aufnahmeprüfung an einer Hochschule bestanden haben, es vorziehen abzuwarten in der Hoffnung, im nächsten Jahr die Prüfung an einer 'besseren' Universität erfolgreich absolvieren zu können. An 'guten' Universitäten sind bis zu einem Drittel der Neuzugänge solche *ronin* (herrenlose *samurai*), die nach ihrem Oberschulabschluß an privaten Vorbereitungsschulen noch ein oder mehrere Jahre weiter gebüffelt haben. Die Bekanntgabe der Prüfungsergebnisse wird selbst bei 'mittleren', nur regional wichtigen Universitäten regelmäßig von lokalen Fernsehstationen übertragen.

Der Wettbewerb um einen 'guten' Studienplatz prägt inzwischen das Verhalten von Eltern und Kindern vielfach schon vor dem ersten Schultag. Aufnahmeprüfungen in Kindergärten sind zwar Ausnahmeerscheinungen, aber generell legen viele Eltern großen Wert darauf, ihren Kindern schon möglichst frühzeitig einen Vorsprung im Bildungswettlauf zu sichern. Obgleich die meisten Kindergärten keineswegs schulisch ausgerichtet sind, kann ein beträchtlicher Teil der Kinder bereits bei Schulbeginn die (vergleichsweise einfache) Silbenschrift *(hiragana)* lesen oder sogar schreiben (vgl. Stevenson et al. 1986a). Offenbar machen vor allem die Mütter ihre Kinder schon frühzeitig spielerisch mit den Schriftzeichen vertraut (Tobin et al. 1989, S. 57ff.) und werden dabei durch ein vielfältiges Angebot von Kindermedien unterstützt (vgl. Peak 1989a, S. 128). Für einen Teil der Eltern scheint es schon fast üblich zu sein, ihre Kinder bereits in der Grundschulzeit (oder noch früher) zusätzlich zu privaten Englischlektionen zu schicken, um sie damit optimal auf den Englischunterricht in der Mittelschule vorzubereiten. Insbesondere für Mittel- und Oberschüler existiert überdies eine Vielzahl (teurer) privater Nachhilfe- bzw. Vorbereitungsschulen *(juku),* die die Schüler am späten Nachmittag, an Sonn- und Feiertagen oder/und in den Ferien besuchen.

Der harte Kampf um einen Vorsprung im Bildungswettlauf ist nicht nur eine Angelegenheit besonders ambitionierter Eltern, sondern hat gravierende Auswirkungen auf das gesamte Schulsystem und betrifft auch die Schüler, die sich an diesem extremen Wettbewerb nicht beteiligen wollen oder (etwa aus finanziellen Gründen) nicht beteiligen können. In Japan wird immer wieder beklagt, daß Schulen und Lehrer schon an der Mittelschule unter den Druck geraten, ihren Unterricht auf den Übergang zur Oberschule auszurichten. Unterricht und Lernklima werden immer mehr von der Vermittlung prüfungsrelevanten Faktenwissens und der Vorbereitung auf (spitzfindige) multiple-choice-Fragen bestimmt, und das Lerntempo wird zunehmend von den Schülern vorgegeben, für die der Unterricht an der öffentlichen Schule nur noch eine Wiederholung ihres privaten Lernprogramms an der Vor- und Nachbereitungsschule darstellt. Dies veranlaßt dann natürlich weitere Schüler, ihrerseits die privaten Vorbereitungsschulen zu besuchen. Die öffentlichen Schulen können dem in der gegenwärtigen Situation kaum etwas entgegensetzen, zumal ja auch ihr Ansehen von der Zahl der Absolventen abhängt, denen es gelingt, an einer 'guten' Universität anzukommen.

Selbst unter den Grund- und vor allem den Mittelschulen gibt es inzwischen, trotz des vorgegebenen einheitlichen Curriculums, eine informelle Prestigehierarchie. Um die Chancen ihrer Kinder zu verbessern, versuchen einzelne Eltern, die staatliche Einteilung in Schulbezirke durch fiktive Adressen o. ä. zu umgehen und die Kinder so in angeblich besseren Schulen unterzubringen. Anlaß dafür sind die Aufnahmeprüfungen für die Oberschule. Auch hier gibt es 'gute' und 'weniger gute' Oberschulen, wobei natürlich die Oberschulen als 'gut' gelten, die besonders viele Absolventen an 'guten' Universitäten unterbringen können. Sowohl die staatlichen wie die privaten Oberschulen geben regelmäßig bekannt, welcher Anteil ihrer Absolventen in Hochschulen eingetreten ist, und Zeitschriften ergänzen diese Statistik durch Informationen darüber, von welchen Schulen genau die meisten Bewerber an welchen Universitäten angekommen sind. Die Reputation der Oberschulen wirkt dabei wie eine "self-fulfilling prophecy". Die Schule, die die besten Bewerber anzieht, hat keine Probleme, ihre gute Reputation zu sichern, und die Schulen mit schlechtem Ruf haben kaum Chancen, sich zu verbessern (vgl. ROHLEN 1983, S. 122ff.).

Für diesen exzessiven Bildungswettbewerb gibt es verschiedene Gründe, auf die ich hier nur kurz hinweisen kann. Zunächst steht er sicherlich in Zusammenhang mit der starken Expansion der weiterführenden Bildung, die – wie anderswo auch – zu einer Entwertung der Bildungsabschlüsse geführt hat und dem einzelnen – schon zur Sicherung der erreichten relativen sozialen Position der Herkunftsfamilie – vermehrte Bildungsanstrengungen abverlangt. Sowohl der Anteil der Jugendlichen, der eine Oberschule besucht, als auch der Anteil derjenigen, der die Ausbildung an einer Hochschule fortsetzt, hat sich – übrigens im Gegensatz zu den proklamierten bildungspolitischen Zielen (vgl. Teichler 1992, S. 21f.) – zwischen 1955 und 1975 beinahe verdoppelt und ist seither etwa gleichgeblieben (vgl. Ministry of Education 1988, S. 24f.). Ein Oberschulabschluß kann unter diesen Umständen keinen besseren oder auch nur einen einigermaßen gesicherten Status mehr verbürgen; fehlt er jedoch, ist das ein ernstes lebenslanges Handikap (Shields 1989, S. 104). Tatsächlich betrifft der Wettbewerb heute keineswegs mehr den Hochschulzugang allein. Gerade die Zugangsprüfung zur Oberschule stellt nicht nur eine wichtige Vorentscheidung im Hinblick auf die Chancen beim Zugang zur Universität dar, sondern teilt faktisch die gesamte Alterskohorte in Klassen ein, die das zukünftige berufliche und soziale Schicksal fast unwiderruflich determinieren. Insofern ist die gesamte heranwachsende Bevölkerung (eher mehr als weniger) in den Bildungswettbewerb involviert oder zumindest von seinen Folgen betroffen.

Damit deutet sich schon an, daß das Verhältnis von Bildungs- und Beschäftigungssystem und vor allem die Rekrutierungspraktiken der Großbetriebe eine entscheidende Rolle bei der Aufrechterhaltung und Forcierung des Bildungswettlaufs spielen. Der vorberufliche Bildungserfolg wird von den einstellenden Organisationen nicht nur besonders deutlich belohnt; er stellt zudem das wichtigste, wenn nicht überhaupt das einzige Kriterium für die Auswahl der Bewerber oder zumindest für ihre Zulassung zur betrieblichen Eingangsprüfung dar. Da es im Bildungswesen kaum inhaltliche Diversifikationen gibt, jedenfalls keine, die von den Arbeitgebern honoriert würden, und – mit einigen Ausnahmen vor allem im Bereich sozialer Dienstleistungen – weder eine nennenswerte öffentliche noch eine reguläre private Berufsausbildung existiert (vgl. Ernst 1980, S. 257ff.; Georg 1987), sind die punktuellen Zugangsprüfungen für nahezu alle Einsteiger in das Erwerbsleben *der* Schlüssel für soziale Sicherheit, Status und Karrierechancen.

Verschärft wird die Situation noch durch die sehr ausgeprägte duale Struktur der japanischen Wirtschaft. Sie bringt nicht nur beträchtliche Unterschiede in Arbeitsproduktivität, Lohnniveau, betrieblichen Sozialleistungen, Pensionszahlungen, Arbeitsbedingungen, Arbeitsplatzsicherheit usw. mit sich, sondern auch zwei separate Arbeitsmärkte. Der zweite, 'schlechtere' ist dabei in etwa mit dem Arbeitsmarkt in unserem Verständnis vergleichbar, nur daß hier eben lediglich relativ unsichere, untergeordnete und wenig angesehene Arbeitsplätze gehandelt werden. Auf der anderen Seite steht das bekannte System der Dauerbeschäftigung für die Stammarbeitnehmerschaft in den Großbetrieben mit einer gewissen Fluktuation der Beschäftigten innerhalb der oft riesigen Industriekonglomerate. Faktisch zwingt somit der erste Eintritt in einen Betrieb den Schul- bzw. Hochschulabgänger auf die eine oder andere Seite dieser dualen Struktur. Von daher ist es nicht verwunderlich, daß das System der Dauerbeschäftigung, auch wenn es höchstens 30 Prozent aller Beschäftigten betrifft (vgl. ERNST 1980, S. 21),[29] das Verhalten der Heranwachsenden (und ihrer Eltern) sowie die Entwicklung ihrer Lebensperspektiven nachhaltig prägt, jedenfalls solange sie sich eine realistische Chance ausrechnen können, in dieses System aufgenommen zu werden.

Die begehrten Großkonzerne scheinen inzwischen praktisch nur noch Universitätsabsolventen in Stammarbeitsverhältnisse zu übernehmen, allerdings auch nicht jeden Absolventen jeder Universität. Selbst ein Universitätsstudium ist dementsprechend gegenwärtig „zwar notwendige, keineswegs aber hinreichende Bedingung für die Einstellung in Großunternehmen und damit die Zugehörigkeit zur Stammarbeitnehmerelite" (BOBKE/LECHER 1990, S. 48). Das Studienfach spielt dabei, wenn überhaupt, nur eine untergeordnete Rolle. Unter den Hochschulabsolventen stehen nach Schätzungen bei mindestens 50 Prozent ihre Tätigkeiten im Betrieb in keinem oder kaum einem Zusammenhang mit ihrem Studienfach (vgl. ERNST 1980, S. 338 und S. 344). Bewerber mit einer ausgeprägten Berufsidentität oder gar einer eigenen Berufsbiographie haben nur wenig Chancen; zumindest die Großbetriebe bevorzugen das 'unbeschriebene Blatt', das nach einer mehr oder weniger formalisierten betriebsspezifischen Grundausbildung über Trainings 'on the job' in wechselnden Bereichen disponibel einsetzbar ist. Dauerbeschäftigung und Karrierestabilität hängen damit zumindest in den 'besseren' Erwerbssektoren ausschließlich vom Erfolg beim Beschäftigungs*einstieg* ab, „dessen Qualität wiederum vom formalen Niveau des Bildungsabschlusses und vom informellen Rang der besuchten Bildungseinrichtung bestimmt wird" (GEORG 1992, S. 55f.). Wer hier scheitert, wird das auch in seiner späteren Berufsbiographie kaum ausgleichen können.

Von Chancengleichheit kann damit kaum mehr die Rede sein. Zwar gilt für die Struktur des Bildungssystems wie auch für die Bildungsfinanzierung nach wie vor, daß sie stärker als in vielen anderen hochindustrialisierten Ländern daraufhin angelegt ist, allen Bevölkerungsgruppen eine Chance zum Bildungserfolg zu bieten. So fordern die staatlichen Hochschulen, die ihren Absolventen Spitzenpositionen in Aussicht stellen können, wesentlich weniger Prüfungs- und Studiengebühren als die privaten Universitäten. Allerdings ist dies allenfalls für den ganz kleinen Teil der Schüler relevant, denen es mühelos, d. h. ohne Unterstützung durch *juku,* gelingt, in die 'besten' öffentlichen Oberschulen und Universitäten zu gelangen. Normalerweise ist der Bildungserfolg sehr stark von der Bereitschaft und natürlich den Möglichkeiten der Eltern abhängig, in die schulische und berufliche Zukunft ihres Kindes zu investieren. Deutlich benachteiligt sind damit natürlich die sozial schwächeren Schichten, aber auch häufig die Mädchen aus bessergestellten Familien. Angesichts der generellen Benachteiligung von Frauen im Arbeitsleben, die sich vor allem darin zeigt, daß sie kaum Chancen haben, in die Stammbelegschaften aufgenommen zu werden (vgl. dazu WEBER 1992), ist es bei knappen finanziellen Ressourcen schon von ökonomischen Gesichtspunkten her gesehen 'rationaler', bei Status-Investitionen zunächst an den Sohn und erst dann an die Tochter zu denken. Zwar haben die Mädchen – ähnlich wie bei uns – sehr stark von der allgemeinen Bildungsexpansion profitiert, aber das obere (wie übrigens auch das untere[30]) Ende der Bildungshierarchie ist deutlich männlich dominiert. Sowohl an den 'besseren' Oberschulen (vgl. ROHLEN 1983, S. 124) als auch an den angeseheneren Hochschulen finden sich weit mehr Jungen als Mädchen. In den ranghöchsten Universitäten liegt der Anteil der Studentinnen unter 10 Prozent (vgl. AUSLITZ-BLESCH 1992, S. 153).

Angesichts der Bedeutung der jeweiligen *Zulassungs*prüfungen mag man schließlich auch zweifeln, ob es sinnvoll ist, beim Vergleich des japanischen Bildungssystems mit anderen Bildungssystemen ausschließlich die Bildungs*abschluß*quoten zugrunde zu legen. BOBKE/LECHER (1990, S. 49) gehen statt dessen kurzerhand von den jeweiligen „Eingangswechselquoten zu höheren Bildungsinstitutionen" aus, eben weil – so ihre lapidare Begründung – „in Japan die Eingangsprüfungen über Erfolg und Mißerfolg entscheiden". Demnach verfügen immerhin noch mehr als 90 Prozent aller Schulabsolventen über einen „Realschulabschluß" (nämlich all die, die auf eine Oberschule wechseln), aber nur noch etwa 35 Prozent über einen „Oberschulabschluß" (im

Sinne einer Eingangsberechtigung für die Hochschule[31]) und nur etwa 5 Prozent über einen Universitätsabschluß (im Sinne einer Berechtigung zur Aufnahme eines Graduiertenstudiums[32]). Natürlich sind auch diese Zahlen nicht sehr befriedigend. Sie berücksichtigen etwa zu wenig, daß es (beispielsweise in der Medizin oder in manchen technischen und naturwissenschaftlichen Bereichen) eben doch auch berufsqualifizierende Studiengänge gibt und daß weitere drei Jahre Oberschule oder vier Jahre Universität wahrscheinlich nicht spurlos an den Schülern oder Studenten vorübergehen, auch wenn der Schul- oder Studienerfolg kaum gemessen wird. Aber sie scheinen doch eher als die üblichen Daten geeignet, zumindest den jeweiligen 'Marktwert' einer Bildungslaufbahn zu kennzeichnen, und können vielleicht auch helfen, die meist unkommentiert übernommenen offiziellen Daten etwas zu relativieren. Dies scheint mir gerade im Blick auf viele in dieser Hinsicht oft unkritische Untersuchungen (vor allem aus den USA) wichtig, die – mit starrem Blick auf die Exporterfolge der japanischen Wirtschaft – in einer eigentümlich ökonomistischen Wendung nur noch von der Frage getrieben scheinen, *warum* das japanische *Bildungswesen* so erfolgreich ist, ohne diese Leistungsfähigkeit und den unterstellten Zusammenhang von Bildungssystem und wirtschaftlichem Erfolg selbst näher zu prüfen (vgl. dazu auch TEICHLER 1992).

Im Mittelpunkt der folgenden Überlegungen sollen nun allerdings nicht die Entwicklung, Struktur und Leistungsfähigkeit des japanischen Bildungswesens oder die „Exzesse der fortgeschrittensten Meritokratie der Welt" (ROHLEN 1983, S. 82) stehen, sondern Aspekte der schulischen Sozialisation. Diese Sozialisation in und vermittels Schule ist natürlich in den institutionellen Kontext eingebunden; umgekehrt scheint aber auch dieser institutionelle Kontext von Sozialisationserfordernissen geprägt zu sein, die auf spezifische Anforderungsstrukturen verweisen, die wiederum aus einer spezifischen Form der gesellschaftlichen Integration der Individuen resultieren. Grundlegend scheint mir dabei der Widerspruch zwischen den Selektionserfordernissen einerseits und den innerhalb der Schulen geradezu hartnäckig aufrechterhaltenen Prinzipien der harmonischen Kooperation andererseits, aus dem sich eine Dynamik entwickelt, die dem System insgesamt erst seine besonderen Konturen verleiht und die, bei allen damit verbundenen Problemen, mit dazu beiträgt, es gleichsam am Leben zu erhalten.

2. *Das Prinzip der harmonischen Kooperation*

Anders als man es in einem derart vom Wettbewerb geprägten Bildungssystem erwarten würde, ist der Alltag in japanischen Schulen keineswegs in besonderem Maße von Konkurrenz geprägt. Vor allem in den Grundschulen, zum Teil aber auch in den Mittelschulen und verstärkt wieder in den Oberschulen herrscht ein ausgesprochen egalitäres Erziehungsklima vor, das auf die Gleichbehandlung aller zielt. Zwar stehen Schulen und Lehrer, vor allem was die Inhalte und das Lehrtempo angeht, unter einem enormen Druck, aber im Klassenzimmer werden direkte Konkurrenz und explizite Leistungsvergleiche soweit wie möglich vermieden (vgl. CUMMINGS 1980, S. 39). Zumindest in den ersten Jahren bestimmen weitgehend die schwächeren Schüler das Lerntempo. Daß ein Schüler nicht 'versetzt' wird, ist nicht vorgesehen. Wer einmal dazugehört, wird mitgenommen. Selbst einem Studenten ist mit der bestandenen Zulassungsprüfung ein Abschluß so gut wie sicher, wenngleich die Bewertungen im Abschlußzeugnis natürlich (leicht) differieren. Wo Konkurrenz sich nicht vermeiden läßt, wird sie einem externen, anonymen Arrangement überantwortet. Die Aufnahmeprüfungen und der damit verbundene Konkurrenzdruck werden von den Schulen wie externe Faktoren behandelt, die zwar – wie immer wieder beklagt wird – die schulische Praxis vor allem in den Mittel- und Oberschulen ganz maßgeblich beeinflussen, auf die sie aber, soweit das irgend möglich ist, mit Abwehr (oder schließlich auch Resignation) reagieren.

Vor allem in den Grundschulen gehorcht die Form der Unterrichtsorganisation ganz ähnlichen Prinzipien wie die Strukturierung des Lebens im Kindergarten. Allerdings fällt hier zunächst wohl eher der 'Drill' ins Auge als das 'Chaos'. Meist sieht man etwa 40 Schülerinnen und Schüler in einem verhältnismäßig kleinen Klassenzimmer ruhig dasitzen, die Hände auf den Oberschenkeln oder hinter dem Rücken, offensichtlich sehr aufmerksam dem Vortrag des Lehrers lauschen, den sie manchmal sogar (oft wieder unisono) mit Ausdrücken begleiten, die man im Deutschen mit „aha" o. ä. übersetzen könnte. Frontalunterricht ist die Regel. Die Schüler beteiligen sich hauptsächlich, indem sie gemeinsam nachsprechen, rezitieren, kurz gemeinsam antworten oder einzeln – etwa so, wie wir es aus konventionellen Unterrichtssituationen bei uns kennen – vorlesen oder auf Fragen des Lehrers antworten. Dabei pflegen sie in der Regel aufzustehen, den Stuhl sorgfältig unter die Bank zu schieben, sich dahinter oder daneben aufzustellen (selbst wenn die Antwort nur aus zwei bis drei Wörtern besteht), laut und deutlich zu sprechen, um sich dann wieder still hinzusetzen. – Natürlich wird man berücksichtigen müssen, daß die Anwesenheit eines Beobachters die Situation mitformt, oft also besonders perfektes Verhalten vorgeführt wird. Und natürlich gibt es auch Unterschiede von Lehrer zu Lehrer, von Klasse zu Klasse, nach Schulen und vielleicht auch nach Regionen. Manche Berichte heben stärker die lebhafte Atmosphäre in den ersten Klassen der Grundschulen hervor und betonen, daß amerikanische Lehrer durch den tolerierten Lärm wahrscheinlich gestört wären (vgl. White 1987, S. 68). Aber auch sie sehen, daß diese lockere Stimmung allmählich einem disziplinierteren und zumindest punktuell ritualisierten Verhalten weicht (vgl. ebd., S. 103).

Entgegen dem ersten Augenschein, der durch die starre Sitzordnung, die ausgiebigen Begrüßungs- und Verabschiedungsrituale mit den tiefen Verbeugungen, das Marschieren auf dem Schulhof oder den 'Morgenappell' bestimmt wird, ist der Unterrichtsstil keineswegs (in unserem Verständnis) 'autoritär'. Gerade in den Grundschulen wirken die Lehrer in den meisten Fällen außerordentlich entspannt, wohlwollend und nicht selten geradezu nachsichtig. Auch die Schüler machen (auf mich und die meisten anderen Beobachter und Beobachterinnen) bei aller punktuellen Förmlichkeit keineswegs einen angespannten oder gar eingeschüchterten Eindruck. Am Unterricht beteiligen sie sich, soweit das verlangt wird, durchaus lebhaft, und besonders (ritualisierte) Fragen, die an die ganze Klasse gerichtet sind, nutzen sie dankbar zu einer lautstarken Demonstration ihres Engagements. Immer wieder gibt es Gelegenheiten, auch im Unterricht körperlich aktiv zu werden, natürlich im Sport, der generell eine große Rolle spielt, aber auch in kleinen Entspannungsübungen. Im Musikunterricht werden Tänze eingeübt, in der Rechenstunde aufwendige Messungen durchgeführt, es gibt Projekte, Exkursionen usw. (vgl. auch Lewis 1988, S. 166f.). In den großen und den (10 Minuten langen) kleinen Pausen werden die Schülerinnen und Schüler – auch im Klassenzimmer – nicht nur sehr lebhaft und ausgelassen, rennen, rempeln, reden, schreien, lachen und nehmen neugierig Kontakt zu dem Besucher auf, sondern zeigen sich auch gegenüber ihren Lehrerinnen und Lehrern ganz unbefangen, ja sie scheinen oft ein geradezu herzliches Verhältnis zu ihnen zu haben (die Kleineren schmiegen sich an oder klettern auf den Schoß).

Der 'Drill', der so sehr ins Auge fällt, ist offenbar – ganz ähnlich wie im Kindergarten – nur *ein* Element in einem übergreifenden Arrangement, das aus dem Wechsel der Tätigkeitsformen lebt. Dabei muß vor allem berücksichtigt werden, daß Schule in Japan keineswegs nur Unterricht ist und auch keineswegs als eine bloße „Aneinanderreihung von Unterrichtsstunden mit dazwischenliegenden (Atem-) Pausen“ (Buchholz 1989, S. 56) verstanden wird. Einen typischen Tag in der Grundschule schildert Buchholz (ebd., S. 56f.) so:

> Es ist vorgeschrieben, daß die Schüler schon bis zu fünfundzwanzig Minuten vor Unterrichtsbeginn in der Schule anwesend sind. In der Zeit vor Unterrichtsbeginn findet entweder eine Morgenversammlung *(chokai)* der gesamten Schule statt, oder jede Klasse hält eine kleine Versammlung im eigenen Klassenverband ab. (Ein Lied wird gesungen, der Tagesplan wird besprochen, die verschiedenen Schülerdienste treten ihren Dienst an.)
>
> Nach den ersten vier Unterrichtsstunden ißt jede Klasse gemeinsam zu Mittag; ein Tagesdienst ‘rollt’ die der Klasse zugeteilten Portionen in den Klassenraum und verteilt sie; nach dem Essen putzt sich die ganze Klasse gemeinsam die Zähne. Nach einer großen Pause wird von allen Kindern das jeweilige Klassenzimmer, aber auch das gesamte Schulgebäude aufgeräumt und saubergemacht. Danach wird der Unterricht noch ein bis zwei Stunden fortgesetzt. Nach Unterrichtsschluß findet wiederum eine kurze Klassenversammlung statt, in der ein Lied gesungen wird, die Dienste für den folgenden Tag festgelegt und etwa aufgetretene Probleme geregelt werden.
>
> Nach dieser Versammlung verteilen sich die Kinder auf die verschiedensten außerunterrichtlichen Aktivitäten *(tokubetsu katsudo)*, die von der Schule als dem wissensvermittelnden Unterricht gleichgestellter Bereich angeboten werden. (Die Kinder können wählen, welcher Gruppe sie sich anschließen wollen; die Zugehörigkeit zu einer Gruppe ist jedoch obligatorisch.) Der Schultag endet erst am späten Nachmittag, am Samstag gegen Mittag.

Schon diese knappe Schilderung (zu detaillierteren Angaben und Varianten vgl. insgesamt Kopp 1990, bes. S. 49ff.) zeigt, daß Schule weit mehr organisierte außerunterrichtliche Aktivitäten beinhaltet als etwa bei uns (aber wohl auch als in den meisten westlichen Ländern mit Ganztagsschulen). Sie wird als umfassender sozialer Raum organisiert, der das Leben der Kinder fast ganz und gar in Anspruch nimmt und strukturiert. Bereits im institutionellen Arrangement deutet sich an, daß die Kinder in erster Linie Schülerinnen und Schüler sind. Schule und Lernen sind keine Unterbrechungen ihrer ‘Freizeit’, ihres Spiels; sie bezeichnen keine bloßen (notwendigen? lästigen? teilweise interessanten?) Teile ihres Tagesablaufs; Schule ist vielmehr ihr Lebensinhalt, der sie ganz absorbiert und (mit allen positiven und negativen Konnotationen dieses bildlichen Ausdrucks) ‘gefangennimmt’.

Dieses Arrangement wird von den Eltern und der sozialen Umgebung insgesamt nach Kräften unterstützt. Es gibt nicht nur die ausführlich zelebrierten Einführungszeremonien, bei denen alle Beteiligten in festlicher Kleidung antreten (später unterstreichen dann zusätzlich die Aufnahmeprüfungen die Bedeutung des erreichten Status), und – im Kindergarten, im Elternhaus, in der Nachbarschaft – eine monatelange Einstimmung auf diesen 'großen Augenblick'; auch die Identität des Kindes wird ganz um die Schule zentriert. Jedes Kind wird stets als Schüler oder Schülerin einer bestimmten Schule identifiziert, und selbst sein Alter wird nach Schuljahren gemessen. Das bedeutet – zumindest was das Elternhaus betrifft – nicht unbedingt, daß vom Kind jetzt mehr verlangt würde. Eher werden die Schulkinder im Gegenteil von allen weiteren Verpflichtungen – soweit sie überhaupt welche haben – und manchmal selbst elementaren Verhaltensanforderungen entbunden und ganz für ihre Aufgaben als Schüler freigestellt (vgl. auch Kopp 1990, S. 84), bei deren Bewältigung sie dann aber im allgemeinen soweit wie möglich von der Mutter unterstützt werden (vgl. Lebra 1984, S. 192ff.). Gerade im Bewußtsein der Eltern scheint die Schule meist wichtiger zu sein als die Familie. Auch wenn Eltern bisweilen unzufrieden mit der Schule sind, ist die in westlichen Gesellschaften übliche Rivalität von Ansprüchen der Schule und Ansprüchen des Elternhauses nicht sehr ausgeprägt. Im Zweifelsfall dürften die meisten Eltern gegenüber der Schule zurückstecken, ja oft scheinen sie sogar ganz darauf zu verzichten, ihren Kindern *eigene,* nicht auf den schulischen Kontext bezogene Orientierungen zu vermitteln. Kritische japanische Pädagogen beklagen gelegentlich, daß Mütter dazu neigen, der Schule gleichsam einen moralischen Blankoscheck zu überlassen (vgl. Cummings 1980, S. 97), und eher bereit sind, den Lehrer zu bitten, strenger zu ihrem Kind zu sein, als selbst in die moralische Erziehung ihres Kindes einzugreifen (vgl. etwa Horio 1988, S. 16; Singleton 1989, S. 13). – Die Mittelschüler, die durch ihre Uniformen jederzeit als solche erkennbar sind, genießen nach meinem Eindruck – selbst in der Öffentlichkeit – fast schon so etwas wie 'Narrenfreiheit'; es scheint für alle, die ihnen begegnen, klar zu sein, daß sie mit nichts anderem als mit Schule und der Vorbereitung der Eintrittsexamina für die Oberschulen beschäftigt sind, und man darüber hinaus kaum etwas von ihnen erwarten oder gar verlangen kann.

Es gibt, soweit ich sehe, auch nicht die bei uns beinahe typische Ambivalenz von Erwachsenen (Eltern wie Lehrer) der Schule gegenüber, die zwar einerseits als unverzichtbar gilt, andererseits aber doch einen zumindest mit gemischten Gefühlen betrachteten Einbruch der Erwachsenenwelt in das (verklärte) kindliche Universum darstellt.

Die Schule ist der Dreh- und Angelpunkt in der Existenz eines Schülers, nicht nur ein Pol (Rohlen 1983, S. 161). Schüler (und vielleicht etwas weniger ausgeprägt auch Schülerinnen) sind immer und unter allen Umständen in erster Linie Schüler; es gibt für sie keine auch nur annähernd gleich wichtigen Verpflichtungen oder wünschenswerten Optionen als die, die sich aus dem Schulleben ergeben.

Bedingung für diese beinahe 'totale' Integration ist freilich, daß das Schulleben so viele Aspekte der kindlichen Lebenswelt wie möglich integriert. Man könnte hierin – mit der gebotenen Vorsicht gegenüber voreiligen Verallgemeinerungen – einen Grundzug japanischer Gruppenorganisationen überhaupt sehen, denn auch die Betriebe tendieren dazu, sich nicht von der sie umgebenden Lebenswelt abzugrenzen, sondern eine eigene Lebenswelt zu schaffen (vgl. etwa Deutschmann 1987, S. 77). Entsprechend versucht die Schule, verschiedene Räume für unterschiedliche Aktivitäten zu bieten und auch im Unterricht Raum für unterschiedliche Formen der Teilhabe und des Engagements zu schaffen. Lehrer legen im allgemeinen großen Wert darauf, daß die Kinder genügend Gelegenheit haben sich auszutoben – in den Pausen, bei gemeinsamen außerunterrichtlichen Aktivitäten, zur Not aber auch im Unterricht selbst. Sie betonen immer wieder, wie wichtig es ihnen ist, daß die Kinder sich in der Schule wohlfühlen, daß sie Kontakt finden, mit anderen Kindern spielen, gut mit der Gruppe zurechtkommen und Freundschaften schließen. „Ich bemühe mich sehr darum", so kann man die typische Äußerung einer Lehrerin paraphrasieren, „daß alle Kinder in der Schule Freunde finden. Gerade wenn ein Kind nur langsam lernt, ist es wichtig, daß es sich in der Klasse aufgehoben fühlt und die Freundschaft mit anderen Kindern genießen kann" (vgl. Lewis 1988, S. 165). Emotionale Sicherheit und eine entspannte Grundhaltung gelten als entscheidende Voraussetzungen dafür, daß ein Kind zum verantwortungsbewußten Mitglied der Klasse wird. „Wenn man den Kindern hilft", so wiederum eine Lehrerin, „indem man ihre Stärken hervorhebt, werden sie sich ganz von selbst bemühen, ihre Schwächen zu überwinden" (vgl. ebd., S. 168).

Auffällig ist dabei, daß körperlicher Überschwang ebenso ermuntert wird wie Stillsitzen und aufmerksames Zuhören; nur hat eben beides sowohl im Schulleben allgemein als auch speziell im Unterricht seinen spezifischen Ort, den man allmählich kennenlernen und berücksichtigen muß. Die Lehrer bemühen sich dabei meist sehr behutsam, die kindlichen Energien in die richtigen Bahnen zu lenken. Die sparsam verteilten Verweise werden, wo irgend möglich, mit Lob kombiniert. Ein vielleicht extremes Beispiel dafür zitiert LEWIS (ebd.; Ergänzungen von mir) aus ihren Beobachtungsprotokollen: „Du hast den ganzen Vormittag gestört. Du bist gut (d. h., du hast Ausdauer und Willenskraft)! Du kannst es schaffen (wenn du deine Stärken richtig nutzt)!“ Ähnlich wie im Kindergarten alternieren auch in der Schule Phasen (zum Teil heftiger) körperlicher Aktivität mit Abschnitten strikt reglementierter und formalisierter Handlungsabläufe. Es kommt also auch hier wieder darauf an, den Umgang mit Übergängen, Differenzen zu lernen.

Natürlich sind die Phasen, die konzentriertes Arbeiten und vor allem Aufmerksamkeit oder wenigstens Stillsitzen verlangen, jetzt wesentlich länger als im Kindergarten. Aber auch in der Schule wird das entsprechende Verhalten systematisch trainiert. Die ersten Wochen sind fast ausschließlich – von den sehr wichtigen Phasen der Entspannung und des freundschaftlichen Miteinanders einmal abgesehen – der behutsamen, oft spielerischen, aber systematischen Einübung der Gesten, Haltungen, Rituale und Regeln gewidmet, die im japanischen Verständnis Unterricht ausmachen. Genau geübt wird, wie man sich richtig hält, wie man sitzt und aufsteht, wie man Bleistifte, Hefte, Bücher usw. ordentlich auf dem kleinen Pult arrangiert, wie man grüßt und sich verabschiedet, wie man laut und deutlich antwortet, sich die Hände wäscht, die Zähne putzt, wie man ißt (nicht zu langsam!), saubermacht usw. (vgl. WHITE 1987, S. 112; LEWIS 1988, S. 162). Es passiert so wenig von dem, was bei uns gemeinhin Schule ausmacht, daß man von (einigen wenigen) europäischen Eltern hören kann, die ihre Kinder nach einigen Wochen entnervt („Die lernen ja überhaupt nichts!“) aus der Grundschule nehmen – für ausländische Kinder gibt es in Japan keine Schulpflicht – und beschließen, sie fürderhin selbst zu unterrichten.[33] – Auch wenn später der Unterricht deutlicher in den Vordergrund rückt, finden sich immer wieder besondere Anlässe, um bestimmte Verhaltensweisen sorgfältig einzuüben und zu trainieren, beispielsweise Feiern oder Schulausflüge, auf die sich die Kinder wochenlang vorbereiten.

Solche Übungen betreffen – wie ersichtlich – nicht nur den Unterricht im engeren Sinne, sondern das soziale Verhalten in der Schule und als Schüler ganz allgemein. Es gibt darüber hinaus auch immer wieder ‘Wochenziele’ wie etwa „andere mit einem Lächeln begrüßen“, und es wird ausführlich erörtert, wie ein Lächeln aussieht, was andere empfinden, wenn man lächelt, und was man selbst dabei fühlt. An den Wänden der Klassenzimmer finden sich Losungen, die mit Sätzen wie „Laßt uns alle freundlich sein!“, „Laßt uns fröhlich sein!", „... gut saubermachen!" oder „... Hände waschen!" nur sehr unvollkommen übersetzt sind. Im Unterricht wird etwa anhand einer Bildergeschichte diskutiert, wie schwer es ist, etwas zu tun, was man wirklich gern tun möchte (z. B. früh aufstehen), wie man der Mutter helfen kann oder was man dagegen unternehmen kann, daß beispielsweise einige Kinder vom gemeinsamen Spiel ausgeschlossen werden. LEWIS, die solche Praktiken detailliert beschrieben hat (vgl. 1988, S. 165ff.), fühlt sich eher an amerikanische Sonntagsschulen oder Pfadfindergruppen erinnert als an Schulunterricht.

Ein wichtiger Bestandteil der auf diese Weise geschaffenen „Klassenzimmer-Kultur" (CUMMINGS 1980, S. 111) sind die Kleingruppen *(han),* die aus vier bis acht Kindern bestehen und über einen gewissen Zeitraum zusammenarbeiten (die Angaben schwanken, je nach Lehrer, Schule und konkreten Umständen, zwischen zwei und sechs Monaten), dann aber regelmäßig neu gemischt werden. Sie werden vom Lehrer zusammengestellt, nach persönlichen Charakteristika der Kinder, aber auch nach Zufallsprinzipien oder formalen Kriterien (wie Größe). Es wird aber in der Regel darauf geachtet, daß in jeder Gruppe möglichst Kinder mit unterschiedlichen Neigungen und intellektuellen Fähigkeiten vertreten sind. Damit soll sichergestellt werden, daß diejenigen, die mit einzelnen schulischen oder sozialen Anforderungen Schwierigkeiten haben, durch andere in der Kleingruppe unterstützt werden können. Diese Kleingruppen, die oft auch bei der Beurteilung von Schulleistungen oder dem Verhalten im Klassenzimmer als Einheiten behandelt werden, übernehmen gemeinsam unterrichtsbezogene Aufgaben; vor allem aber sind sie im rotierenden Wechsel für den größten Teil der mit dem Unterricht und dem Schulleben verbundenen organisatorischen Aufgaben verantwortlich, etwa die Verteilung des Essens oder das Putzen der verschiedenen Räumlichkeiten und Ecken. Auch die Aufrechterhaltung der Disziplin im Klassenzimmer wird an täglich wechselnde 'Tagesdienste' delegiert. Besonders eindrucksvoll sind hier wieder die Begrüßungs- und Verabschiedungsrituale, die sich zwar von Schule zu Schule etwas unterscheiden, meist aber nach einem ähnlichen Schema ablaufen, das BUCHHOLZ (1989, S. 58) so schildert:

Nicht der Lehrer, sondern der Tagesdienst gibt das Zeichen zum Beginn des Unterrichts, und zwar mit der immer gleichen Formel: Wir beginnen jetzt die 1. (2., 3. ...) Unterrichtsstunde. Aufgepaßt! *(kiotsuke).* Nach dem Kommando *kiotsuke!* lassen die beiden Schüler, die den Tagesdienst innehaben, ihre Blicke über die Klasse schweifen und rufen Kinder mit Namen auf, die entweder noch nicht die richtige Haltung *(shisei)* eingenommen haben (geradesitzen, Hände auf dem Rücken), sich noch unterhalten oder anderweitig noch nicht zum Unterricht bereit sind. Den Anweisungen des Tagesdienstes wird willig Folge geleistet; da jeder diese Aufgaben im täglich wechselnden Rhythmus zu übernehmen hat, wäre es unsinnig, ihnen Gehorsam zu verweigern, den man anderntags selbst zu fordern hat.

Nachdem der Tagesdienst sich vergewissert hat, daß alle Schüler sich vorschriftsmäßig verhalten, folgt das *„Rei“*, das von einer kurzen Verbeugung (auch des Lehrers) begleitet wird. Dieses Ritual wiederholt sich in derselben Form am Schluß einer jeden Unterrichtsstunde (vgl. dazu insgesamt auch Lewis 1988, S. 162ff.).

Die Beschreibung einer derart unverblümten Zurschaustellung von Ordnung und gegenseitiger Überwachung im Klassenzimmer mag uns unangenehm berühren (beileibe nicht, weil sie uns fremd wäre, sondern weil sie scheinbar an allzu Vertrautes erinnert). Aber es darf darüber nicht übersehen werden, daß in solchen Ritualen nicht die Autorität des Lehrers dargestellt wird, sondern die Selbstverantwortung der durch den jeweiligen Tagesdienst vertretenen Klasse für den reibungslosen Ablauf des Unterrichts. Natürlich ist die Ordnung ‘von außen’ vorgegeben. Auch wenn sich die Lehrer, zumal in der Grundschule, oft sehr um ‘Verständnis’ für diese Ordnung und ihre Notwendigkeit bemühen, wird sie nicht ‘frei’ unter den Beteiligten ‘ausgehandelt’ und muß letztendlich als vorgegeben akzeptiert werden. Aber sie ist auch kein Selbstzweck. Das zeigt sich schon daran, daß sie eben nur für begrenzte Phasen des Schullebens gilt und in anderen Zeitabschnitten – in den Pausen und bei vielen anderen, vor allem außerunterrichtlichen Aktivitäten – *ausdrücklich* ausgesetzt wird.

Auch wenn dieses Arrangement nur schwer mit unseren gegenwärtigen pädagogischen Grundsätzen vereinbar erscheint, bietet es doch einige bemerkenswerte Vorteile. Wie alle Regeln und Rituale engt es zwar einerseits den Verhaltensspielraum der Kinder (und in einem eingeschränkteren Sinn auch den der Lehrer) ein, entlastet aber andererseits auch. „Ein festgelegter Tagesablauf, ritualisierte Handlungen und Aussagen im Unterricht, feste Regeln des Verhaltens untereinander verschaffen auch eine emotionale Sicherheit und Selbstverständlichkeit. Wenn die Regeln des Gruppenlebens, des Tagesablaufs und des Umgangs miteinander formal festgelegt sind, muß man sich über das eigene Verhalten keine verunsichernden und zeitraubenden Gedanken machen. Solange man sich an die Regeln hält, kann man auch nichts falsch machen. (...) Vielleicht liegt in dieser Entlastung durch einen überaus festen Rahmen auch ein Grund für die erstaunliche Aufnahmefähigkeit der Kinder, was kognitives Wissen anbelangt" (Buchholz 1989, S. 59).

Vor allem strukturiert dieses Arrangement aber auch das Verhältnis der Schüler zum Unterricht und damit auch ihr Verhältnis zum Lehrenden auf eine – wie mir scheint – sehr spezifische Art und Weise. Indem es das Unterrichtsgeschehen systematisch als gemeinsame Aufgabe der Klasse *organisiert* (also nicht nur – wie dies gelegentlich bei uns der Fall ist – pauschal fordert) und die Klasse selbst wiederum sorgfältig gliedert und deren Mitglieder in einen Verbund wechselseitiger Verpflichtungen integriert, entwickelt es so etwas wie eine gemeinsame Verantwortlichkeit aller, die auf längere Sicht wohl nicht nur die Sicherung der Lernbedingungen, sondern auch das Lernen selbst betrifft. Jeder einzelne Schüler hat von Anfang an klar definierte Aufgaben im Unterricht, die ihm Aktivitäten (und sei es in Form von Selbstkontrolle) abverlangen. Auch wenn ihm das Lernen selbst – in Japan wahrscheinlich stärker als anderswo – vor allem Rezeptivität abverlangt, kann er sich kaum zurücklehnen und den Lehrer 'machen lassen'. Er muß Sorge tragen, Verantwortlichkeit zeigen, für sich und für andere, um damit zum gemeinsamen Ziel, dem Unterricht, beizutragen. Er muß nicht nur aufpassen, Wissen einsammeln und nach Hause tragen, sondern aktiv und verantwortungsvoll am Unterrichtsgeschehen partizipieren.

Die Ritualisierung ist so gesehen nicht einfach 'Drill', der aus (zeit-) ökonomischen oder disziplinarischen Gründen bestimmte Handlungsabfolgen oder Bewegungsabläufe automatisiert, sondern gründet (jedenfalls idealiter) auf einer selbstverständlichen gemeinsamen Zielsetzung aller Beteiligten – dem Lernen und der Sicherung seiner Bedingungen – und strukturiert sie als gemeinsame *Aufgabe,* deren Bewältigung der aktiven Mitarbeit aller bedarf. Die Ritualisierung ist also ein ganz wesentliches, wenn nicht das entscheidende Element beim Aufbau einer Atmosphäre harmonischer Kooperation, einer unausgesprochenen Zentrierung des Handelns aller um die gemeinsame Aufgabe, aus der Disziplinierung 'wie von selbst' folgt. Die Klasse insgesamt, nicht der Lehrer, aber auch nicht der einzelne Schüler, wird gleichsam zum 'Subjekt' des Geschehens im Klassenzimmer und in der Schule. Nicht das Lernen jedes einzelnen steht – pointiert gesagt – im Mittelpunkt der schulischen Arrangements, sondern Erziehung und Bildung als gemeinsame Aufgabe.

Die Lehrer können sich in diesem Arrangement – ähnlich wie die Kindergärtnerinnen – zurückhalten und gelassen, mit freundlicher Passivität als wohlwollende Figuren im Hintergrund des sozialen Geschehens agieren. Sie haben eine zentrale, aber eben doch begrenzte Aufgabe: jene Informationen zu liefern, die die Gruppe zur Bewältigung ihrer sozialen und lerninhaltlichen Aufgaben benötigt. Das gilt auch für die Vermittlung jener Rituale und Gewohnheiten, mit deren Hilfe die Schüler die Ordnung im Klassenzimmer und in der Schule aufrechterhalten. Sie werden – jedenfalls nach den vorliegenden Beobachtungen – nicht erzwungen (durch lautstarke Kommandos, Einschüchterung, Androhung von Sanktionen usw.); über sie wird ruhig, sachlich und sehr detailliert informiert. Wie die Mütter und die Kindergärtnerinnen stehen die Lehrer prinzipiell auf der Seite der Kinder, unterstützen sie, helfen ihnen, unterrichten und erklären, worauf es beim Zusammenleben in der Schule ankommt. Der Respekt oder die Autorität, die sie genießen, ist vielleicht am ehesten mit der 'Sachautorität' bei uns vergleichbar. Die *sensei* (mit Zeichen geschrieben, die so etwas wie der oder die im Leben Vorausgehende bedeuten) sind Experten. Aber dieses Expertentum bezieht sich nicht nur (vielleicht nicht einmal in erster Linie) auf ihr Fachwissen, sondern auf die überlegene Kompetenz des im Leben Erfahreneren, des über die Regeln des gesellschaftlichen Zusammenlebens vor allem in der Schule vollständig informierten Erwachsenen. Ihr Verhältnis zur Klasse erscheint, gerade wegen ihres oft sehr aufgeschlossenen und herzlichen persönlichen Stils, bemerkenswert sachlich. Es scheint weitgehend frei von Auseinandersetzungen. Verweise und Mahnungen werden meist von den Klassenkameraden erteilt, notfalls durch eine Suggestivfrage provoziert. Manche Lehrer deuten an, daß sie kritische Äußerungen gegenüber einzelnen Schülern auch deshalb vermeiden, weil es diese zu sehr treffen würde. Sanktionen von seiten der Klassenkameraden erscheinen ihnen demgegenüber als „natürliche Konsequenzen" kindlichen Fehlverhaltens (vgl. LEWIS 1988, S. 165). Um so wirksamer ist dann natürlich ein Tadel, den der Lehrer doch einmal selbst vorbringt. Die Autorität wird nicht zuletzt durch sparsame Anwendung aufrechterhalten und gestärkt.

Störungen erhalten in einem solchen, durch die Selbstverantwortlichkeit der Klasse für ihr Verhalten und eine ausgeprägte Ökonomie der Interventionen auf seiten der Lehrenden gekennzeichneten Arrangement sehr viel seltener jenes besondere Gewicht, das sie bei uns häufig haben. Sie stellen keine Möglichkeit dar, besonders auf sich aufmerksam zu machen oder den Lehrer herauszufordern, weil sie in erster Linie gar nicht ihn selbst betreffen. Jeder weiß oder wird irgendwann 'verstehen', daß die Aufrechterhaltung der Ordnung im Klassenzimmer eine gemeinsame Aufgabe darstellt, zu der jeder seinen Beitrag zu leisten hat. Fehlverhalten bezeichnet deshalb für die Schüler (und die Lehrer?) weniger eine willkommene Abwechslung im Schulalltag als eine gemeinsame Aufgabe der Klasse: Es muß soweit wie möglich ignoriert, nachsichtig belächelt oder notfalls explizit diskutiert und kritisiert werden. Falsches Verhalten bekommt wenig Raum, um symbolische Kraft zu entfalten; es ist einfach nur falsch. Unterricht ist weit weniger Auseinandersetzung zwischen Lehrern und (einzelnen) Schülern, bei der es darum geht, Grenzen abzustekken. Solche Auseinandersetzungen sind Sache der Schüler, der Kleingruppe oder der Klassengemeinschaft, eben weil sie – und nicht der Lehrer – gehalten sind, diese Grenzen zu verkörpern. Störungen werden von den Lehrern daher kaum als womöglich noch persönlich gemeinte Angriffe auf sie und ihre Autorität verstanden, sondern bezeichnen im wesentlichen Probleme, die die Kinder untereinander haben und die sie letztendlich auch nur selbst lösen können. Natürlich unterstützt der Lehrer sie dabei, aber es sind eben nicht *seine* Probleme, die *er* lösen muß.

Obgleich der Frontalunterricht eindeutig vorherrscht, ist das Interaktionsgeschehen in der Klasse also keineswegs lehrerzentriert. Er ist aber auch nicht schülerzentriert. (Unsere Gegenüberstellung von lehrer- und schülerzentriert erscheint in dieser Perspektive als Variation *eines* individualistischen Grundmusters, bei dem die Interaktion von Lehrer und einzelnen Schülern und die Interaktion zwischen einzelnen Schülern im Mittelpunkt steht.) Man könnte es vielleicht als gruppenzentriert oder – weniger mißverständlich, aber auch unspezifischer – als kooperativ bezeichnen. Die Schüler, die dem Lehrer nicht als amorphe Masse von Einzelindividuen gegenüberstehen, sondern selbst als Teile von Gruppen füreinander Verantwortung tragen, sehen sich viel weniger veranlaßt, sich dem Lehrer, der ganzen Klasse oder einer gleichsam 'subkulturellen' Untergruppe zu 'beweisen', sich zu 'behaupten' und sich ihrer Kraft und Stärke in der Interaktion zu vergewissern. Sie müssen – zumal innerhalb des Unterrichts – vergleichsweise wenig Kraft dafür aufbringen, einen Platz im Interaktionsgeschehen zu erkämpfen und zu sichern – jedenfalls keine, die nicht zugleich schulischen Anforderungen dient. Insofern handelt es sich bei den oft mystifizierten und eher beschworenen als analysierten Gruppenbeziehungen durchaus um sachliche und sachlich begründbare Arrangements, die – wohl nicht nur in ihrem Kontext – ebensoviel, wenn nicht mehr Rationalität beanspruchen können wie eine mehr oder minder offene Konkurrenz der Individuen, die sich bekanntlich nicht selten auf ganz abseitige, für die gemeinsamen Ziele und Aufgaben der Schulklasse eher dysfunktionale Felder verlagert – im besseren Fall noch auf die Konkurrenz um die Aufmerksamkeit des Lehrers. Das 'soziale Lernen', auch jene Anteile, die bei uns außerhalb der Schule oder zumindest außerhalb des offiziellen schulischen Rahmens stattfinden, und das 'schulische Lernen', der Unterricht, sind synchronisiert; ersteres wird explizit für das schulische Gruppenhandeln in Dienst genommen, welches seinerseits wiederum der Organisation eines reibungslosen Unterrichtsablaufs dient und eine vergleichsweise entspannte Konzentration auf die jeweils anstehenden Aufgaben ermöglicht.

Dieses Arrangement kann, wie sich noch zeigen wird, unter bestimmten Umständen zu beträchtlichen Problemen führen. Es scheint aber, zumal von Gesichtspunkten der Effektivität her betrachtet, sowohl in den Grundschulen als auch – mit einigen Modifikationen – in den Oberschulen recht gut zu funktionieren. Nach vergleichenden Untersuchungen benötigen japanische Lehrer weit weniger Zeit für die Aufrechterhaltung der Ordnung im Klassenzimmer als ihre amerikanischen (und vermutlich auch ihre deutschen) Kolleginnen und Kollegen (vgl. Cummings 1980, S. 111; Stevenson et al. 1986, S. 208ff.; Leetsma et al. 1987, S. 27).

3. *Moralunterricht und Gemeinschaftserziehung*

Das Prinzip der harmonischen Kooperation dient nicht nur schulischen Zwecken, seine systematische Einführung bezeichnet zugleich ein offiziell proklamiertes Ziel schulischer Erziehung. Ein beträchtlicher Teil dessen, was bei uns als 'heimlicher Lehrplan' gilt, ist – wie Buchholz (1989, S. 55) schreibt – „in Japan ein Teil des offiziellen Lehrplans". Natürlich betrifft das nicht alle Aspekte der sozialen und emotionalen Entwicklung in der Schule. Vieles versteht sich von selbst und gehört zum Reservoir kultureller Selbstverständlichkeiten. „Aber im Gegensatz zum deutschen Lehrplan fällt auf, daß in japanischen Rahmenrichtlinien nicht nur kognitive Lehrziele schriftlich fixiert sind, sondern auch Ideale der Menschenbildung genauestens beschrieben und festgelegt worden sind. Während also an der deutschen Schule oft kritisiert wurde, daß sie sich ausschließlich auf die kognitive Ausbildung konzentriert, die sozialen und emotionalen Aspekte jedoch vernachlässigt, kann man der japanischen Schule diesen Vorwurf nicht machen. Im Gegenteil, der sozialen und emotionalen Ausbildung der Kinder wird ein hoher Wert beigemessen, das entsprechende Menschenbild wird diskutiert, die Rahmenrichtlinien werden laufend verändert und neu festgelegt, die entsprechenden Mechanismen, Rituale und Organisationsformen werden genauestens vorgeschrieben" (ebd., S. 56). Die Lehrpläne gliedern sich dabei in drei Bereiche: Außer für die regulären Fächer gibt es dezidierte Richtlinien für die Moralerziehung und für die extracurricularen Aktivitäten.

Damit ist zunächst ein Problemkomplex angesprochen, der unter dem Stichwort 'Moralunterricht' *(dotoku)* die bildungspolitischen Auseinandersetzungen im Japan der Nachkriegszeit – mehr noch als die Frage der 'Examenshölle' – dominiert und zu erbitterten Auseinandersetzungen vor allem zwischen der Lehrergewerkschaft *(nikkyoso)* und dem japanischen Kultusministerium *(mombusho)* geführt hat. Dieser Moralunterricht, der spätestens seit dem Kaiserlichen Erziehungsedikt von 1890 (dt. Übers. in Wittig 1976, S. 89ff.) eine zentrale Rolle im japanischen Schulwesen gespielt hat und dem man – wie der Schule insgesamt – eine überragende Bedeutung bei der 'Homogenisierung' und ideologischen Formierung der japanischen Bevölkerung nachsagt (vgl. Passin 1982, S. 149ff.; Smith 1983, S. 9ff.; Lenz 1984, S. 122ff.; Gluck 1985; Horio 1988), war unter der amerikanischen Besatzung nach dem Krieg zunächst verboten worden. Seine Wiedereinführung, die das Kultusministerium nach etlichen Anläufen gegen den Widerstand der Gewerkschaft und der Oppositionsparteien schließlich 1958 durchsetzte (auch wenn es dabei nicht allen seinen Vorstellungen gleichermaßen Geltung verschaffen konnte), steht im Zusammenhang mit einer allgemeinen (nicht nur) bildungspolitischen Restauration, in deren Verlauf wesentliche Errungenschaften der Bildungsreformen der unmittelbaren Nachkriegszeit schrittweise zurückgenommen wurden. Zwar ist es dem Kultusministerium bis heute nicht gelungen, das damals eingeführte – zumindest von seiner formalen Struktur her – strikt egalitäre Einheits- oder Gesamtschulsystem grundlegend zu 'reformieren', aber es konnte bereits in den fünfziger Jahren die unmittelbare Kontrolle über die Schulen weitgehend zurückgewinnen. Entscheidende Schritte dabei waren die Umwandlung der zunächst als Empfehlungen formulierten Lehrpläne in amtliche Verfügungen mit quasi-gesetzlichem Status (vgl. Buchholz 1990), die Monopolisierung der Kontrolle über die Schulbuchzulassung beim Kultusministerium (vgl. Foljanty-Jost 1979) und die weitgehende Entmachtung der Erziehungsausschüsse auf kommunaler und präfekturaler Ebene. Sie waren zunächst als direkt gewählte demokratische Kontrollorgane konzipiert; die entsprechenden Gesetze wurden aber nach und nach „so wesentlich geändert, daß von der angestrebten Dezentralisierung (...) nur noch der Name übrigblieb“ (LUHMER 1972, S. 178; vgl. auch FOLJANTY-JOST 1979, S. 26; ACKERMANN 1990, S. 330). Wenn es dennoch kleinere regionale Varianten innerhalb des recht strikt vereinheitlichten japanischen Schulsystems gibt – etwa im Hinblick auf die Schulregeln und die Rigidität, mit der sie durchgesetzt werden –, so liegt das zum Teil an der unterschiedlichen politischen Zusammensetzung der Erziehungsausschüsse, auf die die direkt gewählten örtlichen Selbstverwaltungsorgane einen begrenzten Einfluß behalten haben, manchmal auch an einzelnen Elterninitiativen, vor allem aber am Organisationsgrad der Lehrerschaft und dem Einfluß der Lehrergewerkschaft. Namentlich das Feld der konkreten politischen Umsetzung der auf nationaler Ebene getroffenen Entscheidungen scheint vielfach nach wie vor stark von der Lehrergewerkschaft beeinflußt (vgl. ROHLEN 1984).

Die Normen und Werte, die im Moralunterricht oder – wie ACKERMANN (1990) übersetzt – im Fach „Tugend“ vermittelt werden sollen, unterscheiden sich als solche nicht grundsätzlich von entsprechenden konservativen Vorstellungen bei uns, wenngleich sie in einigen Punkten eine – nicht explizit ausgewiesene – konfuzianistische Orientierung erkennen lassen (vgl. ROHLEN 1983, S. 263f.; ACKERMANN 1990, S. 343). In außerordentlich detailliert aufgelisteten Tugend-Katalogen finden sich so ziemlich alle denkbaren Grundsätze und Vorschriften für einen korrekten Lebenswandel und die ‘richtige’ innere Einstellung versammelt: von Anstands- und Benimmregeln bis hin zu (meist) vage gehaltenen allgemeineren Idealen. Formuliert werden sie meist in Form von Vorsätzen, die die Schüler offenbar im Anschluß an das Unterrichtsgespräch fassen sollen: „Ordnung halten, die Umgebung verschönern!“, „Offen und ohne Verstellung sein!“, „Kein eigensinniges starrköpfiges Verhalten, sein Maß kennen!“, „Große Hoffnungen und ein hohes Ziel haben und mit allen Kräften anstreben!“, „Mitglieder der Schule achten, gutes Schulklima schaffen!“ usw. (zit. nach NÜCKEL 1963, S. 94; vgl. auch ACKERMANN 1990, S. 340f.). In den (nicht verbindlichen) Textsammlungen zum Unterricht werden daneben – nach LANHAM (1986) – vor allem sehr ‘japanisch’ anmutende Werte wie Ausdauer, Beharrlichkeit und die Bereitschaft hervorgehoben, beim Verfolgen einmal gesetzter Ziele auch Mühsal und Entbehrungen auf sich zu nehmen, aber teilweise auch solche, die nicht so recht zu den ‘typisch’ japanischen Kulturmustern passen wollen, etwa Mut, auch gegenüber der Gruppe auf moralischen Grundsätzen zu bestehen (vgl. ebd., S. 284).

Ein übergreifendes Bildungsprinzip – wie etwa Mündigkeit, Emanzipation, Selbst- und Mitbestimmungsfähigkeit – findet sich allerdings nicht. Zwar tauchen auch Werte wie Selbständigkeit auf, aber nur unter anderen und in Verbindung mit praktischen Aufgaben („Eigene Angelegenheiten selbst betreiben!“, „Eine Arbeit selbständig aufnehmen und zu Ende führen!“). Der oberste Bezugspunkt, auf den hin die Einzelziele ausgerichtet sind, ist nicht der Mensch, das mündige Subjekt, die entwickelte Persönlichkeit o. ä., sondern der „gute Japaner“, der sich offenbar durch den Erwerb der aufgelisteten Tugenden als solcher qualifiziert (vgl. HORIO 1988, S. 152ff.; ACKERMANN 1990, S. 340).[34] Angesichts der großen Bedeutung, die der Nation und ihrer Tradition auch sonst beigemessen wird, scheinen die Parallelen, die japanische Kritiker der Moralerziehung immer wieder zum 'Japankult' der Vorkriegszeit ziehen, nicht sehr weit hergeholt zu sein. Gewiß ist heute – zumindest in offiziellen Richtlinien – nicht mehr (oder nur unterschwellig, etwa in den vielen Wirtschaftsstatistiken) von der Überlegenheit Japans die Rede, aber das nationale Subjekt („wir Japaner“) wird in der Schule – nicht nur im Moralunterricht – doch immer wieder beschworen. Auffällig ist überdies, daß offenbar sehr dezidierte Vorstellungen darüber bestehen, wie Japaner oder Japanerinnen sich zu verhalten, ja selbst wie sie zu denken, zu empfinden und zu fühlen haben. Maximen wie „ein reines Herz haben!“ oder Verhaltensanforderungen wie „immer heiter und lebhaft ... sein!“ verraten nicht nur „einen erstaunlichen Glauben an die Gestaltbarkeit der inneren Einstellung einer Person im Einklang mit den äußeren Erfordernissen“ und „an die Formbarkeit des Menschen bis in sein innerstes Wesen hinein, ja überhaupt an die Existenz einer spezifischen erlernbaren, perfekten Form für jede menschliche Handlung“ (ACKERMANN 1990, S. 341 u. S.352), sondern auch den ungebrochenen Willen, solche Vorstellungen in der Schule durchzusetzen. Fast scheint es, als sei der von Kulturanthropologen aus heuristischen Gründen konstruierte 'japanische Nationalcharakter' direkt ins schulische Curriculum eingegangen.

In engem Zusammenhang mit diesem 'Moralunterricht', für den in den Grund- und Mittelschulen jeweils eine Schulstunde wöchentlich vorgesehen ist und der vom Lehrer relativ frei gestaltet werden kann, steht die 'Gesellschaftskunde' *(shakaika),* die in den ersten beiden Grundschuljahren zweimal, später dreimal pro Woche jeweils 45 Minuten unterrichtet wird. Dieses Fach sollte im Zuge der Nachkriegsreformen ursprünglich den 'Moralunterricht' der Vorkriegszeit ersetzen, steht nun aber neben ihm und scheint ihn gleichsam 'sachlich' zu ergänzen. In den ersten Jahren ähnelt es unserer 'Heimatkunde', später ist es – wie Ackermann (1990, S. 333) schreibt – „im wesentlichen Geographie, Geschichte, Heimatkunde und Staatsbürgerkunde in einem. Diese Bereiche werden im japanischen System alle auf einen gemeinsamen Nenner gebracht, nämlich ‚der Mensch', genaugenommen ‚der arbeitende, gemeinschafts- und damit letztlich auch staatsbildende Mensch'".

Diese Schwerpunktsetzung deutet schon auf gewisse moralisierende (wenn nicht ideologisierende oder indoktrinierende) Züge. Ein kurzer Blick auf Beschreibungen der vorherrschenden Unterrichtsinhalte bestätigt diesen Eindruck. Vorgestellt wird – ausgehend vom 'unmittelbaren Erfahrungsbereich' der Kinder – im wesentlichen eine Gemeinschaft hart arbeitender (Lehrbuch-)Menschen, die alle unentwegt zum Wohle des Ganzen beitragen (vgl. Cummings 1980, S. 122f.). Auch historische und geographische Lektionen sind durchsetzt mit Erzählungen über den Wert von Ausdauer und harter Arbeit (vgl. Ackermann 1990, S. 334). Besonders betont werden die enormen Opfer der Vorfahren, die ihren Lebensraum immer wieder extrem widrigen natürlichen Bedingungen abtrotzen mußten, sowie Überbevölkerung und Rohstoffarmut, die für alle Japaner heute und morgen Verpflichtung zu außerordentlichen Anstrengungen sein müsse (vgl. Duke 1986, S. 130f.). Selbst den Zweiten Weltkrieg – so wird in manchen der umstrittenen Lehrbücher suggeriert – habe Japan im Gegensatz zum auftrumpfenden Deutschland aus einer Position der Schwäche und einer extremen Verletzlichkeit beinahe schon führen müssen (vgl. Rohlen 1983, S. 255). Insgesamt geht es offenbar um die Bildung einer etwas sentimental anmutenden, politisch gleichwohl recht fragwürdigen nationalen Identität und „in sehr augenfälliger Weise auch um die Vermittlung von Tugenden" (Ackermann 1990, S. 334).

Die Art der Präsentation der Unterrichtsinhalte in den Lehrbüchern wirkt im allgemeinen recht betulich und ist alles andere als konfliktorientiert. Probleme werden, soweit sie überhaupt auftauchen, mit stereotypen Sätzen wie „Wir (wir Japaner) müssen uns alle sehr anstrengen, um die Situation zu verbessern!" entpolitisiert. In den höheren Klassen treten dann 'Fakten', nicht zuletzt in Form von Statistiken, immer mehr in den Vordergrund (vgl. dazu ausführlicher Rohlen 1983, S. 274ff.). Auffällig ist, daß die Unterrichtseinheiten (wie sie in den Lehrbüchern präsentiert werden) die Resultate in der Regel sehr genau vorgeben und praktisch keinen Raum für eine offene Diskussion lassen (vgl. Ackerman 1990, S. 335; Beispiele ebd., S. 333ff.).[35]

Nach der neuesten Lehrplanrevision von 1989 werden die bisherigen Fächer Gesellschaftskunde und Sachkunde *(rika)* in den ersten Jahrgängen der Grundschule zu einem einheitlichen Fach 'Lebenskunde' *(seikatsuka)* zusammengefaßt, was wohl zu einer – durchaus beabsichtigten – weiteren Moralisierung der Unterrichtsinhalte führen wird (vgl. Buchholz 1990, S. 94f.).

Dieser Fachunterricht und – mehr noch – der explizite 'Moralunterricht' sind freilich nur Bestandteile einer umfassenden und unterrichtsübergreifenden Gemeinschaftserziehung, die die Rituale, Routinen und Organisationsformen des Unterrichts und des Schullebens ebenso prägt wie die zahlreichen außercurricularen Aktivitäten: den 'Morgenappell', die Klassenversammlungen, das gemeinsame Essen, das Saubermachen, die Aufnahme- und Entlassungszeremonien, die regelmäßigen Schulfeste und ihre Vorbereitung, die Ausflüge, die Clubaktivitäten am späteren Nachmittag usw. Hier werden die im Unterricht nur beschworenen Werte in den konkreten Formen der sozialen Integration lebendig und in praktisches Handeln umgesetzt. 'Moralerziehung' ist explizit als Prinzip für die Gestaltung des gesamten Unterrichts und Schullebens ausgewiesen. Das Fach 'Tugend' hat vor allem die Aufgabe, die Erfahrungen, die die Schülerinnen und Schüler im „pädagogisch gestalteten Lebensraum" Schule (Drinck 1988, S. 116) ohnehin machen (sollen), und die moralerzieherischen Impulse des regulären Unterrichts und der Sonderaktivitäten zu ergänzen und – wie es heißt – zu strukturieren und zu systematisieren (vgl. Ackermann 1990, S. 340; Schwarz 1985, S. 75f.).

Während der 'Moralunterricht' und die Inhalte der 'Gesellschaftskunde' auch in Japan umstritten sind, scheint die Art der Gemeinschaftserziehung als solche kaum grundsätzlich in Frage gestellt zu werden. Zwar gibt es sehr unterschiedliche Auffassungen etwa darüber, wie rigide Schulregeln sein sollten, oder auch, in welchem Ausmaß die Prinzipien der Gemeinschaftserziehung auch noch in der Oberschule konsequent durchgesetzt werden sollten; das Prinzip der harmonischen Kooperation stellt aber gerade für (sonst oppositionelle) gewerkschaftlich engagierte Lehrer oft eine besondere Verpflichtung dar, gilt es doch, jene auch politisch bekämpften Selektionsprozesse soweit wie möglich aus dem Klassenzimmer zu verbannen. Insofern scheinen Kultusministerium und Lehrergewerkschaft, bei allen tiefgreifenden Kontroversen, letztendlich doch auf einem gemeinsamen Boden kultureller Selbstverständlichkeiten zu stehen. Auch wenn die Gemeinschaftserziehung politisch und ideologisch unterschiedlich akzentuiert wird, treffen sich im Ideal der harmonischen Kooperation und der Aufrechterhaltung einer egalitären Atmosphäre im Klassenzimmer offenbar die demokratischen Vorstellungen der Nachkriegsverfassung und die ihr verpflichteten Ziele der Lehrergewerkschaft mit den 'traditionellen' oder traditionalistischen Normen und Idealen der Gruppenorientierung, die vor allem von der Kultusbürokratie hochgehalten werden.

4. Zur Ordnung der Lehre

Zur schulischen Sozialisation gehören auch die Unterrichtsinhalte im engeren Sinne: Einsichten, Vorstellungen, Bilder von der Welt, der Gesellschaft, dem Leben, die sich die Schüler in der Auseinandersetzung mit bestimmten, in spezifischer Weise vorstrukturierten Lerngegenständen und Lerninhalten aneignen. Das ist im Blick auf die gerade in Japan besonders umstrittenen (im weiten Sinne) politisch-gesellschaftlichen Themen nur besonders offensichtlich; es gilt aber ebenso für sprachliche, mathematische, naturwissenschaftliche usw. Inhalte. Die sozialisierende Wirkung gerade des Unterrichts besteht nicht zuletzt in der Auswahl der Lerngegenstände, der Art ihrer Präsentation und der Art und Weise, in der die Auseinandersetzung mit ihnen organisiert wird.

Damit sind freilich Fragenkomplexe angesprochen, die hier keineswegs auch nur annähernd vollständig behandelt werden können. Ich muß mich daher (wiederum) auf einige Hinweise und erste (hypothetische) Interpretationen beschränken, die vielleicht den Problemkreis abstecken, aber kaum beanspruchen können, die angesprochenen und in ihrer Bedeutung herausgestellten Fragen auch zu beantworten.

Der Unterricht an japanischen Schulen, zumal in den höheren Jahrgängen, wird selbst von den gutwilligsten westlichen Beobachtern im allgemeinen als „sterbenslangweilig" (Duke 1986, S. 64) beschrieben. Es handelt sich zuallererst um einen kontinuierlichen Prozeß von Anleitung, Memorieren, Wiederholen, Üben und regelmäßiger Überprüfung in Tests. Je nach Fach oder Unterrichtsgegenstand stehen die genaue, in kleine Schritte und Abschnitte zerlegte Anleitung durch den Lehrer oder der Lehrervortrag im Zentrum des Unterrichts. Die Vorgehensweise orientiert sich sehr strikt am Text des Lehrbuchs, der den gleichen dezidierten kultusministeriellen Vorgaben folgt, die auch für den Unterricht maßgebend sind. Meist wird dieser Text vom Lehrer referiert, erläutert und ggf. veranschaulicht;

bisweilen scheint er sogar einfach nur vorgelesen zu werden (vgl. GOODMAN 1990, S. 87). Die Schüler werden kaum ermuntert, selbst Fragen zu stellen. Manche Lehrer scheinen kritische Fragen (wie man sie etwa von Schülern erwartet, die längere Zeit im Ausland gelebt haben) geradezu als Bedrohung zu empfinden (vgl. ebd., S. 90), weil sie sich – sowohl von ihrer Ausbildung als auch von ihren bisherigen Erfahrungen her – nur unzureichend auf 'offenere' Unterrichtssituationen vorbereitet fühlen. Diskussionen über Lerngegenstände sind selten, aber auch Interpretationen oder – wie DUKE (1986, S. 64) schreibt – „abstrakte Spekulationen" von seiten des Lehrers sind nicht sehr verbreitet. Sie scheinen auch bei den Schülern nicht sehr beliebt zu sein, da sie es gewohnt sind und im Hinblick auf die Aufnahmeprüfungen für wichtig erachten, daß verwertbare 'harte Fakten' präsentiert werden (vgl. ROHLEN 1983, S. 243). Vor allem in naturwissenschaftlichen Fächern scheint es auch konventionelle Unterrichtsgespräche zu geben, in denen der Lehrer aber stets die führende Rolle übernimmt, indem er die Schüler zu (im Lehrplan) vorgegebenen Folgerungen führt (vgl. INAGAKI 1986, S. 87). Die Atmosphäre im Klassenzimmer ist dabei durchaus nicht unfreundlich; sie ist jedoch sehr sachlich und ernsthaft. Die ritualisierte, aber durchaus begeisterte Partizipation der meisten Kinder in der Grundschule weicht mit den Schuljahren freilich allmählich einer abgeklärteren Haltung. Manche Schüler wirken – jedenfalls während des Unterrichts – schon beinahe apathisch, andere haben gelernt, sich hinter einer Maske freundlicher Partizipation zu verbergen.

Das bedeutet keineswegs, daß japanische Lehrer nicht auch pädagogisch gefordert wären. Sie haben in ihrer Klasse wie auch im Schulleben insgesamt – selbst in den Ferien – zahlreiche Verpflichtungen; sie sind gehalten, jederzeit als Ansprechpartner für Schüler und Eltern zur Verfügung zu stehen, zumindest als Grundschullehrer regelmäßige Hausbesuche zu machen, sich stets – auch außerhalb der Schule – als Vorbilder zu präsentieren, und sie zeigen gerade bei der 'Moralerziehung' oder der sozialen Förderung ihrer Schüler oft beträchtliches pädagogisches Engagement.[36] Aber es wird normalerweise nicht erwartet, daß sie bei ihren Schülern ein besonderes intellektuelles Interesse wecken. Abgesehen davon, daß der sehr rigide strukturierte und sehr umfangreiche Lehrplan kaum Raum für pädagogische Innovationen im Unterricht läßt, würden wohl auch viele Eltern zumindest irritiert auf 'Experimente' reagieren (und das auf ihre zurückhaltende Art auch sehr deutlich zum Ausdruck bringen), die (scheinbar oder tatsächlich) die Chancen ihrer Kinder bei den

Zugangsprüfungen nur verschlechtern können. Besonderes pädagogisches Engagement ist deshalb meist auf andere Felder verwiesen: etwa auf die außercurricularen Aktivitäten, die Arbeit in Schüler-Clubs usw., an denen sich einige Lehrer sehr intensiv beteiligen und andere eben nicht oder kaum. Manche Lehrer – vor allem an Oberschulen – richten ihren Ehrgeiz auch auf die Erforschung früherer Eintrittsexamina, um herauszufinden, welche Fragen am häufigsten gestellt wurden, oder sie untersuchen spitzfindige Regeln der englischen Grammatik, die oft ebenfalls sehr bedeutsam für die Aufnahmeprüfungen sind (ROHLEN 1983, S. 245). Sie können damit nicht nur ihren Schülern wichtige Dienste erweisen, sondern auch ihrer Schule, deren Reputation ja von der Zahl der Schüler abhängt, denen es gelingt, in einer der 'besseren' Universitäten unterzukommen.[37]

Es liegt nahe, die überragende Bedeutung der Eintrittsexamina für die – zumindest aus unserer Sicht – didaktischen und methodischen Unzulänglichkeiten des Unterrichts verantwortlich zu machen. Auch in Japan wird schon seit langem beklagt, daß die Schulen immer mehr unter den Druck der Aufnahmeprüfungen geraten und kaum noch Raum für die Verwirklichung ihrer pädagogischen Ansprüche haben. Tatsächlich finden sich unkonventionellere Unterrichtsformen noch am ehesten in den ersten Jahrgängen der Grundschule, wo der Druck durch die Eintrittsexamina noch relativ schwach ausgeprägt ist (vgl. CUMMINGS 1980, S. 125ff.), oder wieder in einigen wenigen 'sehr guten' Oberschulen, die ohnehin nur noch Schüler aufnehmen, von denen angenommen werden kann, daß sie Aufnahmeprüfungen 'besserer' Hochschulen ohne besondere zusätzliche Anstrengungen bewältigen können (vgl. ROHLEN 1983, S. 20).

Andererseits darf allerdings nicht übersehen werden, daß die vorherrschenden Unterrichtsformen zu einem beträchtlichen Teil auch aus besonderen kulturspezifischen Anforderungsstrukturen resultieren, ja teilweise sogar *lerninhaltlich* begründet sind. Dabei ist natürlich zunächst an die außerordentlich komplizierte Schrift zu denken.

Die Beherrschung eines ausreichenden Fundus von Schriftzeichen läßt sich definitiv nicht ohne ständiges Üben und Memorieren des selben Gegenstandes erreichen. Diese Grunderfahrung von Lernen hat wohl wesentlich die gesamte kulturelle und soziale Reproduktion beeinflußt. So findet sich umgekehrt in der traditionellen Kunst und im Handwerk das Prinzip, daß auch einfachste Grundmuster (Kodes) potentiell genauso reichhaltig sind wie komplizierte und ihre Beherrschung und Verfeinerung einen langen Weg des Lernens erfordert. Dieser Art eines „mechanischen" Lernens, dem dann im Examen ein entsprechendes Abrufen entspricht, liegt also durchaus ein pädagogisches

Prinzip zugrunde, das übrigens Kreativität keineswegs per se ausschließt, sie jedoch an andere Stellen verweist und davon ausgeht, daß sinnvolles „Sprechen" (instrumentales Einsetzen eines Kodes) die Kenntnis der „Sprache" (Kodekompetenz) voraussetzt (KOPP 1987, S. 116).

Dieser Art der Aneignung von 'Kodes' kommen natürlich auch die in pädagogischen Arrangements ebenso wie im Alltag verbreiteten Rituale und Routinen entgegen, die für zahlreiche Situationen festgelegte Wendungen und Handlungsmuster bereithalten, die von Kindesbeinen an systematisch gelernt und eingeübt werden. Memorieren erscheint in diesem Zusammenhang als ein besonderes Element in einem umfassenderen Prozeß der Entwicklung von Fertigkeiten und der ästhetischen Veredelung des Körpers und der Körperbewegungen, in dem vermittels genauer Nachahmung und beständiger Einübung und Wiederholung die soziale Ordnung gleichsam inkorporiert wird. Nicht nur in der Schule gibt es für nahezu alle Verrichtungen stets den *einen* richtigen Weg, und die Art der Ausführung, die Haltung, ist vielfach mindestens ebenso wichtig wie das Ergebnis (vgl. WHITE 1987, S. 30).

Selbst das Lernen der Muttersprache oder, genauer gesagt, ihr 'korrekter' Gebrauch (der nicht mit grammatikalischer Korrektheit identisch sein muß, sondern sich primär auf dic kommunikative Funktion der Sprache bzw. des Sprechens bezieht[38]) bezeichnet wesentlich eine Frage der Aneignung oder des 'Auswendiglernens' von festgelegten Phrasen und Ausdrücken (vgl. GOODMAN 1990, S. 67). Es ist immer wieder auf die stark „ritualisierte und feste Fügung des kommunikativen Handelns" (JANSHEN 1980, S. 46), das hochentwickelte „Regelbewußtsein" (STUCKENSCHMIDT 1988, S. 102) innerhalb der japanischen Gesellschaft hingewiesen worden. Während spontane Äußerungen, die unreflektiert Eigenes ausdrücken, eher ungewöhnlich sind, gibt es einen außerordentlich großen Bereich stereotyper Wendungen.

Das Feld zwischenmenschlicher Situationen, das sprachlich ohne jedes Risiko eines Mißverständnisses oder einer „Unangemessenheit", nämlich mit Hilfe von festgelegten, für die entsprechende Situation vorgesehenen Wendungen ausgeschritten werden kann, ist im Japanischen enorm groß. (...) Wo Europäer in vergleichbaren Situationen nach Worten ringen, weiß in Japan der Redende ebenso genau, was er zu sagen hat, wie der Hörende, was er an Worten zu erwarten hat. Situationen der Nicht-Gesellschaftlichkeit, der nurpersönlichen Relevanz, Situationen, die originaler, in Spontaneität gefundener Ausdrucks- und Verhaltensweisen bedürfen, gibt es in Japan kaum. Das Zielen nach vollkommener Einhaltung des üblich und angemessen Vorbereiteten dominiert (KRUSCHE 1983, S. 79f.).[39]

Auch der Mathematikunterricht ist wesentlich von den Grundprinzipien des 'mechanischen' Lernens geprägt. Er scheint weniger auf „das analytische Denken, das logische und vor allem reflektiert-bewußte Fortschreiten von einem zu einem nächsten zwingenden Schritt" ausgerichtet zu sein als auf ein „Einüben von Grundstrukturen, das, ähnlich wie bei uns der muttersprachliche Unterricht, dazu führen soll, mit der Mathematik wie mit einer Sprache umzugehen, d. h. eine automatische Kode-Kompetenz herzustellen" (Kopp 1987, S. 116). Das wird in den ersten Jahren am deutlichsten, in denen 'Kopfrechnen' eine zentrale Rolle spielt und Multiplikationstabellen meist – wie ehedem auch bei uns – auswendig gelernt und durch beständige Wiederholung und gemeinsames Nachsprechen eingeübt werden. Es zeigt sich aber auch am Gebrauch des japanischen Abakus *(soroban),* mit dessen Hilfe mathematische Konzepte visualisiert und habitualisiert werden (Duke, S. 88; vgl. auch Hatano/Inagaki 1986). Morley (1987, S. 205) gibt dafür ein anschauliches, wenn auch etwas überspitzt gezeichnetes Beispiel (aus einer *juku*):

> „Der hagere streng blickende alte Mann beherrschte den Rezitationsstil der *soroban*-Lehrer mit Meisterschaft." Der Vortrag hatte „große Ähnlichkeit mit der Rezitation buddhistischer Liturgien. Ungerührt wie ein Priester hob er den Kopf und begann, die Zahlenreihen auf dem Papier, das er vor Augen hatte, vorzutragen, als läse er eine Partitur: Additionen, Subtraktionen, Multiplikationen und Divisionen, die von seinen Schülern sofort in Fingerbewegungen und das Klappern der Perlen auf dem Rechenbrett übersetzt wurden. Die Stimme hob und senkte sich in monotonen Kadenzen über den Reihen gebeugter Köpfe wie ein träger, drängender einsilbiger Gesang ohne Pause und Unterbrechung. Endlich kam er zum Schluß. Ein Crescendo von klappernden Perlen, Hände streckten sich in die Höhe. Die Lösung wurde verkündet, und sofort setzte das Klagelied des *soroban*-Meisters wieder ein."

Der *soroban* fungiert hier sehr deutlich als „ein didaktisches Mittel, mit dessen Hilfe die Grundstrukturen des Rechnens, gestützt auf Haptik, Rhythmik und visuelles Gedächtnis, nicht primär analytisch sichtbar gemacht, sondern zu einer automatisierten Kode-Kompetenz gebracht werden sollen" (Kopp 1987, S. 116). Auch noch in höheren Klassen scheint nicht so sehr die unmittelbare, im Unterricht direkt herausgeforderte Entwicklung von Denkprozessen und Problemlösungsfertigkeiten im Vordergrund zu stehen als vielmehr die genaue Anweisung und ihr präziser Nachvollzug (vgl. Duke 1986, S. 82f.). Die Lehrbücher sind sorgfältig systematisiert und gehen Schritt für Schritt vor, wobei jeder Schritt genau beschrieben und im Unterricht detailliert nachvollzogen wird. Dabei werden selbstverständlich auch analytische Fähigkeiten geschult, aber sie stehen nicht im Mittelpunkt. Zuallererst markiert auch hier die korrekte Prozedur und ihre sorgfältige Einübung den Weg zum Verständnis – übrigens eine Verfahrensweise, für die sich auch in unserer didaktischen Tradition gute Gründe anführen ließen.

Natürlich lassen solche einzelnen (unsystematischen und vielleicht auch zufälligen) Beobachtungen noch keine Rückschlüsse auf Stärken und Schwächen des Mathematikunterrichts zu. Es erscheint aber immerhin erwähnenswert, daß nach einer offiziellen (vom Bildungsforschungsinstitut des Erziehungsministeriums durchgeführten) Analyse der Ergebnisse eines vergleichenden internationalen Leistungstests japanische Mittel- und Oberschüler in Mathematik zwar im allgemeinen gut abschneiden, aber besondere Schwächen bei der Lösung von Aufgaben zeigen, die ein hohes Maß analytischer Kompetenzen und Problemlösungsfähigkeiten erfordern (Child Welfare 1982, S. 19; vgl. auch Duke 1986, S. 206).

Der Fremdsprachenunterricht nimmt dagegen eher die Stelle ein, die bei uns die Mathematik (oder allenfalls noch das Latein) hat. Englisch (als erste Fremdsprache von der Mittelschule an faktisch für alle Schüler verbindlich) „wird auf eine Weise unterrichtet, die die Analyse und das reflektierte Vorgehen eines logischen Schrittes zum nächsten in den Vordergrund stellt“ (Kopp 1987, S. 117). Auch dabei wird wieder sehr viel auswendig gelernt, vor allem Regeln (nicht zuletzt Konjugations- und Deklinationsmuster) und Vokabeln. Aber es geht gerade nicht um die Einübung einer automatisierten Kode-Kompetenz, sondern um die Analyse einer dem fremden Text unterstellten Logik, die damit zwar einerseits vertraut oder zumindest nachvollziehbar gemacht, andererseits aber zugleich auf Distanz gehalten wird.[40] „Dies wiederum geschieht vordergründig unter dem Druck der Zulassungsprüfungen, für deren erfolgreiches Bestehen nicht die (auf automatisierter Kode-Kenntnis) beruhende Sprechkompetenz, sondern die Analyse von Syntax und Grammatik entscheidend ist. Trotz immer wieder geäußerter Klagen, daß der exogene Prüfungsdruck eben den Englischunterricht in diese Richtung zwinge, ist anzunehmen, daß es sich bei diesem Druck nicht um eine Ursache, sondern um ein Symptom (nicht zuletzt für die Ambivalenz der möglichen und gewollten ‚Internationalisierung‘ Japans) handelt“ (Kopp 1987, S. 117).

Motivation (verstanden als Stimulierung von Interessen, Neugier, eigenen Fragen usw.) scheint, wie schon angedeutet, kein Thema zu sein, über das sich die Lehrer besondere Gedanken machen müßten.

Auch die noch in den Grundschulen zu beobachtenden Bemühungen um die Herstellung einer angenehmen Lernatmosphäre und einer positiven Haltung gegenüber Unterricht und Schule treten in den höheren Klassen allmählich zurück. Sosehr das Schulleben, der Umgang mit Gleichaltrigen Spaß machen kann und soll, so sehr ist Lernen, ist der Unterricht, der mit den Jahren immer mehr in den Vordergrund rückt, eine ernthafte Angelegenheit. „Die westliche Praxis, das Kind auf spielerischen Umwegen zum Eigentlichen zu verlocken, die 'fun morality' in der Beziehung zu Kindern ist der japanischen Pädagogik fremd" (ELSCHENBROICH 1990, S. 75). Lernen ist Arbeit, die vor allem Mühe und Anstrengung erfordert, Zeit kostet und naturgemäß auch langweilig werden kann.

Allerdings werden die Schüler regelmäßig ermahnt, sich (noch mehr) zu bemühen, (noch mehr) Ausdauer zu zeigen, sich (noch mehr) anzustrengen, durchzuhalten und nicht aufzugeben. Diese Ermahnungen scheinen bei ganz unterschiedlichen Gelegenheiten am Platze zu sein, gleichgültig ob ein leistungsstarker Schüler doch noch zwei Fehler gemacht hat oder ob einige Schüler (oder die halbe Klasse) kaum etwas verstanden haben. Sie dienen – nur am Tonfall oder am Kontext unterscheidbar – der Ermunterung angesichts schwieriger Aufgaben ebenso wie der (vorsichtigen) Kritik an ungenügenden Leistungen. Sie haben nichts mit dem jeweiligen Inhalt oder den besonderen Problemen einzelner Schüler zu tun, sondern beziehen sich ausschließlich auf die jeweilige Ausdauer, das Durchhaltevermögen und die Anstrengungsbereitschaft, die so als Schlüssel für die Lösung aller wie immer gearteten Schwierigkeiten präsentiert werden. Erfolg erscheint allein von der eigenen Anstrengung abhängig. Selbst Effizienzgesichtspunkte spielen dabei, wenn überhaupt, nur eine untergeordnete Rolle (vgl. DUKE 1986, S. 125).[41] Der Zeitaufwand, nicht die Relation von Zeit und Nutzen, ist das verbreitete Maß des Engagements.

Solche Durchhalteparolen wirken auf außenstehende Beobachter nicht selten wie Versuche der Lehrer, die Schüler und sich selbst über Schwächen der didaktischen und methodischen Strukturierung des Unterrichts hinwegzutäuschen, und zum Teil sind sie das sicher auch. Die Anstrengungsbereitschaft wird geradezu beschworen, weil das Lernen unter den gegebenen Bedingungen ganz außerordentliche Mühe bereitet. Aber auch der Lehrer ist gehalten, sich zu bemühen; und er demonstriert (in der Regel) sein Engagement, indem er ausdauernd vorträgt, geduldig (soweit der vollgestopfte Lehrplan das zuläßt) immer und immer wieder erklärt, die Schüler ermuntert und ihnen jederzeit als Ansprechpartner zur Verfügung steht. Insofern erscheint die Hervorhebung von Fleiß, Ausdauer und Durchhaltevermögen im Unterricht als Teil eines Arrangements wechselseitiger Verpflichtungen, die Schüler und Lehrer vielleicht nicht gleichermaßen, aber doch auf ähnliche Weise fordern. Auch die immer wieder herausgestellten egalitären Züge des japanischen Bildungswesens beruhen nicht zuletzt auf der pauschalen Hervorhebung von Fleiß und Ausdauer. Nicht Intelligenz oder Begabung gelten als ausschlaggebend für den schulischen (und damit auch den sozialen) Erfolg, sondern Anstrengungsbereitschaft, Durchhaltevermögen und Willenskraft. Daher erscheint es prinzipiell jedem und jeder möglich, allein durch die Mobilisierung von Energie und Selbstdisziplin alle selbstgesetzten Ziele auch zu erreichen. Umgekehrt wird Mißerfolg generell einem Mangel an Anstrengungen zugeschrieben (Hess et al. 1986, S. 161).

Hinter solchen Vorstellungen stehen natürlich auch spezifische kulturelle Konzepte. Für etliche Autorinnen und Autoren, die solche Konzepte diskutieren, verkörpern sie geradezu Kernelemente des 'japanischen Geistes' (vgl. etwa Benedict 1954; Morsbach 1983; Duke 1986; White 1987; Singleton 1989). Fleiß, Ausdauer, Beharrlichkeit, ja 'Hingabe' an die Sache, und sei sie für sich genommen auch noch so unbedeutend, gelten vor allem im sogenannten *seishin*-Konzept nicht nur als Mittel zum Zweck, sondern werden als Werte an sich präsentiert, denen man eine zentrale Bedeutung bei der Persönlichkeitsentwicklung zuschreibt (vgl. auch Frager/Rohlen 1976; Rohlen 1978). Tatsächlich ist nicht allein in der Schule, sondern auch in der Öffentlichkeit, in den Medien, in zahlreichen populären Geschichten und wohl auch in vielen Familien die 'Leistungs'-Propaganda fast allgegenwärtig. Selbst die kritische Diskussion über die Begleiterscheinungen der Examenskonkurrenz scheint nicht frei von einer schaudernden Faszination, in der auch ein gewisser japanischer Exzeptionalismus mitschwingt („wir Japaner leisten und ertragen Extremes"). Die „ständige Thematisierung von 'Leistung', 'Streß', 'Prüfungshölle', auch unter kritischen Vorzeichen, verstärkt möglicherweise noch das Kritisierte; sie hält alle in gespannter Aufmerksamkeit" (Elschenbroich 1990, S. 76).

Für die meisten betroffenen Schüler und ihre Eltern gewinnen die Durchhalteparolen dann wohl auch vor allem durch die Eintrittsexamina (die insofern als eine der 'Brutstätten' des 'japanischen Geistes' angesehen werden könnten) ihre unmittelbare Evidenz: sei es durch den durch sie ausgeübten Druck oder auch durch die mit ihnen verbundene Verheißung, allein durch Ausdauer und Fleiß auf einen der besten Plätze zu kommen, die die Gesellschaft zu bieten hat. Für die einzelnen konkreter erfahrbar ist freilich der Druck, der von der Klasse oder der Kleingruppe ausgeht. Auch wenn die Kleingruppen in höheren Klassen im allgemeinen nicht mehr die zentrale Bedeutung haben wie noch in der Grundschule, ist es vor allem ihre Aufgabe und die Aufgabe der ganzen Klasse, Schüler, die nicht genügend Ausdauer und Anstrengungsbereitschaft zeigen, die schlampig, unordentlich, unkonzentriert oder besonders langsam arbeiten, in ihrem wohlverstandenen Eigeninteresse bei der Stange zu halten. Gerade wenn die Lehrer Rücksicht auf die langsameren Schüler zu nehmen versuchen, können diese leicht als Bedrohung für die Lernfortschritte der ganzen Klasse empfunden werden. Wer sich nicht genügend bemüht, läßt die anderen im Stich (vgl. Duke 1986, S. 142). Der systematisch eingesetzte Konformitätsdruck durch die peers dient somit auch der Disziplinierung der Leistungsbereitschaft, zumal es für den einzelnen im gegebenen Kontext kaum je als legitim erscheinen kann, sich mit seiner mangelnden Begabung in einem Bereich oder seinen anderen Interessen herauszureden.

Unterricht erscheint so als ein gut eingespieltes (und systematisch eingeübtes) Arrangement, in dem Rechte und Pflichten sehr klar verteilt sind: Der Lehrer lehrt, d. h., er versorgt die Klasse mit den notwendigen Informationen, und die Schüler lernen, d. h., sie sorgen individuell (u. U. unterstützt durch die Mutter, die Nachhilfe- oder Vorbereitungsschulen usw.) oder mit Hilfe ihrer Kleingruppe dafür, daß diese Informationen bei Bedarf abrufbereit sind. Die Motivation der Schüler ist in diesem Arrangement primär keine Aufgabe des Lehrers, sondern kann von ihm vorausgesetzt werden. Für das Lernen haben die Schüler selbst, ihre Mütter und notfalls die peers Verantwortung zu tragen. Die regelmäßige ritualisierte Mahnung, sich doch bitte noch etwas mehr anzustrengen, ist mehr als ein – isoliert betrachtet – reichlich hilflos erscheinender Appell an die Leistungsbereitschaft; sie kann in diesem Zusammenhang vielmehr als Hinweis auf die Verpflichtungen der ganzen Klasse und jedes einzelnen Schülers verstanden werden, selbst dafür zu sorgen, daß sich möglichst alle auch in bezug auf ihre Leistung zumindest konform verhalten und damit ihrer Verpflichtung als Schüler nachkommen.

Dieses Arrangement hat allerdings gravierende Schwachstellen. Zum einen ist es an die Voraussetzung gebunden, daß zumindest die Mehrzahl der Schüler in einer Klasse und in einer Kleingruppe dem Unterricht überhaupt einigermaßen zu folgen vermag und damit in der Lage ist, auf die restlichen Schüler den erforderlichen Konformitätsdruck im Hinblick auf die Schulleistung auszuüben. Dies scheint jedoch keineswegs immer der Fall zu sein. Nach Presseberichten können nur 70 Prozent der Schüler und Schülerinnen an Grund-, 50 Prozent an Mittel- und 30 Prozent an Oberschulen dem angebotenen Unterricht folgen (vgl. Japan direkt 1985, S. 3). Diese Zahlen mögen übertrieben sein; unklar bleibt auch, was 'dem Unterricht folgen' genau heißt. Sie deuten aber zumindest auf ein Problem hin, das in der Öffentlichkeit auch als solches wahrgenommen wird.

Zum anderen kann das Arrangement nur funktionieren, wenn die Schüler oder wenigstens der überwiegende Teil von ihnen die Verpflichtungen gegenüber der Schule auch akzeptieren. Normalerweise wird dies, außer durch die Eltern und die Mitschüler, vor allem durch den von den Eintrittsexamina ausgehenden Druck gewährleistet. Aber dieser Druck kann im Laufe der Schulkarriere nachlassen, entweder weil – meist gegen Ende der Mittelschulzeit, manchmal aber auch schon früher – absehbar wird, daß einige der hochgesteckten Hoffnungen aufgegeben werden müssen, oder aber weil man meint, von der Schule keine substantiellen Hilfen bei der Verwirklichung seiner Ziele mehr erwarten zu können, und sich auf das außerschulische Lernen zu konzentrieren beginnt. Dieses Problem stellt sich vor allem den Mittelschulen.

5. *Lernen in zwei Schulsystemen*

Die Probleme des japanischen Bildungssystems werden an den Mittelschulen am deutlichsten. Hier treffen die Prinzipien der Gleichbehandlung aller, der Orientierung an Gruppen und ihrer harmonischen Kooperation im Hinblick auf eine gemeinsame Aufgabe einerseits und die Selektionserfordernisse, die vor allem durch die bevorstehenden Zugangsprüfungen für die Oberschulen verkörpert werden, andererseits am unvermitteltsten aufeinander. Die Eintrittsexamina zu den Oberschulen können ohne große Übertreibung als die entscheidendsten Weichenstellungen im Leben eines Japaners gelten (und – angesichts ihrer generellen Diskriminierung im Arbeitsleben – in einem eingeschränkteren Sinne auch einer Japanerin). Sie teilen faktisch die gesamte adoleszente Bevölkerung in hierarchisch aufeinander abgestimmte Klassen, die nicht allein den Schulerfolg (bzw. das, was davon in der jeweiligen Eingangsprüfung gemessen wurde) widerspiegeln, sondern auch ziemlich zuverlässige Vorhersagen über das weitere soziale Schicksal, den künftigen Status, das Einkommen, ja selbst die zu erwartenden allgemeinen Muster der persönlichen Lebensgestaltung erlauben (vgl. ROHLEN 1983, S. 139f.). Mit dem Eintritt in eine bestimmte Oberschule ist es für die meisten Heranwachsenden ziemlich klar, wo ihr künftiger Platz in der Gesellschaft sein wird (vgl. ebd., S. 304).[42] Die oft als entscheidend genannten Hochschulzugangsprüfungen betreffen demgegenüber 'nur' den immer noch etwas größeren Teil der Jugendlichen, die sich nicht schon durch eine 'schlechte' oder gar keine Oberschule in eine bildungs- und berufsbiographische Sackgasse manövriert haben.

Die Mittelschulen stehen dadurch in einem schwer zu bewältigenden Zwiespalt: Sie können, dürfen und wollen wohl auch ihre Vorgehensweise nicht ausschließlich auf die anspruchsvollen Zugangsprüfungen der 'besseren' Oberschulen ausrichten, da sie – schon von ihrem Bildungs- und Erziehungsauftrag her – gehalten sind, angemessenen Unterricht für *alle* Schüler zu gewährleisten, und vielleicht auch den Anspruch haben, dafür zu sorgen, daß auch Schüler mit durchschnittlichen und unterdurchschnittlichen Leistungen noch die Chance erhalten, in einer einigermaßen akzeptablen Oberschule unterzukommen. Sie können aber andererseits auch nicht die Wünsche und Ambitionen derjenigen Schüler ignorieren, die gute Aussichten haben, in eine 'gute' Oberschule aufgenommen zu werden. Dieser Zwiespalt wird noch dadurch verschärft, daß die japanische Schule kaum Mechanismen einer inneren Differenzierung nach Leistungsgesichtspunkten kennt, weder innerhalb des Klassenverbandes noch in der Schulorganisation insgesamt.[43] Ein Unterricht, der wesentlich auf dem Schritt für Schritt angeleiteten, gemeinsamen Fortschreiten aller beruht, muß daher unter dem Druck der Eingangsprüfungen fast zwangsläufig an den berechtigten Eigeninteressen, Wünschen oder Ambitionen der meisten Schüler vorbeigehen: Für die einen ist sein Rhythmus zu schnell, sie haben oder bekommen Schwierigkeiten, überhaupt noch zu folgen; für andere schreitet er zu langsam voran und wird nicht nur langweilig und ermüdend – das wäre noch zu ertragen –, sondern behindert sie auch bei der Vorbereitung auf die alles entscheidende Aufnahmeprüfung.

Das Problem scheint – ohne Zutun der Bildungsadministration oder der Bildungspolitik – gleichsam unter der Hand durch die Einführung einer scharfen institutionellen Trennung gelöst worden zu sein. Im Landesdurchschnitt besucht etwa die Hälfte aller Mittelschüler,[44] in städtischen, stark durch die 'neuen Mittelschichten' geprägten Bezirken noch weit mehr, private Vor- und Nachbereitungsschulen, sogenannte *juku,* die vor allem die Aufgabe haben, die Schüler (und in geringerem Maße auch die Schülerinnen) auf die jeweils anstehenden Eintrittsexamina vorzubereiten. Zwar faßt der Oberbegriff *juku* heute eine ganze Reihe sehr unterschiedlicher Institutionen zusammen, die etwa auch (vor allem für Grundschüler) besondere Musik-, Sport- oder andere Freizeitangebote machen oder Unterricht in Abakus-Rechnen oder Kalligraphie anbieten, aber die große Mehrheit der *juku* zumindest für Mittel- und Oberschüler kann gleichwohl als Ergänzungsinstitution „zur Kompensation schulischer Defizite" (Aurin/Westphalen 1990, S. 433) gelten (vgl. auch Rohlen 1980, S. 212f.).

Auch unter diesen schulisch orientierten Institutionen gibt es beträchtliche Unterschiede, sowohl was ihre inhaltliche Ausrichtung als auch was ihre Organisationsformen betrifft. Die – wie Rohlen (1980, S. 214) schreibt – durchschnittliche *juku* ist klein und konzentriert sich mehr auf die Nacharbeit des schulischen Pensums als darauf, den Schülern einen Vorsprung zu sichern. Einige dieser Nachbarschafts-*juku* erinnern an Horte mit Hausaufgabenbetreuung (vgl. ebd., S. 215). In den letzten Jahrzehnten sind aber große *juku,* nicht selten mit Hunderten von Schülern (die Jungen dominieren eindeutig), immer wichtiger geworden. Sie residieren in eigenen großen Gebäuden in der Nähe zentraler U-Bahn-Stationen oder wichtiger Bahnhöfe, sind in der Regel ganz mit Prüfungsvorbereitung befaßt und bilden einen außerordentlich prosperierenden Zweig des Dienstleistungsgewerbes. Ihre Zahl steigt sprunghaft an. Etwa 70 Prozent der 1986 bestehenden *juku* wurden in den vorangegangenen zehn Jahren und beinahe die Hälfte in den vorangegangenen fünf Jahren eröffnet (Leestma et al. 1987, S. 11). Sie verteilen aufwendige Reklamebroschüren, die außer den üblichen Durchhalteparolen die je eigene 'Schulphilosophie' und genaue Angaben über die Zahl der erfolgreichen Absolventen enthalten. Die besonders angesehenen Institute führen ihrerseits schon wieder Aufnahmeprüfungen durch oder räumen den Applikanten 'Bewährungsfristen' ein, in denen sich entscheidet, ob sie beim Unterrichtstempo mithalten können. Diese *juku* sind – ähnlich wie die 'guten' Oberschulen – wahrscheinlich deshalb so erfolgreich, weil sie von vornherein nur die leistungsstärkeren Schüler aufnehmen.

Zum öffentlichen Schulwesen stehen diese *juku* in einer – wie Rohlen (1980, S. 209) schreibt – symbiotischen, aber dennoch ambivalenten Beziehung. Einerseits schließen sie – vom Gesamtsystem her betrachtet – eine „empfindliche Lücke", die zwischen dem tatsächlichen schulischen Wissenserwerb und den Anforderungen der Aufnahmeprüfungen der 'besseren' Schulen und Hochschulen klafft (vgl. DRINCK 1988, S. 142f.). Gleichzeitig ermöglichen sie den öffentlichen Schulen, zumindest in einem gewissen Grade an ihrer betont egalitären Orientierung im Unterricht festzuhalten. Der Konflikt zwischen den Ansprüchen einer auf Kooperation gründenden Erziehung zur Gruppe und den Selektionserfordernissen sowie den ihnen entsprechenden individuellen Orientierungen wird durch die *juku* gleichsam privat überbrückt.

Andererseits bringt diese institutionelle Aufspaltung des Bildungswesens in einen offiziellen Teil, der gleichsam die Grundversorgung mit Bildung (und Ideologie) sichert, und einen informellen privaten Sektor, der sich um darüber hinausgehende Ambitionen kümmert, allerdings eine ganze Reihe neuer Probleme mit sich. Hier ist natürlich zunächst die zeitliche Belastung der Schüler zu nennen. Da schon die Regelschule ihre Schüler zeitlich extensiv fordert, bleiben für die *juku* nur die späten Nachmittagsstunden, die Wochenenden (die Samstagnachmittage und die Sonntage) und natürlich die Ferien. Die meisten Schüler besuchen die *juku* zwei- oder dreimal wöchentlich; die zeitliche Beanspruchung nimmt aber in der Zeit vor den Prüfungen deutlich zu. Vor allem die 'besseren', als moderne Dienstleistungsunternehmen geführten *juku* versuchen, möglichst umfassend über die Zeit ihrer Schüler zu verfügen, was sich gewiß von ihrer Zielsetzung her begründen läßt, aber natürlich auch kommerzielle Gründe hat. In Extremfällen treten die Jugendlichen bereits um fünf Uhr morgens in der *juku* an (vgl. ROHLEN 1980, S. 218). Es entwikkeln sich mithin zwei konkurrierende Zeitpläne, die von den einzelnen Schülern individuell 'ausbalanciert' werden müssen. Es ist klar, daß die Regelschulen hier in der schlechteren Position sind. Sie müssen damit rechnen, daß gerade die leistungsstärkeren Schüler im Unterricht nur noch übermüdet und unmotiviert vor sich hindämmern.

Verschärft wird diese Konkurrenz um die Zeit und Aufmerksamkeit der Schüler noch dadurch, daß der Unterricht zunehmend verschiedenen Zeitrhythmen zu folgen beginnt, die gerade in der Mittelschulzeit oft auch unterschiedlichen Orientierungen folgen. Während es – grob gesagt – in den öffentlichen Schulen die Tendenz gibt, den Lernrhythmus zu „verlangsamen" (ROHLEN 1980, S. 218), genauer gesagt, ihn entsprechend ihrem Bildungsauftrag dem Lerntempo der Mehrheit der Schüler anzupassen, orientieren sich zumindest die 'besseren' *juku* in die genau entgegengesetzte Richtung, weil sie ihrer Klientel nur so den entscheidenden Vorsprung sichern können.

Die bis dahin als weitgehend homogene Einheit behandelte und idealiter auch handelnde Schulklasse dürfte mithin nicht selten spätestens im Verlauf der Mittelschulzeit *unübersehbar* in heterogene Gruppen von Schülern zerfallen, die sich sowohl im Hinblick auf ihre konkreten Interessen am Unterricht als auch im Hinblick auf ihre schulischen Optionen und damit auch ihre biographischen Perspektiven deutlich voneinander unterscheiden. Das Prinzip der harmonischen Kooperation wird damit grundlegend in Frage gestellt. Für viele Lehrer und Schüler ergibt sich daraus eine für das japanische Bildungswesen (wenn nicht für relevante Teile der japanischen Gesellschaft ingesamt) untypische Situation, auf die sie aufgrund ihrer bisherigen Erfahrungen und den sonst üblichen Formen der sozialen Integration oft kaum hinreichend vorbereitet zu sein scheinen.

Die Aufgabe, mit heterogenen Gruppen umzugehen, scheint nicht wenige Lehrer zu überfordern. Sie können sich nicht mehr ohne weiteres auf den von der relativ homogenen Schulklasse selbst ausgeübten Konformitätsdruck verlassen. Da sie nicht selbst am Ausleseprozeß beteiligt sind, bleibt es für sie zwar prinzipiell möglich, auf seiten der Schüler zu stehen, aber diese Aufgabe wird angesichts der ganz unterschiedlichen Ansprüche der einzelnen Lernenden zusehends komplexer. Es häufen sich Klagen, daß Lehrer sich nicht genügend um einzelne Kinder und ihre besonderen Probleme kümmern. Die großen Klassen werden zum Problem. Auch die auf das gemeinsame Fortschreiten aller im Hinblick auf eine gemeinsame Aufgabe ausgerichtete 'Sachautorität' wird brüchig. Etliche Lehrer erscheinen in dieser Situation hilflos; sie resignieren und versuchen, die Probleme möglichst zu ignorieren, oder sie greifen verstärkt auf – auch von den Schülern als unangemessen empfundene – Disziplinierungsmaßnahmen zurück, bis hin zu (gesetzlich verbotenen) körperlichen Strafen (vgl. etwa Drinck 1988, S. 204). Auch von seiten der Schuladministrationen häufen sich Maßnahmen, die in diesem Zusammenhang nur als hilflose Versuche interpretiert werden können, das praktisch ausgehöhlte Prinzip der harmonischen Kooperation und den damit verbundenen Konformitätsdruck 'künstlich' aufrechtzuerhalten. Die grotesk-pedantischen Schulordnungen, die außer den in den Mittel- und Oberschulen üblichen Uniformen auch noch die Art der Unterwäsche, den Haarschnitt u. v. a. m. vorschreiben (vgl. etwa Moriyama et al. 1990), sind dafür nur ein Beispiel.

Die Schüler stehen in den Mittelschulen nicht nur vor manchmal immensen Lern- und Zeitproblemen; sie müssen sich auch ihrerseits in einer jetzt viel heterogeneren Schulklasse (mit womöglich noch verunsicherten Lehrern) orientieren und sich vielfach in „zwei Schulsystemen“ (AURIN/WESTPHALEN 1990) zurechtfinden und damit mit zwei konkurrierenden Loyalitäten umgehen. Da es für die Mittelschulen – anders als für die Grund- und Oberschulen – kaum Berichte über systematisch angelegte Unterrichtsbeobachtungen gibt (auch meine eigenen Beobachtungen waren in diesem Bereich nur sehr punktuell),[45] ist schwer zu sagen, wie die Schülerinnen und Schüler mit diesen Problemen zurechtkommen. Allgemein wird jedoch immer wieder darauf hingewiesen, daß das Verhältnis der Schüler zur Schule insbesondere in den Mittelschulen problematisch geworden ist (vgl. etwa AMANO 1989). Seit Mitte der siebziger Jahre häufen sich – in wechselnden Schüben – Berichte über den Rückgang der Leistungsmotivation, körperliche Streßsymptome, Schulangst, Schulverweigerung, Vandalismus oder Gewalt gegen Lehrer und Mitschüler. Während die Grundschüler im allgemeinen noch gerne zur Schule gehen, zeigen sich unter Mittelschülern doch einige deutliche Anzeichen für eine „Krise des Engagements“ (WHITE 1987, S. 134).

Vor allem die ‘Gewalttätigkeiten’ japanischer Schüler haben in Japan ein außerordentlich lebhaftes publizistisches Echo gefunden (und sind von ausländischen Korrespondenten entsprechend aufgenommen worden). Auch sie konzentrieren sich auf die Mittelschulen. Statistisch gesehen erscheint ihr Ausmaß – zumal im internationalen Vergleich – zwar nicht besonders signifikant (vgl. KOPP 1987, S. 120ff.); ihre rasche Zunahme „und die Brutalität des Vorgehens in einzelnen Fällen haben jedoch den Nerv der japanischen ‚Konsens‘-Gesellschaft getroffen“ (MATHIAS-PAUER 1986, S. 234). Besonders aufschlußreich erscheinen in diesem Zusammenhang die eine Zeitlang breit diskutierten Fälle von Gewalt gegen Mitschüler, die als *ijime* bezeichnet werden. Es handelt sich dabei um beständige Hänseleien, mehr oder minder versteckte Schikanen, Quälereien oder ganz handfeste Gewaltakte gegenüber einem einzelnen Schüler, der sich (nach Auffassung offenbar maßgeblicher anderer) nicht ‘richtig’ anpassen kann oder will. Oft ist das Opfer ein schwächerer oder langsamer, manchmal auch ein besonders guter Schüler, bisweilen hebt es sich auch nur durch irgendwelche andere Züge – Kleidung oder Frisur etwa – von den anderen ab (vgl. etwa DRINCK 1988, S. 156ff.; HAASCH 1987, S. 162f.; MURAKAMI 1989). Vergleichbare Phänomene sind auch anderswo nicht unbekannt. In Japan erhalten sie aber durch die institutionell geförderte Bedeutung der Gruppe ein besonderes Gewicht und scheinen zu einem gewissen Grade zu den schuloffiziell anerkannten oder zumindest geduldeten Formen der Disziplinierung unbotmäßiger Gruppenmitglieder zu gehören. Zum Delikt werden solche Schikanen, die an die nicht unüblichen Bestrafungen durch Ausschließung erinnern, oft erst, wenn sie 'außer Kontrolle' geraten und mit besonderer Hartnäckigkeit, Ausdauer oder (gewalttätiger) Energie betrieben werden. Viele Fälle von Schulangst und Schulverweigerung scheinen eher mit solchen Formen des *ijime* zusammenzuhängen als mit dem eigentlichen Unterricht oder dem Leistungsdruck als solchem. In extremen Fällen endeten solche Quälereien auch schon mit Mord oder – häufiger – Selbstmord des Opfers. Etwa 80 Prozent der bekanntgewordenen Fälle von *ijime* ereigneten sich – nach SHIELDS (1989, S. 101) – in Mittelschulen oder wurden von Mittelschülern (soweit sich das überblicken läßt, kaum von Mittelschüler*innen*) verübt.

Natürlich sind es nicht nur Schulprobleme, die sich auf diese Weise äußern. Aus unserer Sicht wird man sogleich an die Pubertät oder die beginnende Adoleszenz denken (die Mittelschüler sind zwischen 12 und 15 Jahre alt). In der japanischen Diskussion scheint dieser Gesichtspunkt aber kaum eine Rolle zu spielen. 'Pubertät' wird vorwiegend als Problem der biologischen Reifung somatisch-physiologisch behandelt; Ablösungsprozesse erscheinen „insgesamt mehr als problematisch denn als entwicklungsbedingt notwendig" (DRINCK 1988, S. 165; vgl. ebd., S. 167). Auch die Medien mögen zumindest bei der Wahrnehmung der Probleme eine Rolle spielen. OTA (1986, S. 5) vermutet, daß die Zahl der Kinder, die kleine Auseinandersetzungen oder Schikanen im Spiel als *ijime* verstehen, unter dem Einfluß der Publizität solcher Probleme zunehme. Schließlich darf auch nicht übersehen werden, daß die Klage über Disziplinlosigkeiten und 'Verwahrlosungserscheinungen' unter den Schülern nur zu gut zu den Bemühungen von Regierung und Kultusadministration paßt, den umstrittenen Moralunterricht und das moralerzieherische Element in den Schulen insgesamt einmal mehr zu stärken (vgl. KOPP 1987, S. 122).

Beunruhigender als die 'Gewalttätigkeiten' selbst erscheinen – jedenfalls aus der Außenperspektive – die verbreiteten Formen des Umgangs mit ihnen. Gewiß gibt es auch in Japan sehr differenzierte Analysen der Probleme, die verschiedene mögliche Gründe genau gegeneinander abwägen und diskutieren. Häufig stehen aber im Falle von *ijime* merkwürdigerweise die *Opfer,* ihre Mütter, ihre Familien und ihr sozialer Hintergrund im Zentrum der Diskussion. Es handelt sich bei ihnen – nach Meinung etlicher japanischer Psychologen – offenbar um problematische 'dunkle', besonders stille und unzugängliche Persönlichkeiten, die sich nicht recht in die Gruppe fügen wollen oder die aufgrund 'ungünstiger' familärer Umstände Schwierigkeiten haben zu lernen, wie man sich in der Gruppe 'richtig' verhält (vgl. White 1987, S. 137f.). Natürlich wird auch das Schulsystem als eine mögliche Ursache erörtert, aber manche Kommentatoren schließen die (rhetorische) Frage an, warum die Mehrzahl der Kinder damit offensichtlich zurechtkommt und nur einige besondere Schwierigkeiten zeigen (vgl. Lock 1988, S. 394).

Auch für die Lehrer scheint es keineswegs selbstverständlich zu sein, sich auf die Seite der Opfer zu stellen (für die Mitschüler schon gar nicht). Nach verschiedenen Berichten, die sich freilich immer auf Extremfälle mit besonders unglücklichem Ausgang beziehen, versuchen sie, die Probleme nicht nur soweit wie irgend möglich zu ignorieren, sondern beteiligen sich in einigen Fällen – wenigstens zu Anfang – noch selbst an den Schikanen (vgl. Murakami 1989). Für viele Lehrer scheint es weder möglich noch notwendig zu sein, der von ihnen selbst immer wieder hervorgehobenen Autorität der Gruppe (der Mehrheit der Gruppe) unter Umständen entschieden entgegenzutreten. 'Autoritär' (in unserem Sinne) wäre somit weniger der einzelne Lehrer als die Gruppe und das systematisch aufgebaute schulische Arrangement, das ihr mit der Selbstverantwortung für die Aufrechterhaltung der schulischen Ordnung zugleich eine Macht über die einzelnen Schüler einräumt, der die Lehrer und die Schule insgesamt selbst in Fällen, in denen der mit dem Prinzip der harmonischen Kooperation eingeführte Konformitätsdruck eindeutig destruktiv geworden ist, offenbar wenig entgegenzusetzen haben.

6. Konkurrenz und Bewährung

In den Oberschulen entspannt sich die Situation wieder etwas. Zwar ist der Druck durch die Aufnahmeprüfungen – zumindest für diejenigen, die ein Studium anstreben – nicht geringer geworden (für die Ambitionierteren nimmt er sogar noch zu), aber die Individuen mit ihren unterschiedlichen Lebensperspektiven finden sich nun zu verschiedenen, relativ homogenen Gruppen zusammengefaßt, in denen man davon ausgehen kann, daß alle Mitglieder mehr oder minder identische Ziele verfolgen. Grob kann man die Oberschulen in drei Gruppen aufteilen: die kleine Gruppe der 'sehr guten' Institutionen, deren Absolventen damit rechnen können, in einer 'sehr guten' oder zumindest in einer 'besseren' Universität unterzukommen; die sehr breite Gruppe der 'durchschnittlichen' Oberschulen, in denen die Schüler und Schülerinnen sich noch realistische Chancen auf einen Platz in einer mehr oder minder 'guten' Universität ausrechnen können, und schließlich die nicht ganz so breite, aber doch beachtliche Gruppe der 'schlechteren' Schulen, in denen der überwiegende Teil der Schüler kaum noch Chancen hat, überhaupt einen Studienplatz zu bekommen. Zu dieser dritten Gruppe zählen ein recht kleiner Teil der 'allgemeinbildenden' Oberschulen, aber nahezu alle 'berufsbildenden' Oberschulen (die von insgesamt fast 30 Prozent der Oberschüler besucht werden) und alle 'Teilzeit-Oberschulen'. Berichte über delinquentes Verhalten beziehen sich in dieser Altersgruppe fast ausschließlich auf diese dritte, schlecht beleumundete Gruppe von Oberschulen.

Die 'berufsbildenden' Oberschulen (bzw. die berufsbildenden Zweige an einzelnen Oberschulen) sind im Zuge der Nachkriegsreformen meist aus ehemaligen Berufs- und Fachschulen hervorgegangen und sollten ursprünglich auch den Absolventen berufsbezogener Bildungsgänge den Zugang zum Hochschulbereich öffnen (vgl. Teichler 1976, S. 49; Georg 1987, S. 27). Mit der allgemeinen Bildungsexpansion sind sie allerdings zu einer Art 'Restschule' verkommen, die weder für die einstellenden Betriebe noch für die Schüler besonders attraktiv ist und kaum mehr eine wirkliche Alternative zur 'allgemeinbildenden' Oberschule darstellt. „Seit annähernd alle Mittelschulabsolventen ihre Ausbildung an der Oberschule fortsetzen, übernehmen die Absolventen der beruflichen Zweige überwiegend solche Beschäftigungspositionen, die früher von Mittelschulabsolventen besetzt waren, also einfache Tätigkeiten als Produktionsarbeiter oder im Büro und Verkauf. Häufig sind sie auf eine Anstellung in kleineren und mittleren Betrieben angewiesen" (Georg 1987, S. 30). Der berufsbezogene Unterrichtsanteil ist zwar nur klein (vgl. ebd., S. 28) – und kaum tätigkeitsspezifisch und anwendungsbezogen (ebd., S. 31) –, aber die Reduzierung des 'allgemeinbildenden' Anteils und die etwas vereinfachten Lehrbücher (vgl. Leestma et al. 1987, S. 44) stellen für den Hochschulzugang doch ein entscheidendes Handikap dar. Obgleich ein – mit den Schuljahren abnehmender – Teil der Schülerschaft immer noch hofft, an einer Hochschule oder einer anderen weiterführenden Bildungseinrichtung unterzukommen, stellen diese Oberschulen für die meisten Schüler die letzte Station ihres Bildungsweges dar. Die Motivation ist entsprechend gering.

Die Hierarchie der Oberschulen reflektiert aber nicht nur Leistungsunterschiede, sondern zugleich auch die soziale Gliederung der Gesellschaft (vgl. ROHLEN 1983, S.128ff.). Wem es nicht gelingt, in einer 'guten' oder 'durchschnittlichen' öffentlichen Oberschule unterzukommen, hat die Wahl zwischen zwei Übeln: einer öffentlichen Berufsoberschule oder einer privaten 'allgemeinbildenden' Oberschule mit schlechtem Ruf (und oft noch größeren Klassen). Wer sich die private Oberschule nicht leisten kann, muß gewöhnlich die berufsbildende' Oberschule besuchen. Er trifft dort auf die Schüler, die die Aufnahmeprüfung für die private Oberschule nicht bestanden haben. Wer auch von den Berufsoberschulen nicht akzeptiert wird, muß sich eine Arbeit suchen und kann zusätzlich eine Teilzeitoberschule besuchen und hier bei entsprechendem Durchhaltevermögen in vier (statt normalerweise drei) Jahren den Oberschulabschluß nachholen. Entsprechend finden sich am breiten unteren Ende der Bildungshierarchie vor allem die Jugendlichen, die sich von ihrem familiären Hintergrund her die kostspielige Kompensation ihrer schulischen Defizite nicht erlauben konnten.

In den 'besseren' und den durchschnittlichen Oberschulen ist der Unterricht ganz auf die Aufnahmeprüfungen ausgerichtet. Angesichts der vom Leistungsstand her gesehen relativ homogenen Klassen erscheint es auch von seiten der Lehrerschaft kaum mehr legitim, diese Orientierung grundsätzlich in Frage zu stellen, zumal ja auch die Reputation 'ihrer' Schule von der Zahl der bei den Hochschuleingangsprüfungen erfolgreichen Schüler abhängt. Die *juku* haben zwar nach wie vor eine große Bedeutung – auch wenn nach vorliegenden Schätzungen (vgl. LEETSMA et al. 1987, S. 13) etwas weniger Oberschüler als Mittelschüler solche Institutionen besuchen –, aber sie stehen weit weniger als in der Mittelschulzeit in einem Konkurrenzverhältnis zur Regelschule. *Juku* und Oberschule ziehen sozusagen am gleichen Strang und haben letztendlich identische Ziele.

Es versteht sich, daß in diesen Oberschulen Schulleistung, Wissenserwerb, die Vermittlung leicht abrufbarer Fakten und Fertigkeiten eindeutig im Mittelpunkt des Schullebens stehen. Zwar wird im allgemeinen nach wie vor großer Wert auf soziale Kompetenzen gelegt, aber sie sind dem Unterricht doch deutlich nachgeordnet. Auch das schulisch organisierte Clubleben am späteren Nachmittag hat nach wie vor eine große Bedeutung. Wie schon in den Mittelschulen beteiligen sich allerdings nicht mehr alle Schüler und Schülerinnen an diesen Aktivitäten. Insgesamt ist nur etwa die Hälfte der Oberschüler in solchen Clubs aktiv, wobei das Engagement vor allem im letzten Jahr, vor der entscheidenden Aufnahmeprüfung, deutlich zurückgeht. Am verbreitetsten sind Sportclubs, die sich nicht selten jeden Tag nach dem Unterricht treffen. Sie sind sehr straff organisiert, wobei die Älteren die Jüngeren kontrollieren, Entscheidungen aber meist gemeinsam getroffen werden. Obgleich das Training hart ist (und der Trainer fast unentwegt brüllt), scheinen sie – zumal bei Jungen – sehr beliebt zu sein und sozial eine ähnliche Funktion zu haben wie Freundescliquen bei uns. Nur sind sie eben nicht informell. Der Verpflichtung gegenüber der Gruppe wird auch hier großer Wert beigemessen: Schüler können jeweils nur einem Club angehören, und es wird erwartet, daß die Mitgliedschaft die ganze Oberschulzeit über andauert (vgl. dazu Rohlen 1983, S. 187ff.). Das Klischee vom anämischen, kurzsichtigen 'Hirntier', das seine Tage und Nächte an seinem kleinen Schreibpult verbringt und das Haus nur verläßt, um mit tränenden Augen tollpatschig zur Schule oder zur *juku* zu stolpern, ist nicht nur überzeichnet, sondern geht an der Realität der meisten Schüler – gerade auch an den 'guten' und 'sehr guten' Oberschulen – vorbei (ebd., S. 281). Dennoch scheint es für die meisten Schüler und Lehrer klar zu sein, daß im Zweifelsfall die Clubaktivitäten zumindest zeitweise gegenüber den Ansprüchen der Prüfungsvorbereitung zurückzustehen haben.

Unterricht ist in diesen Schulen wohl am ungebrochensten – wie Duke (1986, S. 205) lakonisch schreibt – "drill, repeat, and test". Trotz der 'individualistischen' Ziele, die die Schüler verfolgen, ist er im allgemeinen aber keineswegs durch Konkurrenz und einen erbarmungslosen Kampf jeder gegen jeden gekennzeichnet. Eher geht es darum, sich gemeinsam darauf vorzubereiten, einer für alle (mehr oder minder) identischen Herausforderung die Stirn zu bieten. Natürlich sind sich die Schüler des Konkurrenzverhältnisses untereinander bewußt, zumal über die Einzelleistungen der Schüler genau Buch geführt wird; im Zentrum der Unterrichtsorganisation steht aber gleichwohl nicht die individuelle Differenzierung oder gar die Konkurrenz untereinander, sondern die Partizipation an der gemeinsamen Aufgabe der Prüfungsvorbereitung. Die Prüfungen und Tests in der Schule dienen in erster Linie der Selbsteinschätzung der Schüler: als Ansporn, aber vor allem auch als Entscheidungsgrundlage für eine realistische Einschätzung der eigenen Möglichkeiten bei der Hochschulbewerbung (vgl. Teichler 1976, S. 106). Für die Wahrnehmung der Leistung innerhalb des Klassenverbands (ebenso wie für die des sozialen Verhaltens) scheint nicht so sehr der Gedanke der Konkurrenz als vielmehr der der *Bewährung* ausschlaggebend zu sein. Es geht um die gemeinsame Bewältigung vorgegebener Aufgaben, bei denen sich jeder einzelne im Hinblick auf ein für alle relevantes Ziel zu bewähren hat. Nicht 'besser' zu sein, heißt die Devise, sondern so gut wie alle anderen.

Diese Haltung ist auch angesichts des durch die Eintrittsexamina induzierten Konkurrenzdrucks durchaus realistisch. Vorausgesetzt, man hat es geschafft, in die entsprechende Institution aufgenommen zu werden, kann man sich für die folgenden Prüfungen gute Chancen ausrechnen, wenn man nicht hinter den allgemeinen Leistungsstandard in dieser Institution zurückfällt. Umgekehrt dürfte damit auch zumindest ein Grund für die Bedeutung der möglichst 'guten' Schule benannt sein. Sie erlaubt es dem einzelnen, den eigenen Ambitionen (oder denen seiner Eltern) zu folgen, ohne sie als individuelle Optionen innerhalb des Klassenverbandes besonders markieren und ohne sich von der Gruppe absetzen oder abheben zu müssen. Die Konkurrenz wird soweit wie möglich in die punktuellen Aufnahmeprüfungen verbannt, die bezeichnenderweise außerhalb der Institution und *vor* dem Eintritt in sie stattfinden.

Die Grundorientierung auf Leistungskonformität läßt sich in den *juku* vielleicht noch deutlicher beobachten als in den öffentlichen Schulen. Obgleich es hier ja eindeutig lediglich darum geht, dem einzelnen einen individuellen Vorsprung zu sichern, spielen auch hier Gruppennormen und gruppenzentrierte Aktivitäten eine große Rolle. Es gibt verschiedene Formen von Gruppenarbeit, Tests, in denen Kleingruppen gegeneinander antreten, usw.; vor allem aber werden auch hier die besondere Identität der jeweiligen *juku* und die gemeinsame Anstrengung betont, die – wie ROHLEN (1980, S. 221) anmerkt – so etwas wie eine Solidarität unter den Schülern zu begründen scheint. Vielfach knüpft der Unterricht in den *juku* auch direkt an Trainingsmethoden an, wie sie etwa in den beliebten Sportclubs praktiziert werden. Der Lehrer fordert strikte Disziplin, gibt lautstark seine Anweisungen, fordert die Schüler beständig zu noch besseren Leistungen heraus und klopft ihnen nach dem 'Training' entspannt und kameradschaftlich auf die Schulter (ROHLEN 1983, S. 192). Wie der Sport verlangt auch die Examensvorbereitung Opfer und Disziplin, ein rigoroses, entbehrungsreiches Training (ebd.), bietet aber zugleich auch Möglichkeiten des kameradschaftlichen und solidarischen Miteinanders. Gerade 'gute' *juku* zeichnen sich dadurch aus, daß sie eine Art „Kampagnen-Atmosphäre" (WHITE 1987, S. 146) schaffen, die jeden einzelnen herausfordert, im disziplinierten 'Team' ein Höchstmaß an individueller Leistung und Leistungsbereitschaft zu zeigen. Viele *juku* bieten so eine konzentriertere und eindrucksvollere Gruppenerfahrung als der eintönige Unterricht in den öffentlichen Schulen (vgl. Rohlen 1980, S. 221), was wohl auch mit ein Grund dafür ist, daß sie von den Schülern akzeptiert werden und für sie oft attraktiver sind als die Regelschulen (vgl. ebd., S. 230f.).

Selbst noch die Erfahrung der Eintrittsexamina scheint wesentlich vom Gedanken der Bewährung geprägt zu sein. Es gebe, so ein japanischer Student, den Cummings (1980, S. 232) zu Wort kommen läßt, zwei Arten, mit dem Examen und der Examensvorbereitung umzugehen: Die eine ist, sich der zahlreichen anderen Schüler bewußt zu sein, die sich auf das gleiche Ziel vorbereiten, und mit ihnen zu konkurrieren. Die andere, uns ziemlich fremd anmutende scheint in Japan verbreiteter zu sein. Sie besteht darin, das Examen als persönlichen Feind anzusehen und jede Anstrengung auf sich zu nehmen, um ihn zu besiegen.

7. *Orientierung in der Schule und Adoleszenz*

Insgesamt gesehen ist das japanische Bildungssystem sicher nicht einzigartig. Angesichts des immer wieder als Besonderheit herausgestellten extremen Bildungswettlaufs hat vor allem Teichler wiederholt betont, „daß bildungsmeritokratische Züge in allen Industriegesellschaften große Bedeutung gewonnen haben: Beruflicher und sozialer Erfolg führt überall in eher zunehmendem Maße über den Bildungserfolg. Die ausgeprägte Wettbewerbssituation in Japan und ihre Ursachen lassen Japan eher als einen Prototyp und nicht als einen Sonderfall erscheinen“ (1982, S. 141). „In abgeschwächter Form ergaben sich (...) in Westeuropa ähnliche Entwicklungen, und vieles spricht dafür, daß in der Bundesrepublik Deutschland eher eine Annäherung an die japanische Situation zu erwarten ist als umgekehrt eine Annäherung der japanischen an die bundesdeutsche Situation“ (ebd., S. 142).

Die spezifischen Züge, auf die auch Teichler (vgl. ebd.) hinweist, scheinen allerdings maßgeblich dazu beigetragen zu haben, daß sich bildungsmeritokratische Tendenzen in Japan schneller und deutlicher durchgesetzt haben als etwa in der Bundesrepublik, wo beispielsweise die (bislang) vorherrschende Berufsförmigkeit der betrieblichen Rekrutierungspraktiken und der innerbetrieblichen Arbeitsorganisation „in gewissem Maße ein Gegengewicht gegen ein extremes Streben zur Statusverbesserung und damit gegen einen starken Wettbewerb um den Bildungserfolg bildete“ (ebd.; vgl. auch Georg 1992). Diese besonderen Züge fallen vor allem bei der Untersuchung der schulischen Sozialisation ins Auge. Gerade der Widerspruch zwischen den (verschärften) Selektionserfordernissen einerseits und den in der Unterrichtsorganisation vorherrschenden Prinzipien der harmonischen Kooperation andererseits prägt nicht nur das japanische Bildungswesen, sondern auch den schulischen Sozialisationsprozeß auf eine sehr spezifische Art und Weise. Strukturell gesehen erzwingt die hartnäckige Aufrechterhaltung der 'gemeinschaftlichen' Organisationsformen einerseits erst die (weitgehende) Ausgrenzung der Konkurrenz aus dem Schulleben und ihre Konzentration auf die punktuellen Aufnahmeprüfungen. Andererseits ermöglicht sie der Schule, angesichts der für das Schulklima potentiell verheerenden Folgen der ungebremsten Leistungskonkurrenz überhaupt noch an ihrem Erziehungsanspruch und Erziehungsauftrag festzuhalten.

Im Blick auf die schulische Sozialisation weist dieser Widerspruch auf eine Form der Integration von Gemeinschaftserziehung und Konkurrenz hin, die den Schülern sehr spezifische Anforderungen und Orientierungsaufgaben stellt und damit auch die Erfahrungen prägt, die sie im Laufe ihrer Schulzeit machen. Das erste und wichtigste, was von ihnen verlangt wird, sind natürlich Fleiß und Ausdauer. Die Bereitschaft und die Fähigkeit, sich anhaltend anzustrengen und zum Erreichen eines (beliebigen) Ziels Mühen und Entbehrungen auf sich zu nehmen, werden nicht nur innerhalb und außerhalb der Schule immer wieder als grundlegende Werte hervorgehoben; auch die Gestaltung des Unterrichts und natürlich die Form der Auslese sind von der Vorstellung geprägt, daß es nur einen prinzipiell mühevollen, langwierigen (und langweiligen) Weg zum Erfolg gibt, der aber auch – da er an keine weiteren individuellen Voraussetzungen (wie 'Eignung', 'Begabung', 'Interesse' usw.) gebunden ist – für jeden prinzipiell gangbar erscheint.

Das hohe Maß an Verantwortung bei ihrer Selbstdisziplinierung, das den Schülern im Hinblick auf ihre individuelle Lernleistung und Anstrengungsbereitschaft, aber auch im Hinblick auf ihr soziales und kooperatives Verhalten abverlangt wird, steht dabei von vornherein in einem Gruppenkontext, der auf die gemeinsame Bewältigung der anstehenden Aufgaben ausgerichtet ist. Die Orientierung der Schüler in der Schule ist damit ganz wesentlich auf die Gruppe fokussiert, die (idealiter) gleichsam als Verkörperung einer schulischen Ordnung fungiert, die von den einzelnen nicht nur Konformität im Hinblick auf ihr soziales Verhalten, sondern auch im Hinblick auf ihre schulischen Leistungen, ihr Engagement und ihre Einsatzbereitschaft verlangt.

Die Konkurrenz im Hintergrund wird mit diesem institutionellen Arrangement natürlich nicht zum Verschwinden gebracht, sondern ausgegrenzt oder, wenn man so will, 'verdrängt'. Ihr legitimer Ort ist nicht das Klassenzimmer, sondern die Aufnahmeprüfung. Zwar haben vor allem die Oberschulen ein Interesse daran, zumindest einen Teil ihrer Absolventen in 'guten' Universitäten unterzubringen; gleichwohl ist die Zugangsprüfung nicht *ihre* Angelegenheit – jedenfalls nicht in dem Maße, wie dies bei einer Abschlußprüfung der Fall wäre –, sondern gleichsam Privatsache des einzelnen Schülers und seiner Eltern. Gerade aufgrund der in den Schulen vorherrschenden egalitär ausgerichteten Gruppenorientierung scheint somit die Verantwortung für den Bildungserfolg in weit höherem Maße auf den einzelnen Schülern und ihren Eltern zu liegen als in einem System, in dem es primär der Schule obliegt, durch Differenzierung, Selektion oder zusätzlichen Unterricht (und sei es in Form der Wiederholung einer Klasse) dafür zu sorgen, daß zumindest nicht alle Schüler bei der Abschlußprüfung durchfallen.

Da insofern – zugespitzt gesagt – die japanischen Schulen von ihrem institutionellen Arrangement her kaum für das inhaltliche Ergebnis ihrer Bemühungen verantwortlich zu machen sind, müssen sich vor allem die Schüler selbst oder eben ihre Eltern darum kümmern, daß sie hinreichend motiviert sind und genügend lernen, um zu gegebener Zeit an den 'richtigen' Schulen und Hochschulen unterkommen zu können. Der von der Gruppe ausgehende Konformitätsdruck bezüglich der Schulleistungen kann zwar eine gewisse Motivation bei den einzelnen Kindern gewährleisten, aber die Eltern können nie sicher sein, wie weit diese Motivation im Bildungswettlauf trägt. Sie können sich kaum darauf verlassen, daß die Schulen ihren Kindern *per se* die für eine leidlich erfolgreiche Karriere notwendigen Kenntnisse und Fertigkeiten vermitteln. Daß ihre Kinder etwa in der Mittelschule gut 'mitkommen' und hinreichende Leistungen zeigen, bedeutet ja noch keineswegs, daß sie damit eine realistische Chance hätten, zu einer 'guten' Oberschule zugelassen zu werden. Zumindest ambitioniertere oder auch nur verantwortungsbewußte Eltern sind daher gezwungen, rechtzeitig zusätzliche Informationen über den Leistungsstand ihres Kindes einzuholen und beispielsweise auf kommerziell vertriebene Schulleistungstests oder entsprechende Angebote der *juku* zurückzugreifen. Auch die Orientierung an Prestigehierarchien stellen nur ein Mittel dar, mit dieser generellen Unsicherheit fertig zu werden. Durch das System der Eingangsprüfungen wird mit der Konkurrenz [46] auch die Verantwortung für den Lernerfolg aus den Schulen verbannt und – in einem weit größerem Maße als anderswo – den Eltern überantwortet.

In dieser Lage mutet es geradezu zynisch an, wenn japanische Bildungspolitiker und Pädagogen immer wieder die angeblich von übermäßigem Ehrgeiz getriebenen 'Bildungsmamas' *(kyoiku mama)* für den überhitzten Bildungswettbewerb verantwortlich zu machen suchen. Tatsächlich übernehmen die Mütter mit ihren bisweilen recht hilflos wirkenden Versuchen, ihr Kind so gut es eben geht bei seinen schulischen Bemühungen zu unterstützen, nur pflichtschuldig ihren Part im Spiel der Statusattribution. Sie sind geradezu gezwungen, ihr Kind – auch wenn es schwerfällt – 'anzutreiben', zu motivieren, da niemand sonst diese für das spätere soziale Schicksal entscheidende Aufgabe übernimmt. Die Inszenierung der Harmonie in den Schulen findet gleichsam auf dem Rücken der mit der Verantwortung für den Lernerfolg belasteten Mütter statt.

Natürlich bleiben auch die Schüler selbst nicht von solchen Unsicherheiten in bezug auf ihre eigene schulische Leistungsfähigkeit und die eigenen Möglichkeiten verschont. Das wirkt sich vor allem dahingehend 'positiv' aus, daß ihre Lernanstrengungen keine Grenzen kennen. Im Hinblick auf die Zulassungsprüfungen der renommierteren Universitäten, die sich in ihren Tests keineswegs auf Fragen aus dem ohnehin schon recht umfangreichen schulischen Curriculum beschränken, gibt es auch für den routiniertesten Memorierkünstler keinen Punkt, an dem er guten Gewissens die Bücher zuklappen und sich anderen Dingen widmen könnte. Jeder hätte stets immer noch mehr tun können. Ein japanischer Schüler ist, zumindest was seine Schulleistung betrifft, kaum je 'gut genug'. Nach vergleichenden Untersuchungen ist die Selbsteinschätzung japanischer Schüler in bezug auf ihre schulischen Leistungen deutlich niedriger als in den USA (vgl. STEVENSON 1989). Erst mit dem Bestehen der Aufnahmeprüfung und der damit verbundenen Einführung in eine neue (renommierte) Institution kann sich der Wert der eigenen Anstrengungen erweisen.

Das Selbstbild der Kinder und Jugendlichen scheint schon deshalb meist recht eng an die jeweilige Schule und die Gruppen in ihr gebunden zu bleiben. Es gibt – von den punktuellen Zulassungsprüfungen und besonderen Vorbereitungsmaßnahmen abgesehen – nur wenig Möglichkeiten, die eigenen Fähigkeiten unabhängig von der Schule einzuschätzen. Nach Erhebungen von KARIYA/ROSENBAUM (1987) beeinflußt der Schulerfolg, vor allem der Rang der Oberschule, nicht nur 'berufliche' Pläne sehr stark, sondern auch Zukunftserwartungen auf Feldern, die – jedenfalls für unser Verständnis – kaum etwas mit

Schulleistungen zu tun haben, etwa die Einschätzung der Möglichkeiten, sich selbständig zu machen oder dereinst ein „glückliches Familienleben“ zu führen (vgl. ebd., S. 176f.).

Hinzu kommt, daß die Adoleszenz weit weniger als etwa bei uns als eigene Lebensphase ausgeprägt und anerkannt ist. Die Mittel- und für die meisten Schüler auch die Oberschulzeit ist die kritische Zeit vor den Aufnahmeprüfungen, die vor allem harte Arbeit verlangt und kaum Zeit und Raum für eigenständige Orientierungsleistungen oder gar Experimente außerhalb des schulischen Kontextes läßt. Die 13- bis 18jährigen gelten gemeinhin – wenn man von unseren Jugendlichen ausgeht: mit Recht – als ‘Kinder’ oder eben als ‘Schüler’ (ROHLEN 1983, S. 195f.). Natürlich gibt es heute auch in Japan so etwas wie eine ‘Jugendkultur’, aber sie erschöpft sich meist, zumal für Oberschüler, im privaten Medienkonsum. Musik wird zu Hause unter dem Kopfhörer gehört, nicht auf Partys. Die japanische Jugendkultur ist, wie ROHLEN (ebd., S. 279) schreibt, im wesentlichen eine Traumwelt, die aus dem Ausland kommt und allenfalls in andere Aktivitäten integriert wird, sie aber nicht selbst trägt. Kontakte mit Gleichaltrigen (gleichen Geschlechts) werden zwar als sehr wichtig angesehen, aber sie sind zumeist Schulkontakte, die an den vergleichsweise weiten schulischen Rahmen (mit Clubaktivitäten u. ä.) gebunden bleiben. Insofern gibt es sicher eine gewisse, zumindest gedankliche Ablösung vom Elternhaus und eine verstärkte Orientierung an den schulischen peers, die sich aber nur selten im vermehrten Auftreten von Konflikten, sondern – nach den gegenwärtig in Japan verbreiteten Klagen zu urteilen – eher in Kommunikationsproblemen äußert (vgl. etwa NEUSS-KANEKO 1990, S. 133). Für die Entwicklung und Pflege autonomer sozialer Beziehungen gibt es jedoch außerhalb der weitgehend institutionalisierten schulischen Beziehungen im allgemeinen nur wenig Gelegenheiten (vgl. ROHLEN 1983, S. 194).

In unserer Perspektive wäre das zweifellos ein Mangel. Tatsächlich ist aber die selbständige Lebensorientierung, „die Aufnahme des Lebensprinzips Autonomie“, bei uns der „Hauptsinn der vielen Einzelzüge, die die Jugendlichkeit ausmachen“ (KAMPER 1970, S. 335), für die meisten Heranwachsenden in Japan kein gravierendes Problem. In dieser Hinsicht sind auch Schulen und Eltern in Japan weniger belastet als bei uns. Sie stehen nicht so sehr vor der Aufgabe, die Schüler „ins feindliche Leben“ zu entlassen, in dem sie sich eigenständig und selbstverantwortlich zurechtfinden müssen – ein Leben, das vor allem nach Abschluß der Schule beginnt, aber in gewissem Maße auch bereits jeden Nachmittag und Abend stattfindet. Die

Entwicklung von sozialer Unabhängigkeit und Mündigkeit ist zumindest kein dringliches Ziel (vgl. auch ROHLEN 1983, S. 268f.). Wenn sich bei uns Eltern und Lehrer gedrängt fühlen, Kinder und Jugendliche möglichst frühzeitig zu eigenständigen Orientierungsleistungen in größeren gesellschaftlichen Zusammenhängen anzuhalten und zu ermuntern, so gehorchen sie damit – wie vermittelt auch immer – den Imperativen einer sozialen Ordnung, die die Individuen schon sehr frühzeitig zwingt, sich selbständig durchs Leben zu schlagen. Im japanischen Kontext scheint es dagegen möglich zu sein, hier größere Gelassenheit walten zu lassen, weil Eltern und Lehrer sich darauf verlassen können, daß die Ordnung in jedem Lebensabschnitt unmittelbar institutionalisiert wird und dem einzelnen über das 'Verständnis' dieser jeweiligen Ordnung hinaus offenbar keine weiteren nennenswerten Orientierungsaufgaben abverlangt oder zugemutet werden. Eltern und Schulen können sich im allgemeinen darauf verlassen, daß sich eine andere Institution ihrer Schützlinge annimmt, ob sie nun Betrieb oder Universität heißt. Wichtiger als die eigenen Orientierungen und ihre selbständige Integration, die u. U. sogar hinderlich sein könnten, ist die 'Offenheit' für neue Situationen und Anforderungen.

Allerdings existiert ein zumindest ansatzweise mit unserer Adoleszenz vergleichbares 'psychosoziales Moratorium' für diejenigen Jugendlichen, für die klar ist, daß sie das letzte Stadium ihrer Bildungskarriere erreicht haben. Das sind zum einen vor allem die Schüler 'schlechter' Oberschulen, die sich kaum noch Hoffnung auf einen Platz an einer Hochschule (oder einer anderen weiterführenden Bildungsinstitution) machen können. Das Lernen und die anderen schulischen Anforderungen spielen für sie keine große Rolle mehr, und die Schulen haben hier nur mehr wenig Chancen, ihre rigiden Verhaltensstandards durchzusetzen. Je niedriger der Rang der Schule ist, desto eher können sich die Schüler Zeit für andere Dinge nehmen, in der Stadt herumlungern, Kinos und Cafés besuchen und soziale Kontakte außerhalb von Schule und Elternhaus finden. In den öffentlichen Verkehrsmitteln erkennt man die Schüler 'schlechter' Oberschulen manchmal an ihrer (für japanische Verhältnisse) vergleichsweise 'unkonventionellen' Aufmachung, an der Kleidung oder an besonderen Accessoires zu den (bei Jungen) betont lässig getragenen Schuluniformen, an den Frisuren oder (bei Mädchen) der Schminke. In der (in dieser Hinsicht sehr strengen oder ängstlichen) japanischen Öffentlichkeit werden solche Anzeichen unabhängiger Aktivitäten sehr argwöhnisch beäugt und nicht selten in die Nähe 'delinquenten'

Verhaltens gerückt, wozu auch schon „Faulenzen (!), Schuleschwänzen, Rauchen und Alkohol (bis zum 20. Lebensjahr in Japan verboten)“ (zit. nach DRINCK 1988, S. 161) zählen. Dem Versuch dieser, vom breiten Strom der Mittelschichtkarrieren vorzeitig abgeschnittenen Jugendlichen, sich individuell zu behaupten oder gar zu profilieren (nachdem sie den Rückhalt durch eine renommierte Institution verloren haben), haftet von vornherein etwas vom Stigma des Unterpriviligierten und Erfolglosen an. Erst recht gilt das für die ebenfalls vergleichsweise harmlosen Vergnügungen der bereits erwerbstätigen oder gar arbeitslosen Mittelschulabgänger.

Als eine andere, ebenfalls schichtspezifische Form eines ‘sozialen Moratoriums’ könnte man die Zeit an der Universität ansehen. Sie gilt im allgemeinen als Phase der Entspannung zwischen der aufreibenden Zeit der Examensvorbereitung und der sich anschließenden Erwerbstätigkeit. Das Studium kann in den meisten Fällen – übrigens ziemlich unabhängig vom Rang der Universität – kaum als sehr intensiv oder anspruchsvoll bezeichnet werden; selbst Autoren, die das japanische Bildungswesen sonst fast durchgehend als vorbildlich preisen, können ihm nur wenig abgewinnen (etwa DUKE 1986; S. 216ff.; LEESTMA 1987, S. 49ff.). Zwar wird – vor allem im ‘allgemeinbildenden Grundstudium’ – nicht auf regelmäßige Tests verzichtet, aber da die Studierenden gelernt haben, bei Bedarf kurzfristig enorme Mengen von Fakten aufzunehmen (und ebensoschnell wieder zu vergessen), lassen sich diese Tests relativ problemlos bewältigen. Die Chancen, bei der Abschlußprüfung durchzufallen, sind ohnehin sehr gering. Die Studentinnen und Studenten haben also relativ viel Zeit, die sie selbst gestalten können. Den Anfechtungen der ‘Straße’ scheinen sie gleichwohl weit weniger ausgesetzt zu sein als die Schüler schlecht beleumundeter Oberschulen. Zwar frequentieren auch sie Kinos und Kneipen (wenn auch andere), für den größten Teil ihrer Freizeitaktivitäten stehen ihnen aber die – auch von den Universitäten nachhaltig geförderten – studentischen Clubs zur Verfügung. Sie ähneln denen in der Schule, sind oft sehr rigide (selbst) organisiert und haben die Tendenz, ganz über ihre Mitglieder und deren Zeitplanung zu verfügen. Zu Beginn des Studienjahres veranstalten sie große Propagandaaktionen, um neue Mitglieder unter den Studienanfängern zu rekrutieren. Die Entscheidung für einen dieser Clubs, deren Angebotspalette von verschiedenen Sportarten über traditionelle Künste bis hin zu Theater oder Musik reicht (selbst ‘Wandervögel’ sind präsent), ist sehr wichtig, denn sie kann kaum revidiert werden. Es wird erwartet, daß man die ganze Studienzeit über in einem Club bleibt. Diese Aktivitäten sind wohlgemerkt freiwillig (auch wenn die einmal eingegangenen Verpflichtungen eine weit größere Verbindlichkeit beanspruchen können als freiwillige Aktivitäten normalerweise bei uns) und werden als willkommene Entlastung vom nach wie vor recht eintönigen Unterrichtsbetrieb erlebt. Etliche dieser Clubs (gerade die männlich dominierten) nehmen aber, sowohl was ihre Organisationsprinzipien als auch was die Form ihrer Ausschweifungen (in ausgedehnten ritualisierten Trinkgelagen mit Gesang, meist *karaoke*) betrifft, Elemente der japanischen 'Angestelltenkultur' auf eine derart genaue Art und Weise vorweg, daß sie geradezu als Bestandteile einer sehr zielgerichteten (wenn auch wohl nicht bewußten) 'Selbstsozialisation' erscheinen.

Daß das japanische Bildungswesen in hohem Maße zur Legitimation sozialer Ungleichheit beiträgt, ist offensichtlich. Es scheint aber darüber hinaus auch ganz entscheidend an der Herstellung eines auf dem Bildungserfolg beruhenden deutlichen Statusbewußtseins beteiligt zu sein. Damit wird einmal mehr deutlich, daß die grundlegende Erfahrung des Eingebundenseins in die Gruppe und der in den Schulen vorherrschenden egalitären Grundorientierung durch die ebenso grundlegende Erfahrung konterkariert wird, 'aussortiert' und nach dem Maß der eigenen Anstrengung (meist gleichwohl in Übereinstimmung mit dem sozialen Hintergrund) distinkten sozialen Schichten zugeordnet zu werden, die sich nicht nur in ihren Karrierechancen und ihrem Status, sondern auch in ihren Verhaltensorientierungen und Lebensstilen deutlich voneinander unterscheiden.

Selbstverständlich übernimmt das japanische Bildungswesen mit seinen insgesamt hohen Anforderungen in bezug auf Leistungsbereitschaft, Selbstdisziplin, Belastbarkeit usw. einen wichtigen, wenn auch indirekten Beitrag zur 'Berufsvorbereitung'. Zugleich fördert es – zumal bei erfolgreichen Schülern – systematisch eine Form des kooperativen Zusammenwirkens, die individuelle Ambitionen an die Partizipation an der Gruppenpraxis bindet. In der Schule lernt und erfährt der oder die einzelne, daß sich die eigenen Aspirationen nur vermittels der Integration in die Gruppe und keinesfalls gegen sie verwirklichen lassen.

Die schulische (und vorschulische) Sozialisation bereitet aber natürlich nicht nur auf das Arbeitsleben vor. Sie steht vielmehr in einem übergreifenden soziokulturellen Kontext, auf den ich abschließend näher eingehen möchte. Im Mittelpunkt meiner Überlegungen und Thesen soll dabei die schon verschiedentlich angesprochene spezifische Strukturierungsweise des Verhältnisses von Individuum und

Gesellschaft stehen, die nicht nur den allgemeinen Rahmen prägt, in dem Erziehung und Sozialisation in Japan stehen, sondern auch die Erwachsenen vor spezifische Aufgaben stellt und insofern auch ihren Lebenszusammenhängen und letztendlich wohl auch der Form ihres Selbstverständnisses und ihrer Selbstvergewisserung besondere Konturen verleiht.

VI. IDENTITÄT UND DIE ORDNUNG DER BIOGRAPHIE

1. 'Gruppenorientierung' und 'Individualismus' als gesellschaftliche Anforderungsstrukturen

Sowohl in der populären als auch in der kulturanthropologischen und sozialwissenschaftlichen Japan-Literatur wird dem westlichen 'Individualismus' immer wieder die japanische Gruppenorientierung gegenübergestellt. Viel eher als das einzelne Individuum ist demnach die Gruppe primäre Handlungseinheit, 'Subjekt' (LEBRA 1976, S. 105; HAMAGUCHI 1985). Die konkrete Zugehörigkeit zu einer Gruppe ist nicht nur Bedingung für den Aufbau einer Identität, diese bleibt auch (weitgehend) an die Gruppenpartizipation gebunden. Außerhalb seines wichtigsten sozialen Bezuges gelte der einzelne nur wenig. Er werde vor allem, wenn nicht ausschließlich, als Teil eines Ganzen, nicht als autonom wahrgenommen (LEBRA ebd.) und identifiziere sich auch selbst vor allem über seine Zugehörigkeit (NAKANE 1985; vgl. auch MÜLLER 1984). Entsprechend wird die (vermeintliche) Autonomie des westlichen Individuums, seine Unabhängigkeit im Handeln und Denken, seine Konfliktfähigkeit und Konfliktbereitschaft mit der japanischen Neigung zu Konsens und harmonischen Sozialbeziehungen kontrastiert, mit der sehr ausgeprägten Ritualisierung des Verhaltens und Sprechens selbst im 'privaten' Alltagsleben, dem entwickelten Regelbewußtsein, das Konformität nicht nur in der äußeren Erscheinung und im Verhalten sichert, sondern auch das Denken zumindest beeinflußt, und der – gerade von japanischer Seite gern betonten – Homogenität, ja Uniformität der japanischen Gesellschaft. Selbst in der Sprachstruktur wird ein analoger Gegensatz zwischen der in westlichen Sprachen üblichen „absoluten Selbstdefinition" (ich) und der „relativen Selbstdefinition" im Japanischen gesehen, bei der sich das Individuum mittels verschiedener kontextabhängiger 'Substantive' jeweils nur in bezug auf ein konkretes Gegenüber definieren kann (SUZUKI 1990, S. 168ff.; SMITH 1983).

Tatsächlich spielen – wie wir gesehen haben – die Gruppe, die harmonische Kooperation, die Offenheit für die Erwartungen und Wünsche anderer und die Vermeidung von (offenen) Auseinandersetzungen eine wichtige Rolle im Sozialisationsprozeß und in der Erziehung. Dennoch ist die einfache Gegenüberstellung von Individualismus einerseits und Gruppenorientierung andererseits so wohl kaum haltbar. Gegenüber dem oft harmonisierenden Gruppenmodell der japanischen Gesellschaft ist in den letzten Jahren wiederholt geltend gemacht worden, daß es nicht nur über Antagonismen, Konflikte und Konkurrenzverhältnisse vielfach allzu großzügig hinwegsieht und die politisch-ideologischen Zusammenhänge weitgehend vernachlässigt, sondern auch die Motive und Interessen des einzelnen Individuums, das an der Gruppe partizipiert, weitgehend ausblendet (vgl. etwa Befu 1980; 1980a). Das Beispiel der schulischen Gruppenorganisation zeigt ja, daß individuelle Ambitionen sehr wohl ihren Platz in der Gruppe haben, so wie übrigens auch umgekehrt die Gruppen eine wichtige Rolle in einer eher 'individualistisch' orientierten Erziehungs- und Sozialisationspraxis spielen. – Ganz ähnlich ist auch am Modell der harmonischen Sozialbeziehungen kritisiert worden, daß es umstandslos von kleinen Gruppen auf die Gesellschaft insgesamt schließt, ein viel zu statisches Bild von der japanischen Gesellschaft zeichnet und die Dynamik und Komplexität gesellschaftlicher Prozesse generell unterschätzt (Krauss et al. 1984). Sowohl das Gruppen- als auch das Harmonie-Modell tendieren dazu, (ideologische) Ansprüche und normative Orientierungen mit den tatsächlichen sozialen Interaktionsverhältnissen zu verwechseln (vgl. Befu 1980, 1980a; Krauss et al. 1984) – ein Vorwurf, der sich übrigens umgekehrt auch gegenüber 'individualistischen' Modellen westlicher Gesellschaften formulieren ließe.

Die Modelle und vor allem die zahlreichen Einzelbeobachtungen, die sie zu integrieren versuchen, werden mit dieser Kritik nicht gegenstandslos, aber sie werden in ihrer theoretischen Reichweite und in ihrem Erklärungsanspruch relativiert. Das Harmonie-Modell, so Krauss et al. (1984, S. 379), hebt nur einen Teil eines (noch auszufüllenden) umfassenderen und komplexeren Bildes hervor. Es verabsolutiert *ein* zweifellos wichtiges „Ideal", das in verschiedenen Bereichen der japanischen Gesellschaft unterschiedlich wirksam ist (ebd.). Auch Befu betont, daß die Gruppenorientierung als *eine* zentrale Ideologie verstanden werden kann, der freilich andere Orientierungen gegenüberstehen und zum Teil auch widersprechen (1980a, S. 36). Sie bezeichne gleichsam die 'Fassade' *(tatamae),* hinter der sich höchst unterschiedliche Verhaltensweisen, Motive und Interessen verbergen können (ebd., S. 37). Die Orientierung an möglichst harmonischen Gruppenbeziehungen wird damit als *ein* spezifischer Modus begreifbar, in dem die Individuen ihr Verhältnis zu den gesellschaftlichen Zusammenhängen, in denen sie stehen, regeln und organisieren; sie kann aber für sich genommen noch nicht erhellen, warum die Individuen sich in dieser Weise verhalten.

Befu (1980, S. 178ff.) schlägt daher vor, von den Individuen, ihren Motiven und Interessen auszugehen und die Gruppenorientierung in Begriffen einer allgemeinen Theorie des sozialen Austauschs zu reformulieren. Damit zeichnet er eine Perspektive, die es ermöglicht, die einzelnen auch in ihrer Gruppenorientierung als pragmatisch kalkulierende, Vor- und Nachteile ihres Verhaltens und Handelns abwägende Individuen zu begreifen. Trotz dieses – wie ich meine – wegweisenden Ansatzes bleibt er jedoch in einer kulturalistischen Denkweise befangen, wenn er darüber hinaus vorschlägt, zur Erklärung des besonderen Verhaltens ein spezifisch japanisches Konzept der Persönlichkeit und ihrer Entwicklung heranzuziehen: das *seishin*-Konzept, das grob gesagt den Wert der ausdauernden, disziplinierten Anstrengung für die individuelle Entwicklung betont. Befu setzt sich damit – wie Moeran (1986) zu Recht eingewandt hat – nicht nur dem gleichen Vorwurf aus, den er gegenüber dem Gruppenmodell der japanischen Gesellschaft formuliert hat: daß hier nämlich tendenziell ein Ideal mit dem tatsächlichen Verhalten identifiziert wird. Zugleich ergänzt er im Grunde genommen nur ein kulturalistisches Modell durch ein weiteres und gerät dadurch in die Gefahr, die von ihm gezeichnete Perspektive doch wieder zu verkürzen. Tatsächlich bezeichnen Gruppenorientierung und Harmonie – wie gerade das Beispiel der Schule gezeigt hat – nicht einfach nur kulturspezifische 'Ideale', sondern stellen (entsprechend dem skizzierten Verständnis von 'Kultur im weiteren Sinne') Anforderungen dar, denen sich die einzelnen nicht ohne weiteres entziehen können. Insofern erscheint es durchaus legitim, wenigstens zunächst nach diesen besonderen Anforderungen zu fragen und zu versuchen, die Organisationsprinzipien des gesellschaftlichen Zusammenlebens nachzuvollziehen, zu denen sich die Individuen – unabhängig von ihrer jeweiligen psychologischen Disposition – verhalten müssen, wenn sie ihr Leben unter den gegebenen Umständen einigermaßen erfolgreich führen wollen. Diese Organisationsprinzipien artikulieren sich natürlich auch in kulturspezifischen Normvorstellungen und Begriffen; sie sind aber zugleich – und das macht letztendlich ihre Wirksamkeit aus – in institutionellen Arrangements gleichsam vergegenständlicht, die sich den einzelnen Individuen als Anforderungsstrukturen stellen, mit denen sie sich im Zuge ihrer praktischen Lebensbewältigung auseinandersetzen müssen. Die Individuen finden sich in gesellschaftliche Situationen gestellt, die jeweils bestimmte Möglichkeiten offenlassen und andere ausschließen und die die einzelnen mit bestimmten Aufgaben konfrontieren, die ihnen bestimmte Fähigkeiten abverlangen und ihnen darüber auch die Entwicklung bestimmter Strukturen der Selbstbezüglichkeit zumindest nahelegen.

Ein Vergleich, der die abstrakte Gegenüberstellung von Individualismus und Gruppenorientierung überwinden möchte, darf aber umgekehrt auch den westlichen 'Individualismus' nicht mystifizieren. Auch er stellt in gewissem Sinne ein 'Ideal' dar, das nicht ohne weiteres mit den tatsächlich vorfindlichen Orientierungen der Individuen identifiziert werden darf, und auch hier müssen die spezifischen gesellschaftlichen Anforderungen gesehen werden, durch die das 'Ideal' im praktischen Handeln und in der alltäglichen Orientierungstätigkeit seine Verbindlichkeit gewinnt. Zumindest in sozialwissenschaftlichen Diskussionszusammenhängen geht man gemeinhin davon aus, daß sich der Übergang zur 'Moderne' als Individualisierungsprozeß charakterisieren läßt. Entscheidend ist dabei, daß diese „Individualisierung nicht einfach – wie im idealistischen Denken – als Rückgang gesellschaftlicher Steuerung aufgefaßt wird, sondern als Substitution eines Vergesellschaftungsmodus durch einen neuen, der am Individuum ansetzt. (...) Das Individuum wird zum grundlegenden Träger des sozialen Lebens. Individualität wird (...) gesellschaftlich institutionalisiert (...); das Individuum wird zum Handlungszentrum, dem eine eigenständige Lebensorientierung sozial ermöglicht und sogar abverlangt wird" (Kohli 1988, S. 35f.).

Man kann also davon ausgehen, daß das, was wir heute oft mit dem (recht unscharfen) Begriff der Ich-Identität bezeichnen, das je individuelle Produkt der Auseinandersetzung der einzelnen mit historisch und kulturell *spezifischen* Anforderungsstrukturen darstellt. Diese Anforderungsstrukturen resultieren in „Gesellschaften unseres Typs" (Döbert u. a. 1977, S. 9) – grob gesagt – aus einem grundlegend veränderten Verhältnis von Individuum und Gesellschaft, das sich in unserem Raum spätestens mit dem Übergang zur bürgerlich-kapitalistischen Gesellschaft ergeben und sukzessive auch über alle Schichten zunächst der männlichen und schließlich auch der weiblichen Bevölkerung durchgesetzt hat. Als maßgeblich für diese Veränderung gilt zum einen die Ausdifferenzierung unterschiedlicher gesellschaftlicher Funktionsbereiche, die die Individuen nicht nur mit ganz unterschiedlichen Anforderungen konfrontieren, sondern von denen ihnen auch keiner mehr *allein* einen Ort für ihre Gesellschaftlichkeit zu bieten vermag. Zum anderen macht die Universalisierung des Marktes und der Ware-Geld-Beziehungen die einzelnen zu privaten Warenbesitzern, die versuchen müssen, ihr jeweiliges Eigeninteresse mit dem Interesse der anderen selbständig zum Ausgleich zu bringen. Vor allem indem die Arbeitskraft selbst zur Ware wird, sind die Individuen nunmehr nicht nur darauf angewiesen, sich als freie Eigentümer ihres Arbeitsvermögens und ihrer Person selbstverantwortlich individuell zu reproduzieren. Sie rücken auch – losgelöst von allen persönlichen Abhängigkeitsverhältnissen – in eine neue eigenständige Stellung gegenüber der Gesellschaft: Sie tritt ihnen als bloßes Mittel für ihre Privatzwecke, als äußerliche Notwendigkeit entgegen (vgl. MARX 1953, S. 6). Der einzelne kann „nur als System eigener Art in der Umwelt der Gesellschaft sich reproduzieren, wobei für ihn die Gesellschaft eine dazu notwendige Umwelt ist" (LUHMANN 1989, S. 158). Er wird nicht mehr durch soziale Inklusion, sondern durch Exklusion definiert, ist nicht mehr als Mitglied einer Gesellschaft Individuum, sondern als Individuum Mitglied einer Gesellschaft (vgl. ebd., S. 158f.). Institutionell wird dieses historisch neue Verhältnis zum gesellschaftlichen Zusammenhang vor allem durch die Vertragsform abgesichert, die alle sozialen Beziehungen außerhalb der Privatsphäre – die als solche überhaupt erst entsteht – und deren Konstitution selbst prägt.

Für die Individuen wird damit nicht allein ihre Lebenserhaltung, ihre individuelle Reproduktion, sondern auch die Gestaltung ihres Lebens, ihrer Biographie zu einer eigenen Aufgabe, für die sie letztendlich allein zuständig sind und für deren Bewältigung sie sich vor sich selbst und vor anderen legitimieren müssen. Um die für ihre Lebenserhaltung unerläßliche Teilhabe an den verschiedenen gesellschaftlichen Zusammenhängen (Markt, Arbeit, Politik, aber auch Geselligkeit, Freundschaft usw.) individuell sichern und gestalten und ihrem Leben von sich aus eine nicht mehr unmittelbar gesellschaftlich verbürgte Form und Kontinuität verleihen zu können, sind die einzelnen darauf angewiesen, sich als 'einheitliche Zentralen' gegenüber dem gesellschaftlichen Zusammenhang zu formieren. Entscheidend ist dabei, daß das Individuum nicht nur den jeweiligen unterschiedlichen Anforderungen genügt, sondern zugleich immer ein Moment der Kontinuität, ein 'Sich-selbst-Gleichbleiben' deutlich macht. Subjektives Korrelat dieser Anforderungsstruktur, die als Form der individuellen Identität bezeichnet werden kann (vgl. SCHUBERT 1984), wäre also die Ich-Identität, die – anders als die Individualität oder die konkrete Identität in sogenannten traditionellen Gesellschaften – nicht unmittelbar auf eine Gemeinschaft bezogen ist, sondern das Produkt einer spezifischen inneren Tätigkeit des Individuums darstellt. Sie ermöglicht es den einzelnen, sich jenseits ihrer konkreten Partizipationen an verschiedenen gesellschaftlichen Zusammenhängen ihrer selbst, ihrer eigenen Ansprüche, Bedürfnisse, Interessen, ihrer Stellung im jeweiligen Zusammenhang und ihrer darüber hinaus gehende Lebensperspektive zu vergewissern und sich so über den jeweiligen partikularen Kontext hinaus als verläßliche und selbstverantwortliche (relativ) autonome 'Subjekte' zu präsentieren (vgl. ebd.). Die Identifikation des Individuums als Teil des gesellschaftlichen Zusammenhangs ist zu einer Aufgabe des Individuums geworden. Das Identitätsproblem hat sich psychologisiert. Der Zusammenhang von Individuum und Gesellschaft wird zum Problem des oder der „vereinzelten einzelnen" (vgl. auch SCHUBERT 1986).

Die in letzter Zeit ebenfalls unter dem Stichwort 'Individualisierung' beschriebene zunehmende sozialstrukturelle Differenzierung, die Auflösung post-traditionaler Bindungen und Zuordnungen, die Vielfalt möglicher Lebensformen usw. beziehen sich nicht unmittelbar auf die bezeichnete Anforderungsstruktur. Zwar mögen solche gesellschaftlichen Prozesse, sofern die Beschreibungen (etwa von BECK 1986) überhaupt zutreffen (vgl. etwa die empirisch orientierte Kritik von MAYER/BLOSSFELDT 1990), die individuellen Entscheidungsprozesse komplexer machen; für die Anforderungsstruktur selbst ist die soziale und interindividuelle Differenzierung aber keineswegs konstitutiv. Entscheidend ist nicht, daß die Individuen sich voneinander abheben oder sich gar als 'einzigartig' erfahren, sondern daß sie sich für sich selbst und die Gestaltung ihres Lebens individuell verantwortlich wissen: nicht allein im Hinblick auf ihre jeweilige Integration in einzelne gesellschaftliche Zusammenhänge, sondern vor allem auch mit Rücksicht auf die (relativ) einheitliche Gestaltung des je eigenen Lebenszusammenhangs nach Maßgabe übergreifender Orientierungen, Wertsetzungen und Perspektiven. Gefordert ist so „eine Konzeption des Lebens, die um das und vom Ich aus strukturiert ist" (KOHLI 1988, S. 35). Das Individuum kann sich nicht mehr (jedenfalls nicht ausschließlich) über seine soziale Position oder seine Zugehörigkeit zu einer sozialen Gruppe definieren, sondern nur „über ein eigenständiges Lebensprogramm" (ebd.).

Diese knapp skizzierte Perspektive erlaubt es nicht nur, den gerade in der Gegenüberstellung zur vielfach mystifizierten japanischen Gruppenorientierung oft ebenso mystifizierten westlichen 'Individualismus' realistischer – eben als Anspruch, der aus einer spezifischen, keineswegs schon per se 'überlegenen' Vergesellschaftungsform erwächst – zu sehen. Sie bietet damit zugleich auch einen methodischen Ansatzpunkt für die Untersuchung der in Japan vorherrschenden spezifischen Strukturierungsweise des Verhältnisses von Individuum und Gesellschaft, der einige entscheidende Vorteile hat. Zunächst ermöglicht diese Perspektive, die Frage nach dem gesellschaftlichen Ort und der Bedeutung des Individuums und der Gruppe in der japanischen Gesellschaft als Frage nach der kulturspezifischen Ausprägung von allgemeineren (für alle modernen Gesellschaften typischen) Anforderungsstrukturen zu reformulieren. Die Analyse der in Japan vorherrschenden spezifischen Strukturierungsweise des Verhältnisses von Individuum und Gesellschaft ist insofern nicht mehr (wie etwa in der Kultur- und Persönlichkeitsforschung) auf psychologisierende Aussagen über die einzelnen Individuen angewiesen, sondern kann bei der Untersuchung der spezifischen gesellschaftlich institutionalisierten Anforderungsstrukturen ansetzen, die den Individuen bestimmte Orientierungsleistungen und letztendlich auch die Entwicklung bestimmter Formen der Selbstbezüglichkeit abverlangen und andere nicht oder kaum.

Zugleich erlaubt diese Perspektive eine begriffliche Unterscheidung von Individualität oder konkreter Identität, wie sie sich in konkreten Partizipationen entwickelt, und einer Ich-Identität (im skizzierten Sinne), die gehalten ist, sich auf einen (abstrakten) Gesamtzusammenhang tatsächlicher und möglicher Partizipationen zu beziehen. Ich-Identität wäre mithin nicht die einzig mögliche Form der Realisierung menschlicher Subjektivität oder, wenn man so will, von 'Selbstverwirklichung'. Insofern beinhaltet diese Sicht eine vorgängige theoretische Relativierung unserer eigenen Begrifflichkeit, die uns vor ethnozentristischer Voreingenommenheit bewahren kann. Da sie nicht vom Individuum ausgeht, sondern von gesellschaftlichen Notwendigkeiten, Erfordernissen und Möglichkeiten, beruht sie im Grunde genommen (auch wenn diese Folgerung nicht immer explizit gezogen wird) auf einem nicht-individualistischen Konzept von Ich-Identität, das in ihr nicht den Inbegriff menschlicher Freiheit und Selbstbestimmung sieht, sondern einen spezifischen *Vergesellschaftungsmodus,* der am Individuum ansetzt und seine besonderen Möglichkeiten *und* Zwänge mit sich bringt.

Zwar sind die meisten bisher in dieser Perspektive entwickelten Ansätze insofern 'eurozentristisch' verkürzt, als sie 'Moderne' fast durchgehend mit einem bestimmten Vergesellschaftungsmodell identifizieren. Gerade angesichts der oft sehr schematischen Gegenüberstellung moderner und traditioneller Vergesellschaftungsformen gerät die japanische Gesellschaft beinahe wie von selbst in die Nähe 'traditioneller' Gesellschaften, obwohl kein Zweifel bestehen kann, daß sie nicht nur ebenfalls (wenn auch auf eine andere Weise) 'modern' ist, sondern daß sich auch in ihr Anforderungen und Probleme stellen, die mit denen vergleichbar sind, die in westlichen Gesellschaften durch ein Vergesellschaftungsprogramm zu lösen versucht werden, das am Individuum als der zentralen sozialen Einheit ansetzt. Geht man jedoch von der Voraussetzung aus, daß sich die besonderen Systemprobleme, die für moderne kapitalistische Gesellschaften typisch sind, nicht nur historisch herausgebildet haben, sondern auch unterschiedlich kulturell gelöst und in spezifischen Anforderungsstrukturen artikuliert werden können, bietet die Untersuchung der spezifischen kulturellen Ausformung allgemeinerer Probleme eine gute Möglichkeit, Gemeinsamkeiten und Unterschiede herauszuarbeiten, ohne dabei ihre historisch-gesellschaftliche Bedingtheit aus den Augen zu verlieren und die Gemeinsamkeiten 'modernisierungstheoretisch' überbetonen oder die Unterschiede 'kulturalistisch' verabsolutieren zu müssen. Die Existenz von Elementen der Gruppenorientierung muß dann nicht mehr als Indiz für das Fortwirken 'traditioneller' Vergesellschaftungsformen gelten, sondern kann als Teil eines kulturspezifischen Umgangs mit Anforderungen und Problemen verstanden werden, die sich (mehr oder weniger) in allen hochindustrialisierten Gesellschaften stellen.

Es versteht sich, daß sich das damit skizzierte Programm schwerlich in wenigen Abschnitten realisieren läßt. Im folgenden [47] kann ich lediglich, an die bisherige Argumentation anknüpfend, versuchen, einige zentrale Bereiche des durchschnittlichen Erwachsenenlebens auf die Frage hin zu untersuchen, ob und inwieweit sich die genannten, für moderne westliche Gesellschaften typischen Anforderungsstrukturen auch in der gegenwärtigen japanischen Gesellschaft nachweisen lassen und inwieweit und in welcher Form sie kulturspezifisch artikuliert werden. Dabei möchte ich mich auf die Aufgaben konzentrieren, die sich den Individuen im Zusammenhang mit ihrer Lebensplanung stellen, vor allem auch im Hinblick auf die Organisation ihres Verhältnisses zu den gesellschaftlichen Zusammenhängen, in denen sie stehen. Die Problemstellung dieser abschließenden Abschnitte läßt sich auf die gerade für das Verständnis von Sozialisations- und Erziehungsprozessen entscheidende Frage zuspitzen, was den Individuen nach dem vorherrschenden, institutionell abgesicherten Vergesellschaftungsprogramm gegenwärtig im Hinblick auf ihre individuelle Lebensplanung und damit letztendlich auch auf die Formation von Ich-Identität im skizzierten Sinne im allgemeinen abverlangt wird und was nicht.

2. *Individualisierung, Gruppe und Lebensplan*

Die grundlegenden Prozesse der Individualisierung, die für die Moderne – im Gegensatz zu sogenannten traditionellen Gesellschaften – als charakteristisch angesehen werden, haben zweifellos auch in Japan stattgefunden. Die Freisetzung der Individuen aus feudalen Bindungen und Abhängigkeitsverhältnissen und die Auflösung der starren Ständeordnung der Tokugawa-Zeit gehörten zu den ersten Maßnahmen der neuen Meiji-Regierung (ab 1868). Mit der Proklamierung des bürgerlichen Rechts auf freie Bewegung und freie Wahl der Beschäftigung wurde die rechtliche Grundlage zur Entstehung jener 'doppelt freien' Lohnarbeiterschaft geschaffen, die für die Entwicklung einer kapitalistischen Gesellschaft unabdingbar ist (vgl. Fukuzawa 1981, S. 87). Die starke Bevölkerungskonzentration in den Großstädten hat dann auch faktisch die Lebenswege individualisiert und die Menschen aus traditionellen familialen, nachbarschaftlichen, kulturellen und beruflichen Bindungen herausgelöst.

Auch in Japan sind die Individuen mithin auf sich allein gestellt und für ihr Leben und ihr soziales Schicksal selbst zuständig. Ihr künftiger Platz in der Gesellschaft ist ihnen wie in anderen hochindustrialisierten Gesellschaften nicht vorherbestimmt. Er muß individuell erkämpft und gesichert werden. Dieser Kampf hat in Japan – das Beispiel der 'Examenshölle' zeigt dies deutlich – sogar ganz besonders dramatische Formen angenommen. Es ist sicher nicht falsch zu sagen, daß so in Japan vielleicht mehr als in anderen vergleichbaren Ländern die persönliche Anstrengung zur wichtigsten Determinante des Erfolgs geworden ist, auch wenn es, wie wir gesehen haben, gegenläufige Mechanismen gibt, die dazu beitragen, daß sich bestehende soziale Ungleichheiten auch im Bildungssystem reproduzieren. Ob damit allerdings schon „das Prinzip des dynamischen Individualismus" (Kato 1976, S. 85) handlungsleitend geworden ist, wird fraglich, sobald man die Mechanismen dieses Bildungswettkampfes genauer betrachtet. Zwar verlangt er zweifellos ein beträchtliches Maß an Planung und Kalkulation von Chancen, das in einzelnen Fällen schon vor dem Eintritt in den Kindergarten einsetzt, spätestens aber in der Mittelschule von praktisch allen Individuen der Altersgruppe (bzw. deren Eltern) gefordert ist. Aber die damit erforderliche individuelle Lebensplanung unterscheidet sich doch beträchtlich von den bei uns vorherrschenden Mustern. Zunächst fällt auf, daß sie kaum inhaltliche Entscheidungen oder gar die Entwicklung von eigenen, vom institutionellen Kontext losgelösten Perspektiven verlangt. Sicher hegen auch japanische Schüler mehr oder minder vage Zukunftshoffnungen, aber es gibt wenig Anlässe, sie in praktische inhaltliche Entscheidungen umzusetzen und sie somit allmählich zu konkretisieren. Der erfolgreiche Durchgang durch die lediglich nach Leistungsniveaus, kaum aber inhaltlich differenzierten schulischen Institutionen verlangt nur eine einzige Option: größtmögliche Anstrengungs- und Leistungsbereitschaft bei der Bewältigung eines praktisch für alle identischen Pensums. Die individuellen Perspektiven bleiben an einen einheitlichen Maßstab gebunden. Weitergehende besondere Interessen oder Ambitionen sind, soweit sie sich überhaupt zeitlich unterbringen lassen, nicht nur irrelevant, sondern dem Erfolg eher noch abträglich.

Auch bei dem, was bei uns 'Berufswahl' heißt, geht es, wenn überhaupt, weniger um eine inhaltliche Entscheidung als eben um die Realisierung des durch die Bildungslaufbahn schließlich erreichten Status. „Die an den Besuch bestimmter Bildungseinrichtungen geknüpften Beschäftigungserwartungen richten sich nicht auf bestimmte Inhalte und Bedingungen beruflicher Arbeit, sondern auf den – vor allem nach der Größenordnung und damit der Beschäftigungssicherheit und Karriereperspektive definierten – Unternehmenstypus" (Georg 1988, S. 54). Der Mechanismus der Statusverteilung fordert also im Hinblick auf die eigene Lebensplanung vergleichsweise wenige eigene, individuelle Entscheidungen. Es gilt zumindest nicht als notwendig, sich im Laufe seiner Adoleszenz über sich selbst, seine eigenen inhaltlichen Interessen und die konkrete Ausgestaltung der eigenen Zukunft Gedanken zu machen. Vor allem stehen die einzelnen nicht vor der Aufgabe, solche Überlegungen in praktische Entscheidungen einmünden zu lassen, auf die sich dann später eine eigene (berufliche) Identität gründen ließe, die einen auch von den Kollegen, die im gleichen Betrieb und in der gleichen Arbeitsgruppe arbeiten, deutlich abheben könnte. Gewiß lassen sich auch in Japan deutliche berufsspezifische Unterschiede in bezug auf Einkommen, Aufstiegschancen, Lebensstile usw. nachweisen, und gewiß gibt es auch so etwas wie ein Berufsbewußtsein – vor allem unter Arbeitnehmern und Arbeitgebern in kleineren Betrieben, die Arbeitskräfte mit bestimmten Fähigkeiten nachfragen (vgl. Ernst 1980, S. 115f.). Da die Aufnahme einer beruflich orientierten Ausbildung aber eher als Notlösung denn als wirkliche Alternative zum direkten Übergang von der Schule oder Hochschule in einen Betrieb gilt, können konkrete berufliche Perspektiven kaum eine tragfähige Grundlage für einen eigenen Lebens*entwurf* bilden. Von daher besteht also nur wenig Anlaß, besondere Neigungen und Interessen zu entwikkeln, aufgrund derer die einzelnen ihre schulischen (und außerschulischen) Verpflichtungen im Hinblick auf die jeweilige persönliche Bedeutung und die Relevanz für den sich allmählich entwickelnden eigenen Lebensentwurf ordnen können.

Natürlich ist es damit nicht ausgeschlossen, daß Schüler (oder ihre Eltern) inhaltliche Optionen entwickeln, und in einzelnen Fällen (etwa beim Wunsch, Arzt zu werden, um vielleicht die väterliche Klinik weiterführen zu können) lassen sich – ein entsprechendes finanzielles Polster vorausgesetzt – auch in Japan Wege finden, solche Optionen zu realisieren, wenn die Erfolge bei den Eintrittsexamina ausbleiben. Es ist aber, von der Struktur des Bildungs- und Beschäftigungssystems her gesehen, keineswegs erforderlich oder auch nur erwünscht. Insgesamt scheinen die Individuen in Japan (zumal in der bei uns in dieser Hinsicht als zentral angesehenen Phase der Adoleszenz) mithin vergleichsweise wenig mit dem Anspruch konfrontiert, selbständig Entscheidungen zu treffen, die auf einen von konkreten gesellschaftlichen Partizipationen losgelösten eigenen biographischen Zusammenhang bezogen sind. Die 'unilaterale' Ausrichtung der schulischen Karriere und des Übergangs zum Erwerbsleben an kaum horizontal diversifizierten Leistungsgesichtspunkten ermöglicht zwar eine detaillierte Planung (oder besser: Kalkulation) dieser Karriere, verlangt aber gerade wegen dieser eindimensionalen Ausrichtung kaum inhaltliche Spezifizierungen und individuelle Optionen.

Aber auch bei uns fördern nicht nur individuelle Interessen, Neigungen oder Schwerpunktsetzungen die zumindest gedankliche Loslösung von den partikularen Gruppen in der Klasse oder Schule und die Entwicklung eigener, über die konkreten Gruppenpartizipationen hinausgehender individueller Perspektiven, sondern auch die Konkurrenz selbst, die ja einen abstrakten, gleichsam universalistischen Maßstab liefert, an dem die einzelnen sich messen können. Das ist sicher auch in Japan der Fall, insbesondere wenn man an die Eintrittsexamina und ihre Vorbereitung denkt. Andererseits hat sich jedoch gezeigt, daß die Schulorganisation bis hin zum Unterricht Prinzipien gehorcht, die eher auf eine Ausgrenzung der Konkurrenz als auf ihre Hervorhebung oder gar Förderung hinauslaufen. Schon der Kindergarten führt – ebenso wie später wieder die Grundschule – behutsam aber systematisch eine Ordnung ein, die die Gruppe ins Zentrum stellt, ihr die Verantwortung für die gemeinsamen Tätigkeiten überträgt und sie gleichsam zum 'Subjekt' des Handelns zu machen versucht. Schulen und Schulklassen werden als soziale Räume organisiert, die vor allem die Gemeinsamkeiten und die Partizipation aller an den gemeinsamen Zielen und Aufgaben betonen. Für die beteiligten Individuen stellen sie, ähnlich wie später die Betriebe, sehr umfassende Verpflichtungen dar. Schüler sind stets und vor allem Schüler, von denen nicht erwartet wird, daß sie ihre schulischen Verpflichtungen mit anderen gleich oder auch nur annähernd gleich wichtigen Verpflichtungen ausbalancieren. Kritisch könnte man die Schulen in mancher Hinsicht mit beinahe 'totalen Institutionen' vergleichen (Cummings 1980, S. 145); anders ausgedrückt ließe sich von sehr 'ganzheitlich' orientierten Einrichtungen sprechen, die sich bemühen, möglichst viele Aspekte der individuellen Entwicklung (also nicht nur kognitive Kompetenzen, sondern auch die Emotionalität, die Körperlichkeit und vor allem die soziale Komponente) in ihre gemeinsame Praxis zu integrieren und damit natürlich auch zu kontrollieren und zu kanalisieren.

Die jeweilige Lebensperspektive fixiert sich also gewissermaßen in Formen der Zugehörigkeit, die idealiter jeweils die gesamte Lebenspraxis der Beteiligten strukturieren. Die Zukunftsorientierung erscheint als gleichsam an die Institution angeschlossen. Mit der Konkurrenz werden die letzten in diesem 'unilateralen' System verbleibenden relevanten Differenzen im Hinblick auf die Lebensorientierung ausgegrenzt, 'privatisiert' und durch institutionelle Arrangements abgefangen, die wiederum eine Gliederung in nach Leistung und Ambitionen relativ homogene Gruppen erlauben. Lebensplanung heißt hier vor allem Kalkulation von Chancen auf einem für alle verbindlichen idealen Lebensweg. Sie bezieht sich auf eine abgestufte Folge von Zugehörigkeiten, aus denen sich dann jeweils – mehr oder weniger – alles Weitere ergibt.

Die individuelle Zukunft erscheint zwar in hohem Maße selbst verantwortet, aber weit weniger als bei uns als Ergebnis eigener inhaltlicher Entscheidungen und selbständiger Orientierungsleistungen in einem breiteren Spektrum von gesellschaftlichen Möglichkeiten, die an die einzelnen jeweils ganz unterschiedliche Anforderungen im Hinblick auf ihre Fähigkeiten, Interessen und Eigenschaften stellen. Die Verantwortung betrifft das Individuum, das sich selbst diszipliniert, sich anstrengt und sich selbst überprüft. Die Reflexion auf sich selbst, die das institutionelle Arrangement den Individuen abverlangt, bezieht sich weniger auf die eigenen Orientierungen und individuellen Perspektiven als auf die leistungsmäßige und soziale Übereinstimmung mit den jeweils institutionell verkörperten Standards. Der Spielraum für individuelle Entscheidungen ist für eine derart komplexe Gesellschaft ungewöhnlich klein. Die individuellen Perspektiven sind faktisch zu einer einzigen gesellschaftlichen Normalbiographie synchronisiert, deren Ideal der Weg vom 'guten' Kindergarten zur 'guten' Universität mit Aussicht (beim Mann) auf ein Dauerbeschäftigungsverhältnis darstellt (bei der Frau auf Eheschließung mit einem Mann in einem Dauerbeschäftigungsverhältnis). Es gibt, jedenfalls in der gesellschaftlich vorherrschenden Vorstellungswelt, keine verschiedenen Wege zum Ziel; was immer jemand anstreben mag: materiellen Wohlstand und eine sozial (einigermaßen) abgesicherte Zukunft, soziale Anerkennung, eine interessante und anspruchsvolle berufliche Tätigkeit oder selbst eine künstlerische Karriere – stets führt der Weg durch ein klar hierarchisiertes System wechselnder Zugehörigkeiten mit punktuellen 'Bewährungsproben', das kaum Abweichungen oder Quereinstiege zuläßt. Ein Anspruch auf autonome Entscheidungen und auf einen eigenständigen, von vorgegebenen Schemata abweichenden Lebensentwurf hätte hier wenig Raum.

Nach dem erfolgreichen Abschluß seiner Bildungskarriere steht dem einzelnen also kaum – wie man bei uns manchmal (nicht ohne eine gewisse Verkennung der tatsächlichen Möglichkeiten) sagt – die Welt offen. Bestenfalls kann er wählen, welchem Großbetrieb oder welcher bürokratischen Institution er seine berufliche Zukunft anvertraut, wem er gewissermaßen das Sorgerecht für seine individuelle Existenz überantwortet. (Sie wird ohnehin heiraten und, außer im Staatsdienst, in der Regel dann nur noch in instabilen Beschäftigungsverhältnissen geduldet). Wieder sieht er sich in eine Gruppe eingebunden, die – ähnlich wie zuvor die in der Schule – mit dem Anspruch auftritt, den einzelnen ganz zu absorbieren. Erwartet wird das vorbehaltlose Engagement der 'ganzen Person' für eine Vielzahl von vorher nicht festgelegten Aufgaben. Obgleich es eine formale Hierarchie gibt, die sich meist nach der Dauer der Betriebszugehörigkeit richtet und nach außen hin auch betont wird, scheinen innerhalb der Arbeitsgruppe die Zuständigkeiten und Verantwortlichkeiten kaum voneinander abgegrenzt zu werden. Auch die Arbeitsverträge, soweit es sie überhaupt gibt, sind vage gehalten und kennen keine präzise Festschreibung individueller Ansprüche, Rechte, Pflichten und Aufgaben

(Deutschmann 1987, S. 75). Karrieren sind praktisch nur innerhalb eines Unternehmens oder einer Institution möglich, nicht etwa durch den Wechsel des Arbeitsplatzes, und gründen – außer im Alter bzw. in der Dauer der Betriebszugehörigkeit – nicht zuletzt im Maß der an den Tag gelegten Kooperationsfähigkeit und -willigkeit. Und ein Vorgesetzter bewährt sich weniger durch autonome Entscheidungen als durch die Fähigkeit, innerhalb der Gruppe Konsens herzustellen und zu wahren.

Aber die Arbeitsgruppe kümmert sich nicht nur um betriebliche, sondern auch um persönliche Angelegenheiten. Ein bedeutsamer Teil dessen, was bei uns als Privatangelegenheit des Beschäftigten gilt, ist innerhalb des Systems der Dauerbeschäftigung in Japan eine Angelegenheit des Betriebs oder der Arbeitsgruppe. Die Firma stellt ihren Angestellten und deren Familien nicht nur Wohnungen zur Verfügung, verbilligte Einkaufsmöglichkeiten, Ferienwohnheime usw.; sie fühlt sich auch für eine sinnvolle Verwendung der Freizeit verantwortlich, berät in juristischen, wirtschaftlichen und Haushaltsangelegenheiten und vermittelt Heiraten (Linhart 1976, S. 80, S. 256ff., S. 337; Deutschmann 1987, S. 117). Vorgesetzte und Arbeitskollegen, mit denen der einzelne nicht nur durch die Arbeit, sondern auch durch verschiedene Formen informeller Geselligkeit außerhalb der Dienstzeit verbunden ist, kümmern sich um private Probleme; engere soziale Kontakte und Freundschaften sind praktisch nur mit anderen Betriebsangehörigen möglich, schon weil der im allgemeinen unkalkulierbare Dienstschluß regelmäßige Verabredungen und Verpflichtungen außerhalb der Firma fast unmöglich macht (Deutschmann 1987, S. 78; Linhart 1976, S. 93).[48] „Die private Zeit wird nicht ausgegrenzt, sie wird vielmehr durch umfangreiche soziale Aktivitäten und eine sorgfältig gepflegte Freizeitkultur in die Firma integriert. Die japanische Organisation hebt sich nicht von der sie umgebenden Lebenswelt ab, sie schafft sich ihre eigene Lebenswelt" (Deutschmann 1987, S. 77). Die individuelle Reproduktion der Arbeitskraft und die Aufrechterhaltung der menschlichen Beziehungen am Arbeitsplatz werden „sehr direkt als eine der Firma zufallende Aufgabe begriffen" (ebd., S. 122), die sich – pointiert ausgedrückt – „in der Regel um die gesamte gesellschaftliche Existenz eines Betriebsangehörigen" kümmert und „Autorität über alle Bereiche seines Lebens" ausübt (Nakane 1985, S. 15).

'Frei' werden die einzelnen erst (wieder), wenn man sie mit 55 oder 60 Jahren und einer mehr oder weniger hohen Abfindung in den Ruhestand entläßt. Daß ihn die meisten sobald wie möglich wieder aufgeben, hat wohl nicht nur finanzielle Gründe. Sofern sie nicht gleich, wie man sagt, vom 'Himmel' der Bürokratie auf einen gut dotierten Platz in der Privatwirtschaft 'absteigen' (und dort für gute Kontakte von staatlicher Verwaltung und privater Wirtschaft sorgen) oder sofern nicht der ehemalige Arbeitgeber selbst seinen verdienten Mitarbeitern einen Arbeitsplatz in einem 'befreundeten', ökonomisch abhängigen Betrieb verschafft, suchen auch leitende Angestellte mit guter Abfindung oder ehemalige Beamte mit monatlicher Pension – jetzt meist über den zweiten Arbeitsmarkt – oft einen neuen (Teilzeit-) Arbeitsplatz und damit wohl auch wieder die Sicherheit einer Firmenidentität.

3. Liebe und Ehe

Während man den Eintritt in ein Dauerbeschäftigungsverhältnis gelegentlich mit der Heirat in westlichen Gesellschaften verglichen hat (vgl. etwa Dore 1973, S. 111; Nakane 1985, S. 29; Ernst 1980, S. 19) – nicht nur im Hinblick auf ihre Bedeutung für den weiteren Lebensweg, sondern auch mit Rücksicht auf die emotionalen Beziehungen, die man dabei zwangsläufig eingeht –, scheint die Ehe demgegenüber ein vergleichsweise versachlichtes Verhältnis darzustellen.

Ein Indiz dafür mag man in den sogenannten vermittelten Heiraten sehen. Allerdings sind sie schwer zu definieren und kaum eindeutig von den im allgemeinen als 'moderner' (und problematischer) geltenden 'Liebesheiraten' abzugrenzen. (Diesbezügliche statistische Angaben können daher nur als bedingt aussagekräftig gelten.) Keineswegs dienen sie in erster Linie 'fremden Zwecken', und wohl nur noch in einem sehr kleinen Teil der Fälle – vor allem bei der Verheiratung ältester Söhne in ländlichen Regionen – spielen die Interessen der Eltern bzw. des 'Hauses' *(ie)* eine nennenswerte Rolle. Es ist auch nicht ausgeschlossen, daß Jugendliche eigene Bekanntschaften schließen und selbst einen Partner wählen, ja in gewisser Weise gilt 'Liebe' heute als zumindest wünschenswerte Voraussetzung für eine Eheschließung. Oft folgt auf eine Vermittlung eine Art mehr oder minder ausgedehnter Verlobungszeit, in der die zukünftigen Partner sich kennenlernen und – in Anlehnung an entsprechende westliche Muster – einen Teil ihrer Freizeit gemeinsam verbringen können, so wie umgekehrt häufig Vermittler hinzugezogen werden, um eine schon bestehende Verbindung nachträglich zu legitimieren und ihr gesellschaftliche Respektabilität zu verleihen. Am ehesten wäre die Art der Vermittlung mit der durch Eheanbahnungsinstitute bei uns vergleichbar, nur daß es sich bei den Vermittlern eben (meist) nicht um Institute handelt, die mit dem Lebenszusammenhang der Betreffenden nichts zu tun haben, sondern um Bekannte, Lehrer oder Vorgesetzte, die die jungen Leute und ihre Ansprüche genau kennen und nach bestem Wissen und Gewissen aus ihrem Bekanntenkreis geeignete Partner vorschlagen.

Für diese Art des Arrangements lassen sich verschiedene Gründe aufführen. Eine gewisse Rolle mag die Auffassung spielen, daß man eine derart wichtige Entscheidung besser nicht selbst[49] oder wenigstens nicht allein trifft und daß die Ehe eine viel zu wichtige Angelegenheit darstellt, um sie ausschließlich auf ein flüchtiges Gefühl zu gründen. Es wird in der Regel dann auch sehr genau darauf geachtet, daß die künftigen Partner im Hinblick auf ihre finanziellen Verhältnisse, ihren familiären Hintergrund, den gegenwärtigen und zu erwartenden künftigen Status usw. zueinander passen. Die Vorteile dieses Arrangements dürfen nicht übersehen werden. Gerade Frauen scheinen gerne einen Heiratsvermittler einzuschalten, um so die eigenen Wünsche und Ansprüche schon vor der Ehe absichern zu können. Entscheidender jedoch dürften die sehr strikten gesellschaftlich vorgegebenen Vorstellungen von der Ehe und vom angemessenen Heiratsalter (gegenwärtig bei Frauen um 23 Jahre, bei Männern etwas darüber) sein. Die Heirat bis zu einem bestimmten Zeitpunkt ist ein fast unabdingbarer Teil des Lebensplans[50]; für Frauen wie für Männer gilt die Ehe geradezu als verbindlicher Teil des Erwachsenenstatus. Selbst Arbeitgeber zögern nicht, hoffnungsvolle Karriereaspiranten nicht nur bei der Eheanbahnung zu unterstützen, sondern ihnen auch die Ehe selbst als Bedingung für ihr berufliches Fortkommen nahezulegen. Das ist übrigens „*kein* paternalistisches Relikt" (Weber 1992, S. 139). „Die grenzenlose Einsatzbereitschaft, die der japanische Organisationstyp den Kernbelegschaftsangehörigen abverlangt, macht diese abhängig von der rückhaltlosen Unterstützung durch die Familie, respektive Ehefrau. (...) Auch in der Bundesrepublik ist diese ‚Funktionsfamilie' anzutreffen; auf den höheren Managementetagen dürfte sie weit verbreitet sein. Dennoch ist ihre soziale Bedeutung in Japan weit größer" (ebd., S. 138f.).

Wie immer die einzelnen an der konkreten Entscheidung beteiligt sein mögen, stellt die Heirat – so gesehen – doch in erster Linie eine gesellschaftliche Verpflichtung dar. Allemal mehr Gewicht als der auf die jeweiligen biographischen Gegebenheiten bezogene und sich an ihnen orientierende persönliche Lebensentwurf hat die gesellschaftliche Normalbiographie, die spätestens dann wohlmeinende Unterstützung auf den Plan ruft, wenn das als angemessen geltende Heiratsalter erreicht ist und noch kein passender Partner zur Verfügung steht. Es gibt einen begrenzten biographischen Zeitraum, in dem sich potentielle Partner kennenlernen können – auch wenn sie dafür in der strikt nach Geschlechtern getrennten japanischen Gesellschaft vergleichsweise wenig Gelegenheiten haben. Wenn sich daraus aber keine 'passende' Verbindung ergibt, wird man auf die eine oder andere Form einer vermittelten Heirat zurückgreifen und dabei auch mit dem Einverständnis der beteiligten Partner rechnen können. Letztendlich ist es somit selbst für die Sicherung einer gesellschaftlich konformen Normalbiographie nicht notwendig, daß eine Entscheidung individuell getroffen und legitimiert wird oder daß der Mann oder gar die Frau von sich aus selbst initiativ werden.

Aber nicht nur die Partnerwahl ist in diesem Sinn weniger eine Privatsache, auch die Beziehung zwischen den Eheleuten scheint – gemessen an den gegenwärtig bei uns dominierenden Vorstellungen – weniger individualisiert zu sein. Daß die meisten Ehepaare ihre Beziehung nicht als Liebe beschreiben, sondern sie eher durch Sympathie oder eine Art Kameradschaftsgefühl, wenn nicht durch Geduld mit dem Partner und Toleranz ihm oder ihr gegenüber geprägt sehen (vgl. Hendry 1987, S. 10), muß nicht unbedingt eine japanische Besonderheit bezeichnen, auch wenn bei uns die Neigung oder der Zwang, die eigene Beziehung als 'besondere' zu präsentieren, größer sein dürfte. Tatsächlich scheinen sich aber sowohl die Ansprüche an die Paarbeziehung als auch die Möglichkeiten ihrer Intensivierung deutlich von denen bei uns zu unterscheiden. Nicht nur erscheint, wie wir bereits gesehen haben, die gesellschaftlich vorherrschende Rollen- und Aufgabenverteilung zwischen den Geschlechtern und vor allem die Trennung der Lebenszusammenhänge als derart strikt, daß es selbst innerhalb der Familie kaum Überschneidungen gibt. Auch die psychische Reproduktion des Mannes ist – zumal in der Angestelltenkultur der 'neuen Mittelklasse' – mindestens in gleichem Maße eine Angelegenheit des Betriebes und des Kollegenkreises wie von Frau und Familie (Linhart 1976; Deutschmann 1987). Hinzu kommt das (vor allem in Kap. III) bereits ausführlicher dargestellte vorherrschende familiäre Arrangement, das die Mutter-Kind-Beziehung als die wichtigste menschliche Beziehung überhaupt (vgl. White 1987, S. 21) in den emotionalen Mittelpunkt der Kernfamilie rückt und gemeinsamen Aktivitäten der Ehepartner auch von daher nur wenig Entfaltungsmöglichkeiten läßt.

Weder die Partnerwahl noch die Ehe selbst stellen mithin von den

Individuen primär selbst getragene und verantwortete, vor allem aus persönlichen Ressourcen gespeiste ausschließlich private Angelegenheiten dar. Zwar ist die Eheschließung wie auch die Gestaltung der Ehe prinzipiell freigegeben und heute kaum mehr die Verbindung zweier Familien oder die Integration der Frau in die vorgegebene Struktur eines 'Hauses'. Und gewiß bilden die Familien heute auch 'private' Räume (wie man schon an den mannshohen Mauern sehen kann, die die Eigenheime vor den zudringlichen Blicken der Außenwelt abschirmen). Gleichwohl scheinen die meisten Ehen eher unmittelbar gesellschaftlich definierten Mustern, Ansprüchen und Verpflichtungen folgende „Zweckgemeinschaften" (Reinhold 1981, S. 73) oder „Wirtschaftsverbindungen" (Auslitz-Blesch 1989, S. 153) im Dienste der generativen Reproduktion darzustellen als um sich selbst und die höchstpersönlichen Ansprüche der Partner zentrierte institutionalisierte 'Beziehungen', in denen die Übernahme gesellschaftlich vordefinierter Muster zumindest individuell legitimiert werden muß. 'Liebe' ist zwar nicht unerwünscht, aber sie wird auch nicht als „Ideologie der Reproduktion" benötigt. Fast könnte man – an eine Formulierung von Luhmann (1982, S. 188) anknüpfend – sagen: Nicht unter „der Vorstellung, ihr Glück zu suchen, dienen Individuen der Reproduktion der Menschheit", sondern unmittelbar.

4. 'Rollenperfektionismus' und die Ordnung der Lebenskreise

Daß Individuen in Gruppen eingebunden sind, bedeutet natürlich nicht, daß sie keine Individualität oder auch nur geringere Chancen hätten, sie auszubilden. Nach dem modernen 'westlichen' Verständnis kommt auch eine Ich-Identität nicht ohne Partizipation an Gruppen aus; sie kann sich überhaupt erst in Gruppen und vermittels der Partizipation an Gruppen konstituieren und bedarf auch zu ihrer Aufrechterhaltung zumindest einer 'imaginären' Teilhabe an einer Gruppe. Eriksons schon beinahe klassische Definitionen lassen daran keinen Zweifel. Ich-Identität bezeichnet demnach ein inneres Sich-selbst-Gleichsein, das durch andere anerkannt ist und sich auf die Zugehörigkeit zu einer oder mehreren Gruppen und deren jeweilige Identität und damit auch auf die Möglichkeit stützen kann, sich in der Welt dieser Gruppe zu lokalisieren (vgl. Erikson 1966).

Gleichwohl scheinen diese Gruppenpartizipationen nach den in Japan vorherrschenden kulturellen Mustern eine andere Bedeutung zu haben als im allgemeinen bei uns. Das zeigt sich weniger an der oft beschriebenen Angewohnheit, sich selbst in erster Linie als Mitglied einer bestimmten Gruppe zu identifizieren – auch wenn man bei uns seinen Beruf nennt, stellt man sich in gewissem Sinn als Mitglied einer Gruppe vor –, als an dem quantitativen und qualitativen Umfang der Verpflichtungen, die aus der Zugehörigkeit zu einer Gruppe resultieren. Wir haben an verschiedenen Stellen gesehen, daß Gruppenpartizipationen in Japan vielfach Züge 'totaler' Verpflichtung tragen und von den einzelnen ein hohes Maß an Loyalität verlangen, wobei die Gruppe ihrerseits dafür verantwortlich zu sein scheint, daß auch die Bedürfnisse ihrer Mitglieder zur Geltung kommen (vgl. etwa auch Lebra 1976, S. 31; Nakane 1985, S. 36). Damit sind zwar weder innere Vorbehalte der einzelnen gegenüber Entscheidungen der Gruppe noch (verdeckte) Konflikte innerhalb der Gruppe ausgeschlossen, und erst recht nicht Konflikte zwischen verschiedenen konkurrierenden Gruppen oder – im Betrieb – einzelnen Arbeitsgruppen und der Betriebsleitung. Aber eine Identifikation des einzelnen nicht nur mit den Zielen der Gruppe, sondern gewissermaßen mit der Gruppe selbst, wird ausdrücklich verlangt und auf vielfältige Weise gefördert, etwa durch gemeinsame 'private' Unternehmungen oder durch die Eintrittsrituale, die auch in den Betrieben wieder sehr ausführlich zelebriert werden und manche Beobachter an eine Gehirnwäsche erinnern (vgl. Rohlen 1974). Gewiß wird diese angestrebte Integration in den Gruppenverband (vgl. auch Eswein 1988) nicht überall gleichermaßen gelingen und sich unter Umständen – ähnlich wie in vielen Mittelschulen – nur 'künstlich' aufrechterhalten lassen. Gleichwohl ist sie als institutionalisierte Anforderung und als Maß gelingender Binnen-Interaktion in zahlreichen japanischen Organisationen präsent. Wie sehr ihre eigenen Angelegenheiten sich mit denen der Gruppe verknüpfen, bemerken Japaner oft erst, wenn sie mit einer anderen Kultur konfrontiert werden und sich dann über das Ausmaß der Verantwortung wundern, das hier auf einem einzelnen lastet (Lebra 1976, S. 26).

Eine starke Verpflichtung besteht auch gegenüber dem, was man – in unserer Terminologie – als Rollenanforderungen bezeichnen könnte. Diese gehen natürlich oft mit einer Gruppenpartizipation einher, beziehen sich aber auch auf biographische Stadien (Schüler, Student, Mutter) oder einzelne zugewiesene oder übernommene Verpflichtungen. Der „Rollennarzißmus" (De Vos 1973) oder der „Rollenperfektionismus" (Befu 1986) wurden oft geradezu als charakteristisch für das japanische Konzept der Person angesehen (vgl. ebd.,

S. 22). Jede Rolle, die ein klar definiertes und fast schon ritualisiertes Bündel von Verpflichtungen mit sich bringt, scheint demnach äußerster Anstrengungen wert zu sein (vgl. ebd., S. 25). Tatsächlich wird man kaum einen Studenten (von den Studentinnen und Professoren ganz zu schweigen) treffen, der nicht wie ein Student aussieht und sich nicht wie ein Student verhält, kleidet, bewegt, spricht (sofern er nicht gerade in seiner Eigenschaft als Sportler den Campus durchquert), keine Verkäuferin, die nicht unablässig ihren Eifer demonstriert, und auch keinen Golfspieler, der den ersten Schlag tut, bevor er nicht vollständig ausgerüstet ist. Natürlich gibt es dabei individuelle Unterschiede. Wer eher langsam und umständlich ist, bleibt das auch (oder wird es sogar noch mehr), wenn er seinen Eifer demonstriert, und selbstverständlich bleibt jeder Rollenspieler als einzelner identifizierbar. Entscheidend ist aber, daß nicht diese Unverwechselbarkeit, sondern die Verpflichtung gegenüber der Rolle oder dem biographischen Status zu betonen versucht wird. Der Stil des Arbeitens etwa scheint ebenso wichtig zu sein wie das Ergebnis (vgl. WHITE/LEVINE 1986, S. 60). Im Mittelpunkt stehen gewissermaßen die Verbindlichkeiten gegenüber der sozialen Struktur: das – wie LEBRA (1976, S. 67) erläutert – Bewußtsein des Ortes, der einem in einer Gruppe, Institution oder in der Gesellschaft als ganzer zugewiesen wird, die Fähigkcit und der Wille, alle mit diesem Ort verbundenen Verpflichtungen zu erfüllen, und der Anspruch, daß dieser Ort von anderen anerkannt wird.

Verblüffend und bisweilen schon irritierend wirkt die Fähigkeit, Rollen zu wechseln. Die Studentin, die geheiratet hat, kann von einem auf den anderen Tag wie ausgewechselt erscheinen. Ist sie plötzlich gereift oder über Nacht aufgeblüht (wie die berühmten Kirschblüten)? Vielleicht auch, aber vor allem hat sie die Rolle oder besser: ihren biographischen Status gewechselt. Sie ist nicht mehr Studentin und kicherndes schüchternes Mädchen, sondern verantwortungsvolle Gattin und erwachsene Frau. Aber nicht nur bei biographischen Statuswechseln finden sich solche abrupten Übergänge, sondern auch im ganz alltäglichen Rollenverhalten. Die vielleicht knapp 50jährige Hausfrau, die leicht schlurfend und in etwas (demütig) gebeugter Haltung im Sportunterricht, an dem sie regelmäßig teilnimmt, erscheint, wird schon in der Umkleidekabine zu einer sportlich dynamischen Frau (wozu sicherlich optisch und tatsächlich auch ihr 'outfit' beiträgt), macht ihre Aerobic-Übungen so präzise, kraftvoll und geschmeidig, daß 20jährige vor Neid erblassen könnten, und verwandelt sich anschließend wieder in die eher unscheinbare, leicht gebückte, etwas verbrauchte Frau in mittleren Jahren, der niemand sportliche Aktivitäten zutrauen würde.[51] Natürlich verhält man sich auch bei uns im Sport anders als auf der Straße oder im Büro; aber wer Sport treibt, tut dies in der Regel doch, um 'sportlich' zu werden oder zu bleiben, und diese Sportlichkeit zeigt sich auch in seinem übrigen Leben, seiner alltäglichen Haltung, seinem Aussehen usw., ja oft strebt man geradezu an, eine Eigenschaft zu erwerben oder zu erhalten und sie der eigenen Identität einzuverleiben.

Das ist in Japan offenbar nicht der Fall. Es scheint, als sei das Verhältnis von Identität und Rolle grundlegend anders strukturiert. Während sich bei uns ein Individuum normalerweise eine Rolle aneignet, sie für sich interpretiert und entsprechend seiner persönlichen Identität und mit Rücksicht auf die anderen Rollen, die es im Leben einnimmt, gestaltet, scheint in Japan die Situation das Individuum in weit größerem Ausmaß zu definieren. Es erscheint auch hier als unbeschriebenes Blatt oder besser: als Tafel, auf der die Situation notiert und wieder gelöscht werden kann. Das Individuum geht ebenso 'unbeschrieben' aus der Situation heraus wie es hineingegangen ist. Natürlich hat der Sportler etwas 'für seine Gesundheit' getan, aber man sieht es ihm nicht an. Es ist geradezu so, als bemühe er sich, 'unverändert' in die nächste Situation einzugehen. Menschen, die ihre Sportlichkeit, ihre Weltläufigkeit usw. stolz und demonstrativ vor sich her tragen, wird man kaum treffen. Man taucht ebenso wieder im Alltag unter, wie man vorher im Sportverein untergetaucht ist.

Offenbar wird von den Individuen nicht erwartet, daß sie so etwas wie 'Rollendistanz' (KRAPPMANN 1972; LUCKMANN 1979) zeigen, also im Rollenhandeln deutlich machen, *wer* hier die Rolle 'spielt'. Vor allem im 'interpretativen Paradigma' des symbolischen Interaktionismus gilt es geradezu als Voraussetzung einer gelungenen Rollenübernahme, daß man die Rolle nicht nur selbst interpretiert (was gewiß auch in Japan unerläßlich ist), sondern zugleich auch den eigenen Anteil deutlich macht, also neben der Rolle oder durch sie hindurch auch sich selbst darstellt. Das Individuum muß sich zu den verschiedenen gesellschaftlichen Zusammenhängen, an denen es partizipiert, und zu sich selbst in ein Verhältnis setzen und dieses Verhältnis den anderen gegenüber zum Ausdruck bringen. Nur so kann es sicherstellen, daß es über den jeweiligen partikularen Kontext hinaus als verläßliches und selbstverantwortliches, (relativ) autonomes Individuum gelten kann.

Von solchen Verpflichtungen scheinen die einzelnen in Japan weitgehend frei zu sein. Zwar müssen auch sie einen eigenen Anteil markieren, indem sie jederzeit die Bereitschaft demonstrieren, sich ganz auf ihre Verpflichtungen einzulassen und hartnäckig gegenüber inneren, aber auch äußeren Widerständen an ihnen festzuhalten. Aber es wird nicht erwartet, daß sie jenseits ihrer Rollenverpflichtungen ein Moment der Kontinuität, ein inneres Sich-selbst-treu-Bleiben demonstrieren. Der 'Rollenperfektionismus' verlangt weniger, daß man eine Rolle 'spielt', als vielmehr, daß man ganz in der jeweiligen Partizipation aufgeht. So etwas wie ein eigenes Verhältnis zur Rolle kann sich dann nur noch in der richtigen Auffassung und Realisierung der Rollenverpflichtungen und im Grad des Engagements dokumentieren. Das Individuum wird damit durchaus noch als solches beurteilt, aber eben nicht, wie wohl Benedict (1954, S. 195f.) zuerst notiert hat, als „integrierte Persönlichkeit", sondern nach dem Schema: er oder sie kennt ..., bemüht sich ..., kennt (noch) nicht ... weiß nicht ...

Der sorgfältig einstudierte Umgang mit Übergängen und die systematische Einführung und Einübung von Differenzerfahrungen, die bereits in der häuslichen Erziehung, vor allem aber in Kindergarten und Schule eine so bedeutsame Rolle spielen, bereiten offenbar auf diese institutionalisierte Aufspaltung des Individuums in verschiedene soziale Akteure vor, die – idealiter – unter distinkten Imperativen sozialen Einverständnisses je unterschiedlich handeln. Wo bei uns angesichts divergierender gesellschaftlicher Handlungs- und Erfahrungsbereiche vor allem die Fähigkeit des Individuums gefordert ist (und pädagogisch gefördert wird), die verschiedenen Ansprüche und Erwartungen auszubalancieren und in eine (relativ) einheitliche Perspektive zu integrieren, werden diese verschiedenen Ansprüche in Japan weit deutlicher distinkten Lebensbereichen zugeordnet, die jeweils für sich das ganze Engagement des einzelnen beanspruchen können, die aber auch ihre je eigenen Gratifikationen und – wenn man so will – ihre je eigenen Wege der 'Selbstverwirklichung' kennen.

Bedingung für diese Art der Integration des einzelnen in den gesellschaftlichen Zusammenhang bzw. in verschiedene gesellschaftliche Zusammenhänge ist ein gesellschaftlich klar vordefiniertes und hierarchisiertes Verhältnis der einzelnen biographischen Stadien, Rollen und Gruppenpartizipationen zueinander. Tatsächlich scheint in Japan jemand stets in erster Linie *einer* Gruppe oder *einer* Rolle verpflichtet zu sein. Ein Schüler ist eben immer Schüler (und durch die Schuluniform, die oft auch am Wochenende getragen wird, stets als solcher erkennbar); der Betriebsangehörige steht dem Betrieb bzw. seiner Arbeitsgruppe jederzeit zur Verfügung, seine Abwesenheit am Abend oder am Wochenende bedarf, etwa der Familie gegenüber, keinerlei

Legitimation; eine Mutter ist stets und unter allen Umständen Mutter usw. Es gibt vergleichsweise wenige Situationen, in denen von einzelnen erwartet wird, daß sie selbst eigene Prioritäten setzen, Kompromisse zwischen verschiedenen Ansprüchen finden oder ihre Zeit planen und verteilen.[52] Präferenzen müssen in der Regel im Hinblick auf andere, übergeordnete Verpflichtungen legitimiert werden, was den einzelnen zwar einerseits einen gewissen eigenen Handlungsspielraum sichern kann, sie andererseits aber sehr stark an ihre jeweils wichtigste Verpflichtung bindet. Entsprechend können Kindergärten und Schulen die Anwesenheit und Mitarbeit von Müttern voraussetzen, Betriebe frei über die Zeit ihrer Mitarbeiter (nicht der verheirateten Mitarbeiterinnen) verfügen, die Sport- und Kulturvereine über die Zeit der in ihnen aktiven Studenten usw. Es gibt für jedes Lebensstadium und für jede Partizipation so etwas wie eine vorgefertigte Hierarchie von Verpflichtungen, die zwar zahlreiche Vorgaben macht, die einzelnen aber auch vergleichsweise weitgehend von den Aufgaben und Ansprüchen einer individuellen Lebensgestaltung entlastet.

Gleichwohl bedeutet das nicht, daß die eigene Identität mit einer Rolle gleichsam verschmelzen würde, wie dies etwa Döbert et al. (1977) für die konventionelle Rollenidentität annehmen. Eine solche Lösung ist sicher nicht ausgeschlossen, aber sie wird den Individuen – von der soziokulturellen Strukturierung des gesellschaftlichen Lebens her gesehen – auch nicht nahegelegt. Vielmehr scheint eine eigene Identität im Rollenhandeln überhaupt keinen Platz zu haben. Die Rollen und Partizipationen gliedern das eigene Leben in klar voneinander abgegrenzte und gesellschaftlich eindeutig hierarchisierte Bereiche, ohne daß sich die Notwendigkeit ergeben würde, sie individuell – sei es nach Maßgabe einer Ich-Identität oder auch auf Grundlage einer in einer sozialen Partizipation fixierten Rollenidentität – zu vereinheitlichen. Der Zusammenhang der Rollen scheint sowohl im Hinblick auf verschiedene aktuelle Partizipationen als auch bezogen auf die gesamte Biographie bereits gesellschaftlich vorentworfen zu sein und muß vom einzelnen im Interesse seiner eigenen optimalen Lebenserhaltung und sozialen Sicherung realisiert, kaum aber selbst strukturiert werden. Die Probleme, die in 'westlichen' Gesellschaften, jedenfalls dem Anspruch nach, gemeinhin durch die Stärkung des Individuums und seine Integrationskraft gelöst werden, werden durch Segregation und eine klare Hierarchie der Verpflichtungen zu bewältigen versucht. Die Brüche, die dadurch vielleicht noch mehr und deutlicher als anderswo auftreten, nehmen weniger die Form von *Widersprüchen* an, mit denen die Individuen selbst zurechtkommen müssen, sondern werden durch die Ausdifferenzierung der sozialen Realität in verschiedene Welten handhabbar gemacht.

Damit ist es zwar nicht ausgeschlossen, daß Individuen ihre verschiedenen Rollenverpflichtungen gegeneinander ausspielen und ihnen gegenüber somit Stellung beziehen. Aber es gibt vergleichsweise wenig Gelegenheiten, bei denen es legitim wäre, in dieser Hinsicht *individuelle* Präferenzen zu artikulieren und solche Stellungnahmen in praktische Entscheidungen umzusetzen. Nach kulturanthropologischen Beschreibungen der japanischen Gesellschaft stünde dem einzelnen auch gar kein (ideologischer) Ort zur Verfügung, der die unmittelbare Eingebundenheit in gesellschaftliche Situationen und Gruppenpartizipationen transzendieren könnte. Die in Japan vorherrschenden ethischen und moralischen Vorstellungen sind immer wieder als 'partikularistisch' und situativ beschrieben worden. Die sozialen Bindungen und Verpflichtungen sind zwar fixiert und werden auch internalisiert – es handelt sich also nicht um bloße Hier-und-jetzt-Orientierungen –, sie sind aber stets an bestimmte Kontexte und Situationen geknüpft (vgl. etwa Lebra 1976, S. 14). Auch ideologisch läßt sich das japanische Leben demnach als ein Arrangement verschiedener Lebenskreise beschreiben, von denen jeder einzelne einem speziellen detaillierten Code folgt, die aber nicht individuell integriert und hierarchisiert werden müssen. Daher gebe es auch keinen Bedarf an höchsten ethischen Prinzipien (Benedict 1954, S. 197). Eine Trennung oder gar Gegenüberstellung von Individuum und Gesellschaft scheint ebensowenig verbreitet zu sein wie eine Form des Öffentlichkeitsbewußtseins und die dazu komplementäre Vorstellung einer eigenen Privatsphäre. Das individuelle und gesellschaftliche Leben gliedert sich in eine Reihe von getrennten Bereichen und unterschiedlich gezogenen Kreisen, die jeweils ein 'Innen' – die Familie, die Gruppe, die Nachbarschaft oder auch Japan als Ganzes – und das dazu jeweils komplementäre 'Außen' konstituieren, das jeweils 'Fremde', zu dem man keine Beziehung hat (Doi 1982, S. 52f.).

Selbstverständlich bringt auch diese Form der gesellschaftlichen Integration Probleme mit sich, so etwa die „Reduktion des Lebens auf den Kreis kleiner sozialer Subkulturen" (Deutschmann 1987, S. 13). In mancher Hinsicht könnte man in der Partikularisierung des sozialen und politischen Lebens in der Kleingruppenkultur das japanische Gegenstück zur Isolation der gegeneinander verselbständigten Privatexistenzen bei uns sehen. Allerdings zwingt diese Isolation bei uns die einzelnen – schon zur Sicherung ihrer individuellen Existenz – immer wieder „hinaus ins feindliche Leben“, während es für viele Japaner nicht nur schwierig zu sein scheint, außerhalb ihrer jeweiligen primären Gruppenpartizipation (für erwachsene männliche Japaner ist das in der Regel die Firma bzw. die Institution, in der sie arbeiten) substantielle Verantwortlichkeit zu übernehmen, sondern auch, sich überhaupt selbst zu orientieren und – jenseits eines klar ritualisierten Rollenverhaltens – über institutionelle Grenzen hinweg eigenständig zu kommunizieren (vgl. NAKANE 1985, S. 178). Am deutlichsten zeigt sich das vielleicht an dem schon oft beschriebenen Verhalten in unstrukturierten Situationen. Japaner etwa, die den Umgang mit Fremden nicht gewohnt sind, reagieren nicht selten – im Wortsinne – fassungslos, sei es, indem sie fast erstarren und überhaupt kaum noch Reaktionen zeigen, sei es, indem sie überhaupt keine Regeln mehr zu kennen scheinen. Ist abzusehen, daß sich der Kontakt wiederholt, oder besteht Interesse, ihn fortzusetzen, wird oft versucht, die ‘Regeln für den Umgang mit Ausländern’ zu lernen und zu entschlüsseln, wie Amerikaner, Deutsche (nicht Herr X oder Frau Y) usw. erwarten, daß man (nicht ich) sich ihnen gegenüber in einer bestimmten Situation verhält. Die gegenwärtig propagierte ‘Internationalisierung’ Japans scheint nicht zuletzt ein Versuch zu sein, die Japaner mit Formen eines angemessenen Umgangs mit Amerikanern (denn westliche Ausländer sind immer erst einmal ‘Amerikaner’) bekannt und gleichsam mit einer neuen Rolle oder einem neuen Ritual vertraut zu machen.[53]

Aber damit werden natürlich die grundsätzlichen Probleme, die besonders kritischen (und keineswegs nur ausländischen) Beobachtern ins Auge fallen, nicht gelöst. Wo die „Außenbeziehungen der Gruppe einen quasi normfreien Raum“ bilden, die nur durch punktuelle Ritualisierungen geregelt werden, denen keine inhaltlichen Prinzipien entsprechen, kommen – etwa in der ungezügelten Gruppenrivalität oder aufgrund der Schwierigkeit, „überbetriebliche Normen für Arbeitszeit und Arbeitsbedingungen zu etablieren“ – „kapitalistische Gesetzmäßigkeiten im gesellschaftlichen Rahmen um so unkontrollierter zum Zuge“ (DEUTSCHMANN 1987, S. 213).

5. Formen der Selbstverwirklichung

Obgleich sich die mit der Freisetzung der Individuen verbundenen Anforderungen und Probleme auch in Japan stellen, sehen sich die einzelnen also sowohl bei ihrer Lebensplanung als auch bei ihrer alltäglichen Orientierung und der Sicherung ihres sozialen Zusammenhangs mit anders strukturierten Aufgaben und Zwängen konfrontiert als im allgemeinen im Westen. Offenbar hat die japanische Gesellschaft im Laufe einer gewiß nicht konfliktlosen Entwicklung andere Lösungsmuster für durchaus vergleichbare Probleme gefunden und Strukturierungsweisen des Verhältnisses von Individuum und Gesellschaft institutionalisiert, die sich beträchtlich von den bei uns vorherrschenden unterscheiden. Nicht die autonomen, sich selbständig in einem größeren gesellschaftlichen Rahmen orientierenden und von den eigenen Interessen und Orientierungen geleiteten Individuen stehen im Zentrum dieser Strukturierungsweise, sondern ihre Zugehörigkeiten, die – wenigstens von ihrem Anspruch her – die einzelnen jeweils ganz integrieren und damit immer schon ein umfassendes Verhältnis zu den übrigen gesellschaftlichen Zusammenhängen konstituieren. Der Lebenslauf erscheint als eine abgestufte Folge von Zugehörigkeiten, die in einem relativ klar definierten Verhältnis zueinander stehen. Bei der alltäglichen Orientierung wie bei der Lebensplanung steht daher weniger die vom Ich aus strukturierte und verzeitlichte Selbst- und Weltauffassung im Vordergrund als die Orientierung auf die jeweiligen (oder die jeweils angestrebten) Zugehörigkeiten und auf das in ihnen verkörperte Lebensprogramm. Situationen, die Anlässe bieten könnten, sich im Handeln und Denken auf einen abstrakten, von konkreten gesellschaftlichen Partizipationen losgelösten übergreifenden Zusammenhang zu beziehen, sind – zumal in der bei uns als richtungweisend geltenden Adoleszenz – vergleichsweise selten. Das Vergesellschaftungsprogramm setzt offenbar nicht primär am Individuum an, sondern an den verschiedenen Formen seiner Teilhabe.

Insofern kann das 'Gruppenmodell' der japanischen Gesellschaft vielleicht als Beschreibung einer spezifischen Form der Integration der Individuen in gesellschaftliche Zusammenhänge eine (begrenzte) Plausibilität gewinnen. Die 'Gruppenorientierung' wäre dann – jedenfalls in erster Linie – keine psychologische Eigenschaft der Individuen, die allein psychologisch oder auch sozialisationstheoretisch erklärt werden könnte, sondern bezeichnete zunächst einmal ein (freilich auch nur bedingt gültiges und nur im Kontrast zu anderen 'modernen' Gesellschaften signifikantes) Strukturmerkmal der sozialen Integration. Dieses Strukturmerkmal ist in gesellschaftlichen Institutionen, in der Anordnung und Hierarchisierung sozialer Rollenverpflichtungen und in der Konstruktion und Ausrichtung der gesellschaftlichen Normalbiographie vergegenständlicht und stellt sich den Individuen in einer spezifischen Anforderungsstruktur als praktische Aufgabe bei ihrer Lebensbewältigung.

Allerdings blendet die meist ziemlich abstrakte Gegenüberstellung von Gruppenorientierung und (vermeintlicher) individueller 'Autonomie' (oder gar von Kollektivismus und Individualismus) den wichtigsten Teil der Frage aus: nämlich den nach den institutionellen Arrangements und den Handlungs- und Denkmustern, mit denen das *Verhältnis* von Individuum und Gruppe gesellschaftlich organisiert wird. Nicht daß die Individuen sich an und vermittels Gruppenpartizipationen orientieren, ist entscheidend – das tun sie in allen 'westlichen' Gesellschaften auch –, sondern daß es in Japan für erfolgreiches Handeln zumindest nicht zwingend ist, über diese Gruppenpartizipationen hinaus – sie verallgemeinernd oder transzendierend – inhaltliche Orientierungen zu entwickeln, die sich auch in anderen Gruppenpartizipationen bewähren können.

Dennoch wäre es zweifellos verfehlt, die in Japan vorherrschende Strukturierungsweise des Verhältnisses von Individuum und Gesellschaft nur unter dem Gesichtspunkt zu diskutieren, was sie den Individuen an Möglichkeiten im Hinblick auf die Entwicklung von individueller Autonomie und Ich-Identität vorenthält. Man könnte den Spieß ebensogut umdrehen und unsere gegenwärtige Gesellschaft als ein strukturelles Arrangement beschreiben, das die Entwicklung und Aufrechterhaltung von Formen der Gemeinschaftlichkeit und Solidarität außerordentlich erschwert und dafür das Individuum in besonderem Maße fordert. Auf die Verwunderung, die japanische Beobachter bisweilen über das Ausmaß an Verantwortung äußern, das bei uns auf den einzelnen lastet, ist bereits hingewiesen worden. Tatsächlich bringt die in westlichen Gesellschaften dominierende Form der gesellschaftlichen Integration ja nicht nur Möglichkeiten mit sich, die überdies oft nur abstrakte Ansprüche bleiben und sich in der konkreten Lebenswirklichkeit kaum umsetzen lassen, sondern auch Notwendigkeiten und Zwänge, die nicht selten als belastend empfunden werden (vgl. SCHUBERT 1984). So sehr die Verpflichtung auf Gruppe, Rolle und Status einerseits einschränkt, bietet die Entlastung vom Identitätszwang, von Selbstdarstellungs- und Profilierungszwängen den einzelnen andererseits auch Chancen: etwa, ganz in Aufgaben aufzugehen, ohne sie gegen andere abwägen zu müssen und ohne sich gegenüber anderen Ansprüchen legitimieren und seine Wünsche und Interessen hierarchisieren zu müssen, und zugewiesenen oder übernommenen Verpflichtungen nachzukommen, ohne sich dabei womöglich sozusagen selbst im Wege zu stehen.

Es wäre sicherlich auch ungerechtfertigt anzunehmen, daß das Individuum in Gruppenpartizipationen keinen oder in aller Regel nur einen untergeordneten Platz hätte. Im Gegenteil schließt die Einbindung in Gruppen die Entwicklung von Individualität im Sinne einer konkreten, unmittelbar auf die jeweilige Partizipation bezogenen Identität keineswegs aus, sondern erlaubt – soweit sich das überhaupt quantifizieren läßt – eher mehr als weniger konkrete Identität. Im kooperativen Zusammenwirken mit anderen innerhalb der informellen Strukturen der Gruppen, die den einzelnen ja sehr weitgehend zu integrieren versuchen, läßt sich zweifellos ein konkretes Bild von sich selbst, von eigenen Stärken und Schwächen usw. entwickeln. Dieses Selbstbild bleibt zwar – jedenfalls zunächst – eng an die jeweiligen sozialen Partizipationen gebunden und auf sie bezogen und zielt weniger auf den selbständigen Lebensentwurf als auf die Überprüfung, kritische Reflektion und Korrektur des eigenen Verhaltens im jeweiligen Zusammenhang. Gleichwohl können Partizipation und Kooperation auch Modi der 'Selbstverwirklichung' darstellen, und die Kleingruppenkultur kann den Individuen hier in mancher Hinsicht wahrscheinlich mehr Möglichkeiten bieten als die 'Autonomie' der in die 'Privatform' eingeschlossenen 'vereinzelten einzelnen' oder die hochgradig formalisierten Arbeitsbeziehungen bei uns. Im Einzelfall hängt das natürlich von den Eigenarten der jeweiligen Gruppe ab, ihrem 'Klima', der Form ihrer Organisation (vgl. ESWEIN 1988) usw. Das Beispiel der Schule oder noch deutlicher des Kindergartens hat jedoch gezeigt, daß im Prinzip jeder, der einmal dazugehört, sehr weitgehend in seinen Eigenarten akzeptiert wird, jedenfalls solange er sich einigermaßen bemüht zeigt, die vergleichsweise weit gesteckten Grenzen des Gruppenlebens zu respektieren und die Gruppe nicht mit unangemessenen, nur in anderen Zusammenhängen legitimen Forderungen zu konfrontieren. 'Individualität' wäre hier insofern – wie LUHMANN (1989, S. 156) in einem anderen Zusammenhang schreibt, „mit Namen, Bekanntsein, Rechten und Pflichten und vor allem mit Aufgehobensein in einem Kontext von Leistungen und Gegenleistungen durch soziale Inklusion gegeben". – Deutlich wird jedenfalls, daß die Frage, um die es hier geht, nicht lauten kann, ob die Individuen in Japan eine Identität (also einen Namen, bestimmte Merkmale, die sie als Individuen auszeichnen, einen Platz in der Gesellschaft, einen sozialen Ort) *haben,* sondern ob und inwieweit sie ihnen zum Problem und zur eigenen Aufgabe geworden ist. Ebensowenig steht in Frage, ob jemand eine Individualität hat, sondern nur, inwieweit sie problematisch geworden ist, inwieweit sie gegeben ist oder erst erworben und repräsentiert werden muß.

Man mag sogar – wie SAKUTA (1986, S. 22) – davon ausgehen, daß

„das Untertauchen in der Gruppe“ keinen Verlust, sondern eine Erweiterung des Ich bedeutet. HAMAGUCHI hat versucht, in diesem Sinne ein ostasiatisches „Menschenmodell“ zu konzipieren, bei dem „die Vergegenständlichung der Beziehungen zwischen dem eigenen und anderen Subjekten im Zentrum steht“: „Das Ich ist hierbei nicht solipsistischer Natur, sondern wird vielmehr als Teilhaber verstanden. Die Identität (...) richtet sich danach, welche funktionellen Bedeutungen man selbst für andere Subjekte besitzt. Zwar neigt man in diesem Fall dazu, den Kreis der anderen Subjekte (anderer Menschen) unwillkürlich auf bekannte Personen oder solche der näheren Umgebung zu beschränken, aber in den Beziehungen zu diesen erkennt man deutlich, wer man selbst ist (...)“ (HAMAGUCHI 1990, S. 141). Es kann nicht schaden, sich klarzumachen, daß aus dieser Perspektive die „Selbstkontrolle durch Gegenseitigkeit“ als „ein Verhaltensmuster erwachsener Menschen mit sozialen Erfahrungen“ erscheint; „die bloße Betonung des ‚Ego‘ (...) demgegenüber eher kindlich-unreife Züge“ zeigt (ebd., S. 144; grundsätzlicher dazu auch HAMAGUCHI 1985).

Auch vom individuellen Anteil, den die Individuen bei ihren Partizipationen zu zeigen haben, war bereits die Rede. Er manifestiert sich vor allem in der Bereitschaft und der Fähigkeit, sich auf die jeweiligen Verpflichtungen ganz einzulassen, und erfordert neben einer ganzen Reihe von Kompetenzen vor allem Selbstdisziplin. Soweit das Individuum überhaupt 'Herr' seines sozialen Schicksals zu werden vermag, so tatsächlich in erster Linie aufgrund der eigenen Anstrengung. Entsprechend kann die Fähigkeit, sich selbst zu disziplinieren und zu kontrollieren, auch die Grundlage eines Gefühls der persönlichen Integrität oder auch eines Selbstbewußtseins bilden, wie es etwa aus dem inneren Stolz über eine erbrachte Leistung oder aus dem Erfolg resultiert, von einer bestimmten Gruppe rekrutiert worden zu sein und in ihr seinen Platz ausfüllen zu können.

Natürlich empfinden auch Japaner das Ausmaß an Ritualisierung und Rollenverpflichtung bisweilen als lästig (so wie man auch bei uns dem Identitätszwang immer wieder zu entkommen trachtet). Sowohl innerhalb als auch außerhalb der Gruppenpartizipationen gibt es mehr oder weniger institutionalisierte Entlastungsmöglichkeiten, die teilweise selbst wiederum der Förderung des Zusammenhalts der Gruppe dienen. Ein Beispiel dafür sind die regelmäßigen Geselligkeiten im Kollegenkreis, wo sich die Stimmung nach dem ersten Becher *sake* beinahe schlagartig löst und all jenes artikuliert werden kann, was tagsüber unausgesprochen bleiben mußte (vgl. auch BEFU

1986a). – Fähigkeiten wie Selbstdisziplin oder Affektkontrolle werden also keineswegs als stets verbindliche 'Werte' verabsolutiert. Sie haben – wenn auch (nach meinem Eindruck) im Erwachsenenleben weniger deutlich als in der Kindheit – ihre klar definierten Orte und ihre eigene Zeit, neben denen andere Orte und Zeiten stehen, in denen die Regeln der Disziplin und der Zurückhaltung ausgesetzt sind oder zumindest anders gefaßt werden.

Möglicherweise erlauben die in Japan vorherrschenden Formen der sozialen Integration sogar eher als die bei uns verbreiteten ein vorbehaltloses (oder ein vorbehaltloseres) Akzeptieren des 'ganzen Menschen' mit allen seinen Stärken und Schwächen. Er kann genommen werden als der, der er ist; er hat keine 'höheren', besseren und keine 'niederen', schlechten Seiten – vorausgesetzt er weiß, wo was seinen Ort hat und wo nicht, er kennt und „versteht" also die Hierarchie seiner Verpflichtungen (vgl. auch Maraini 1975, S. 57). In dieser Perspektive wäre es eine offene Frage, welcher Konformitätszwang die einzelnen mehr einschränkt: der auf einzelne Lebensbereiche aufgeteilte, von denen jeder seinen eigenen Regeln folgt, oder der, der sich auf das ganze Individuum bezieht und gleichsam Konformität mit sich selbst fordert?

Das 'Ich' oder das 'Selbst' scheint gleichwohl etwas zu sein, das man – wie Hijiya-Kirschnereit (1988, S. 131f.) vermutet – normalerweise niemandem zeigen will (aber unbemerkt beim anderen beobachten möchte). Nur auf den ersten Blick, meint Singer (1955, S. 3), scheint es in Japan keine Privatheit zu geben – bis „man erkennt, daß es für den Japaner ein System von sichtbaren oder unsichtbaren Wänden gibt, hinter die er sich, sooft es ihn gut dünkt, zurückziehen kann, allen fremden Spähern und unbequemen Fragen entzogen" (ebd.). Hinter dieser „Schutzwand von Undurchdringlichkeit und Schweigen", die es dem einzelnen „bei einiger Geschicklichkeit erlaubt, ein Leben zu führen, wie er es am meisten liebt: scheu reserviert und völlig verborgen" (ebd., S. 4), mag man (wie Lebra 1976, S. 158) den Ort der Autonomie des Individuums sehen. Allerdings kann dieses – wenn man so will – 'eigentliche' Selbst kaum anders als in Isolation aufrechterhalten werden. Es wird gelegentlich offenbart, dem engsten, vertrautesten langjährigen Freund (aus der Schulzeit etwa) rückhaltlos preisgegeben, scheint aber im Grunde genommen keinen gesellschaftlichen Ort zu haben, jedenfalls keine Privatsphäre in unserem Sinne, ja kaum eine Sprache. Der stumme Körper, das verborgene Innere des 'Herzens' bildet – sei es eher als unerschöpfliche Quelle der Kraft, als (ich-loser) Kern der Existenz, der allein die Wahrhaftigkeit eines menschlichen Wesens verbürgen kann, oder eher als Ort 'reiner' ungezügelter Emotionalität oder Sentimentalität – den abstrakten Gegenpol zur gesellschaftlichen Eingebundenheit. Dieses Selbst, das oft mit dem 'nackten natürlichen Menschen' assoziiert zu werden scheint, mit dem instinktiv reagierenden, empfindsamen und komplizierten Akteur des Begehrens und der Leidenschaften (vgl. PLATH 1964, S. 177), ist viel zu unbeständig und flüchtig, um in irgendeiner Weise als Richtschnur angemessenen sozialen Handelns dienen zu können. Alles, was die 'äußere Welt' regiert – Regeln, Verpflichtungen, gar zielbewußte Planung und rationale Kalkulation aufgrund deutlich formulierter eigener Interessen und Bedürfnisse –, und alles, was eine gesellschaftliche Sprache gefunden hat, und sei es im Mienenspiel, hat hier keinen Platz (LEBRA 1976, S. 156ff.). Der Dualismus, der sich hier artikuliert, ist nicht der von Leib und Seele oder der von Individuum und Gesellschaft, sondern eher der von Körper und Sprache oder genauer: von Körper und Diskurs.[54]

Damit ist auch schon die Frage angesprochen, was sich denn nun hinter dem Rollen- und Maskenspiel verbergen mag: „nichts", wie SINGER (1955, S. 5) annimmt, oder „mannigfache Abstufungen" zwischen dem „durchschnittlichen Verhalten" dessen, der sich „mit einem Geheimnis umgibt, auch wo nichts zu verbergen ist, (...) bis zur selbstsicheren Ruhe der starken Persönlichkeit" (SCHINZINGER 1986, S. 48)? Die Antworten sind nicht so unvereinbar, wie es vielleicht auf den ersten Blick scheinen mag. Das „nichts" meint nicht die Abwesenheit innerer Vielfalt. „Hinter der ruhsamen Fassade korrekter Sitte wohnt meist ein höchst unsicheres Gleichgewicht von Heterodoxien, Zweifeln, plötzlichen Impulsen und bunten Einfällen." Aber es besteht „die Neigung, es bei dem bloßen Nebeneinander heterogener Faktoren bewenden zu lassen und auf eine rationale oder supra-rationale Ordnung monarchischen oder doch hierarchischen Stils zu verzichten". „Widerstreitende Kräfte werden (...) zu zeremoniellen Formen, die verschiedenen Orten, Zeiten und Gelegenheiten zugeordnet sind" (SINGER 1955, S. 6). – SCHINZINGER betont mehr das Persönlichkeitsideal, das hier verborgen sein mag. Es komme ganz ohne die „Betonung der individuellen Eigenart" und „die Fiktion eines isolierten Individuums" aus, „das seine Ehre alleine vor sich selbst hätte", und gründe in einer inneren Ruhe, die eine „Geschlossenheit der Person bei offener Kontur" erlaube (1986, S. 45 u. S. 48). Dieses Ideal, das vielleicht helfen kann, jene beeindruckenden Persönlichkeiten zu verstehen, denen man natürlich auch in Japan begegnen kann, ist möglicherweise am ehesten mit dem der Weisheit bei uns vergleichbar. (Sicher nicht zufällig wird es ja auch immer wieder anhand von Zitaten aus der ostasiatischen Tradition erläutert.) Diese Weisheit ist natürlich an das Alter gebunden. Der 'Weise' blickt auf eine lange Geschichte verschiedener Partizipationen zurück, die er alle – mehr oder weniger – in sich aufgenommen hat und in sich selbst zu verkörpern vermag. Er bleibt an diese Partizipationen gebunden, und idealiter repräsentiert sich seine Weisheit im großen Kreis seiner Schüler bzw. derer, deren 'Mentor' er zu irgendeinem Zeitpunkt war, und all jener, die wiederum von diesen 'Schülern' gelernt haben bzw. protegiert wurden. Aber etwas von seiner Würde vermittelt sich ohne Zweifel auch dem Außenstehenden außerhalb dieses Kreises. Das ist bei uns ganz ähnlich, nur scheint solche Weisheit in einer weniger klar strukturierten Gesellschaft, wenn überhaupt, weit schwieriger zu realisieren. (Natürlich hat auch in Japan längst nicht jeder diese Chance.) Der typische Individualist, der an seinen einmal entwickelten Orientierungen festhält, wird im Alter wohl eher ein Kauz oder ein Eigenbrötler, über den die Zeit hinweggegangen ist.

Hier deutet sich schon an, daß die auf konkrete Partizipationen bezogene Selbstidentifikation dem einzelnen nicht nur Möglichkeiten eröffnet, ein konkretes Bild von sich selbst (eine konkrete Identität) zu entwickeln, sondern nach und nach sicher auch Anlässe bietet, in größeren Zusammenhängen über sich selbst und die Stationen seines Lebens nachzudenken, zumal angesichts unvorhergesehener Ereignisse, 'Schicksalsschläge', biographischer Konflikte oder anderer krisenhafter Entwicklungen, die sich natürlich früher oder später in jedem Lebenslauf ergeben. Diese biographische Selbstvergewisserung, die zunächst wahrscheinlich noch eng an die jeweiligen sozialen Partizipationen gebunden und auf sie bezogen bleibt, sich dann aber im retrospektiven Blick auf die verschiedenen Partizipationen und die mit ihnen verbundenen Erfahrungen wohl auch auf größere Zusammenhänge bezieht, hat aber einen anderen Ort in der Lebensgeschichte als der Selbstentwurf, der den Individuen bei uns abverlangt wird. Sie dürfte im wesentlichen eine Angelegenheit des Alters oder der Reifung, also zumindest des fortgeschrittenen Erwachsenenlebens sein. Dem entspricht auch die vorherrschende Ordnung der Biographie. Der bei uns grundlegende (auch juristisch kodifizierte) Gegensatz von 'unmündigem' Kind oder Jugendlichen und 'mündigem' Erwachsenen hat in Japan weit weniger praktische Relevanz. So wie der 'Jugendliche' vor allem Schüler, Student oder Anfänger in einem Betrieb ist, stellt auch das Erwachsensein in erster Linie eine Folge von Perioden und Stadien dar, die auf der Konvergenz von

Alter mit sozialen Rollen- und Statuswechseln beruht. Erwachsensein ist weit weniger als in der bei uns (noch) dominierenden Vorstellungswelt ein langer, ziemlich statischer Lebensabschnitt als vielmehr eine Zeit des Wandels und der Reifung, die sich wieder in eine Reihe von Stadien und Perioden untergliedert, denen gegenüber allgemeine Merkmale des Erwachsenseins deutlich zurücktreten (vgl. ROHLEN 1978). Der oder die Erwachsene ist nicht 'fertig', kein – endlich! – 'autonomes' Individuum, dem niemand mehr Vorschriften machen und das niemand mehr belehren darf. Die Zeit des Erwachsenen ist eine Zeit anhaltender – freiwilliger oder unfreiwilliger – Sozialisationsprozesse (vgl. ebd., S. 131), ja der 'Erziehung' und der Bevormundung. Im Zentrum der biographischen Ordnung steht, wenn man so will, weniger das Erwachsensein als das Erwachsenwerden. Wichtiger als der frühzeitig entwickelte und möglichst verbindliche Zukunfts- und Selbstentwurf, auf den hin sich alle biographischen Einzelentscheidungen legitimieren lassen (sollten), ist daher, zumal für jüngere Erwachsene, die Offenheit für neue Situationen und Anforderungen und die Bereitschaft und Fähigkeit, immer wieder Neues zu lernen und sich darin zu bestätigen. (Man sieht, wie hier ein zunächst eher 'traditionell' anmutendes Muster plötzlich mit – für uns – in mancher Hinsicht sehr 'modernen' Vorstellungen über Flexibilität, lebenslanges Lernen' usw. konvergiert.)

Die Aufgabe, sich als Individuum in einem größeren gesellschaftlichen Zusammenhang zu positionieren und sich seiner selbst zu vergewissern, stellt sich also später und *anders.* Ihr Ideal ist nicht der in die Zukunft ausgreifende Selbstentwurf, sondern die heiter-abgeklärte, vielleicht etwas melancholische Rückschau. Auch eine solche nachträgliche Vergegenwärtigung des eigenen Lebenslaufs enthält natürlich immer einen Selbstentwurf, aber er dürfte sich eher auf eigene Versäumnisse und Schwächen, verpaßte Chancen, das eigene (partielle) Scheitern und die verlorenen Illusionen beziehen, aber eben auch auf das auf eigene Wachstum und die Beweglichkeit als soziale Person (vgl. PLATH 1980), als Teilhaber (HAMAGUCHI 1990, S. 141) oder als sich selbst unmittelbar relativierendes „Du des Du“ (MORI zit. ebd., S. 146; vgl. auch HEISE 1989). Ich habe den Eindruck, daß für eine solche retrospektive Selbstvergewisserung in Japan mehr und vor allem auch überzeugendere kulturelle Muster zur Verfügung stehen als für den jugendlichen Aufbruch ins Offene. Die Selbstvergewisserung ist an andere Lebensabschnitte gebunden und vielleicht gerade deshalb auch anders emotional eingefärbt.

Wieweit damit – entsprechend unserem Modell der Ich-Identität –

die Entwicklung einer selbständigen Stellung *gegenüber* dem gesellschaftlichen Zusammenhang verbunden ist oder verbunden sein kann, ist schwer zu sagen. Jedenfalls schließt das institutionelle Arrangement eine solche Entwicklung nicht aus, aber es strukturiert auch diese Möglichkeit anders und verweist sie an einen anderen sozialen und biographischen Ort. Die Selbstvergewisserung und die damit möglicherweise verbundene Entwicklung von Ich-Identität (soweit der Begriff, der bei uns ja weitgehend auf die besonderen Entwicklungs- und Orientierungsprobleme der Adoleszenz zugeschnitten ist, hier noch sinnvoll ist) sind nicht Voraussetzungen, sondern (kontingent gesetzte) mögliche Ergebnisse der Biographie.

6. Orte der Individualität

Nichts von dem, was hier zu beschreiben und zu analysieren versucht wurde, ist für sich genommen bei uns völlig unbekannt oder gar einzigartig japanisch. Besonders wirkt jedoch – jedenfalls in bezug auf unsere Moderne – die Art, wie die einzelnen Elemente zusammengesetzt sind. Im Ergebnis scheinen so die gesellschaftlich und kulturell angebotenen und durch institutionalisierte Zwänge und Möglichkeiten durchgesetzten Lösungen von durchaus vergleichbaren Ausgangsproblemen fast diametral verschieden. Auf der einen Seite steht – idealtypisch gesehen – das (scheinbar) autonome Individuum, das allein für sein Leben zuständig und verantwortlich ist und das sich eigenständig in ein Verhältnis zu den verschiedenen Formen seines gesellschaftlichen Zusammenhangs setzen muß. Seine Gesellschaftlichkeit ist ihm zu einer eigenen Aufgabe geworden, die es zwingt, eine nicht unmittelbar gegebene Konstanz und Kontinuität in die Beziehung zur 'Außenwelt', zu seinen 'Rollen' und Partizipationen und zu sich selbst zu bringen und sich damit selbst – gleichsam von 'innen' heraus – als Teil des gesellschaftlichen Zusammenhangs zu identifizieren. Auf der anderen Seite sehen wir den einzelnen in eine klar definierte und hierarchisierte Abfolge von Status- bzw. Rollenverpflichtungen und Gruppenpartizipationen eingebunden, die ihm zwar einen erheblichen eigenen Anteil abverlangen, denen gegenüber er aber zu einer eigenständigen Orientierung und einer Selbstidentifikation zumindest nicht gezwungen ist. Zwar sind die Individuen in beiden Fällen 'Subjekte' ihrer Biographie (oder werden wenigstens gesellschaftlich dazu angehalten, sich als solche zu imaginieren), aber die Arten und die Möglichkeiten, diese Subjektivität zu äußern und zu bestätigen, unterscheiden sich doch beträchtlich voneinander.

Nun folgen natürlich auch in Japan die Lebensläufe nicht immer den in der (männlichen) gesellschaftlichen Normalbiographie vorgezeichneten Bahnen. Die konkrete Abfolge der Zugehörigkeiten wird in aller Regel früher oder später Risse und Brüche aufweisen, die das Individuum sich selbst zuzuschreiben hat. Das System der Dauerbeschäftigung, das das Bildungssystem so nachhaltig prägt, gilt ja tatsächlich, wie wir gesehen haben, nur für eine Minderheit der Beschäftigten. Wer keine oder eine 'schlechte' Oberschule besucht hat, sieht sich oft schon recht früh auf einen Arbeitsmarkt verwiesen, der sich nicht sehr von dem bei uns unterscheidet, außer eben dadurch, daß über ihn die besseren Plätze nicht zugänglich sind. Nach den Analysen von LEVINE (1983) ist in Japan die berufliche Mobilität insgesamt zwar nicht so ausgeprägt wie in den USA, aber durchaus mit den Verhältnissen „in Europa“ (genauer wird das leider nicht spezifiziert) vergleichbar. Aber sie scheint doch unter den verschiedenen Schichten der Beschäftigten anders verteilt zu sein. Beruflich mobil wird man nicht, um seine Möglichkeiten zu verbessern, sondern weil man die entscheidenden Chancen verpaßt hat. – Auch wer einen der begehrten Dauerarbeitsplätze erhalten hat, wird vielleicht doch nicht ganz zufrieden sein und unter Umständen den Arbeitsplatz sogar noch wechseln oder versuchen, sich selbständig zu machen. Oder er wird irgendwann erkennen müssen, daß seine Karriere doch nicht dem perfekten Aufstiegsschema seiner Organisation entspricht, daß andere aus dem gleichen Einstellungsjahrgang vorgezogen oder mit interessanteren und herausfordernderen Aufgaben betraut werden (vgl. PLATH 1983). Spätestens im Alter beginnt für die meisten Männer eine neue Orientierungsphase, die sie dann oft doch noch (oder wieder) von der Lage auf dem Jedermanns-Arbeitsmarkt abhängig macht.

Für Frauen scheint die Form der Integration der Individuen vermittels einer abgestuften Folge partikularer Zugehörigkeiten überhaupt nur bedingt zu gelten. Zwar sieht ihr schulischer Bildungsgang ähnlich aus wie der ihrer männlichen Altersgenossen, und nach Abschluß der Schule oder der Hochschule sind sie zumeist auch eine Zeitlang erwerbstätig; in der ersten Familienphase sind sie aber, wie sich gezeigt hat, vielfach in extremer Weise isoliert, an Kind und Wohnung gefesselt, und müssen, ohne nennenswerten Rückhalt durch den Ehemann, auf sich allein gestellt für Kind und Haushalt sorgen. Zwar bringt die Erziehung der Kinder neue soziale Verpflichtungen mit sich und kann die Mütter über Kindergarten und Schule auch wieder in Gruppen (wie die 'PTA', 'parents-teachers-association') einbinden (die – je nach Schulerfolg – auch unterschiedlich renommiert sein können), aber solche Gruppen wechseln und bieten vergleichsweise wenige Möglichkeiten zu einer substantiellen Identifikation. Letztendlich verweist gerade die Verantwortung für den Schulerfolg und die Planung der Bildungskarriere ihres Kindes die Mutter auf sich selbst und ihre Fähigkeiten, ihr Kind nach Kräften zu unterstützen und die dazu notwendigen sehr vielfältigen Informationen zu sammeln und zu verarbeiten. Tatsächlich zeigen Ehefrauen – zumindest in praktischen Dingen – oft mehr Selbständigkeit als ihre Männer. Allerdings sind sie dabei doch sehr an ihre Rolle oder ihren Status gebunden. – Spätestens wenn die Kinder erwachsen sind, beginnt dann für die meisten Frauen eine neue Phase der Orientierung, die sie auf das weite Feld von freiwilligen sozialen und Weiterbildungsaktivitäten (vgl. insgesamt etwa Imamura 1987) oder eben den allgemeinen Arbeitsmarkt der Unterprivilegierten verweist.

Es gibt also auch in der japanischen Gesellschaft durchaus die Anforderung, sich selbständig durchs Leben zu schlagen und sich in einem größeren Zusammenhang individuell zu orientieren. Aber diese Anforderung hat einen anderen sozialen Ort und eine andere gesellschaftliche Bedeutung. Sofern sie nicht – wie im Fall der Frauen – von vornherein ein Indiz für den (weitgehenden) Ausschluß ganzer Bevölkerungsgruppen von bestimmten gesellschaftlichen Positionen darstellt, steht sie idealtypisch nicht am Beginn der Karriere, sondern an ihrem unter Umständen sehr vorzeitigen Ende. Sie bezeichnet nicht die Chance, die die 'Besten' hoffnungsfroh ergreifen, sondern den 'Ausweg', der sich den Gescheiterten noch bietet. Das institutionelle Arrangement, das die Normalbiographie prägt, und die damit verbundene gesellschaftliche Semantik weisen der Selbständigkeit einen Platz zu, die sie weniger als Versprechen einer mit unterschiedlichen Möglichkeiten ausgefüllten Zukunft präsentiert, sondern als Resultat eines zumindest partiellen Scheiterns. Sie ist das, was übrigbleibt, wenn die Illusionen verbraucht sind. Individualisierung wird so weit deutlicher als Zwang erfahrbar. Das ist sie bei uns zwar (unter anderem) immer auch, aber es fällt leichter, sich darüber hinwegzutäuschen.

Nicht jedes Scheitern führt damit schon ins soziale Abseits der Individualisierung. Auch kleinere Firmen (oder die von den großen als Arbeitskräftepuffer angeheuerten Subkontrakt-Unternehmen), die nicht die Vorteile eines Dauerbeschäftigungsverhältnisses gewähren, organisieren ihre Beschäftigten in betrieblichen Arbeitsgruppen, die nicht nur bedingungslosen Einsatz fordern, sondern auch Rückhalt in einer Gruppenpartizipation bieten. Frauen können sich, sofern sie nicht selbst berufstätig sind, vermittelt über ihren Mann mit dessen Betrieb und dem damit erreichten Status identifizieren oder sich Betätigungsfelder außerhalb der Familie suchen, die sich in ihren Organisationsformen nicht selten an den vorherrschenden Gruppenmustern orientieren. Selbst noch unter den Tagelöhnern, den unfreiwilligen Individualisten Japans, gibt es – ebenso wie etwa im Kleinhandel – Organisationsformen, die man mit unseren Begriffen wohl als 'ständisch' bezeichnen müßte (vgl. ERNST 1980, S. 209ff.). Aber früher oder später scheinen sich doch für alle (oder wenigstens die allermeisten) Individuen Abschnitte in ihrer Biographie zu ergeben, an denen sie zumindest von einem Scheitern und dem Verlust ihres Rückhalts in der Gruppe bedroht sind.

Letztendlich scheinen die Individuen damit nicht weniger vereinzelt als in anderen modernen Gesellschaften (vgl. dazu auch MARUYAMA 1965). Nicht nur in einem existentiellen Sinn; auch lebenspraktisch müssen sie selbst dafür sorgen, daß sie überhaupt und möglichst in die 'richtigen', Erfolg, soziale Sicherheit und Anerkennung versprechenden Gruppen aufgenommen werden, und sie müssen ggf. die Folgen ihres Scheiterns selbst tragen. Man könnte die systematisch geförderte Gruppenorientierung geradezu als gesellschaftlich institutionalisierte Fluchtbewegung aus der Vereinzelung ansehen, als einen Versuch, im Rückgriff auf Elemente der eigenen kulturellen Tradition die Probleme der Individualisierung der Lebenswege und der Vereinzelung der Individuen zu lösen, ohne damit auf Formen der unmittelbaren, gleichsam distanzlosen Vergesellschaftung der Individuen verzichten zu müssen. Den einzelnen stellt sie sich – ähnlich wie die Ich-Identität bei uns – als Anforderung, auf die sie zur Sicherung ihres gesellschaftlichen Zusammenhangs eingehen müssen (auch wenn ihnen das normalerweise ebensowenig bewußt sein muß wie uns der Umstand, daß unsere Individualität einen Modus der gesellschaftlichen Integration darstellt). Die Gruppenpartizipation verkörpert als 'Ideal' gelungener gesellschaftlicher Integration einen Anspruch, der letztendlich auf *den Individuen* lastet.

Damit wird auch deutlich, daß die Gruppenorientierung zumindest insofern als ideologisch gelten kann, als sie die Individuen, über ihre tatsächliche Vereinzelung und ihre letztendliche Zuständigkeit für sich selbst und ihr Leben hinweg, solange wie möglich in der Illusion zu wiegen versucht, daß sie kraft ihrer eigenen Anstrengungs- und

Kooperationsbereitschaft in harmonischen Sozialbeziehungen aufgehoben sind; so wie umgekehrt auch der 'westliche' Individualismus die Individuen dazu anhält, ihre tatsächliche Gesellschaftlichkeit, ihr Aufeinander-angewiesen-Sein und ihre letztendliche individuelle Ohnmacht zu verkennen. Die Unterschiede verflüchtigen sich damit nicht, aber sie werden doch deutlich relativiert. Hier wie dort sind die Individuen – auf unterschiedliche Weise – selbst für ihre Gesellschaftlichkeit zuständig. In beiden Fällen droht die Gefahr, auf sich selbst zurückgeworfen zu werden, und zwingt die einzelnen, sich – zumindest im Zweifelsfall – entsprechend den gesellschaftlichen Notwendigkeiten, Anforderungen und Standards zu verhalten. Zwar müssen sie – grob verallgemeinert gesagt – im einen Fall eher dafür sorgen, ihren eigenen Anteil gebührend herauszustreichen, während sie im anderen Fall eher dazu angehalten sind, danach zu trachten, ihre Plätze in der Gesellschaft so gut wie alle anderen auszufüllen; aber sowenig dadurch bei letzteren schon alle (persönlichen oder sozialen) Unterschiede verschwinden, sowenig werden erstere tatsächlich jeweils 'einzigartig'. Die Betonung der Individualität in der Ich-Identität ist ebenso wie die unmittelbare Konformität mit der Gruppe und den gesellschaftlichen Status- und Rollenverpflichtungen in erster Linie eine Form, gesellschaftliche Konformität zu sichern: einmal über die Aneignung von Maximen, Prinzipien oder anderen übergreifenden Orientierungen und eine gewisse Konformität mit sich selbst; zum anderen vermittels Selbstdisziplin und (im Idealfall: rückhaltsloser) Identifikation mit der jeweiligen Partizipation.

Man kann also nicht sagen, daß es im japanischen Alltagsleben keine oder weniger Rationalität gäbe. Sie bezieht sich aber auf andere Modi der Regulierung gesellschaftlicher Beziehungen, die anderen Prinzipien gehorchen: eben denen der wechselseitigen Verpflichtung und der flexiblen Orientierung an der jeweiligen Situation. Mit Hilfe solcher Prinzipien sind Vorteile und Opfer ebenso kalkulierbar wie mit denen des Vertrags und des Rechts; nur sind eben die Formen des Ausgleichs unterschiedlicher Interessen anders und fordern vom Individuum anders gelagerte Anstrengungen, die weniger auf ein Identitätsmanagement als auf ein – sagen wir – Beziehungs- oder Abhängigkeitsmanagement hinauslaufen und mithin eher das Bewußtsein der eigenen gesellschaftlichen Eingebundenheit als das der individuellen Autonomie stärken.

Die Inszenierung der Harmonie bringt die Gegensätze und Widersprüche in der japanischen Gesellschaft nicht zum Verschwinden, und sie verhindert weder soziale Ungleichheiten noch Ausbeutung. Aber sie arrangiert die einzelnen Elemente zu einer ideologischen Ordnung, die den Individuen bei ihrer alltäglichen Lebensbewältigung andere Anforderungen stellt und ihnen die Entwicklung anderer Formen der Selbstbezüglichkeit nahelegt als gemeinhin in westlichen modernen Gesellschaften. Es kann kein Zweifel bestehen, daß diese Strukturierungsweise des Verhältnisses von Individuum und Gesellschaft – ähnlich wie andere Formen der Sicherung gesellschaftlicher Konformität auch – der Stabilisierung von Herrschaftsverhältnissen dient. Und gewiß schränkt sie die Individuen in mancher Hinsicht auf eine Weise ein, die für uns gegenwärtig kaum akzeptabel wäre. Gleichwohl darf sie m. E. auch in dieser Hinsicht nicht mystifiziert werden. Ob sie für die Herrschaftsstabilisierung 'effektiver' ist als andere Formen der Sicherung gesellschaftlicher Konformität, ob sie den Individuen, indem sie ihnen andere Zwänge auferlegt, 'mehr' Zwang antut, scheint mir zumindest nicht ausgemacht. Sie ist zunächst einmal nur anders und bringt damit ihre eigenen Vor- und Nachteile mit sich, die sich – zumal in einer abstrakten Gegenüberstellung – nur schwer gegen die Vor- und Nachteile anderer Formen der gesellschaftlichen Integration aufwiegen lassen. Und sie ist natürlich keineswegs unveränderlich. Sie ist mit bestimmten institutionellen Arrangements verknüpft, die mit neuen Notwendigkeiten und Anforderungen modifiziert oder abgelöst werden können und müssen; sie ist aber auch an die Bereitschaft der Menschen gebunden, sich auf sie einzulassen oder sie zumindest nicht grundlegend in Frage zu stellen. Damit wird die Strukturierungsweise des Verhältnisses von Individuum und Gesellschaft für die einzelnen Individuen nicht frei verfügbar[55] – neue individuelle Lösungen müssen sich am jeweils gegebenen institutionellen Rahmen und wenigstens teilweise an den Mustern einer gelungenen Normalbiographie orientieren, wenn sie nicht von vornherein ins gesellschaftliche Abseits gedrängt werden wollen –, aber sie hat durchaus ihre eigene spezifische Entwicklungsdynamik. Es scheint mir daher eine offene Frage, ob die in Japan entwickelten Lösungsmuster sich auf längere Sicht an die bei uns vorherrschenden Formen angleichen oder ob bei uns Formen der gesellschaftlichen Integration wichtiger werden, die wir bislang so nur aus Japan kennen, ob es zu neuen Formen einer 'Synthese' kommen wird oder ob in Zukunft verstärkt verschiedene Formen der 'Moderne' – vielleicht auch innerhalb einzelner Gesellschaften – nebeneinander existieren werden. Anzeichen dafür, daß alle diese Entwicklungen möglich sind, gibt es hier wie dort.

In dieser Perspektive mag das Verständnis der Gemeinsamkeiten –

ein Verständnis, das sich erst aus der differenzierten Herausarbeitung der Unterschiede entwickeln kann – wichtiger werden als das bequeme Beharren auf (vermeintlichen) kulturellen Unvereinbarkeiten, das einer wirklichen Auseinandersetzung nur ausweicht. Die unterschiedlichen Strukturierungsweisen des Verhältnisses von Individuum und Gesellschaft beziehen sich letztendlich auf gemeinsame Probleme, die sich hier wie dort stellen, auf Systemprobleme entwickelter kapitalistischer Gesellschaften. Sie heben, ebenso wie die jeweils vorherrschenden pädagogischen Arrangements in Elternhaus, Kindergarten oder Schule, jeweils bestimmte Möglichkeiten hervor, die sich (wenngleich kulturell anders artikuliert) prinzipiell wohl in jeder modernen Gesellschaft ergeben, und ignorieren andere, verdrängen sie oder lassen sie außerhalb der hegemonialen Diskurse bestehen. Insofern kann die Beschäftigung mit einer anderen Vergesellschaftungspraxis vielleicht dazu anregen, vertraute Verhaltens- und Denkweisen zu überprüfen und auch in der eigenen Gesellschaft anderen Formen des Umgangs mit Kindern oder mit sich selbst, anderen pädagogischen Arrangements und anderen Organisationsweisen des Zusammenlebens mit Kindern in Elternhaus, Kindergarten und vielleicht sogar in der Schule nachzuspüren und mit ihnen zu experimentieren. Die Beschreibung und Analyse von Erziehungspraktiken und Sozialisationsmodi in einer fremden Gesellschaft kann dafür niemals Rezepte liefern, schon weil der jeweilige Kontext eben doch zu unterschiedlich ist. Aber sie kann vielleicht auf Möglichkeiten hinweisen, die in ihrer ganzen Breite bislang weder hier noch dort einen gesellschaftlichen Ort gefunden haben.

ANMERKUNGEN

[1] Es soll allerdings nicht verschwiegen werden, daß es hier auch andere Auffassungen gibt, die dann wieder mit der offenbar landestypischen Hartnäckigkeit und Geduld durchgesetzt werden. Vogel (1963, S. 229) berichtet von einigen wenigen Müttern, die das Schreien von Kindern für ihre Entwicklung förderlich halten und so fest daran glauben, daß sie selbst die Mißbilligung der Nachbarn ertragen, für die das schreiende Kind ein Zeichen mangelnder mütterlicher Zuwendung darstellt.

[2] Es gab auch Versuche, die Abtreibungsgesetze zu verschärfen. Daß dies bislang nicht gelungen ist, lag wohl nicht allein am Widerstand der Frauen(bewegung) (Linhart-Fischer 1988, S. 156), sondern auch an dem der Ärzteschaft, die um eine lukrative Einnahmequelle fürchtete. Deren Einfluß scheint es übrigens auch zuzuschreiben, daß Antikonzeptiva bis heute praktisch nicht erhältlich sind (vgl. Wolferen 1989, S. 90). Zur Familienplanung in Japan vgl. ausführlich Coleman 1983.

[3] Als ein Indiz dafür könnte man auch die Forderung einer japanischen Medienwissenschaftlerin (aus dem renommierten NHK Broadcasting Culture Research Institute, Tokio) ansehen, „die Wirkung von Fernsehen auf die fötale Entwicklung" zu untersuchen (Koidara 1989, S. 57).

[4] Allerdings berichtet auch Vogel in seiner Untersuchung über die Lebensverhältnisse in einer von der 'neuen Mittelklasse' geprägten städtischen Vorortsiedlung noch von einer Mutter, die sich über den Schmerz beklagt, den es ihr bereitet, mit zwei vollen Brüsten jeden Tag darauf zu warten, bis ihr – wie Vogel schreibt: verhaltensgestörter – sechsjähriger Sohn endlich aus der Schule zurückkommt (Vogel 1963, S. 231).

[5] Nach Sengoku/Darwitz/Darwitz (zit. bei Miyake et al. 1986, S. 145) spielen japanische Mütter heute mehr mit ihren Kindern, und amerikanische behandeln sie nachsichtiger als noch zwei Jahrzehnte zuvor. Otaki et al. (1986) fanden, anders als Caudill und Weinstein, keine signifikanten kulturellen Unterschiede in Art und Ausmaß des physischen Kontakts und der stimmlichen Kommunikation zwischen Mutter und Kind in Japan und in den USA. Bestätigen konnten sie jedoch, daß japanische Mütter mehr passiv präsent sind und amerikanische einen lebhafteren Stil bei der Säuglingspflege zeigen. Leider ist die Darstellung, vor allem was die Definition der Variablen anbetrifft, nicht genau genug, um einen eingehenderen Vergleich zu ermöglichen.

[6] Den Einwand, die geschilderten Unterschiede seien womöglich genetisch bedingt, hat Caudill selbst durch eine vergleichende Untersuchung der Mutter-Kind-Beziehung bei Japanern, Amerikanern und japanischen Emigranten, die in der dritten bzw. vierten Generation in den USA leben (vgl.

Caudill/Frost 1973), entkräftet. – Möglicherweise spielen jedoch pränatale Erfahrungen eine gewisse Rolle. Jedenfalls werden die Mütter in Japan sehr viel bestimmter als bei uns dazu angehalten, sich in den letzten Monaten ihrer Schwangerschaft möglichst ruhig zu verhalten und alle Aufregungen und Anspannungen zu vermeiden – oft mit dem ausdrücklichen Hinweis auf mögliche negative Folgen heftiger Gefühlsregungen für die psychische Entwicklung des Kindes.

[7] Das übersehen die frühen, meist während des 2. Weltkrieges entstandenen kulturanthropologischen Analysen, die mit Hilfe von psychoanalytischen Argumentationsmustern das frühe Toilettentraining als Erklärungsgrundlage für zwangsneurotische Züge im japanischen Nationalcharakter verstanden wissen wollen (Gorer 1962, zuerst 1943; La Barre 1962, zuerst 1945), Züge, die die Japaner – nach La Barre – übrigens mit den Deutschen, den Italienern und den Spaniern teilen. Zur frühen kulturanthropologischen Forschung über Japan vgl. auch Norbeck/De Vos 1972.

[8] Die Gespenster und die anderen übernatürlichen Gefahren, mit denen – nach meist älteren Berichten (vgl. etwa Benedict 1954, S. 260; Lanham 1956, S. 575; Befu 1981, S. 158; aber auch noch Hendry 1986, S. 113) – nicht nur die Kinder erschreckt werden, sondern vor denen auch die Mütter selbst und vor allem die Großeltern Angst zu haben scheinen, spielen nach meinem Eindruck heute keine große Rolle mehr. Aber die Gefahren sind damit nicht weniger geworden.

[9] Es ist naturgemäß schwer zu sagen, ob sich die Mütter innerhalb ihrer allerdings oft sehr hellhörigen vier Wände immer auch so vorbildlich verhalten, wie man es von ihnen erwartet oder ob ihnen nicht bisweilen doch 'die Hand ausrutscht'. Nach der Erhebung von Smith/Schooler (1978, S. 616f.) äußern 80 Prozent der befragten Mütter, daß eine „ideale Mutter" ihr Kind „nur selten" körperlich bestraft – ein Ergebnis, das freilich durch die Art der Fragestellung beeinflußt sein kann –, obgleich zwei Drittel zugeben, daß auch eine „gute Mutter" manchmal ihren Ärger gegenüber ihren Kindern zum Ausdruck bringt. Wirkliche Gewalt gegen Kinder, Kindesmißhandlungen u. ä. dürften aber – schon aufgrund des starken sozialen Drucks und der sehr strikten sozialen Kontrolle gerade in dieser Hinsicht – vergleichsweise selten sein, auch wenn dieses Thema neuerdings verstärkt in japanischen Medien diskutiert wird.

[10] Obgleich nach den meisten, oft schon älteren vorliegenden Berichten der Sohn noch nachsichtiger behandelt wird als die Tochter, scheint der Unterschied – nach unseren eigenen Beobachtungen – in dieser Hinsicht zumindest bei kleinen Kindern noch nicht sehr gravierend zu sein.

[11] Da die Untersuchung nur punktuelle Reaktionen erfaßt und den Kontext des Erziehungshandelns nicht mit berücksichtigt, schiene es mir allerdings problematisch, dieses Verhalten unmittelbar als 'autoritär' zu klassifizieren. Es wäre immerhin denkbar, daß die Mutter unterstellen kann, daß das Kind die entsprechenden Regeln einschließlich ihrer Begründungen kennt und die Mahnung („Laß das ...!") als Erinnerung versteht.

[12] Genaugenommen ist die Quote der nachgiebigen Reaktionen angesichts der bereits aufgetretenen Konflikte bei amerikanischen Müttern allerdings etwas höher (7,1 Prozent gegenüber 5,9 Prozent aller Antworten). Die genauere Aufschlüsselung der Zahl zeigt jedoch, daß diese Quote vor allem durch die weit größere Nachgiebigkeit der amerikanischen Mutter gegenüber der Weigerung ihres Kindes, Gemüse zu essen, zustande kommt (37,9 gegenüber 20,8 Prozent der diesbezüglichen Reaktionen). In allen anderen Situationen, wenn das Kind seine Medizin nicht nehmen will (6,3 gegenüber 1,6 Prozent), wenn es seine Zähne nicht putzen will (4,0 gegenüber 1,5 Prozent) oder wenn es die Wände bemalt (4,0 gegenüber 1,5 Prozent) geben die japanischen Mütter eher nach. Völlig unnachgiebig (jeweils 0 Prozent) zeigen sich die Mütter in beiden Ländern nach ihren eigenen Angaben bei Gewaltanwendung gegenüber anderen Kindern ("hitting with bloc") und bei der Belästigung anderer im Supermarkt (vgl. Conroy et al. 1980, S. 167). Die Erhebungsmethode ist freilich nicht unproblematisch. Abgesehen von dem begrenzten Wert von Selbsteinschätzungen für die Untersuchung des tatsächlichen Verhaltens wäre zusätzlich die möglicherweise sehr unterschiedliche Reaktion amerikanischer und japanischer Probanden auf die Interviewsituation in Rechnung zu stellen. Angesichts des in Japan vorherrschenden Kommunikationsverhaltens wäre es immerhin nicht unwahrscheinlich, daß die japanischen Interviewpartnerinnen sehr viel vorsichtiger, skrupulöser und mehr um die 'richtige' Antwort bemüht reagieren als die amerikanischen. Insofern liegt nicht nur der Verdacht nahe, daß die Daten mehr über die Bedeutung aussagen, die Mütter bestimmten Störungen zumessen, als über die Mittel, mit denen sie sie zu korrigieren versuchen, sondern auch, daß sogar die Selbsteinschätzungen als solche nur bedingt miteinander vergleichbar sind.

[13] Mit diesem eigentümlichen Verständnis von Verständnis wird man auch als in Japan lebender Ausländer immer wieder konfrontiert. Wenn man 'richtig', den japanischen Gepflogenheiten gemäß handelt, heißt es, man habe verstanden, wenn nicht, man habe eben noch nicht vollständig verstanden, und es wird verständnisvoll hinzugefügt, es sei ja auch gerade für Ausländer (wie für kleine Kinder) noch schwierig. Der (in unserem Sinne) Kern dieses Verständnisses oder Unverständnisses, die zurechtgelegte Erklärung o. dgl. spielen dabei kaum eine Rolle. Gar nicht vorgesehen zu sein scheint die bei uns alltägliche Variante, zu verstehen, aber nicht zu akzeptieren. Verständnis wird, wie Wolferen (1989, S. 27) in einem anderen Zusammenhang anmerkt, zu einem anderen Wort für Zustimmung. Verständnis bedeutet Einverständnis.

[14] Auch wenn die Darstellung einige Fragen offenläßt: Was bedeutet etwa „schimpfen (...) in selbstwertverletzender Weise" konkret? Einmal unterstellt, daß die Mütter ihr Verhalten nicht selbst so beschreiben: Welche Äußerungen werden warum so gedeutet? Was heißt „sich mit dem Kind echt (...) einigen"? Mit welchen „effektiven Mitteln" unterbindet die japanische Mutter den Protest und Widerstand ihres Kindes sofort? Mit einem Klaps? Mit einem leisen, aber bestimmten Verweis? Oder nimmt sie es auf den Arm, lenkt es ab, beteiligt es an dem Gespräch ...? Welchen Wert haben solche fiktiven

Beschreibungen des eigenen Verhaltens überhaupt für die Untersuchung des tatsächlichen Umgangs mit Kindern? Ist die deutsche Mutter vielleicht nur realistischer, oder hat sie gelernt, mit Fragen von Psychologen problemorientierter umzugehen, während die japanische möglicherweise eher dazu neigt, gegenüber dem Experten von der Universität vom Idealfall einer gelingenden Interaktion mit ihrem Kind auszugehen?

[15] Richter (1987, S. 21) behauptet sogar, daß das Christentum „wie keine andere Religion" einen „Kult des Kindes" beinhaltet. Jedenfalls lassen sich zahlreiche Beispiele für die Verehrung von Kindern, ihrer „Stilisierung zum Vorbild, zum Exemplum, zum Heiligen" finden, sowohl in der älteren christlichen Überlieferung als auch in moderner säkularisierter Form. Immer wieder müssen Kinder die Welt retten oder die Menschheit erlösen, von Brentanos Fanferlieschen bis zu Michael Endes (auch in Japan populärer) ›Momo‹ (vgl. ebd., S. 20 und 27).

[16] Wollte man hier das Spiel mit den kulturellen Gegensätzen fortsetzen, könnte man weiter fragen, welches Bild eine Gesellschaft von sich selbst hat, die alles daran setzt, das neue Mitglied mit seinem Los zu versöhnen. Liegt es nicht nahe, hier eher auf ein pessimistisches Bild wenn nicht vom Menschen, so doch vom 'Leben' zu schließen? Und welche Auffassung vom Kind und seiner Natur wäre dann 'positiver'? Die, die um jeden Preis versucht, den Neuankömmling mit der unausweichlichen Tragik seiner individuellen Existenz auszusöhnen, oder die, die ihn als 'kleinen Wilden' begrüßt, der die Erwachsenen mit ihrer eigenen unverarbeiteten Natur konfrontiert, und in jedem Trotzkopf einen potentiellen Rebellen sieht, mit dem man sich auseinandersetzen muß?

[17] Doi wird manchmal als Vertreter der *nihonjinron,* der 'Theorien über die Japaner' kritisiert, die in einer ideologisch fragwürdigen Weise in immer neuen Varianten die Einzigartigkeit Japans und der Japaner behaupten – zu Unrecht, wie ich meine. Obgleich er in seiner Argumentation bisweilen eine solche Lesart nahelegt, zielen seine Überlegungen im Kern doch auf eine Erweiterung der allgemeinen psychoanalytischen Begrifflichkeit. Japan ist ihm in diesem Rahmen nur Beispiel für eine Gesellschaft, in der die Grundstrukturen, um die es ihm geht, besonders deutlich ausgeprägt sind (vgl. auch Doi 1986). Eine bloß ideologiekritische Auseinandersetzung mit seinen Überlegungen wird dieser Intention nicht gerecht.

[18] Wie anderswo auch ist der Sonntag oft der Tag, an dem die meiste Hausarbeit anfällt. In Japan ist das allerdings *auch* dann der Fall, wenn *keine* Kinder im Haus sind, also allein der Ehemann zu versorgen ist (vgl. Lebra 1984, S. 132).

[19] Nach vergleichenden Beobachtungen von Salamon (1975) sind Hausfrauen in München isolierter als in Tokyo, vor allem weil erstere Kontakte fast nur gemeinsam mit dem Ehemann pflegen und dementsprechend kaum eigene soziale Bezugsgruppen haben. Die Aussage bezieht sich allerdings – zumindest was Japan betrifft – auf Frauen, deren Kinder dem Kleinkindalter entwachsen sind.

[20] Bei einem Satzergänzungstest, den Lebra (vgl. 1984, S. 35) mit Oberschülern und Oberschülerinnen durchgeführt hat, heben die Mädchen mehr die Mühe, die sich die Mutter macht, und ihr „schweres Leben" hervor, während die Jungen vor allem ihre Beziehung zur Mutter betonen, die sie in Form intensiver Schuldgefühle beschreiben: Wenn ich an meine Mutter denke, „fühle ich mich schuldig", „es bricht mir das Herz", „Tränen steigen in meine Augen". (Man fühlt sich unwillkürlich an den abgeschmackten Scherz erinnert: Mutter, ich kann nicht sehen, wie du dich abrackerst, mach mal die Tür zu!) Auch wenn das Los der Mutter sicher nicht einfach ist, klingen solche Worte – zumal aus dem Munde der 16- oder 17jährigen Sprößlinge – doch arg sentimental (von kritischeren oder distanzierteren Stellungnahmen berichtet Lebra nichts). Zugunsten der Jugendlichen will ich annehmen, daß sie hier nur die erwähnten Stereotype nachbeten (oder – in der Schule – nur die Antworten geben, von denen sie annehmen, daß sie „richtig" sind). Daß das in diesem Alter in diesem Ausmaß geschieht, könnte aber doch zur Besorgnis Anlaß geben.

[21] Die staatliche Anerkennung von Kindergärten oder Kindertagesstätten scheint eine etwas undurchsichtige Prozedur zu sein. Einrichtungen, die anerkannt werden wollen, müssen natürlich zunächst den festgelegten Mindestvoraussetzungen im Hinblick auf Räumlichkeiten, Ausstattung, Zahl und Qualifikation der Erzieherinnen usw. entsprechen. Die lokalen Behörden können aber zusätzliche Kriterien zugrunde legen, wie etwa „Bedarf" weiterer Einrichtungen in einem Bezirk. Viel hängt letztendlich offenbar auch davon ab, ob der Antragsteller über die entsprechenden informellen Verbindungen verfügt oder nicht (vgl. Boocock 1989, S. 54).

[22] In der Einschätzung dieser Unterschiede offenbart sich aber die Prestigedifferenz sehr deutlich. Die Erzieherinnen in *yochien* betonen häufig, daß das, was sie machen, gar nicht mit dem vergleichbar ist, was in den *hoikuen* geschieht. Die im *hoikuen* neigen dagegen dazu, die Unterschiede herunterzuspielen, und heben hervor, daß sich ihr Programm kaum von dem in *yochien* unterscheidet (vgl. Tobin et al. 1989, S. 45).

[23] Die folgenden Überlegungen stützen sich – außer auf die angegebene Literatur – auf Beobachtungen in verschiedenen Kindergärten in Westjapan und vor allem auf die Erfahrungen, die ich (bzw. wir) im Zusammenhang mit den *hoikuen* gemacht habe(n), die meine (unsere) beiden Töchter während des fünfjährigen Aufenthalts in Kumamoto besucht haben. – Teile der folgenden Abschnitte wurden bereits an anderer Stelle vorgetragen (vgl. Schubert 1991).

[24] Tobin et al. haben im Rahmen ihrer vergleichenden Untersuchung von Kindergärten in Japan, China und den USA (Hawaii) auch jeweils Eltern, Erzieherinnen und andere mit dem Kindergarten befaßte Personen (wie Entwicklungspsychologen und Verwaltungsbeamte) nach dem ihrer Auffassung nach wichtigsten Grund (bzw. nach den drei wichtigsten Gründen) für eine institutionalisierte Vorschulerziehung befragt. Als wichtigsten Grund nannten 61 Prozent der insgesamt etwa 300 japanischen Befragten: „um den Kindern die Erfahrung zu vermitteln, Teil einer Gruppe zu sein" (China: 12 Prozent;

USA: 20 Prozent) und jeweils 14 Prozent: „um den Kindern die Gelegenheit zu bieten, mit anderen Kindern zu spielen“ (China: 8 Prozent; USA: 14 Prozent) und: „um kleine Kinder selbständiger und unabhängiger zu machen“ (China: 11 Prozent; USA: 23 Prozent). Weder für China noch für die USA ließen sich übrigens derart eindeutige Präferenzen für eine der insgesamt neun Optionen ausmachen (die o. g. 23 Prozent sind für die USA der Spitzenwert, dicht gefolgt von: „um den Kindern einen guten Start in der Schule zu ermöglichen“ mit 22 Prozent – für China der Spitzenwert mit 37 Prozent, für Japan weniger als 1 Prozent!). Wird nach den drei wichtigsten Gründen gefragt, taucht „Gruppe“ bei 91 Prozent der japanischen Befragten auf (China: 44 Prozent; USA: 62 Prozent), „Spiel mit anderen“ bei 70 Prozent (China: 25 Prozent; USA: 42 Prozent) und „Selbständigkeit“ bei 80 Prozent (China: 67 Prozent; USA: 66 Prozent). „Schulvorbereitung“ rangiert mit 2 Prozent (China: 67 Prozent; USA: 51 Prozent) immer noch an letzter Stelle (vgl. Tobin et al. 1989, S. 192).

[25] In diesem Punkt stimmen meine Beobachtungen nicht mit denen von Peak (1989, S. 107f.) überein, die auch Schlagen und körperliche Auseinandersetzungen zu den Störungen zählt, die weitgehend ignoriert werden. Nach meinen Erfahrungen greifen die Erzieherinnen, jedenfalls sofern sie sie überhaupt bemerken, in solchen Situationen immer ein, wenn auch eher beschwichtigend und ablenkend als tadelnd und strafend. Möglicherweise kommen hier regionale – Peak hat Kindergärten auf Honshu, ich habe Kindergärten auf Kyushu beobachtet – oder andere zufällige Unterschiede zum Ausdruck (wie gesagt sind die Kindergärten unterschiedlich). Vielleicht gibt es aber auch Unterschiede bei dem, was als Intervention wahrgenommen wird und was nicht. Japanische Kindergärtnerinnen werden nicht nur kaum jemals laut, die strengeren Verweise zeichnen sich oft auch dadurch aus, daß sie für Außenstehende kaum hörbar und wahrnehmbar gezischt werden. Aber tatsächlich gibt es auch viele Auseinandersetzungen, bei denen schlicht deshalb niemand interveniert, weil niemand in der Nähe ist oder der Streit aus anderen Gründen nicht bemerkt wird.

[26] ‘Schüler’ und ‘Lehrer’ fungieren im folgenden, sofern nicht ausdrücklich differenziert wird, als geschlechtsneutrale Bezeichnungen.

[27] Berücksichtigt man die Anzahl der Schultage (in Japan etwa 230, in Deutschland etwa 210) und geht man davon aus, daß japanische Kinder und Jugendliche sich (schul-)täglich mindestens sieben Stunden in der Schule aufhalten (eine noch eher konservative Schätzung) und deutsche fünf, so würde das – grob gerechnet – bedeuten, „daß die japanischen Kinder in den ersten neun Schuljahren 14490, die bundesdeutschen nur 9450 Stunden dem direkten Erziehungseinfluß der Schule ausgesetzt sind – oder andersherum die deutschen Kinder fast 14 (deutsche) Schuljahre brauchten, um dieselbe Verweilzeit zu erreichen“ (Kopp 1987a, S. 265). Detailliertere Vergleiche hätten auf deutscher Seite noch die Unterrichtsausfälle zu berücksichtigen (die in Japan praktisch nicht vorkommen) und auf japanischer die ‘Nachhilfeschulen’ (vgl. ebd.; ausführlicher dazu Kopp 1990).

[28] Hier ist vor allem die nach wie vor grundlegende Untersuchung von Teichler (1976) zu nennen (vgl. auch Teichler 1984 und 1987). Auch die meisten neueren Berichte und Analysen zum japanischen Bildungswesen stellen den Bildungswettlauf in den Mittelpunkt (vgl. etwa Schubert/Vollmer-Schubert 1986; Sommer 1986; Haasch 1987; Kumpl 1988; Aurin/Westphalen 1990).

[29] Andere Schätzungen gehen von einem Anteil der Stammbelegschaften an der Gesamtbeschäftigtenzahl von 20 bis maximal 25 Prozent aus (vgl. Lecher 1989, S. 198).

[30] Nach Rohlen (1983, S. 124) wechseln mehr Jungen (etwa 12 Prozent) als Mädchen (etwa 6 Prozent) bereits nach der Mittelschule in ein Arbeitsverhältnis.

[31] Auch japanische Erziehungswissenschaftler oder Soziologen, die sich eingehender mit dem deutschen Bildungssystem befaßt haben, vergleichen die universitären Aufnahmeprüfungen gerne mit dem (Zentral-)Abitur (nach persönlichen Gesprächen).

[32] Die ersten beiden Jahre des Studiums sind weitgehend einem 'allgemeinbildenden Grundstudium' an einer eigens dafür eingerichteten Fakultät *(kyoyobu)* gewidmet. Das Bakkalaureat (B. A.), mit dem die meisten Studenten abschließen, entspricht insofern eher unserem 'Vordiplom' oder einer anderen Zwischenprüfung. Ein wissenschaftliches Studium in unserem Sinne gibt es aber in vielen Studiengängen erst für Graduierte, die wieder eine Aufnahmeprüfung ablegen müssen, um zum 'Magister-' und dann zum 'Doktorkurs' (der kaum je mit diesem akademischen Grad abgeschlossen wird) zugelassen zu werden.

[33] Nach persönlichen Mitteilungen.

[34] Einige Beiträge zur Diskussion über das Bild des „erwünschten Japaners" hat Wittig (1973), besonders in Teil II seiner Textsammlung, dokumentiert. Dabei fällt auf, daß einige Autoren, vor allem aus dem konservativen Lager, versuchen, eine bestimmte, meist als demokratisch bezeichnete Staatsauffassung unmittelbar in Handlungsmaximen für jeden einzelnen zu übersetzen (vgl. etwa ebd., S. 69). Die Prinzipien der politischen Verfassung sollen demnach nicht nur den Rahmen bieten und sichern, in dem sich die Individuen entfalten können, sondern werden offenbar als Verhaltensrichtlinien verstanden. Eine ähnliche Sichtweise scheint den Auffassungen von Hirano zugrunde zu liegen, der „das Chaos in der sittlichen Erziehung" in Japan auf die „Instabilität (...) der japanischen Sichtweise von Welt" zurückführt. „Es ist unnötig zu sagen, daß die Erziehung einer Nation oder Rasse die grundlegenden Ideale der Nation oder Rasse voraussetzt. Die Erziehungsziele werden hieraus abgeleitet (...)" (1978, S. 56). Hirano fügt allerdings hinzu, daß die Lösung der Probleme „nicht in einer beschränkten japanischen Sichtweise stecken bleiben" darf, sondern „in einer universalen Sicht gesucht werden" muß (ebd., S. 57).

[35] In der schon erwähnten Textsammlung von Wittig schildert Kigawa (1970) beispielsweise das pädagogische Dilemma, das aus der Diskussion um die – in der strikt antimilitaristischen japanischen Nachkriegsverfassung nicht vorgesehenen – 'Selbstverteidigungsstreitkräfte' entstanden ist, wie folgt: Die

Lehrer wissen nicht, ob sie die „Selbstverteidigungsstreitkräfte kritisieren sollen" oder ob sie „die Notwendigkeit des Militärs im Hinblick auf die internationalen Verpflichtungen Japans als Mitglied einer freiheitlichen Völkerfamilie" betonen sollen (Wittig 1973, S. 64). Der Autor kommt überhaupt nicht auf den Gedanken, daß es ein Ziel des Unterrichts sein könnte, die Schüler zum Verständnis und zur Analyse des Problems zu befähigen. Es geht, grob gesagt, nur um die Frage, in welchem Sinne der Lehrer die Schüler indoktrinieren soll.

36 Wie überall gibt es hier freilich große individuelle Unterschiede. Seit einigen Jahren häufen sich Klagen, daß viele Universitätsabsolventen aufgrund ihrer Sozialisation durch die 'Prüfungshölle' eine Art Elitebewußtsein an den Tag legen und wenig Verständnis für Schwierigkeiten einzelner Schüler zeigen oder Probleme um jeden Preis vermeiden und stets den Weg des geringsten Widerstandes gehen (vgl. etwa Mochizuki 1989). Das passende Klischee dazu ist der *sarariiman*-Lehrer (Rohlen 1983, S. 190), der seine 'Berufung' als bloßen 'Job' versteht und ansonsten vor allem an seiner Freizeit oder seinen Nebentätigkeiten interessiert ist. Dieses Klischee steht übrigens in bemerkenswertem Gegensatz zum sonst verbreiteten Bild des Angestellten, der auch in Japan meist als reiner Ausbund von Arbeitsfreude und Verpflichtung gegenüber 'seinem' Betrieb präsentiert wird.

37 Nach einer Untersuchung, auf die Goodman (1990, S. 239, Anm. 9) hinweist, stammt etwa die Hälfte der 3700 jährlichen Neuzugänge an der renommiertesten japanischen Universität, der Tokyo Daigaku (Todai), aus nur 37 Schulen und der Rest aus nur 470 der insgesamt 5400 Oberschulen. Eine Schule, der es gelingt, einen ihrer Schüler an der Todai unterzubringen, gehört damit automatisch zu den 'besten' 10 Prozent der Oberschulen.

38 Schülern, die längere Zeit im Ausland gelebt haben, sagt man beispielsweise nach, daß ihr Japanisch 'zu korrekt' sei, daß sie ihre Sätze beenden (statt sie vage ausklingen zu lassen), daß sie sich zu präzise äußern (statt indirekt) oder daß sie zu viele 'Personalpronomina' (bzw. deren japanische Äquivalente) verwenden (statt implizit und entsprechend vage auf die anderen und sich selbst Bezug zu nehmen) (vgl. Goodman 1990, S. 67f.; vgl. auch Azuma 1986, S. 10). Goodman zeigt allerdings, daß solche zugeschriebenen Probleme mehr über die Autostereotype im Hinblick auf die japanische Kultur verraten als über die wirklichen Schwierigkeiten der 'Rückkehrer'. Tatsächlich dürfte es ja selbst für einen eingefleischten *rikutsuppoi* (eine eher pejorative Bezeichnung, die Kiefer 1976, S. 281, mit 'reason-freak' übersetzt und die oft auch westlichen Ausländern zugedacht wird) kaum eine besondere Schwierigkeit darstellen, sich indirekt oder gar unpräzise zu äußern. Nur gehört es in vielen Situationen (auch nicht in allen) gemeinhin zu *seinem* Verständnis von Rücksichtnahme gegenüber anderen, sich möglichst klar und verständlich auszudrücken, während das richtige Verständnis in Japan (zumindest in den Mittelschichten) häufig eher in der Verantwortlichkeit des Hörers als des Sprechers zu liegen scheint (vgl. Smith 1983, S. 58).

39 Krusche weist auch darauf hin, daß es heute innerhalb Japans noch

Bereiche gibt, „die gleichsam Fremdland sind, in denen jeder Japaner entweder völlig achtlos oder ratlos agiert: Bereiche, die keine Ritualisierung, keine Einschmelzung in die japanischen Arten und Weisen zwischenmenschlicher Interaktion erfahren haben. Solche Bereiche sind beispielsweise: der Kraftfahrzeugverkehr, die öffentlichen Verkehrsmittel, die nichttraditionellen Sportarten wie das Tennisspiel. Da kommt dann das spezifische Element japanischer Höflichkeit bzw. Unhöflichkeit zum Ausdruck: Höflichkeit ist in Japan nicht ein irgendwie inhaltlich erfüllter Akt gezielten Eingehens auf den Mitmenschen, sondern das Befolgen von Verhaltensregeln für bestimmte Situationen, an denen unvermeidlicherweise auch Mitmenschen teilnehmen; sie geht nicht von einem Individuum aus und richtet sich nicht auf ein Individuum, sondern sie ist der Vollzug von Teilnahme an Gesellschaft. So ist es ganz selbstverständlich – japanischem Verständnis von Höflichkeit nach – wenn man sich in Situationen und Lebensbereichen, die nicht in die Tradition japanischer Höflichkeitsriten integriert sind, von aller Höflichkeit dispensiert fühlt (...)" (Krusche 1983, S. 83f.).

[40] Im Blick auf den universitären Deutschunterricht habe ich mich mit diesen Problemen an anderer Stelle ausführlicher auseinandergesetzt (vgl. vor allem Schubert 1990a sowie 1987; 1987a; 1990; insgesamt auch Schümer 1979).

[41] Ineffizienz ist, wie Duke (1986, S. 125) anmerkt, auch ein gravierendes Problem in japanischen Betrieben, besonders in Büros (was jeder bestätigen können wird, der jemals mit japanischer Bürokratie zu tun gehabt hat). Aber sie resultiere nicht, wie er hinzufügt, aus Selbstgefälligkeit, Selbstzufriedenheit, Lethargie oder Faulheit.

[42] Allerdings sprechen einige Indizien dafür, daß sich die entscheidenden Aufnahmeprüfungen allmählich 'nach vorne', vom Oberschul- zum Mittelschulzugang verlagern. Eine Reihe von berühmten privaten Oberschulen hat schon seit einiger Zeit „Mittelschulen vorgeschaltet, eine Reihe von staatlichen und privaten Universitäten ebenfalls, so daß es vielen Schülern am sichersten erschien, direkt in die Mittelschulen der weiterführenden Institute einzutreten, um eine nochmalige Aufnahmeprüfung zu ersparen oder doch deren Risiken zu vermindern. Also nahm der Andrang auf diese Mittelschulen zu, die ihrerseits wieder Aufnahmeprüfungen einrichten mußten, um dem Andrang gewachsen zu sein. Damit wurden wieder neue Vorbereitungskurse benötigt (...)" (Haasch 1987, S. 159) – wie auch die erwähnten *esukaretayochien* ('Fahrstuhl-Kindergärten') zeigen, scheint es 'nach unten' hin kaum Grenzen zu geben. Bislang handelt es sich dabei – relativ gesehen – noch um freilich symptomatische Ausnahmeerscheinungen, da der Anteil der privaten Mittelschulen (mit etwa 3 Prozent) noch relativ gering ist. Im Zuge der Bemühungen um eine grundlegende Bildungsreform ist allerdings wiederholt der Vorschlag gemacht worden, die Mittel- und Oberschulen zu einer neuen einheitlichen Schulform zusammenzufassen. Dagegen steht die – etwa von der Lehrergewerkschaft geäußerte – Befürchtung, daß damit der Bildungswettlauf endgültig in die Grundschulen verlagert würde.

43 In den 1989 verkündeten Lehrplänen ist allerdings erstmals die Einführung von nach Leistungsstand differenzierten Mittelschulklassen vorgesehen (vgl. Buchholz 1990, S. 95). Wie sich das auswirken wird, ist bislang noch nicht abzusehen.

44 Zahlenangaben bei Leestma et al. 1987, S. 11 f.; Aurin/Westphalen 1990, S. 441.

45 In der (ethnographischen) Studie von Singleton (1967) über eine kleinstädtische Mittelschule finden *juku* und die damit verbundenen Probleme noch keine Erwähnung.

46 Auf die Verschiebung der Konkurrenz von der Schule in das Elternhaus hat in einer anderen Perspektive auch Kiefer (1974, S. 346) aufmerksam gemacht.

47 In einigen Teilen meiner Argumentation greife ich auf einen früheren Versuch zum Thema (vgl. Schubert 1990b) und Formulierungen zurück, die ich im Dezember 1991 unter dem Titel ›Identität und Lebensplanung in Japan‹ auf der Jahrestagung der Vereinigung für sozialwissenschaftliche Japan-Forschung „Individualisierung in der japanischen Gesellschaft" in Berlin vorgetragen habe.

48 Damit ist keineswegs schon gesagt, daß japanische Männer dies als gravierenden Nachteil empfinden. Zumindest zum Teil scheint es auch als Entlastung angesehen zu werden, so wie man auch bei uns sagt: „Ich habe ‚leider' keine Zeit, mit zur Schwiegermutter zu gehen, ich muß noch arbeiten." Die Annahme, die japanischen Männer würden die Zeit über, die sie im Betrieb zubringen, immer auch arbeiten, ist so sicher nicht richtig.

49 So jedenfalls nach Aussagen älterer Informantinnen, die Hendry (1987, S. 8) wiedergibt.

50 Statistiken sprechen davon, daß mindestens 98 Prozent der Männer und 96 Prozent der Frauen im Alter von 50 Jahren Eheerfahrungen hatten (vgl. Hendry 1987, S. 10, Anm. 17). Hendry fand in der von ihr untersuchten Gemeinde mit 266 Einwohnern nur drei Über-30jährige, die nicht verheiratet waren. Alle hatten oder haben gesundheitliche Probleme (vgl. Hendry 1986a, S. 114).

51 Das Beispiel verdanke ich B. Vollmer-Schubert.

52 Es wird zwar als legitim angesehen, daß ein Ausländer (wie ich) andere Prioritäten setzt; es scheint aber oft schon schwer nachvollziehbar zu sein, daß er verschiedene Verpflichtungen (oder Wünsche) auszubalancieren versucht, daß er also etwa zwar *gelegentlich* der Familie den Vorzug geben möchte, aber trotzdem *nicht immer* auf die (häufigen) Geselligkeiten im Kollegenkreise verzichten möchte. – Hier mag auch mit ein Grund für etliche interkulturelle Mißverständnisse liegen: Daß z. B. westdeutsche Gewerkschaften kürzere Arbeitszeiten fordern, wird oft so verstanden, als wollten deutsche Arbeiter und Angestellte überhaupt nicht mehr arbeiten bzw. würden ihrer Arbeit überhaupt keine Bedeutung mehr zuerkennen.

53 Damit ist zumindest angedeutet, daß sich die Rollen und ihre innere Ausgestaltung natürlich verändern. Auch anderweitig läßt sich immer wieder

eine Erweiterung des Rollenrepertoires beobachten (der genannte Golfspieler gehört etwa in die Rubrik der sich in den letzten Jahrzehnten rasch entwikkelnden 'Freizeitrollen'), und vieles von dem, was westliche Beobachter als Indizien eines grundlegenden Wandels interpretiert haben, bezeichnete vielleicht nur eine Erweiterung und Veränderung der Rollenvorgaben, die dann (mehr oder minder) perfekt ausagiert werden. Auch für den 'unkonventionellen Individualisten' scheint eine solche Rolle bereitzustehen. Jedenfalls drängt sich dieser Eindruck auf, wenn man beobachtet, wie etwa Studenten – meist im Schutze der Dunkelheit – sich eine Sonnenbrille aufsetzen, ihre sonst korrekte Frisur 'unkonventionell' stylen und auffällige (z. B. rote) Hemden oder Pullover wagen.

[54] Am deutlichsten läßt sich dieses ungesellschaftliche Selbst vielleicht an den *shishosetsu* studieren, die eine – bis heute sehr verbreitete – Form des autobiographischen Erzählens bezeichnen, deren Ideal die rückhaltlose Selbstpreisgabe in einer Art Naturalismus des Körpers und der unreflektierten Empfindung darstellt (vgl. Hijiya-Kirschnereit 1981).

[55] Insofern relativiert sich m. E. auch der Wert der beliebten Meinungsumfragen als Maß für individualistische Tendenzen in der japanischen Gesellschaft, jedenfalls soweit sie die spezifischen institutionellen Arrangements nicht systematisch in die Konstruktion ihrer Erhebung oder zumindest in die Interpretation ihrer Daten einbeziehen.

LITERATUR

Ackermann, Peter (1990): Das Erziehungsziel des 'guten Japaners'. Zur Rolle der umstrittenen Fächer 'Tugend' und 'Gesellschaft' an japanischen Schulen, in: Zeitschrift für Sozialisationsforschung und Erziehungssoziologie 10/4, S. 327–356.

Amano, Ikuo (1989): The Dilemma of Japanese Education Today, in: James J. Shields (ed.), Japanese Schooling. Patterns of Socialization, Equality, and Political Control, University Park and London.

Auernheimer, Georg (1988): Der sogenannte Kulturkonflikt. Orientierungsprobleme ausländischer Jugendlicher, Frankfurt a. M., New York.

Aurin, Kurt/Klaus Westphalen (1990): Schüler in zwei Schulsystemen? Die gegenwärtige Problematik des öffentlichen japanischen Bildungssystems und der supplementären nicht-staatlichen Schulen, in: Pädagogische Rundschau 44, S. 433–439.

Auslitz-Blesch, Kyra (1989): Akademikerinnen in Japan: Familie, Beruf und Frauengruppen, Weinheim.

– (1992): Wissenschaftlerinnen in Japan: Zur beruflichen Verwertbarkeit der tertiären Ausbildung von Frauen, in: W. Georg/U. Sattel (Hrsg.), Von Japan lernen? Aspekte von Bildung und Beschäftigung in Japan, Weinheim.

Azuma, Hiroshi (1986): Why Study Child Development in Japan?, in: Harold Stevenson/Hiroshi Azuma/Kenji Hakuta (eds.), Child Development and Education in Japan, New York.

Barthelmes, Jürgen (1977): Die bürgerliche Kinder- und Jugendliteratur im Japan des 19. Jahrhunderts 1868–1885, Diss. München.

Beck, Ulrich (1986): Risikogesellschaft. Auf dem Weg in eine andere Moderne, Frankfurt a. M.

Becker-Pfleiderer, Beatrix (1975): Sozialisationsforschung in der Ethnologie, Saarbrücken.

Befu, Harumi (1980): The Group Model of Japanese Society and an Alternative, in: Ders. (ed.), The Cultural Context. Essays in Honor of Edward Norbeck, Houston (Rice University Studies; 66,1), S. 169–187.

– (1980a): A Critique of the Group Model of Japanese Society, in: Social Analysis 5, S. 29–43.

– (1981): Japan. An Anthropological Introduction (1971), Rutland, Vermont and Tokyo.

– (1986): The Social and Cultural Background of Child Development in Japan and the United States, in: Harold Stevenson/Hiroshi Azuma/Kenji Hakuta (eds.), Child Development and Education in Japan, New York.

Befu, Harumi (1986b): An Ethnography of Dinner Entertainment in Japan (1974), in: Takie S. Lebra/William P. Lebra (eds.), Japanese Culture and Behavior, Honolulu.

Benedict, Ruth (1954): The Crysanthemum and the Sword. Patterns of Japanese Culture (1946), Rutland, Vermont and Tokyo.

Bird, Isabella (1990): Unbetretene Pfade in Japan (Unbeaten Tracks in Japan, 1880), hrsg. und mit einem Vorwort versehen von A. Martin, Wien.

Bobke, Manfred H./Wolfgang Lecher (1990): Arbeitsstaat Japan. Arbeitsbeziehungen, Arbeitszeit, Arbeitsrecht, Köln.

Boocock, Sarane Spence (1989): Controlled Diversity: An Overview of the Japanese Preschool System, in: The Journal of Japanese Studies 15/1, S. 41–65.

Buchholz, Petra (1989): Schule in Japan. Organisation und Rituale, in: Memoirs of The Faculty of Liberal Arts and Education 40, Yamanashi University, Japan, S. 55–62.

– (1990): Schulpolitik in Japan nach 1945 im Spiegel der regelmäßigen Lehrplan-Revisionen, in: Memoirs of The Faculty of Liberal Arts and Education 41, Yamanashi University, Japan, S. 90–97.

Buruma, Ian (1985): Japan hinter dem Lächeln (A Japanese Mirror, 1984), Frankfurt a. M.

Calenberg, Verena (1988): Familienpädagogik und Familienerziehung in Japan, in: F. Zubke (Hrsg.): Familienerziehung international, Köln, Wien (Bildung und Erziehung, Beiheft 5).

Caudill, William (1972): Tiny Dramas: Vocal Communications Between Mother and Infant in Japanese and American Families, in: William P. Lebra (ed.), Transcultural Research in Mental Health, Honolulu.

Caudill, William/L. Frost (1973): A Comparison of Maternal Care and Infant Behavior in Japanese-American, American and Japanese Families, in: William P. Lebra (ed.), Youth, Socialization and Mental Health, Honolulu.

Caudill, William/David W. Plath (1986): Who Sleeps by Whom? Parent-Child Involvement in Urban Japanese Families (1966), in: Takie S. Lebra/William P. Lebra (eds.), Japanese Culture and Behavior, Honolulu.

Caudill, William/Carmi Schooler (1973): Child Behavior and Childrearing in Japan and the United States. An Interim Report, in: Journal of Nervous and Mental Disease 157, S. 323–338.

Caudill, William/Helen Weinstein (1986): Maternal Care and Infant Behavior in Japan and America (1969), in: Takie S. Lebra/William P. Lebra (eds.), Japanese Culture and Behavior, Honolulu.

Chamberlain, Basil Hall (1990): ABC der japanischen Kultur. Ein historisches Wörterbuch (Things Japanese, 1890), Zürich.

Chen, Shing-jen/Kazuo Miyake (1986): Japanese Studies of Infant Development, in: Harold Stevenson/Hiroshi Azuma/Kenji Hakuta (eds.), Child Development and Education in Japan, New York.

Cherry, Kittredge (1987): Womansword: What Japanese Words Say about Women, Tokyo, New York.

Child Welfare, Quarterly News from Japan, published by The Japan Research Institute on Child Welfare, Inc. (5–29–11, Chuo, Nakano-ku Tokyo 164, Japan), 1981: Vol. 2, No. 1, October; 1983: Vol. 4, No. 1, September; 1990: Vol. 10, No. 4, June.

Coleman, Samuel (1983): Familiy Planning in Japanese Society. Traditional Birth Control in a Modern Urban Culture, Princeton.

Conroy, Mary, et al. (1980): Maternal Strategies for Regulating Children's Behavior: Japanese and American Families, in: Journal of Cross-Cultural Psychology 11/2, June, S. 153–172.

Cummings, William K. (1980): Education and Equality in Japan. Princeton.

Deutschmann, Christoph (1987): Arbeitszeit in Japan: organisatorische und organisationskulturelle Aspekte der 'Rundumnutzung' der Arbeitskraft, unter Mitwirkung von Claudia Weber, Frankfurt a. M., New York.

Devereux, Georges (1974): Normal and anormal. Aufsätze zur allgemeinen Ethnopsychiatrie, Frankfurt a. M.

De Vos, George A. (1973): Socialization for Achievement. Essais on the Cultural Psychology of the Japanese, Berkeley and Los Angeles.

Döbert, Rainer/Jürgen Habermas/Gertrud Nunner-Winkler (1977): Entwicklung des Ich, Köln.

Doi, Takeo (1982): Amae. Freiheit in Geborgenheit. Zur Struktur japanischer Psyche (The Anatomy of Dependence, 1973), Frankfurt a. M.

– (1986): The Anatomy of Self. The Individual Versus Society, Tokyo.

Dore, Ronald P. (1973): British Factory, Japanese Factory. The Origins of National Diversity in Industrial Relations, London.

Drinck, Barbara (1988): Reformen als Fortschritt? Über gegenwärtige Reformpläne für das japanische Erziehungs- und Bildungssystem, Diss. Bonn.

Duke, Benjamin (1986): The Japanese School. Lessons for Industrial America, New York.

Eckensberger, Lutz H. (1978): Kulturvergleich als interdisziplinärer Forschungsansatz. Seine Bedeutung und methodische Probleme aus psychologischer Sicht, in: K. M. Bolte (Hrsg.), Materialien aus der soziologischen Forschung. Verhandlungen des 18. Deutschen Soziologentags, Neuwied, S. 351–399.

Elschenbroich, Donata (1990): Kindheit in Japan, in: Irene Hardach-Pinke (Hrsg.), Japan – eine andere Moderne, Tübingen.

Embree, John F. (1939): Suye Mura, A Japanese Village, Chicago.

Erikson, Erik H. (1966): Identität und Lebenszyklus, Frankfurt a. M.

Ernst, Angelika (1980): Japans unvollkommene Vollbeschäftigung. Beschäftigungsprobleme und Beschäftigungspolitik, unter Mitarbeit von Renate Herold und Shunichiro Umetani, Hamburg.

Eswein, Mikiko (1988): Gemeinschaftserziehung in japanischen Betrieben, Frankfurt a. M. usw.

Foljanty-Jost, Gesine (1979): Schulbuchgestaltung als Systemstabilisierung in Japan, Bochum.

Frager, Robert/Thomas P. Rohlen (1976): The Future of a Tradition: Japanese Spirit in the 1980s, in: Lewis Austin (ed.), Japan: The Paradox of Progress, New Haven and London.

Freud, Sigmund (1968): Gesammelte Werke, Frankfurt a. M.

Fujita, Akiko (1989): A Day Care Center in Rural Area, in: Child Welfare 10/2, December, S. 2–11.

Fujita, Mariko (1989): It's all Mother's Fault. Childcare and the Socialization of Working Mothers in Japan, in: Journal of Japanese Studies 15/1, S. 67–92.

Fujita, Mariko/Toshiyuki Sano (1988): Children at American and Japanese Day-Care Centers: Ethnography and Reflective Cross-Cultural Interviewing, in: Henry T. Trueba and Concha Delgado-Gaitan (eds.), School and Society: Learning Content Through Culture, New York.

Fukuzawa, Hiroshi (1981): Aspekte der Marx-Rezeption in Japan. Spätkapitalisierung und ihre sozioökonomischen Folgen, dargestellt am Beispiel der japanischen Gesellschaft, Bochum.

Galtung, Johan/Fumiko Nishimura (1984): Struktur, Kultur und Sprachen: Indoeuropäische, chinesische und japanische Sprachen im Vergleich, in: Leviathan 4, S. 478–505.

Georg, Walter (1987): Berufsausbildung ohne Beruf. Qualifizierungsstrategien in Japan, Hagen (Arbeit und Ausbildung in Japan, Kurseinheit 4).

– (1988): Chancengleichheit in Bildung und Beruf, in: Nachrichten der Gesellschaft für Natur- und Völkerkunde Ostasiens/Hamburg (OAG) 143, S. 51–60.

– (1992): Zwischen Markt und Bürokratie: Berufsbildungsmuster in Japan und Deutschland, in: W. Georg/U. Sattel (Hrsg.), Von Japan lernen? Aspekte von Bildung und Beschäftigung in Japan, Weinheim.

Goodman, Roger (1990): Japan's International Youth. The Emergence of a New Class of Schoolchildren, Oxford.

Gorer, Geoffrey (1962): Themes in Japanese Culture (1943), in: Bernard S. Silberman (ed.), Japanese Character and Culture. Selected Readings, Tucson, Arizona.

Gluck, Carol (1985): Japan's Modern Myths. Ideology in the Late Meiji Period, Princeton.

Haasch, Günther (1987): Japans Bildungswesen zwischen Krisis und Reform, in: Gesamtschulinformationen 3/4 (Pädagogisches Zentrum Berlin), S. 155–167.

Hamaguchi, Eshun (1985): A Contextual Model of the Japanese: Toward a Methodological Innovation in Japan Studies, in: Journal of Japanese Studies 11/2, S. 289–321.

– (1990): Ein Modell zur Selbstinterpretation der Japaner – 'Intersubjekt' und 'Zwischensein' (jap. 1982), in: Jens Heise (Hrsg.), Die kühle Seele. Selbstinterpretationen der japanischen Kultur, Frankfurt a. M. (u. d. T.: Das Menschenmodell der Japaner – 'Kanjin' und 'Aidagara', zuerst in: Kagami 1 [1985], S. 111–122).

Hara, Hiroko/Mieko Minagawa (1986): Japanische Kindheit seit 1600, in: Jochen Martin/August Nitschke (Hrsg.), Zur Sozialgeschichte der Kindheit, Freiburg, München.

Hardach-Pinke, Irene (1990): Die Entstehung des modernen Japan und seine Wahrnehmung durch den Westen, in: Dies. (Hrsg.), Japan – eine andere Moderne, Tübingen.

Hatano, Giyoo/Kayoko Inagaki (1986): Two Courses of Expertise, in: Harold Stevenson/Hiroshi Azuma/Kenji Hakuta (eds.), Child Development and Education in Japan, New York.

Heise, Jens (1989): Nihonron – Materialien zur Kulturhermeneutik, in: Ulrich Menzel (Hrsg.), Im Schatten des Siegers: Japan, Bd. 1, Frankfurt a. M.

Hendry, Joy (1986): Becoming Japanese. The World of the Preschool Child, Manchester.

– (1986a): Marriage in Changing Japan. Community and Society (1981), Rutland, Vermont and Tokyo.

– (1987): Marriage and the Family in Modernising Japan, in: Saeculum, Bd. 38, S. 4–18.

Herold, Renate (1980): Die Blume am Arbeitsplatz. Japans Frauen im Beruf, Tübingen, Basel.

– (1980a): Halb so viel wert wie die Männer. Die berufstätige Japanerin, in: Gebhard Hielscher (Hrsg.), Die Frau in Japan, Berlin (OAG-Reihe Japan modern; Bd. 1).

Hess, Robert D., et al. (1980): Maternal Expectations for Mastery of Developmental Tasks in Japan and The United States, in: International Journal of Psychology 15, S. 259–273.

– (1986): Family Influences on School Readiness and Achievement in Japan and the United States: An Overview of Longitudinal Study, in: Harold Stevenson/Hiroshi Azuma/Kenji Hakuta (eds.), Child Development and Education in Japan, New York.

Hijiya-Kirschnereit, Irmela (1981): Selbstentblößungsrituale: Zur Theorie und Geschichte der autobiographischen Gattung 'shishosetsu' in der modernen japanischen Literatur, Wiesbaden.

– (1988): Das Ende der Exotik. Zur japanischen Kultur und Gesellschaft der Gegenwart, Frankfurt a. M.

Hirano, Tomomi (1978): Die gegenwärtige Situation der japanischen Pädagogik, in: Rudolf Lassahn (Hrsg.), Tendenzen internationaler Herbart-Rezeption, Kastellaun.

Holenstein, Elmar (1985): Menschliches Selbstverständnis. Ich-Bewußtsein – Intersubjektive Verantwortung – Interkulturelle Verständigung, Frankfurt a. M.

Horio, Teruhisa (1988): Educational Thougt and Ideology in Modern Japan. State Authority and Intellectual Freedom (ed. and translated by S. Platzer), Tokyo.

Iguchi, Yuko (1983): Die Eltern-Kind-Beziehung in Japan und die darauf

basierende psychische Struktur, in: Zeitschrift für Kinder- und Jugendpsychiatrie 11, S. 52–63.
Imamura, Anne E. (1987): Urban Japanese Housewives: At Home and in the Community, Honolulu.
Inagaki, Tadahiko (1986): School Education: Its History and Contemporary Status, in: Harold Stevenson/Hiroshi Azuma/Kenji Hakuta (eds.), Child Development and Education in Japan, New York.
Iritani, Toshio (1979): The Value of Children. A Crossnational Study. Volume Six: Japan, Honolulu.
Iwao, Sumiko (1986): Die japanische Familie, in: Constantin von Barloewen/Kai Wehrhan-Mees (Hrsg.), Japan und der Westen, Bd. 3, Frankfurt a. M.
Japan direkt, Nr. 4, März 1985: Zur Erziehungsreform in Japan. Objekte, Planer, Endabnehmer, hrsg. von der OAG, Tokyo.
Janshen, Doris (1980): Rationalisierung im Alltag der Industriegesellschaft. Vernunft und Unvernunft neuer Kommunikationstechnologie am Beispiel Japans, Frankfurt a. M, New York.
Kamper, Dietmar (1970): Jugendalter, philosophisch-anthropologische Aspekte, in: Lexikon der Pädagogik. Neue Ausgabe, Bd. 2, Freiburg.
Kariya, T./J. E. Rosenbaum (1987): Self-Selection in Japanese Junior High Schools: A Longitudinal Study of Students' Educational Plans, in: Sociology of Education 60, S. 168–180.
Kato, Hidetoshi (1976): Sozialprestige, Beruf und vertikale Mobilität, in: Ikutaro Shimizu/Yoshiro Tamanoi (Hrsg.), Gesellschaft Japans. Soziale Gruppen und sozialer Prozeß, Opladen.
Kiefer, Christie W. (1974): The Psychological Interdependence of Family, School and Bureaucracy in Japan (1970), in: Takie S. Lebra/William P. Lebra (eds.), Japanese Culture and Behavior, Honolulu.
– (1976): The Danchi Zoku and the Evolution of Metropolitan Mind, in: Lewis Austin (ed.), Japan: The Paradox of Progress, New Haven, London.
Kinder, Hermann (1988): Kina, Kina. Erzählung, Zürich.
Kipling, Rudyard (1990): Reisebriefe aus Japan (von 1889 und 1892), hrsg. von Hugh Cortazzi und George Webb, München.
Kitani, Nobuhiro (1986): Children's Leisure Time and the Activities of Communal Children's Clubs, in: Child Welfare 6/4, June, S. 2–7.
Kobayashi, Tetsuya (1976): Society, Schools, and Progress in Japan, Oxford.
Kohli, Martin (1988): Normalbiographie und Individualität: Zur institutionellen Dynamik des gegenwärtigen Lebenslaufregimes, in: Hans-Georg Brose/Bruno Hildenbrand (Hrsg.), Vom Ende des Individuums zur Individualität ohne Ende, Opladen (Biographie und Gesellschaft, Bd. 4).
Koidara, Sachiko Imaizumu (1989): Kinderfernsehen und Medienforschung in Japan: Historischer Überblick und gegenwärtige Tendenzen, in: Deutsches Jugendinstitut (Hrsg.), Kinderfernsehen und Fernsehforschung in Japan und der Bundesrepublik Deutschland, München.
Kojima, Hideo (1986): Becoming Nurturant in Japan: Past and Present, in: Alan Fogel/Gail F. Melson (eds.), Origins of Nurturance. Developmen-

tal, Biological and Cultural Perspectives on Caregiving, Hillsdale, New Jersey.
Kopp, Botho von (1987): Führt ein Weg aus der „Examenshölle“? Anmerkungen zur japanischen Bildungsreform, in: Bildung und Erziehung 40/1, S. 107–125.
– (1987a): Japan – eine Erziehungsgesellschaft. In: Zeitschrift für internationale erziehungs- und sozialwissenschaftliche Forschung 4/2, S. 253–274.
– (1990): Zeit für Schule: Japan, Köln, Wien (Studien und Dokumentationen zur vergleichenden Bildungsforschung, Bd. 48/2).
Kornadt, Hans-Joachim (1988): Entwicklungsbedingungen unterschiedlicher Aggressivität in Japan und Deutschland: Beitrag des Kulturvergleichs zur Motivationstheorie, in: Psychologische Beiträge 30/3, S. 344–374.
Kornadt, Hans-Joachim/Brigitte Husarek (1989): Frühe Mutter-Kind-Beziehungen im Kulturvergleich, in: Gisela Trommsdorff (Hrsg.), Sozialisation im Kulturvergleich, Stuttgart.
Kornadt, Hans-Joachim/Gisela Trommsdorff (1990): Naive Erziehungstheorien japanischer Mütter – Deutsch-japanischer Kulturvergleich, in: Zeitschrift für Sozialisationsforschung und Erziehungssoziologie 10/4, S. 357–376.
Krappmann, Lothar (1972): Soziologische Dimensionen der Identität. Strukturelle Bedingungen für die Teilnahme an Interaktionsprozessen, Stuttgart.
Krauss, Ellis S./Thomas P. Rohlen/Patricia G. Steinhoff (1984): Conflict and Its Resolution in Postwar Japan, in: Dies (eds.), Conflict in Japan, Honolulu.
Krusche, Dietrich (1983): Japan – Konkrete Fremde, Stuttgart.
Kumpl, Franz (1988): Über das japanische Schulsystem, in: Die Deutsche Schule 2, S. 256–269.
La Barre, Weston (1962): Some Observations on Character Structure in Orient (1945), in: Bernard S. Silberman (ed.), Japanese Character and Culture. Selected Readings, Tucson, Arizona.
Lanham, Betty B. (1956): Aspects of Child Care in Japan: Preliminary Report, in: Douglas C. Haring (ed.), Personal Character and Cultural Milieu, Syracuse.
– (1966): The Psychological Orientation of the Mother-Child Relationship in Japan, in: Monumenta Nipponica 21, S. 322–333.
– (1986): Ethics and Moral Precepts Taught in Schools of Japan and the United States (1979), in: Takie S. Lebra/William P. Lebra (eds.), Japanese Culture and Behavior, Honolulu.
Lebra, Takie Sugiyama (1976): Japanese Patterns of Behavior, Honolulu.
– (1984): Japanese Women. Constraint and Fulfillment, Honolulu.
Lecher, Wolfgang (1989): Ohne Illusionen. Stand und Perspektiven der Arbeitsbeziehungen in Japan, in: Ulrich Menzel (Hrsg.), Im Schatten des Siegers: Japan, Bd. 3, Frankfurt a. M.
Leestma, Robert/Robert L. August/Betty George/Lois Peak (1987): Japanese Education Today, Washington, D. C.

Lenz, Ilse (1984): Kapitalistische Entwicklung, Subsistenzproduktion und Frauenarbeit. Der Fall Japan, Frankfurt a. M.

– (1987): Der große Unterschied und die kleine Gleichheit. Zur Bedeutung der geschlechtlichen Arbeitsteilung für die „japanischen industriellen Beziehungen", in: Prokla 66/1, S. 54–75.

– (1988): Zur modernen Hausarbeit und zur Hausfrau in Japan, in: Ruth Linhart-Fischer/Fleur Wöss (Hrsg.), Japans Frauen heute, Wien.

Levine, Solomon B. (1983): Careers and Mobility in Japan's Labor Markets, in: David W. Plath (ed.), Work and Lifecourse in Japan, Albany.

Lewis, Catherine (1984): Cooperation and Control in Japanese Nursery Schools, in: Comparative Educational Review 28, S. 69–84.

– (1988): Japanese First-Grade Classrooms: Implications for U.S. Theory and Research, in: Comparative Education Review 32/2, S. 159–172.

– (1989): From Indulgence to Internalization: Social Control in the Early School Years, in: Journal of Japanese Studies 15/1, S. 139–157.

Liegle, Ludwig (1980): Kulturvergleichende Ansätze in der Sozialisationsforschung, in: K. Hurrelmann/D. Ulich (Hrsg.), Handbuch der Sozialisationsforschung, Weinheim, Basel.

– (1987): Welten der Kindheit und Familie. Beiträge zu einer pädagogischen und kulturvergleichenden Sozialisationsforschung, Weinheim.

– (1989): Kindheit und Familie im interkulturellen Vergleich, in: 40 Jahre Bundesrepublik Deutschland: Zur Zukunft von Familie und Kindheit. Beiträge zum Mainzer Kongreß, hrsg. vom Bundesministerium für Jugend, Familie, Frauen und Gesundheit, Bonn.

Linhart, Sepp (1976): Arbeit, Freizeit und Familie in Japan, Wiesbaden.

– (1980): Macht über Küche, Kasse, Kinder. Die Frau in der Familie, in: Gebhard Hielscher (Hrsg.), Die Frau in Japan, Berlin (OAG-Reihe Japan modern, Bd. 1).

– (1990): Arbeite wie ein Präsident, vergnüge dich wie ein König. Einige Bemerkungen zum japanischen Freizeitverhalten, in: Irene Hardach-Pinke (Hrsg.), Japan – eine andere Moderne, Tübingen.

Linhart-Fischer, Ruth (1988): Auch kein Kind zu haben ist eine Form von Glück. Japan: Frauen ohne Kinderwunsch, in: Barbara Neuwirth (Hrsg.), Frauen, die sich keine Kinder wünschen, Wien.

Linton, Ralph (1974): Gesellschaft, Kultur und Individuum. Interdisziplinäre sozialwissenschaftliche Grundbegriffe (amerik. 1945), Frankfurt a. M.

Lipp, Wolfgang (1979): Kulturtypen, kulturelle Symbole, Handlungswelt. Zur Plurivalenz von Kultur, in: Kölner Zeitschrift für Soziologie und Sozialpsychologie 31, S. 450–484.

Lock, Margaret (1988): New Japanese Mythologies: Faltering Discipline and the Ailing Houswife, in: American Anthropologist 15/1, February, S. 43–61.

Luckmann, Thomas (1979): Persönliche Identität, soziale Rolle und Rollendistanz, in: Odo Marquard/Karlheinz Stierle (Hrsg.), Identität (Poetik und Hermeneutik VIII), München.

Luhmann, Niklas (1982): Liebe als Passion. Zur Codierung von Intimität, Frankfurt a. M.
– (1989): Individuum, Individualität, Individualismus, in: Ders., Gesellschaftsstruktur und Semantik, Bd. 3, Frankfurt a. M.
Luhmer, Klaus (1972): Schule und Bildungsreform in Japan. Erster Band, Tokyo.
– (1984): Vorschulerziehung, in: H. Hammitzsch (Hrsg.), Japan-Handbuch, Wiesbaden, Sp. 99–101.
Mae, Michiko (1981): Japanische Familienstruktur und Sozialisation, in: Shigeru Yoshijima (Hrsg.), 'Sozialisation' und 'Literatur', Tokyo.
Maraini, Fosco (1975): Japan and the Future: Some Suggestions from Nihonjin-Ron Literature, in: Gianni Fodella (ed.), Social Structures and Economic Dynamics in Japan Up to 1980, Milano.
Maruyama, Masao (1965): Patterns of Individuation and the Case of Japan: A Conceptual Scheme, in: Marius B. Jansen (ed.), Changing Japanese Attitudes Toward Modernization, Princeton, N.J.
Marx, Karl (1953): Grundrisse der Kritik der politischen Ökonomie, Berlin.
Mathias-Pauer, Regine (1986): Jugend, Familie und Beruf: Grundmuster des Erfolgs, in: Manfred Pohl (Hrsg.), Japan: Geographie – Geschichte – Kultur – Religion – Staat – Gesellschaft – Bildungswesen – Politik – Wirtschaft, Stuttgart, Wien.
Matsubara, Hisako (1968): Blick aus Mandelaugen. Eine Japanerin in Deutschland, München.
Mayer, Karl Ulrich/Hans-Peter Blossfeldt (1990): Die gesellschaftliche Konstruktion sozialer Ungleichheit im Lebensverlauf, in: P. A. Berger/S. Hradil (Hrsg.), Lebenslagen, Lebensläufe, Lebensstile, Sonderheft Soziale Welt 7, Göttingen, S. 297–318.
Mehl, Heinrich (1979): Kindererziehung in Deutschland und Japan. Ein Vergleich, in: Bulletin of the Institute of Constitutional Medicine, Kumamoto, S. 1–27.
Ministry of Education, Science and Culture, Japan (1988): Statistical Abstract of Education, Science and Culture, 1988 edition.
Miyake, Kazuo et al. (1986): Issues in Socioemotional Development, in: Harold Stevenson/Hiroshi Azuma/Kenji Hakuta (eds.), Child Development and Education in Japan, New York.
Mochizuki, Kazuhiro (1989): The Present Cilmate in Japanese Junior High Schools, in: James J. Shields (ed.), Japanese Schooling. Patterns of Socialization, Equality, and Political Control, University Park and London.
Moeran, Brian (1986): Individual, Group and Seishin: Japan's Internal Cultural Debate (1984), in: Takie S. Lebra/William P. Lebra (eds.), Japanese Culture and Behavior, Honolulu.
Möhwald, Ulrich (1991): Keine Zeit für die Familie. Zeitliche Aspekte der japanischen Familie, in: Japanstudien 2, München, S. 147–175.
Moriyama, Akio et al. (1990): Die Ordnung der Haare – Japanische Schul-

probleme, in: Kagami, Neue Folge, Jg. XIV–XV, 1987–1988 (erschienen 1990), S. 65–88.

Morley, John David (1987): Grammatik des Lächelns. Japanische Innenansichten, Reinbek.

Morsbach, Helmut (1983): Socio-Psychological Aspects of Persistence in Japan, in: Essays on Japanology, 1978–1982, compiled and translated by International Cultural Association of Kyoto, Kyoto, S. 5–35.

Müller, Rudolf Wolfgang (1984): Das sozialwissenschaftliche Japan und der Okzident. Von der Verurteilung zur Anerkennung des Gruppen-Ichs, in: Leviathan 4, S. 506–549.

– (1989): Tradition und Moderne. Zum Verhältnis von Vorurteil und sozialwissenschaftlichem Begriff, in: Ulrich Menzel (Hrsg.), Im Schatten des Siegers: Japan Bd. 1, Frankfurt a. M.

Murakami, Yoshio (1989): Bullies in the Classroom, in: James J. Shields (ed.), Japanese Schooling. Patterns of Socialization, Equality, and Political Control, University Park and London.

Nakane, Chie (1985): Die Struktur der japanischen Gesellschaft (engl. 1970), Frankfurt a. M.

Negt, Oskar (1988): Modernisierung im Zeichen des Drachens. China und der europäische Mythos der Moderne, Frankfurt a. M.

Neuss-Kaneko, Margret (1990): Familie und Gesellschaft in Japan. Von der Feudalzeit bis in die Gegenwart, München.

Nishio, Kanji (1984): Die Exklusivität Europas, übers. v. R. Herold, Tokyo.

Norbeck, Edward/Margaret Norbeck (1956): Child Training in a Japanese Fishing Community, in: Douglas G. Haring (ed.), Personal Character and Cultural Milieu, Syracuse.

Norbeck, Edward/George De Vos (1972): Culture and Personality: The Japanese, in: Francis L. K. Hsu (ed.), Psychological Anthropology. New Edition, Cambridge, Mass.

Nückel, Karl Wilhelm (1963): Moralerziehung an japanischen Schulen, in: Die deutsche Schule 55, S. 91–103.

Okamoto, Keiroku (1983): Children's Attitudes in Interpersonal Relationship in an Era of Families with Fewer Children, in: Child Welfare 3/4, June, S. 2–8.

Ortmanns-Suzuki, Annelie (1989): Japan und Südkorea: Die Schulbuchaffaire, in: Japanstudien 1, München, S. 135–182.

Ota, Katsuya (1986): Some Aspects of Children's Suffering and Anxieties as Observed through Recent Consultations on Child Problems, in: Child Welfare 7/2, December, S. 2–9.

Otaki, Midori et al. (1986): Maternal and Infant Behavior in Japan and America. A Partial Replication, in: Journal of Cross-Cultural Psychology 17/3, September, S. 251–268.

Passin, Herbert (1982): Society and Education in Japan (1965), Tokyo.

Paul, Jean (1963): Levana oder Erziehlehre (1807), hrsg. v. Th. Dietrich, Bad Heilbrunn.

Peak, Lois (1989): Learning to Become Part of the Group: The Japanese Child's Transition to Preschool Life, in: The Journal of Japanese Studies 15/1, S. 93–123.

– (1989a): Das Kind im Übergang von der Familie zur Öffentlichkeit. Eine japanische Fallstudie, in: 40 Jahre Bundesrepublik Deutschland: Zur Zukunft von Familie und Kindheit. Beiträge zum Mainzer Kongreß, hrsg. vom Bundesministerium für Jugend, Familie, Frauen und Gesundheit, Bonn.

Perpeet, W. (1976): Kultur, Kulturphilosophie, in: J. Ritter/K. Gründer (Hrsg.), Historisches Wörterbuch der Philosophie, Bd. 4, Darmstadt, Sp. 1309–1324.

Plath, David W. (1964): The After Hours. Modern Japan and the Search for Enjoyment, Berkeley and Los Angeles.

– (1980): Long Engagements: Maturity in Modern Japan, Stanford, Cal.

– (1983) (ed.): Work and Lifecourse in Japan, Albany.

Reinhold, Gerd (1981): Familie und Beruf in Japan. Zur Identitätsbildung in einer asiatischen Industriegesellschaft, Berlin.

Richter, Dieter (1987): Das fremde Kind. Zur Entstehung der Kindheitsbilder des bürgerlichen Zeitalters, Frankfurt a. M.

Rohlen, Thomas P. (1974): For Harmony and Strength. Japanese White-Collar Organization in Anthropological Perspective, Berkeley and Los Angeles.

– (1978): The Promise of Adulthood in Japanese Spiritualism, in: Erik H. Erikson (ed.), Adulthood, New York.

– (1980): The Juku Phanomenon: An Exploratory Essay, in: The Journal of Japanese Studies 6/2, S. 207–242.

– (1983): Japan's High Schools, Berkeley and Los Angeles.

– (1984): Conflict in Institutional Environments: Politics in Education, in: E. Krauss/T. Rohlen/P. Steinhoff (eds.), Conflict in Japan, Honolulu.

– (1989): Order in Japanese Society: Attachement, Authority and Routine, in: Journal of Japanese Studies 15/1, S. 5–41.

Rousseau, Jean-Jaques (1976): Emile oder Über die Erziehung (1762), hrsg. von M. Rang, unter Mitarb. d. Hrsg. übertr. v. E. Sckommodau, Stuttgart.

Sakuta, Keiichi (1986): Soziale Kontrolle und Selbstkontrolle, in: A. Wiegand-Kanzaki/S. Minamioji (Hrsg.), Gewissen und soziale Kontrolle in Deutschland und Japan, Würzburg.

Salamon, Sonya (1975): The Varied Groups of Japanese and German Housewives, in: The Japan Interpreter X/2, Autumn.

– (1986): 'Male Chauvinism' as a Manifestation of Love in Marriage (1975), in: Takie S. Lebra/William P. Lebra (eds.), Japanese Culture and Behavior, Honolulu.

Sano, Toshiyuki (1989): Methods of Social Control and Socialization in Japanese Day-Care Centers, in: The Journal of Japanese Studies 15/1, S. 125–138.

Schad, Annette (1991): Harmonie als kultureller 'Wesenszug' – Zur Entstehung eines Gesellschaftsbildes in der japanischen Kulturanthropologie, in: Veröffentlichungen des Japanisch-Deutschen Zentrums Berlin, Bd. 9. (Wissenschaftliche Jahrestagung „Harmonie als zentrale Wertvorstellung der japanischen Gesellschaft – Erklärung oder Verklärung?“ 28.–30. 11. 1990), S. 30–39.

Schäffter, Ortfried (1991): Modi des Fremderlebens, in: Ders. (Hrsg.), Das Fremde. Erfahrungsmöglichkeiten zwischen Faszination und Bedrohung, Opladen.

Schinzinger, Robert (1986): Maske und Wesen. Beitrag zum Problem der japanischen Persönlichkeit (1963), Tokyo.

Schöfthaler, Traugott (1983): Kultur in der Zwickmühle. Zur Aktualität des Streits zwischen kulturrelativistischer und universalistischer Sozialwissenschaft, in: Das Argument 139/25, S. 333–347.

Schubert, Volker (1984): Identität, individuelle Reproduktion und Bildung: Probleme eines aneignungstheoretischen Konzepts von Vergesellschaftung als Vereinzelung, Gießen.

– (1986): Vergesellschaftung als Vereinzelung. Thesen zum Identitätsbegriff, in: Das Argument 156/28, S. 226–235.

– (1987): Elemente einer didaktischen Analyse für den Deutschunterricht an japanischen Hochschulen, in: Swantje Ehlers/Günter L. Karcher (Hrsg.), Regionale Aspekte des Grundstudiums Germanistik, München.

– (1987a): Eurozentrismus in der Sprachauffassung? Unreflektierte Bedingungen im Anfängerunterricht, in: Info DaF, Informationen Deutsch als Fremdsprache 3, S. 210–214.

– (1990): Deutschunterricht als Allgemeinbildung? Zum Problem der Zielsetzungen des Deutschunterrichts an japanischen Universitäten, in: Wolfgang Brenn/Gerhard Dillmann (Hrsg.), Deutsch als Fremdsprache und Germanistik in Japan, Bonn.

– (1990a): Grammatik und Fremdverstehen, in: Harro Gross/Klaus Fischer (Hrsg.), Grammatikarbeit im Deutsch-als-Fremdsprache-Unterricht, München.

– (1990b): Moderne ohne Individualität?, in: Irene Hardach-Pinke (Hrsg.), Japan – eine andere Moderne, Tübingen.

– (1991): Erziehung zur Gruppe im Kindergarten. Beobachtungen zur vorschulischen Sozialisation in Japan, in: Veröffentlichungen des Japanisch-Deutschen Zentrums Berlin, Bd. 9 (Wissenschaftliche Jahrestagung „Harmonie als zentrale Wertvorstellung der japanischen Gesellschaft – Erklärung oder Verklärung?“ 28.–30. 11. 1990), S. 66–82.

Schubert, Volker/Brigitte Vollmer-Schubert (1986): 14 Stunden Schule am Tag. Leistungsdruck und soziale Ungleichheit im japanischen Bildungswesen, in: Demokratische Erziehung 1, S. 16–21.

Schümer, Dieter (1979): Kontrastbedingte Sprachschwierigkeiten deutschlernender Japaner. Ein Beitrag zur Didaktik des Deutschen als Fremdsprache, Diss. Marburg/Lahn.

Schwarz, Gerlinde Maria (1985): Sexualerziehung an Japans Grund-, Mittel-

und Oberschulen. Befunde, Probleme, Analysen, Frankfurt a. M. usw. (Schriften zur Sexualpädagogik, Bd. 2).

Shields, James J. (1989) (ed.): Japanese Schooling. Patterns of Socialization, Equality, and Political Control, University Park and London.

Shigaki, Irene S. (1983): Child Care Practices in Japan and in the United States: How Do they Reflect Cultural Values in Young Children?, in: Young Children 38/4, S. 13–24.

Shoji, Masako (1979): Die Fröbel-Bewegung in Japan, in: Jahrbuch für Erziehungs- und Schulgeschichte 19, S. 283–293.

Simmel, Monika (1980): Erziehung zum Weibe. Mädchenbildung im 19. Jahrhundert, Frankfurt a. M., New York.

Singer, Kurt (1955): Das verborgene Volk. Zur allgemeinen Psychologie der Japaner, in: Merkur IX/1, S. 1–11.

– (1991): Spiegel, Schwert und Edelstein. Strukturen des japanischen Lebens (engl. 1973), hrsg. und übers. v. W. Wilhelm, Frankfurt a. M.

Singleton, John (1967): Nichu. A Japanese School, New York.

– (1989): Gambaru: A Japanese Cultural Theory of Learning, in: James J. Shields (ed.), Japanese Schooling. Patterns of Socialization, Equality, and Political Control, University Park and London.

Smith, Karen C./Carmi Schooler (1978): Women as Mothers in Japan: The Effects of Social Structure and Culture on Values and Behavior, in: Journal of Marriage and the Family 40, S. 613–620.

Smith, Robert J. (1962): The Life Cycle (1956), in: Bernard S. Silberman (ed.), Japanese Character and Culture. Selected Readings, Tucson, Arizona.

– (1983): Japanese Society: Tradition, Self, and the Social Order, Cambridge.

Smith, Robert J./Ella Lury Wiswell (1982): The Women of Suye Mura, Chicago, London.

Sommer, Winfried (1984): Japanisierung des Bildungssystems?, in: W. Sommer/A. Graf von Waldburg-Zeil (Hrsg.), Neue Perspektiven der Bildungspolitik, München.

Stevenson, Harold et al. (1986): Achievement in Mathematics, in: Harold Stevenson/Hiroshi Azuma/Kenji Hakuta (eds.), Child Development and Education in Japan, New York.

– (1986a): Learning to Read Japanese, in: Harold Stevenson/Hiroshi Azuma/Kenji Hakuta (eds.), Child Development and Education in Japan, New York.

Stevenson, Harold (1989): The Asian Advantage: The Case of Mathematics, in: James J. Shields (ed.), Japanese Schooling. Patterns of Socialization, Equality, and Political Control, University Park and London.

Storry, Richard (1981): Introduction, in: Kurt Singer, Mirror, Sword and Jewel. The Geometry of Japanese Life, Tokyo, New York, San Francisco.

Stuckenschmidt, Dierk (1988): Japan mit der Seele suchen, Bern, München, Wien.

Suzuki, Takao (1990): Eine verschlossene Sprache. Die Welt des Japanischen, eingeleitet u. aus d. Japan. übers. v. I. Hijiya-Kirschnereit, München.

Tanaka, Satoshi (1988): Zwischen Ost und West, Tokyo.
Teichler, Ulrich (1976): Das Dilemma der modernen Bildungsgesellschaft. Japans Hochschulen unter den Zwängen der Statuszuteilung, Stuttgart.
– (1982): Japan – die moderne Bildungsgesellschaft?, in: Zeitschrift für Kulturaustausch 32/2, S. 137–144.
– (1984): Bildungswesen, in: Horst Hammitzsch (Hrsg.), Japan-Handbuch, 2. Aufl., Wiesbaden, Sp. 1–26.
– (1987): Erziehung und Gesellschaft in Japan, Hagen (Arbeit und Ausbildung in Japan, Kurseinheit 1).
– (1992): Bildung und wirtschaftliche Entwicklung in Japan, in: W. Georg/ U. Sattel (Hrsg.), Von Japan lernen? Aspekte von Bildung und Beschäftigung in Japan, Weinheim.
Thurn, Hans Peter (1979): Kultursoziologie – Zur Begriffsgeschichte der Disziplin, in: Kölner Zeitschrift für Soziologie und Sozialpsychologie 31, S. 422–249.
Tobin, Joseph J./David Y. H. Wu/Dana H. Davidson (1989): Preschool in Three Cultures. Japan, China, and the United States, New Haven and London.
– (1989a): Class Size and Student/Teacher Ratios in the Japanese Preschool, in: James J. Shields (ed.), Japanese Schooling. Patterns of Socialization, Equality, and Political Control, University Park and London.
Tochio, Isao (1986): The Present Status of Day Nurseries and the Tasks Confronting them, in: Child Welfare 7/1, September, S. 2–10.
Varenius, Bernhardus (Bernhard Varen) (1974): Descriptio Regni Japoniae. Beschreibung des japanischen Reiches (1649), ins Deutsche übertragen von E.-Ch. Volkmann unter Mitarbeit von L. Brüll, hrsg. von M. Schwind und H. Hammitzsch, Darmstadt.
Vogel, Ezra F. (1963): Japan's New Middle Class. The Salary Man and His Family in a Tokyo Suburb, Berkeley and Los Angeles.
Vogel, Ezra/Suzanne H. Vogel (1961): Family Security, Personal Immaturity and Emotional Health in a Japanese Sample, in: Marriage and Family Living 23, S. 161–166.
Vogel, Suzanne (1984): The Professional Housewife, in: The Japan Interpreter XII, S. 17–43.
Vollmer-Schubert, Brigitte (1991): Weibliche Identität als gesellschaftliche Anforderung. Zur doppelten Qualifikation von Frauen, Gießen.
Wagatsuma, Hiroshi (1977): Some Aspects of the Contemporary Japanese Familiy: Once Confucian, now Fatherless?, in: Daedalus. Journal of the American Academy of Arts and Sciences 103, Spring, S. 181–210.
Williams, Raymond (1977): Innovationen. Über den Prozeßcharakter von Literatur und Kultur, Frankfurt a. M.
Weber, Claudia (1986): Die Zukunft des Clans. Überlegungen zum japanischen Organisationstyp und Managementstil, in: Feministische Studien 1, S. 124–140.
– (1990): Selbstlose Frauen? Zur Individualisierung des weiblichen Lebens-

zusammenhangs, in: Irene Hardach-Pinke (Hrsg.), Japan – eine andere Moderne, Tübingen, S. 97–113.
– (1992): Frauen in Japan: Geschlechtsspezifische Arbeits- und Ausbildungsmuster, in: W. Georg/U. Sattel (Hrsg.), Von Japan lernen? Aspekte von Bildung und Beschäftigung in Japan, Weinheim.
White, Merry (1987): The Japanese Educational Challange. A Commitment to Children, New York, London.
White, Merry/Robert LeVine (1986): What Is an Ii ko (Good Child)?, in: Harold Stevenson/Hiroshi Azuma/Kenji Hakuta (eds.), Child Development and Education in Japan, New York.
Wilhelm, Wolfgang (1981): Zur Rezeption deutscher Pädagogik in Japan. Von der Meiji-Ära bis zur Gegenwart, in: Pädagogische Rundschau 35/11–12, S. 693–770.
Wittig, Horst E. (1973) (Hrsg.): Menschenbildung in Japan. Beiträge aus der pädagogischen und bildungspolitischen Diskussion der Gegenwart, München, Basel.
– (1976) (Hrsg.): Pädagogik und Bildungspolitik Japans. Quellentexte und Dokumente vom Beginn der Tokugawa-Zeit bis zur Gegenwart, München, Basel.
Wolferen, Karel van (1989): Vom Mythos der Unbesiegbaren. Anmerkungen zur Weltmacht Japan, München.
Yamamura, Yoshiaki (1986): The Child in Japanese Society, in: Harold Stevenson/Hiroshi Azuma/Kenji Hakuta (eds.), Child Development and Education in Japan, New York.